영광스러운
교회의 길

국립중앙도서관 출판예정도서목록(CIP)

영광스러운 교회의 길 / 지은이: 존 넬슨 다비 ; 엮은이: 이종수. -- 서울 : 형제들의 집, 2016
    p. ;   cm

원저자명: John Nelson Darby
영어 원작을 한국어로 번역
ISBN 978-89-93141-81-8 03230 : ₩22000

설교집[說敎集]
기독교[基督敎]

235.2-KDC6
252-DDC23   CIP2016012824

영광스러운 교회의 길

존 넬슨 다비 지음 | 이종수 엮음

형제들의 집

차 례

엮은이 서문..	6
제 1장 교회란 무엇인가..	9
제 2장 교회의 능력과 소망, 소명, 현재 지위와 사명......................	68
제 3장 처음 교회의 시작과 현재 상태..............................	90
제 4장 하나님의 집과 그리스도의 몸으로서의 교회................	118
제 5장 하나님의 집, 그리스도의 몸, 그리고 성령 세례................	136
제 6장 교회에 대한 소고(小考).......................................	241
제 7장 교회의 황폐화란 무엇인가...................................	270
제 8장 교회의 폐허 상태에서 그리스도인은 어떻게 해야 하는가......	300
제 9장 그리스도의 교회의 본질과 하나됨에 대한 소고(小考)...........	354
제 10장 하나의 몸이 교회로 모이는 유일한 교회의 입장인가............	381

그리스도께서 사랑하신 것은 교회이며, 교회는 흠이 없이 그리스도 앞에 영광스러운 교회로 세워지게 될 것이다. 그리스도께서 사랑하시고 또 위하여 자신을 주신 것은 교회이며, 그리스도 자신에 의해서 티나 주름 잡힌 것이 없이 영광스러운 모습으로 세워지는 것, 또한 교회이다. 바로 교회가 그리스도께서 지금 이 땅에서 말씀으로 거룩하게 하시는 대상이다.

- 존 넬슨 다비

엮은이 서문

그리스도와의 연합의 진리에 기초한 존 넬슨 다비의 교회론

오늘날 우리는 교회 황폐화 시대에 살고 있다. 하나님의 진리가 조각나고 파편화되었을 뿐만 아니라 하나님의 교회도 조각나고 파편화된 상태에 있다. 많은 그리스도인들이 그저 거듭남과 죄 사함의 진리 정도로만 만족한 채 그것이 전부인 줄 생각하고 유아적 상태에 머물러 있으며, 그리스도의 몸으로서의 교회를 위한 바탕이 되는 그리스도와의 연합의 진리를 전혀 모르고 있다.

그 결과 지상에 있는 거의 모든 교회들은 하늘나라에 들어가게 해주신 하나님, 그리고 천당 가는 티켓을 주신 하나님을 찬송하고 예배하지만, 그리스도와 연합을 이룬 그리스도의 신부로서 자신을 단장해가는 성화의 삶은 없이, 그저 세상 사람들의 삶과 별반 차이 없는 황망한 신앙생활을 하고 있다.

주변을 둘러보라. 그리스도와의 연합이 가져다주는 신령한 복들을 누리며, 그리스도와 함께 하늘에 앉아 있는 그리스도의 신부로서 참 영성을 가지고 살아가는 그리스도인들이 몇이나 되는가? 이러한 그리스도인들을 찾아볼 수 없다면, 당신은 진정 교회가 황폐화된 상태에 있음을 깨달아 알아야 한다. 그러한 교회에서 당신이 드리는 예배는 결코 하늘에 있는 지성소에 열납될 수 없다. 아무리 당신의 진정성과 열성을 가지고 예배드릴지라도, 그러한 예배의 진실성은 하늘 구름을 뚫지 못할 것이다.

당신이 진정 이러한 교회의 폐허 상태와 영적 황폐화 상태를 깨닫고 몸부림치고 있다면, 여기에 한 줄기 섬광처럼 하늘로서 비추는 영광스러운 교회의 길이 있다. 이 길을 따라 가라. 이 길 끝에서 영광으로 수놓은 신랑의 옷을 입으신 그리스도를 만나게 될 것이다. 그리고 당신은 그리스도와의 연합을 통해서 영광스러운 신부의 옷을 입고서 하늘 도성에 입성(入城)하는 영예를 얻게 될 것이다.

엮은이 이 종 수

※ 일러두기 : 글이 시작되는 부분에 있는 숫자는, 다비의 글을 편집한 영문 편집자가 독자들을 안내하기 위해서 표시해 둔 것입니다. 원서를 참고하기 원하는 독자들을 위해서 숫자를 표기하였으니, 원서와 대조해서 보는 기쁨을 누리시길 바랍니다.

제 1장 교회란 무엇인가
What is the Church?

358

교회란 무엇인가? 이 질문은 우리 주변에 있는 많은 사람들의 마음에 자주 떠오르는 질문이긴 하지만, 우리를 둘러싼 환경이 명확하고 만족할만한 대답을 듣고 싶어 하는 사람들을 충족시켜주진 못하고 있다. 그럼에도 질문 그 자체만으로도 매우 중요한 의미를 담고 있다. 기독교 신앙을 고백하는 기독교계의 상태를 보면, 다양한 모습을 띤 교회 문제 때문에 대부분 상당한 어려움을 겪고 있으며, (일반적으로 영혼들에게 번잡함과 궁금증만을 유발시키는) 기독교계 내에서 끊임없이 일어나는 운동을 보면, 그 자체만으로도 이 주제에 대한 진리를 추구할 필요를 느끼는 영혼들을 더욱 혼돈 속으로 빠져 들게 하고 있다. 이러한 상태 때문에라도, 우리는 진정 하나님의 말씀은 이 주제에 대해서 무어라 말씀하고 있는지를 진지하게 탐구해야할 당위성을 부여받게 된다. 오로지 참된 빛을 통해서 조명을 받은 사람들은 진리의 광원(光源)에 나아가 배우는 사람들이며, 빛 자체를 가슴에 품고, 빛을 통해서 그 진리 자체가 드러나도록 고요히 묵상하고 판단한다. 이런 사람만이 그렇게 드러난 진리에 순복하며, 진리에 합당한 사람이 되어 진리를 수호하는 사람이 된다.

이것이 전부는 아니다. 이러한 질문이 일어나도록 하게끔 하는 것은 하나님의 자녀들로 하여금 진리의 규모를 가진 자가 되고 또 하나님 사랑의 결과물이 무엇인지를 알도록 하나님이 허락하신 일일 뿐만 아니라, 그것이 또한 하나님의 뜻임을 조금도 의심하지 않는다. 하지만 그 뿐만 아니라, 하나님의 자녀들로 하여금 그리스도인에게 합당한 도덕성을 갖추게 하고, 진실한 그리스도인으로서 헌신을 하도록 촉진해주고, 또 하나님의 무한한 선하심에 실제적으로 응답할 수 있는 명분을 주게 하려는 목적도 있다. 성경에서 말하는 교회가 무엇인가라는 질문에 대한 대답은 그야말로 매우 실제적인 문제이다. 자신이 하나님의 교회의 지체라는, 바로 그 사실 때문에 그리스도인에게 정해진 자리는 우리의 정서를 지배하고, 성품을 형성하는 못자리가 된다. 이러한 생각을 하게 되면, 하나님의 말씀의 빛을 통해서 교회를 볼 수 있는 더욱 합당한 안목을 가지게 된다. 사실상, 교회 문제는 일반적으로 그리스도인들 가운데 무슨 새로운 공동체를 조직하는 문제로 전락하곤 한다. 그렇다면 교회 문제로 우리 영혼은 (더욱 생동감을 얻어야 함에도) 더욱 곤고해지기 마련이다. 그 결과 사람들은 교회 진리에 대한 흥미를 잃게 되며, 아울러 성화의 진리도 손상을 입게 되고, 사람들은 그리스도의 몸된 교회가 없는 영성을 추구하도록 오도(誤導)된다. 하지만 분명한 것은, 신약성경은 그리스도의 몸된 교회에 대한 가르침으로 가득할 뿐만 아니라, 우리 그리스도인의 삶을 교회와 연결된 엄청나게 실천적인 교훈들과 연결시키고 있다. 결국, 많은 진지한 그리스도인들이 생각하듯 우리는 말세에 살고 있기 때문에 어쩔 수 없다고 체념해야 할 것이 아니라, 오히려 우리를 둘러싼 환경이 근본적으로 중요한 이 진리에 아무 것도 더하거나 뺄 수 없고, 게다가 우리가 마지막 세대에 살고 있다는 사실 때문에라도 교회가 무엇인가에 대한 문제를 우리 신앙생활에 더욱 실제적인 중요성을 가진 문제로 삼아야 하는 것이다. 지혜로운 처녀들은 늘 깨어서 자신의 등을 준비하고 있어야 하는 거룩한 의무 아래 있었다. "보라 신랑이로다 맞으러 나오라"(마 25:6)는 한 밤중의 소리가 날 때를 대비하도록 명령을 받았다.

359

지금까지 살펴본 내용들은 독자들의 마음에 이 책의 주제를 선명하게 각인시키고자 하는 뜻에서 준비된 것이다. 교회란 무엇인가라는 주제에 대해서 하나님 말씀의 가르침에 귀를 기울이고, 이를 통해서 우리 영혼이 맺게 될 실제적인 결과들을 주목하도록 배려를 한 것이다. 나의 목적은 개인들의 구원의 기초를 정의하는데 있지 않다. 물론 교회에 대한 말씀을 탐구하는 과정에서 이 주제에 대한 빛을 상당히 보게 될 것은 틀림이 없다. 하지만 결론적으로 우리는 이 둘은 별개의 사안임을 이해하게 될 것이다. 왜냐하면 교회에 더해진 존재로서 우리에게 주어진 특권이 무엇이든지, 하나님은 우리 개인들의 책임을 그냥 간과하지 않으실 것이기 때문이다. 하나님이 구원하신 사람들을 한 몸으로 모으시고, 그것을 합당하게 보시긴 하지만, 그럼에도 우리는 구원을 개인적으로 받는다. 구원은 그리스도 안에서 완결된 것이지만, 개인의 마음에서 이루어지는 것이며, 개인적으로 의식(意識)하고 또 자신의 양심 속에서 필연적이고 절대적으로 확증되며, 또한 자신의 영혼을 하나님과 직접적으로 연결되게 해준다. 이러한 것이 없으면 하나님과의 모든 관계와 영적 생명의 존재 때문에 오는 모든 행복감은 불가능하게 된다. 하나님과 이성적이고 책임 있는 존재로서 영혼 사이에 일어나는 교감은 이러한 새로운 관계가 확립된 결과로 일어난다. 과거에 죄 가운데 있던 영혼은 전혀 하나님과 교감할 수 없었다. 하지만 이제 생명의 관계 때문에 많은 일들이 영혼 속에서 진행된다. 관계 때문에 형성된 특별한 모습은 특별한 성격을 부여해준다. 이것은 특별한 경우이지만, 개인적 관계를 훼손하지 않는다. 이것은 로마 가톨릭이 보는, 말씀의 진리와 교회의 개념 사이에 놓인 근본적인 차이점 가운데 하나이다. 로마 가톨릭은 성례를 구원의 수단으로 만들고, 교회를 구원받은 사람들의 교회로 보는 것이 아니라, 오히려 구원을 교회에 가입하는 것으로 만들었다. *한 개인이 구원을 받는다면, 그의 구원은 그 자체로 완전하며 확실하지만, 그럼에도 그 사람이 자동으로 교회가 되는 것은 아니다.* 교회는 구원받은 개인들로 이루어지지만, 그럼에도 그 이상의 추가적인 생각과 추가적인 관계를 포함하고 있다. 그렇다면 추가적인 생각이란 무엇인가? 인간의 정의는 내려놓고, 말씀에만 착념하도록 하자.

교회는 그리스도께 무한히 보배로운 존재이다. "그리스도께서 교회를 사랑하시고 위하여 자신을 주[셨다.…] 이는 곧 물로 씻어 말씀으로 깨끗하게 하사 거룩하게 하시고 자기 앞에 영광스러운 교회로 세우사 티나 주름잡힌 것이나 이런 것들이 없이 거룩하고 흠이 없게 하려 하심이니라."(엡 5:25-27) 이 구절은 하나님이 교회라 부르시는 것에 부여하신 중요성에 대한 일종의 계시이다. 교회는 그리스도의 돌봄의 대상이며, 사랑의 대상이다. 교회에 대한 하나님의 계획이 성취된다면 얼마나 영광스러운 일이 될 것인가! 그 교회의 일부가 된다는 것은 얼마나 큰 특권인가! 그뿐 아니라 에베소서의 이 구절은 그리스도와 교회가 연합을 이루고 있는 친밀감[1]에 대해서 교훈하고 있는데, 남편과 사랑하는 아내 사이에 존재하는 친밀감으로 설명하고 있다. 그럼에도 이것은 우리가 그리스도의 몸의 지체이며, 그분의 살 중의 살이며 뼈 중의 뼈라고 하는, 이처럼 엄청난 비밀의 실상을 설명하기엔 너무도 약한 비유일 뿐이다. 이브가 아담과의 관계에서 가진 자리를 교회가 그리스도에 대해서 가지고 있는 것이다. 아담은 오실 그리스도의 예표(표상)였다. 따라서 이브는 하나님이 아담에게 주신 모든 것을 함께 누릴 존재로서 아담과 연합을 이루고 있었다. 이것은 사실일 뿐만 아니라, 이브의 자리에 대한 진리를 제공한다. 사도 바울은 이러한 진리를 교회의 자리가 무엇인가를 드러내는데 사용했다. 그리고 다른 곳에서는 교리로 가르쳤다. 하나님의 마음에서 그처럼 높은 자리를 차지하고 있는 것에 대해서, 우리가 성경 여러 곳에서 발견할 수 있는 것은 오히려 자연스러운 일이다. 따라서 우리는 여러 본문에서 이러한 진리를 표현하고 있는 것을 보게 될 것이다. 바로 그 점이 우리가 살

---

[1] 이 본문이 서로에 대한 상호 애정을 표현하고 있으며, 육신적인 상상력과는 아무 상관이 없다는 점을 주목해야 한다. 자기 앞에 아무 흠도 없이 영광스러운 교회로 세우고자 하시는 그리스도의 사랑은 자기 수고의 대상으로서 교회가 존재하기도 전에, 이미 그 자신의 마음을 따라 온전했다. 모든 것이 그리스도에게 달려 있으며, 그 사랑의 대상은 그리스도의 마음을 따라서 온전하다.

퍼보기를 원하는 주제이다. 동시에 이 자리는 참으로 특별한 것이라는 점이, 그 자리가 가진 특성상 쉽게 드러나게 될 것이다. 그리스도와의 연합은 하나님의 경륜과 목적 가운데서 가장 특별한 주제이다. 이브처럼 신부의 자리에 들어가는 것은 매우 특별한 주제다. 교회는 기업이 아니다. 신부는 자녀 이상의 존재이다. 물론 신부는 아버지 하나님께는 자녀처럼 사랑스러운 존재이다. 신부가 되는 것과 하나님의 백성이 되는 것, 물론 이 둘은 동시적인 것이긴 하지만 그럼에도 신부가 되는 것이 더 차원이 높다. 한 사람의 아내가 됨으로써, 한 몸을 이루는 것만큼 더 가까운 사이가 되고, 하나 됨을 이룰 수 있는 것은 세상에 없다. 사도 바울은 이것을 "어느 누구도 언제든지 제 육체를 미워하지 않는다"고 표현했다. 그야말로 자기 육체이며 자기 자신인 것이다. 독자들은 그러한 관계로부터 매우 실제적인 결과가 산출된다는 점을 명확히 해야 한다. 왜냐하면 그처럼 친밀한 연합을 이룬 관계는 가장 친밀한 애정과 연결되어 있고, 매우 절대적인 의무를 동반하기 때문이다. 주님은 친히 그리스도의 교회의 자리(신분, 위치)가 가지고 있는 힘을 다음과 같이 표현하셨다. 즉, "사울아 사울아 네가 어찌하여 나를 핍박하느냐?"(행 9:4)는 말로 교회의 존재가 시작되는 시점에서 매우 공식적인 방법으로 말씀하신 것이다.

361

이러한 내용들을 담고 있는 에베소서 5장에 제시된 세 가지 주요 요점을 살펴보자. 첫째, 그리스도께서 교회를 사랑하시고, 교회를 위하여 자신을 주셨다. 교회는 그리스도의 피 값으로, 그리스도의 목숨으로, 자신을 내어주심으로써 구속을 받았다. 자신을 위해서 교회를 절대적으로 구속하신 후, 둘째로, 그리스도는 교회를 시작하셨고, 교회를 양육하며, 거룩하게 하시는데, 이는 그 마음의 갈망을 따라서 하신다. 셋째로, 그리스도는 교회를 자기 앞에 영광스러운 교회로 세우신다. 조금도 영광에 합당하지 못한 것이 없도록, 거룩하신 신랑의 마음에 혹은 눈에 거치는 것이 없도록 하신다. 바로 여기에 예수님의 신성에 대한 증거가 있다. 너무도 놀라운 방식으로 표현되어 있을 뿐만 아니라, 이미 알고 있는 진리를 살짝 암시하는 방식으로 소개되어 있다. 이브를 지으신 하나님은 그녀를 아담에게 소개하셨다. 하지만 그리스도는 친히 교회를 자신에게 소개하신다. 왜냐하면 그리스도는 둘째 아담이시지만, 동시에 그리스도는 교회를 자신에게 직접 소개하실 수 있는 분이 되시기 때문이다. 그리스도는 교회의 존재와 교회의 아름다움과 교회의 완전성의 창시자이시기에, 교회는 장차 하늘에서 영광 가운데 나타날 것이다. 그러한 거룩한 신랑의 존귀함에 걸맞은 존재로 아무 손색이 없는 모습으로 나타나게 될 것이며, 하늘의 영광을 입은 존재로 나타나게 될 것이다.

우리는 앞으로 전개될 교회의 역사에 대해서 더 살펴보게 될 것이다. 교회가 이 세상을 통과하면서 만나게 될 환경이 어떤 것이든지, 교회가 하늘에서 신랑에게 영광스럽게 나타나는 그 순간까지, 이 세상에 있는 동안 교회는 말씀에 의해서 정결함을 받는다. 십자가 피로써 이루어진 그리스도의 몸의 구속은 땅에서 이루어졌다. 성령에 의한 말씀 적용을 통해서, 교회의 정결은 이 땅에서 이루어진다. 그리스도 재림의 시기에 나타날 그 영광스러운 결과는 장차 하늘에서 그 모습을 드러낼 것이다. 교회는 하늘을 위해서 준비되고 있다. 아직 결혼식이 열린 것은 아니지만, 그리스도와 교회의 결혼관계는 그 권리와 더불어 항상 존재한다. 나는 단순히 하나님의 영원한 계획에 대해서 말하는 것이 아니라, 사실 부르심을 받은 사람들이 마땅히 알아야 할 지식과 의무에 대해서 말하고 있다. 그리스도께서 교회를 구속하신 이래로, (나는 이것을 분명한 사실로 말하며, 이것은 이미 역사적으로 이루어진 사실이다. 성령님은 항상 이 진리를 소개하도록 시간을 허락하신다.) 교회는 그리스도의 것이다. 이렇게 말하는 이유는, 이러한 자리를 기뻐하도록 부르심을 받은 사람들의 양심에 호소하기 위한 것이다. 이러한 관계는 존재한다. 그리스도께서 항상 신실하신 것처럼, 교회도 마땅히 그리해야 한다. (그리스도에게 책임이 달린) 교회의 정결은 이러한 관계에 터 잡고 있으며, 에베소서 5장은 공식적으로 이 사실을 확증하고 있다. 그리스도인에게서 동일한 빛이 나타나야 한다. 하지만 그리스도인은 다른 모든 것들에게서 뿐만 아니라 이 관계에서도 실패할 수 있다. 그리스도인의 책임은 이 관계에서 흘러나오는 의무와 연결되어 있다.

362

이 진리는 반드시 완성된 구원에 대한 지식과 성화의 진리 뿐만 아니라 소망의 기쁨에 근거해서 작동하게 되는 것이 분명하다. 무엇보다 우선적으로, 교회의 존재는 그리스도께서 교회를 사랑하셨고 또 교회를 위하여 자신을 주셨다는 사실에 근거하고 있다. 따라서 교회를 값 주고 사신 것, 교회의 구원, 그리고 교회를 구속하신 그리스도의 은혜롭고도 완전한 사랑은 처음부터 끝까지 교회를 영광 가운데 자기 앞에 세울 때까지 결코 실패할 수 없으며, 교회를 온전히 보호하는 근거가 된다.

이것은 (과거 이스라엘 백성에게 율법을 주심으로써 그들을 시험했던 것처럼) 규범을 줌으로써 사람들을 시험하는 것이 아니다. 교회는 완전한 사역의 결과이며, 그 완전한 사역을 통해서 그리스도는 교회를 사탄에게 노예된 상태, 곧 더럽고 죄로 물든 상태에서 값 주고 사셨다. 교회에게 다른 책임은 없다. 교회는 그리스도께서 값 주고 사신 존재이다. 이 말은 곧 교회는 전적으로 그리스도의 소유라는 뜻이다. 만일 교회가 그리스도의 소유가 되어야 하는 이유를 묻는다면, 교회는 본래 목적부터 그렇게 준비되었기 때문이다. 이 교리를 하나님에게서 배운 그리스도인은, 하나님의 완전한 사랑과 그리스도께서 실패하실 수 없는 사역의 효력을 따라서 자신이 그리스도께 속해 있다는 확신을 가지게 된다. 이러한 확신은 평안을 주며, 이 평안은 (그리스도를 향한) 가장 달콤한 사랑과 애정의 근거가 된다.

363
이 진리가 양심에 미치는 영향은 성화의 측면에서 보면 매우 큰 것이다. 교회의 정결은 그리스도께 속한 자가 되었기에 절대적인 방법으로 이루어지며, 그리스도와 함께 영원히 사는데 적합하도록 진행된다. 정결은 결과적으로 생각과 정서와 세상만사를 보는 관점에까지 확장된다. 전적으로 그리스도의 것이 된 교회는 마음의 하나하나의 움직임과 각각의 감정에 이르기까지 그리스도와 연관을 가져야 한다. 만일 그렇지 않다면, 교회는 모든 상황 속에서 그리스도와의 관계에서 실패할 것이다. 그리스도의 관점에서 보면, 그리스도께서 구속을 이루신 일과 같이 확실히 실패 없이 이루실 것이기에 하나님께 감사할 일 외엔 없게 된다. 그리스도는 교회를 자기 앞에 흠이나 주름 잡힌 것이 없도록 세우실 것이다. 하지만 그리스도인은 반드시 마음으로 이러한 그리스도의 사역에 반응해야만 한다.

교회가 그리스도와 맺고 있는 관계가 교회의 소망에 미치는 영향은 두말할 필요 없이 크다. 교회는 주님이 재림하셔서 세상을 심판하시는 심판과는 아무 상관이 없다. 교회는 세상에서 일어나는 예언적인 사건들 속에 있지 않다. 교회는 주님이 오셔서 부르시는 행복한 순간을, 그리고 이미 은혜를 통해서 알고 있는 관계가 주는 영광과 기쁨을 실현시키고자 자신을 그리스도에게로 이끌어줄 순간을 기다리고 있다.

그러한 것이 교회의 자리이며, 교회가 그리스도와 나누는 관계이다. 이러한 자리와 관계로부터 파생되는 결과가 있다. 우리가 이미 살펴본 대로, 이브가 창조 세계와 맺고 있는 관계를 통해서 상징적으로 나타났는데, 이에 대해 좀 더 설명하고자 한다. 에베소서 1장에서 사도 바울은 그리스도께서 교회의 머리라고 말한다. "교회는 그의 몸이니 만물 안에서 만물을 충만케 하시는 자의 충만이니라." (엡 1:23) 다시 말해서 그리스도는 머리이며, 교회는 몸이다. 한 사람을 형성하는데 몸이 머리의 보완물인 것과 같이, 그리스도와 교회의 관계도 같다. 머리로서 그리스도는 자신의 몸된 교회를 인도하며 모든 권위를 행사한다. 몸으로서 교회는, 하나님의 영원하신 계획을 따라 신비적인 사람을 완성시킨다. 이것은 결코 그리스도의 신성한 위격에 대한 문제가 아니라, 다만 하나님의 계획 속에서, 그리스도는 머리로서, 교회가 없이는 몸을 완성할 수 없었을 거라는 뜻이다.

이러한 교회에 대한 개념은 구약 시대에는 완전히 감추어진 생각이라는 점에 주목하라. 이러한 내용을 구약성경에서는 발견할 수 없다. 한 개인으로서 그리스도 혼자만으로는 완전하지 못하다는 개념은 구약시대 가장 높은 영성을 가진 성도조차도 이해할 수 없었을 것이다. 하나님의 통치 아래서 복을 받는 일은 있었지만, 몸의 한 지체로서 그리스도의 일부가 된다는 것은 감히 상상조차 할 수 없는 것이었다. 그 결과로, 그리스도의 몸 안에서 유대인과 이방인의 연합은 자연스럽게 펼쳐지게 된다. 이제 교회가 그처럼 그리스도와 연합을 이룸으로써, 교회는 만물의 후사이신 그리스도의 통치에 참여할 뿐만 아니라, 아버지와 사람 사이의 중보자로서 받으신 그리스도의 모든 영광에 참여하게 되었다. 이러한 내용들이 에베소서 1장 21,22절이 담고 있는 강력한 힘이다. 그것이 바로 사도 바울이 교회의 지체들을 새로운 피조물로 소개하는 이유이다. 이는 그리스도를 그 자리에 앉게 한 동일한 능력이 맺은 열매인 것이다(엡 1:19-2:7). 이 내용은 에베소서 1장 전체와 연결되어 있다. 사도 바울은 에베소서 1장에서 그것을 때가 찬 하나님의 확정된 목적으로 소개했다. 즉 그리스도 안에서 만물을, 하늘에 속한 백성과 땅에 속한 백성을 하나로 모으는 것이며, 그리스도 안에서, 우리로 하여금 기업을 얻게 하는 것이다. 그 어간에, 즉 그리스도께서 영광 가운데 나타나시기 전에 하나님은 믿는 우리에게 성령을 주셨다. 이는 그 얻으신 것을 구속하심으로써 우리 기업에 보증으로 주신 것이다.

사도 바울이 이러한 내용을 제시한 것은, 우리로 하여금 그리스도와 더불어 우리가 얻은 기업을 기뻐하도록 하기 위한 것이었다. 우리는 이제 그리스도를 만물 위에 높은 곳에 앉게 하신 그 동일한 권능이 발휘되는 대상이다. 그리스도는 은혜로 우리의 낮은 상태에 내려오셨다. 그 결과 우리는 그리스도 안에서 그리스도의 높은 상태에 들어오게 되었다. 만일 누군가 어찌 그런 일이 가능한가라고 묻는다면, 에베소서 2장 7절을 소개하고 싶다. 에베소서 2장 7절이 그 이유를 말해주기 때문이다. 다양한 구절들이 이러한 연합이 맺는 결과에 대해서 확증해준다. 우리는 여기서 그 결과에 대해서만 말할 뿐이다. "내게 주신 영광을 내가 저희에게 주었사오니 이는 우리가 하나가 된 것같이 저희도 하나가 되게 하려 함이니이다 곧 내가 저희 안에, 아버지께서 내 안에 계셔 저희로 온전함을 이루어 하나가 되게 하려 함은 아버지께서 나를 보내신 것과 또 나를 사랑하심같이 저희도 사랑하신 것을 세상으로 알게 하려 함이로소이다."(요 17:22,23) "자녀이면 또한 후사 곧 하나님의 후사요 그리스도와 함께 한 후사니"(롬 8:17) "성도가 세상을 판단할 것을 너희가 알지 못하느냐…우리가 천사를 판단할 것을 너희가 알지 못하느냐?"(고전 6:2,3) 나는 이러한 것들을 절대적으로 교회에만 속한 특징으로 말하고 싶지 않다. 다만 이 모든 것들은 우리가 교회에 속해 있기 때문에 맞이하게 될 결과일 뿐이다.

364
그리스도와의 관계 속에서 교회가 차지하고 있는 위치와 그리스도께 복종하게 될 모든 피조물과의 관계에 대해서 살펴본 우리는, 이와 연결해서 교회 자체에 대한 교리와 성경에서 밝히고 있는 세

부적인 내용을 역사적으로 전개되는 하나님의 섭리적인 차원에서 살펴볼 필요가 있다.

　에베소서 1장에서 밝히 드러난, 하나님의 확정된 목적은 만물을 그리스도 안에서 하나로 모으는 것이며, 하늘에 있는 자들과 땅에 있는 자들을 하나로 통일시키는 것이다. 몸으로서 그리스도와 연합을 이루고 있는 교회는 그때 그리스도의 신부로 연합될 것이다(엡 1:22,23, 2:7). 만물이 아직 그리스도 아래 복종하지 않고 있다. 하나님은 원수들을 아직 발등상 삼아 그리스도의 발아래 두고 있지 않다. 교회는 하나님 보좌 우편에 앉아계신 그리스도께 영광 가운데 드러지지 않았다. 게다가 교회는 아직 영광을 받지 않았다. 사랑하는 그리스도인 독자들이여, 우리가 그에 대한 증거이다[2]. 우리는 양자될 것, 즉 우리 몸의 구속을 기다리고 있다.

365
　예수님을 만나는 행복한 순간을 기다리는 동안, 교회는 여전히 세상에 남아 있을 것인가? 과연 하나님의 생각은, 교회가 하늘에서 영광 속으로 들어가게 되는 하나님의 장엄한 계획이 성취될 때까지 교회는 세상에 남아 있는 것일까? 그에 대해서 의심할 수 없는 확실한 대답을 얻는 길은 말씀에 귀를 기울이는 것 외엔 없다. 이에 대

---

　2) 나는 여기서 이단적인 소수의 열성주의자들에 대해서 언급할 필요를 느끼지 못한다. 그들은 주님이 이미 오셨고, 부활이 이미 지나갔다고 생각하는 사람들이다. 요한계시록 22장 16-21절은 이러한 생각을 거부하기에 충분하다. 요한계시록은 예루살렘이 멸망을 당한지 상당한 세월이 흐른 후에 기록되었음을 기억하는 것이 좋다.

한 말씀을 살펴보자. 그리스도께서 바로 교회의 시작을 처음으로 밝히신 분이시다. "내가 이 반석 위에 내 교회를 세우리니[3]" (마 16:18) 그리고 "음부의 권세가 이기지 못하리라"는 선언은 교회가 이미 영광에 들어간 것이 아니라는 사실을 명백히 보여주고 있다. 이것은 땅에서 일어나는 일이다.

나는 이 본문에 나타나 있는 아주 중요한 포인트에 주목할 수 있었다. 교회는 아직 시작되지 않았다. 살아 계신 하나님의 아들로 인식된 그리스도는 이 땅에 새로운 역사의 기초를 놓고 계셨다. 이미 지상에는 많은 신자들이 있었고, 심지어 신자들이 예수님을 그리스도로 인정하고 있었을지라도, 교회는 시작되지 않았다. 예수님께서

---

3) 이러한 주님의 선언은, 만일 우리가 이 말씀을 하게 된 상황을 생각해보면 매우 결단적인 특징을 가진다. 마태복음 16장의 초반부에서 주님은 그 당시 유대인 세대의 심판을 선언하셨고, 요나를 자신의 죽음에 대한 표적으로 말씀하시면서 자신의 죽음을 알리셨다. 그리곤 표적을 구하는 사람들에게서 떠나가셨다. 그리고 나서 주님은 제자들에게 자신을 누구로 생각하는지 물으셨다. 이 상황에서 베드로는 매우 독특한 고백을 했다. "주는 그리스도시요 살아 계신 하나님의 아들이시니이다."(마 16:16) 살아 계신 하나님의 아들이란 표현은 오직 여기서만 사용되었는데, 이는 베드로의 이 고백에 매우 독특한 중요성을 부여해준다. 교회를 세우시는 살아 계신 하나님의 아들께서 (사망의 권세를 가지시고) 하데스의 권세에서 교회를 보호하신다. 메시야의 죽음은 이스라엘과 혈육의 관계 뿐만 아니라 장래 이스라엘 민족에게 주어질 은혜가 어떠한 것이든, 그들의 축복의 머리로서의 연결을 끊어버렸다. 이제는 부활의 권세에 기초해서, (그리스도께서 권세를 가진 하나님의 하늘로 선언된 것은 부활 안에서 된 일이다.) 기껏해야 사망의 권세를 잡고 있던 사탄을 능히 대적할 수 있게 되었다. 베드로는 항상 생명에 대해서 이러한 개념을 가지고 있었다(벧전 1:3, 21,23,24, 2:4,5). 마태복음 17장은 인자가 입게 될 천년왕국의 영광을 더해준다. 끝을 향해 갈수록, 제자들은 그리스도께서 유대인에게서 거절당하실 것이란 주제로 이끌림을 받았고, 은혜의 방식과 교회의 행실에 대한 교훈이 더해졌다(마 18:17).

그렇게 말씀하셨을 때에도, 교회는 아직 세워지지 않고 있었다. 이것은 하나님의 자녀들이 감당해야 하는 일이었다. 이러한 생각은 가야바가 자기도 모르게 내뱉은 예언적인 말, 즉 예수님께서 유대 민족을 위해서 죽으실 것과 "흩어진 하나님의 자녀를 모아 하나가 되게 하기 위하여 죽으실 것"에 대한 요한의 선언을 통해서 확증된다(요 11:51,52). 그들은 이미 하나님의 자녀들이 되었지만, 흩어져 있었고, 따로 떨어져 있었다. 그리스도는 자신의 죽음을 통해서 그들을 모으고자 하셨다. 단지 그들을 구원해서 그들로 장차 하늘에 모으는 것이 아니라, (그들이 하나님의 자녀가 된 것은 이미 이루어진 일이었다.) 그들을 이 세상에서 하나로 모으려는 것이었다. 그들은 이미 신자들이었다. 하지만 교회는[4] 이 신자들을 하나로 모음으로써 이 땅 위에 세워질 참이었다. 우리는 이 일이 하나의 사실로서, 예수님의 말씀을 따라서 그리고 하늘로서 오신 성령님의 능력을 따라서 이미 이루어진 것을 알고 있다. 여기서 우리는 예수님의 기도를 인용할 수도 있을 것이다. 이미 믿은 사람들 뿐만 아니라, 장차 그들의 말을 통해서 믿게 될 사람들이 하나가 되고, 이로써 세상은 아버지께서 예수님을 보내신 것을 믿게 될 것이다. "아버지께서 내 안에, 내가 아버지 안에 있는 것같이 저희도 다 하나가 되어 우리 안에 있게 하사 세상으로 아버지께서 나를 보내신 것을 믿게

---

4) 여기서 주목할 것은, 흔히 헛되이 비가시적인 교회 운운하는 것은 정확하게 말하자면 그 당시 이스라엘의 상태였다. 즉 신앙을 고백하지만, 출생과 예식에 의해 가입되어 형성되는 이스라엘 백성들의 공동체인 것이다. 이스라엘 백성 중에 흩어져있는 많은 신자들은 서로의 만남을 통해서 동일한 신앙을 가진 것과 하나님의 선하심에 대한 믿음을 나눔으로써 격려를 받았다. (마 3:15,16, 눅 2:38 읽어보라.). 사실 이러한 상태는 주님이 신자들을 교회로 세우시는 것과는 전혀 다른 양상인 것이다.

하옵소서."(요 17:21) 서신서들을 살펴보기 전에, 우리가 주목해야 할 것이 있다. 주님이 세우실 교회에 대한 일반적인 생각 이외에, 주님은 교회 운영에 대한 상세한 통찰력을 주셨다(마 18장). 거기에 더하여, 동시에 교회 운영의 효력과 하늘의 권위를 나타내는 것에 대한 교훈을 주셨다. 두 세 사람이 교회를 이루는 것이긴 해도, 하늘의 권위가 모이는 사람들 가운데 있을 때 실제적으로 주님의 이름으로 모이는 것이 된다. 영적 어둠의 시대에 말씀이 밝혀주는 빛은 얼마나 귀한 것인가!

366

성령의 강림을 통해서, 교회의 교리는 더욱 충만한 형태로 발전하게 되었다. 교회의 존재는 사도행전 2장에 선언되었다. "믿는 사람이 다 함께 있어[5] 모든 물건을 서로 통용했다."(44절) 믿는 사람들의 숫자는 이미 삼천 명에 달했다(41절). 그리고 "주께서 구원받는 사람(should be saved)을[6] 날마다 교회에 더하게 하시니라."(47절) 구원받은 사람들의 연합과 단결은 하늘로서 오신 성령님의 임재를 통해서 하나의 사실로 이루어졌다. 그들은 지상에서 하나의 몸을

---

5) 이 본문은 예루살렘 교회가 다 함께 모이는 교회였다는 것은 불가능하다고 주장하는 사람들의 주장을 헛된 것으로 만든다. 물리적으로도 가능했을 뿐더러, 사도행전은 그것을 사실로 확증하고 있다. 그들이 집에서(from house to house) 떡을 떼었을 때에는 삼천 명이 한 자리에 모였던 것은 아니다. 하지만 한 장소에 함께 모여서 떡을 떼는 것에 대한 하나님의 생각을, 도덕적인 측면에서 또는 실제적인 측면에서 막을 수 있는 것은 없었다. 여기선 (그저 함께 모이는 것이 더 좋은 것이라는 식의) 기호(또는 성향)의 문제가 아니라, 성령의 능력이 나타남으로써 일어난 사실의 문제이다.

6) "구원받게 될 사람(should be saved; 우리 성경엔 구원받는 사람으로 번역되었음)"이란 말은 LXX(70인역)에서 사용된 단어이다. 이 단어는 (누가복

이루었다. 하나님이 소유하신 가시적인 몸이었다. 하나님을 아는 지식에 의해서 하나님의 부르심을 받은 모든 사람들은 자발적으로 함께 모이고자 했으며, 그들의 마음 가운데 역사하시는 주님의 인도를 따르고 있었다. 그렇게 모이게 된 것이 하나님의 교회였다. 물론 그때에는 유대인들로만 구성되었다. 하나님은 여전히 예루살렘에 대해서 인내하시며 기다리고 계셨다. 만일 예루살렘이 예수님의 죽음에 대해서 일만 달란트를 빚진 것이라 해도, 하나님은 여전히 성령의 증거를 통해서 회개를 권하며 촉구하고 계셨다. 하나님은 여전히 자비하셨고, 그들이 처한 유죄 상태에서 돌이키도록 민족적인 회개를 촉구하셨다. 그러면 예수님이 돌아오실 것이었다. 이것이 사도행전 3장의 주제이다. 하지만 예루살렘은 이러한 부르심에 귀먹은 벙어리처럼 행세했다. 결과적으로 이스라엘의 지도자들은 항상 성령님을 대적했으며, 성령을 힘입어 증거하는 사람을 돌로 쳐서 죽였다. 그때부터, 교회의 총체적인 통일성은 이방인 고넬료의 회심에 의해서 여전히 보존되긴 했지만, 새로운 섭리의 도구로서 하나님의 주권적인 은혜가 등장하게 되었다. 그리고 스데반의 죽음을 만족스럽게 여겼던 사울, 교회를 핍박한 박해자 사울, 그리스도에 대한 유대인의 미움을 대변했던 사울이 자신이 전에 멸절시키려했던 믿음의 열렬한 증인이 되었다. 여전히 유대인들을 품고 있었던 이러한 주권적인 은혜는 더 이상 예루살렘에서 흘러나오지 않았다. (물론 예루살렘이 시작점이었다.) 이제는 이방인의 도시, 안디옥에서 흘러나오고 있었고, 바울이 자신의 사도적 사역을 시작

음 1장 71절, 마가복음 13장 20절에 보면) 하나님의 심판을 피하게 될 이스라엘의 남은 자들에 해당하는 말이다. 이제 주님이 그들과 함께 하심으로써 그들을 그리스도인의 교회에 더하고 계셨던 것이다.

하고 있었다. 이 사건은 교회 교리의 괄목할만한 발전을 가져왔다. 오히려 새로운 계시가 주어졌다고 해야 할 것이다. 이 말은 새로운 복음이 주어졌다는 의미가 아니라, (구원의 길은 언제나 그리고 항상 동일하다) 복음을 전파함에 있어서 그리스도의 위격에 대한 새로운 시작점이 만들어진 것이었다. 이 시점까지, 그들은 높임을 받으신 그리스도 곧 유일한 구주를 전파했지만, 그들이 알던 대로 그저 표적과 기적을 통해서 유대인 가운데 소개된 한 사람, 그리고 그를 하나님이 다시 살리셨고 주와 그리스도가 되게 하신 것으로 소개되었을 뿐이었다. 물론 이러한 증거는 하나님의 마음에 합당한 것이었고, 유대인들에겐 잘 맞는 내용이었음을 굳이 말할 필요가 없을 것이다. 주님은 "너희도 처음부터 나와 함께 있었으므로 증거하느니라"(요 15:27)고 말씀하셨다. 베드로와 다른 사도들은 그리스도의 지상 사역 동안 함께 동행했고, 그리스도께서 하늘로 승천하심으로써 구름이 그분을 가리어 보이지 않게 되는 그 순간까지 그리스도를 따랐다. 그들은 그리스도께서 그와 같이 다시 오실 것이란 증거를 받았다. 그 결과, 유대인들과 그리스도의 관계는 항상 하나님 우편에까지 높이 되신 그리스도에 대한 믿음을 근거로 해서 유지되는 것이었다. 장차 그리스도의 통치의 홀은 시온에서 나오게 될 것이기에 그리스도는 자기 백성들의 회개를 기다리고 계셨다. 하지만 우리는 그 눈먼 백성들에 의해서 거절당하신 그리스도께서 영화롭게 되었다는 성령의 증거를 보게 되었다. 스데반의 죽음은 이러한 거절을 표면적으로 드러내는 계기를 만들었고, 여기 이 땅에서 이스라엘을 다시 받으시는 것이 아니라, 자신의 종의 영혼을 위에서 영접하기 위해서 일어서시는 하늘에서 하나님의 영광 중에 계신 인자의 모습을 볼 수 있게 해주었다. 그리스도 혹은 메시아의 모습에서 (고난을 받으시고 하늘과 땅의 모든 것을 상속받으시는) 인자의 모습으로의 전환은 이미 복음서에서 예수님이 가르치신 내용이었다. 예를 들어서 누가복음 9장을 보라. 이제야 비로소 (주님이시면서, 동시에 그리스도로서 자신의 권리를 잃지 않으시는 것이) 하나의 사실로 확증되었다. 그 두 가지 직분은 장차 올 세상을 위해 보존되었다. 하지만 여기서 바울은 여전히 예루살렘에서 계속해서 역사하셨던 하나님이 새로운 장면을 시작하시는 첫 장면 속으로 들어간다. 그것은 하나님의 아들에 대한 새로운 계시를 통해서 시작되었다. 육체를 따라 그리스도를 개인적으로 만난 일이 없는 사람, 바로 바울을 통해서 새로운 장면이 시작된 것이다. 사울(바울)은 처음으로 하늘 영광 가운데 계신 예수님을 보았고, 그 영광스러운 모습은 인간의 눈으로는 감당할 수 없을 정도로 찬란한 것이었다. 그 모습은 이 땅에 계실 때 주님으로 계시된 예수의 모습이 아니었고,[7] 자신을 예수로 선포하신 영광의 주님이었다. 그렇다면 바울과 그의 사역에서, 지상에 계셨던 주님은 어디에 있는가? 바로 그리스도의 사람이 된 사람들 속에서 볼 수 있다. 하늘에 계신 주님을 의심의 여지없이 보았던 사울은 "주여 뉘시오니이까?" 하고 물

---

7) 사도행전을 살펴보면, 바울이 회심한 이후 그가 전파하기 전에는, 예수님은 결코 하나님의 아들로 전파되신 적이 없었다는 사실을 보게 된다. 베드로에게, 복음은 항상 지상에서 알고 있던 사람이신 예수님이 영화롭게 되신 것이었다. 하지만 바울은 회심 이후 즉각적으로, 회당에서 예수님이 하나님의 아들이심을 전파했다. 여기서 우리는 하나님의 섭리에 있어서 무슨 불완전한 요소가 있는가 하고 생각할 필요가 없다. 그와는 반대로, 오히려 그것을 완전성의 증거로 보아야 한다. "하나님이 그 아들 예수를 다시 살리시고"(행 3:26, KJV 참조)라는 표현은 하나님의 아들이라는 단어와는 전혀 다른 말이다. 오히려 "종"이란 단어로 번역하는 것이 더 정확하다. (우리 성경에는 사도행전 3장 26절이 "하나님이 그 종을 세워"로 번역되었다.)

었다. 주님은 "나는 네가 핍박하는 예수라"(행 9:5)고 대답하셨다. 성도들은 바로 그분 자신, 곧 그분의 몸이었다. 바울의 회심은 영광 중에 계신 주님과 땅에 있는 그분의 몸의 지체들이 연합을 이루고 있는 것에 대한 충만한 계시를 드러내는 사건이었다. 바울의 구원에 대한 지식과 그의 시작점은 이 두 가지 사실을 따로 떼어놓을 수 없다. 이 두 가지가 그가 쓴 서신서에서 재현되고 있다. 따라서 고린도후서 4장에서, 바울은 "만일 우리 복음이 가리웠으면 망하는 자들에게 가리운 것이라 그 중에 이 세상 신이 믿지 아니하는 자들의 마음을 혼미케 하여 그리스도의 영광의 복음[8]의 광채가 비춰지 못하게 함이니 그리스도는 하나님의 형상이니라"고 말했다. 이것은 그리스도의 고난의 가치를 더욱 놀라운 방법으로 제시할 뿐만 아니라, 동시에 사도 바울의 복음 전파에 더욱 독특한 특징을 덧입혀 준다.

369

교회에 더욱 관심을 갖게 하고자 하는 마음으로 우리가 다루고 있는 주제를 그리스도와 바울의 관계에까지[9] 확대시키지는 않을

---

8) 문자적으로 "영광의 복음"으로 번역하는 것이 더 적절하다.

9) 어쨌든 예언과 약속의 주제로서 그리스도와 (십자가 사역을 완성하심으로써) 새로운 창조의 시작과 토대로서 (새로운 창조의 머리시며, 만물을 충만케 하시는 충만으로서) 하나님 아들로 계시되신 그리스도 사이의 차이점에 대한 주제는 매우 흥미로운 주제임에 틀림이 없다. 새로운 창조를 통해서 하나님과 죄로 인해서 파괴되었던 관계가 다시금 재정립될 수 있었다. 동시에 그리스도는 새로운 시작, 기초, 교회의 머리가 되셨고, 죽음을 통해서 자신의 육체의 몸 안에서 화목을 이루셨고, 하나되게 하셨고, 다시 살리신 사람들을 성령님의 역사로 자신과 한 몸을 이루게 하셨다. 이 두 가지 것들이 총체적으

것이다. 지상에 대한 하나님의 섭리가 무엇이었든지 간에, 문제가 영광의 주님과 그 몸의 지체에 대한 것일 때, 유대인과 이방인의 모든 문제는 끝나게 되는 것이 분명하다. 관계들이 하늘에 속한 것이 되고 또 하늘에 있는 그리스도의 몸의 하나됨 속에 있게 될 때, 거기엔 유대인도 없고 또 이방인도 없다. 교회는 이러한 교회의 신분에 대한 계시를 따라 지상에 설립되었고, 이 때문에 교회는 박해를 받았다. 교회가 하늘에 있는 주님과 연합을 이루고 있었기 때문이었다. 그리스도의 몸의 지체들을 핍박하는 것은 영광을 받으신 주님을 핍박하는 것이었다.

370
이 사실만으로는 참으로 보배로운 진리의 토대가 마음에 충분히 전달되지 않을 수도 있다! 우리는 우리가 그리스도와 연합을 이루고 있는 것에 대한 강력한 표현을 (주님의 마음과 입술을 통해서) 소유하고 있다. 그리스도는 그 몸의 가장 연약한 지체조차도 자신의 일부로 여기신다. 이제 좀 더 자세히 살펴보자. 이로써 우리는 교회에 대한 총체적인 교리를 볼 수 있을 것이다.

우리는 사도 바울의 서신서를 자세히 상고할 것이다. 서신서 가운데 로마서는 교회를 주제로 하고 있지 않다. 율법 없는 이방인과 율법 아래 있었던 유대인 모두 하나님 앞에서 유죄상태에 있음을

로 비밀을 이루고 있었다. 두 번째 부분은 말씀에서 더욱 자세히 다루어지고 있다. 이 사실로부터 이방인들이 몸에 가입되는 것의 정당성이 확보된다. 이 주제에서 가장 흥미로운 부분은 그리스도의 위격이 가진 영광이다. 이것이야말로 하나님의 모든 계획이 굳건히 설 수 있는 토대인 것이다.

피력한 후에, 로마서는 개인들이 하나님 앞에서 의롭게 되는 길을 제시하고 있다. 의롭다 함을 받는 것은 율법에 의해서 되는 것이 아니라, 믿음을 통해서 된다. 칭의(稱義)에 이르고, 생명에 이르기 위해선, 죄인이 전혀 새로운 입장에 들어가야 하기 때문에 (즉 죄의 통치권 밖에 있는 새로운 생명이 들어와야 하기 때문에) 부활이 소개되고 있다. 또한 율법의 존재 때문에, 신자는 은혜로 의롭다 함을 받으며, 새롭게 되고, 하나님의 후사가 되며, 이후로는 성령의 정서를 가지게 되고, 그 무엇도 신자를 사랑에서 끊어 낼 수 없는 바로 그 사랑에 의해서 영광에 이르도록 보호를 받는다. 이 사실을 굳게 한 후, 사도 바울은 유대인과 이방인이 아무런 차별이 없이 하나로 화목을 이룬 사실을 (로마서 9,10,11장에 걸쳐서) 설명하면서, 유대인들에게 약속된 이 모든 축복에 이방인들도 함께 참여하고 누리게 되었음을 선포한다. 바울은 이방인들이 접붙임을 통해서 아브라함의 자손으로서 약속에 함께 참여하는 영적 계보(a continuation of the line)에 들어갔음을 보여주고 있다.

로마서의 주된 주제가 교회에 대한 가르침을 주는 것은 아니었지만, 로마서의 후반부에서 하고 있는 권면들은 다메섹 도상에서 받은 계시로부터 자연스럽게 흘러나오는 중요한 요소로 우리를 영적 무장시켜주기에 충분하다. 그리스도의 몸의 지체가 된 우리는 필수적으로 "그리스도 안에서 한 몸이 되어 서로 지체가 되었[다]"(롬 12:4)는 것이다. "우리가 한 몸에 많은 지체를 가졌으나 모든 지체가 같은 직분을 가진 것이 아니니 이와 같이 우리 많은 사람이 그리스도 안에서 한 몸이 되어 서로 지체가 되었느니라 우리에게 주신 은혜대로 받은 은사가 각각 다르니."(롬 12:4-6)

교회는 절대적으로 하나이다. 이는 사도 바울이 지상에 있는 교회에 대해서 말할 때 의미하는 바였다. 비록 지금은 그 영혼이 주님께로 가서 주님과 함께 하고 있는 지체들이 많이 있었지만, (따라서 이 사람들은 더 이상 지상에서 주님께 영광을 돌릴 수 없었다. 지상은 주님이 거절을 당하신 곳이고, 사탄이 권세를 행사하는 곳이었다.) 바울은 다만 땅에 남아있는 사람들만을 그리스도의 몸으로 언급했다. 그 실제적이고 참된 의미에서 몸은 지상에 남아있는 사람들로만 구성되는 것이었다.

고린도전서는 우리에게 이 점에 대한 보배로운 교훈을 준다. 고린도전서는 지역교회 혹은 특정 교회의 내부에서 일어나는 일에 대한 상세한 내용을 다루면서, 동시에 주의 이름을 부르는 모든 사람들에게 교훈을 준다. 한 지역에서 하나의 몸으로 모이고 있는 그리스도인들은 총체적인 몸의 하나됨[10]을 실현하기엔 턱없이 모자란다는 것을 가르치고 있다. 예루살렘에 있는 교회는 처음에는, 이 두 가지가 동시적으로 실현되었다. 비록 많은 교회들이 있었지만, 여전히 각 지역에 사는 그리스도인들은 하나의 몸으로 모이고 있었

---

10) 사람들은 총체적인 몸을 비가시적인 교회로 보고 싶어 한다. 가시적인 교회에는 악이 틈탈 수 있기 때문이다. 하지만 침례는 교회 속으로 들어가게 하는 것이 아니라, 일반적으로는 지상에 있는 교회에 들어가게 하는 것이 맞다. 침례를 통해서 몸된 교회에 더해진다는 생각은 성경에서 지지를 받지 못한다. 여기서 차이점은 (우주적)교회와 (지역)교회들에 있는 것이 아니라, 인간의 책임 아래 있는 교회와 하나님의 계획 가운데 있는 교회에 있다. 하나님의 계획은 반드시 성취될 것이다. "주께서 자기 백성을 아신다 하며 또 주의 이름을 부르는 자마다 불의에서 떠날지어다 하였느니라." (딤후 2:19) 이러한 것이 하나님의 메달이 가지고 있는 두 가지 측면, 즉 앞면과 뒷면인 것이다. 비가시적 교회와 가시적 교회들이 아니다.

고, 그 지역에서 교회 또는 하나님의 교회를 이루고 있었다. "고린도에 있는 하나님의 교회."(고전 1:2) 이렇듯 오직 하나의 교회만 존재했다. 고린도 교회는 고린도에서 그리스도 예수 안에서 거룩하여지고 성도라 부르심을 입은 자들이 교회를 형성하고 있었다. 사도 바울은 그들의 존재가 끝까지 견고케 될 것으로 생각했다. 그들은 세상 밖으로 불러냄을 받았고, 그들의 신앙고백과 하나의 몸처럼 일치된 행실 때문에 세상과는 완전히 구별된 하나의 몸을 이루고 있었다. 세상과 개인들이 맺는 관계에는 아무 변화가 없었고, 일상적인 삶의 범위도 달라진 것이 없었다. 이 모든 관계 속에서 가장 주요하고도 결정적인 부분은 형제들과 세상 사이에 구분이 생긴 것이었다. 그 결과, 외인과 교중 사람들이 존재하게 되었다. 다시 말해서 교회는 개인들의 행실에 있어서 도덕적인 변화가 아니라, 하나의 몸으로서 단체적인 행실과 하나의 몸으로서 공식적으로 세상과 구별되는 문제이다. (고전 5:7-13, 10:17,21,22을 읽으라. 그리고 고후 2장, 6:16,17을 비교해보라.) 주의 만찬은 그들을 한 곳으로 모으는 외적인 표징이었다(고전 10:17). 이제 성령의 임재가 몸 안에, 즉 그리스도의 전체 몸에 나타났다. 하지만 성령의 임재는 지역 교회의 상태에 따라 달리 나타나고 체험된다.

371

이처럼 몸된 교회 안에 거하시는 성령의 임재와 개인 속에 거하시는 성령의 임재와는 차이가 있다. 개인의 몸은 성령의 전이다(고전 6:19). 교회도 성령이 그 안에 거하시기 때문에, 성령의 전이다(고전 3:16,17).

이처럼 흩어진 정보를 함께 모은 후, 우리가 살펴볼 주제를 잘 설명하고 있는 고린도전서 12장을 살펴보고자 한다. 게다가 고린도전서 12장은 교회에 나타난 영적인 권세를 소개해준다. 마귀들은 여럿이다. 하나님의 영은 그분의 나타남은 여러 가지이지만 오직 하나의 영이시다. 이러한 성령의 다양한 역사는 은사를 통해서 나타난다. 이러한 은사들은 공동의 목적을 위해서 주어지며, 성령님이 자신의 뜻대로 각 사람에게 나눠주신다. 고린도교회에는 이러한 은사들이 상당히 개발되어 있었다. 마귀의 계략에 속은 그들은 이러한 마귀들의 활동적인 나타남과 성령의 나타남을 혼동하는 위험 가운데 있었다. 왜냐하면 은혜를 구하기 보다는 능력을 구하고 있었기 때문이다. 사도 바울은 우선적으로, 하나님의 영과 마귀들을 분별할 수 있는 절대적인 기준을 제시했다. 즉 예수님을 주님으로 고백하는 것이었다. 이 고백은 마귀들이 결코 할 수 없는 것이었다. 이후에 바울은 고린도 교회 성도들로 하여금 성령의 임재에 대한 바른 교리를 이해시키는 일로 고통을 겪었다. 이렇게 하는 일은 예수님의 주되심을 고백하는 것보다 더 나아가는 일이었다. 이 고백은 그 일의 시금석이었다. 성령님은 모든 그리스도인을 한 몸으로 연합시키셨다. 그리스도인의 사역, 혹은 은사의 활용이란 몸의 지체로서 총체적인 몸의 공동선(共同善)을 위해서 각자의 기능을 활용하는 것에 불과했다. 은사는 한 분 성령님께서 각 사람에게 나누어주신다. "몸은 하나인데 많은 지체가 있고 몸의 지체가 많으나 한 몸임과 같이 그리스도[11]도 그러하니라."(고전 12:12) 교회는 그리스도의 몸이다. "우리가 … 다 한 성령으로 세례를 받아 한 몸이

---

11) 머리와 몸의 일체성은 이 구절을 통해서 놀라운 방법으로 표현되었다.

되었고"(고전 12:13) 이렇게 몸의 하나됨과 통일성이 확립되었고, 모든 은사는 이 몸의 지체들에게 주어진다는 개념에서 주어졌다. 그렇다면 모든 형태의 사역은 이 몸의 지체들의 활동인 것이다. 이러한 진리의 결과, 은사가 활용되는 영역은 바로 몸의 범위 안이라는 것이 분명해진다. 지체들은 몸을 세우는 일에 자신을 드려야할 의무가 있다.

372
고린도전서 12장은 최고의 순간을 위한 여러 진리들을 우리에게 계시하고 있을 뿐만 아니라 하나님이 특별히 이러한 하나됨을 산출하고, 이러한 몸을 형성하는데 사용하시는 방법이 무엇인지를 소개하고 있다. "한 성령으로 세례를 받아 한 몸이 되었[다.]"[12]"(고전 12:13) 십자가 사역을 완성하시고, 하늘에 오르신 그리스도는 아버지께서 약속하신 것, 즉 성령님을 받으셨고 한편으로는, 이렇게 성취된 일의 증인으로서, 또한 하나님의 우편에 계신 예수님의 영광을 증거하실 증인으로서 성령님을 이 세상에 보내셨다. 다른 한편으로는, 이 몸의 지체들을 자신과 연합시키고 동시에, 유대인이나 이방인이나 서로 하나가 되도록 하셨다. 이제는 하늘에 계신 머리, 즉 주 예수님과 오직 한 몸을 이루게 하심으로써 유대인과 이방인의 모든 차별을 폐지시켰다.

---

12) 주의 만찬은 이러한 하나됨의 외적인 표지이며, 하나로 모이는 중심이다. 성령의 임재가 이렇게 모이는 일의 능력으로 작용한다(고전 10:17). 이 선언은 주의 만찬에 매우 특별한 특징을 더해준다.

373

두 개의 진리가 고린도전서 12장의 가르침을 통해서 선명하게 드러났다. 첫 번째, 몸의 형성은 하늘로서 오신 성령님의 임재를 통해서 이루어졌다. 두 번째, 이 몸은 지상에서 형성되었다. 말씀에 기록된 대로 몸의 하나됨은 성령님이 이 세상에 오신 이래로, 필연적으로 지상에서 이루어진다. 부가적인 여러 상황들은 이 진리를 확증해준다. 분명 앞에서 다룬 은사들은 지상에서 활용되는 것이다. 제자들은 성령의 임재를 통해서 그들을 하나로 묶여주었던 연합을 통해서 그리스도의 몸을 이루고 있었다. 한 분 성령님의 존재로 그들은 하나가 될 수 있었고, 동시에 총체적으로 하나의 몸을 이루고 있었다. 이미 인용한 구절들이 이 마지막 두 가지 포인트 사이의 차이점을 설명하고 있다. 즉 고린도전서 3장 16절은 전체 몸이 하나님의 전(殿)임을 가르치고 있으며, 6장 19절은 각 신자가 개인적으로 하나님의 전(殿)임을 말해주고 있다.

이러한 하나됨은 몸의 모든 지체들이 장차 하늘에서 만나게 될지라도 사라지지 않을 것이다. 하나님이 예수 안에서 자는 자들의 영혼을 그 영광의 날까지 지키신다. 하지만 그리스도 몸의 하나됨이 나타나는 것은 바로 지금 지상에서 이루어지는 것이다. 왜냐하면 성령님이 이러한 하나됨을 이루고자 오셨기 때문이다. 우리는 믿음을 통해서 영혼들이 그 날까지 예수 안에서 보호될 것을 잘 알고 있다. 따라서 몸에서 이탈한 사람들은, 현재적으로 지상에서 하나의 몸으로 교제하는 위치에 있는 사람이 될 가능성이 없으며, 그뿐 아니라 하나됨을 나타낼 길도, 혹은 그리스도의 영광을 위한 봉사를 할 길도 없게 된다.

성령님이 오신 곳, 그리고 성령님이 거하시는 곳은 교회로 모이는 곳이며, 그 머리되신 주님께서 아버지 우편에 앉아계신다. 교회를 향해 말씀하시는 성령님은 지상에 있는 그리스도인들에게 자신을 나타내시며, 그들에게만 말씀하신다. 따라서 성경은 "너희는 그리스도의 몸이요 지체의 각 부분이라 하나님이 교회 중에 몇을 세우셨으니 첫째는 사도요 둘째는 선지자요 셋째는 교사요 그 다음은 능력이요 그 다음은 병 고치는 은사와 서로 돕는 것과 다스리는 것과 각종 방언을 하는 것이라"(고전 12:27,28)고 말한다.

374
계속해서 이것을 지상에 있는 교회에 적용해야 한다.

하나님은 우리에게 교회가 그리스도의 몸인 것을 가르치셨다. 따라서 교회는 하늘로서 오신 성령님에 의해서 지상에서 하나됨을 이루고 있으며, 이 몸의 지체들에게 다양한 은사를 주신 것을 통해서 자신을 나타내셨다. 이러한 성령의 임재는 영혼들의 중생의 역사와 중생한 사람의 마음 속에서 역사하시는 성령의 역사와도 구별된다는 사실을 강조하고 싶다. 이것은 비록 방법은 같지 않지만, 그럼에도 아들이 아버지에 의해서 참되고 인격적으로 보내심을 받은 것처럼, 성령님이 위로부터 보내심을 받아 몸 안에 거하시게 된 것이다. 사도행전 1장 5절을 통해서 볼 때 성령 세례는 성령의 강림 자체라는 것이 분명해진다.

갈라디아서는 칭의 문제와 및 율법과는 대조적으로 하나님의 약속을 따라서 기업에 참여할 권리를 얻는 문제를 다루고 있을 뿐이며, 교회에 대한 가르침은 오로지 그리스도인들은 그리스도 예수 안에서 하나라는 것(갈 3:28)이 전부이다.

에베소서는 이 주제를 좀 길게 다룬다. 따라서 특별한 주의를 기울일 필요가 있다.

에베소서 1장은 주권적인 은혜의 기초를 놓은 후, 하나님의 확정된 목적을 선언한다(10절). 그것은 "하늘에 있는 것이나 땅에 있는 것이 다 그리스도 안에서 통일되게 하려[는]" 것이다. 기업을 주실 것에 대한 확증으로 하나님의 자녀들을 성령으로 인치신 것을 지적한 후, 만물에 대한 머리로 세움을 받으신 그리스도와 그 몸으로서 교회가 연합을 이루고 있음을 소개하고 있다.

에베소서 2장은 그리스도와 교회가 연합을 이룰 수 있게 해준 능력의 역사와 이 연합을 이루고 있는 방식을 보여준다. 그리고 유대인도 이방인과 마찬가지로 본질상 진노의 자녀였으며, 둘 다 허물과 지은 죄들로 때문에 죽어 있었지만, 이제는 그리스도와 함께 살아났으며, 함께 일으킴을 받았고, 그리스도 안에서 함께 하늘에 앉아 있음을 보여준다. 따라서 차이가 사라졌다. 하나님은 이 둘을 한 새 사람으로 만드셨다. 이 둘을 십자가에 의해서 한 몸으로 화목시키셨다. 바로 그 결과가 교회였다. 그 일이 교회 안에서 이루어졌다. 그리스도인은 사도들과 (신약의) 선지자들의 터 위에 세움을 입었고, 예수 그리스도께서 친히 모퉁이 돌이 되셨다. 이방인도 유대인과 더불어 성령을 통해서 하나님의 거하시는 처소로 건축되었다. 에베소서 2장은 (마태복음에 있는 말씀대로) 교회가 하늘에 있는 그 머리와의 연합을 통해서 이미 하늘에 있는 것으로 설명하고 있다. 교회의 부르심은 절대적으로 하늘에 속한 부르심이었다. 이스라엘이 열방들로부터 구별되었던 것처럼, 교회는 세상으로부터 구별되었다. 교회는 더 이상 세상에 속하지 않는다. 지상에서 교회가 형성되는 일은, 십자가를 통해서 중간에 막고 있는 담을 허무는 것으로 시작되었다. 그래서 교회는 한 새 사람이 되었다. 유대인과 이방인은 하나의 몸으로 하나님과 화목을 이룬 존재가 되었다. 그 뿐만 아니라 우리는 과거 여호와께서 거하셨던 사람의 손으로 지은 성전이 아니라, 유대 신자와 이방인 신자들이 하나의 몸으로 연합체를 이룸으로써 지상에서 하나님이 거하시는 처소로 지어진 것을 볼 수 있다. 이러한 하나님의 처소는 성령을 통해서 지어졌다. 바로 이 진리가 지상에 있는 교회의 진정한 특징을 부여해준다. 이러한 특징은 가장 중요하면서도 명백한 것이며, 참으로 중대한 책임을 부여해주는 것이기도 하다. 나는 그 특징을 가장 보배로운 것이라고 부르고 싶다. 이에 따르는 그리스도인들의 모든 책임은 은혜에서 비롯된다. 이러한 책임에 대한 교회의 충성스러움이 부족할지라도, 최종적으로는 하나님께 모든 감사를 돌려야 한다. 왜냐하면 교회는 이러한 특징을 잃을 수 없기 때문이다. 왜냐하면 하나님의 은혜와 약속에 기초하고 있기 때문이다. 게다가 또 다른 보혜사이신 진리의 영께서는 그리스도처럼 떠나가지 않을 뿐더러 그리스도의 사람들과 영원토록 함께 있기 때문이다. 이 모든 일이 바로 지상에서 일어난다는 것은 매우 분명한 사실이다. 비록 지상에서 일어나는 일이긴 해도, 우리의 특별한 지위는 우리 머리되신 그리스도 안에서 하늘에 앉아 있는 것일 뿐만 아니라, 우리는 장차 우리가 그리스도에게로 모이는 날 우리의 상태도 (그리스도처럼) 영광스러운 모습으로 변화될 것을 기다리는데 있다.

375

에베소서 3장은 전체가 하나의 삽입된 것처럼 보이는데, 지난 모든 세대동안 감추어왔지만 이제는 드러나게 된 이러한 비밀을 소개하고 있다. 사도 바울은 이 비밀을 위한 사역자였다. 즉 이방인들이 모든 성도들과 더불어 동일한 몸의 지체가 되는 것이었다. 이 부분에 대한 설명은 다음으로 미루고자 한다. 교회가 하나님의 각종 지혜와 섭리를 알리는 도구라는 측면을 우선적으로 다룰 것이다.

에베소서 4장은 두 번째 교리의 적용을 다룬다. 사도 바울은 성도들에게 부르심을 받은 소명(the vocation)에 합당하게 행하라고 권면했다. 소명이란 성령으로 말미암아 하나님의 거하시는 처소가 되는 것이다. 하나님의 임재 의식은 항상 겸손을 낳는다. 이 점을 강조하면서 바울은 평안의 매는 줄로 성령의 하나 되게 하신 것(2장에서 이미 소개된 것)을 지키라고 말했다. 여기서 핵심적인 교리는, "몸이 하나이요 성령이 하나"라는 것이다. 이 교리는 사도 바울로 하여금 몸과 연결되어 있는 은사의 문제로 나아가게 했다. 그리스도는 사탄에 대한 승리를 획득하셨고, 자신이 구속한 교회에게 승리의 증거로서 능력을 주실 수 있었다. 이 능력은 교회를 원수의 압제로부터의 구출하고, 또 교회로 하여금 이처럼 신기한 능력과 및 이 일의 증거의 그릇이 되게 했다. 성령의 은사들을 수단으로 해서 그리스도는 몸된 교회를 양육하고, 몸의 성장을 도모했다. 은사의 활용은 그리스도의 몸을 세우기 위한 것이었다. 우리가 지금까지 살펴본 내용들에 이어서 다음의 구절들을 읽어보면 상당히 유익할 것이다. "그가 혹은 사도로, 혹은 선지자로, 혹은 복음 전하는 자로, 혹은 목사와 교사로 주셨으니 이는 성도를 온전케 하며 봉사의 일을 하게 하며 그리스도의 몸을 세우려 하심이라 우리가 다 하나님의 아들을 믿는 것과 아는 일에 하나가 되어 온전한 사람을 이루어 그리스도의 장성한 분량이 충만한 데까지 이르리니 이는 우리가 이제부터 어린아이가 되지 아니하여 사람의 궤술과 간사한 유혹에 빠져 모든 교훈의 풍조에 밀려 요동치 않게 하려 함이라 오직 사랑 안에서 참된 것을 하여 범사에 그에게까지 자랄지라 그는 머리니 곧 그리스도라 그에게서 온 몸이 각 마디를 통하여 도움을 입음으로 연락하고 상합하여 각 지체의 분량대로 역사하여 그 몸을 자라게 하며 사랑 안에서 스스로 세우느니라."(엡 4:11-16)

따라서 측량할 수 없는 그리스도의 풍성을 가지고, 그리스도는 자신이 성취한 구속의 능력으로 만물을 충만하게 하신다. 이러한 풍성함은 그리스도의 교회의 덕을 세우는 근거를 형성하고 있다. 이제 그리스도는 구약의 예언들과 약속들을 성취하시는 단순한 메시아가 아니라, 아무 선지자도 생각하지 못했고, 전혀 예언되지 않았던 위대한 비밀의 머리이시다. 각 지체는 각자에게 주신 은혜를 따라서 이러한 그리스도의 풍성함을 몸의 덕을 세우는 일에 드리는 일에 참여하고 있다. 몸은 각 지체들의 사역을 통해서 건축되며, 이로써 그리스도의 장성한 분량에 이르기까지 자라간다. (이처럼 충만함을 계시해주는 진리는 몸된 교회를 그 충만함을 계시해주신 그리스도에게까지 자라게 해주는 수단이 된다.) 따라서 그리스도의 장성한 분량은 항상 목적이며, 도달해야 하는 유일한 목표인 것이다.

376

이 얼마나 무한한 은혜인가! 은혜가 아니고선 다른 것으로는 가능하지 않다. 그리스도의 계시를 수단으로 해서 교회는 성장하게끔 되어 있다. 그리스도는 사망의 바닥에서 일어나 하나님의 보좌에 앉으심으로써 만물을 충만케 하시는 충만으로 존재하신다. 사랑 안에서 오셨고, 의(義) 안에서 하늘로 오르셨다. 창조에 의해서 뿐만 아니라 구속에 의해서, 자신의 소유물이자 자신이 만드신 세상에서 원수 마귀에 의해서 축출되셨다. 사실상, 그리스도는 자신의 권세로 모든 일을 완성하심으로써 사탄을 세상에서 축출하실 것이다. 이제 몸은 어디에 있는가? 이러한 은사들은 어디서 활용되고 있는가? 이처럼 몸의 성장은 어디서 이루어지는 것인가? 하나님을 찬송하라! 바로 이 땅에서 이루어진다. 그리스도의 몸을 세우는 일은 그리스도께서 십자가 구속을 완성하신 후, 하나님 우편에 앉아 계신 동안 그리스도께서 지금 하시는 일이다. 이 일은 성령을 통해서 된다. 이 사역의 대상은 하나의 몸으로서 그리스도의 몸이며, 몸의 지체들을 통해서 이루어가는 성령의 사역이다. 이 사역을 통해서 몸은 하나님의 마음을 따라 그리스도 안에서 자라간다. 그리스도께서 이 몸의 머리이시며, 이 몸은 그리스도의 지체들로 구성되어 있다. 게다가 사도 바울은 총체적인 몸을 보고 있었다. 여기서 말하는 총체적인 몸은 이 땅에 나타난 교회를 가리킨다. 자애로 불리는 사랑이 필수적으로 교회의 모든 지체들, 즉 그리스도의 지체된 사람들을 아우르고 있었다. 하나님의 생각과 교회가 가진 특권의 총체적인 측면에서 나타난 이 모든 것과 교회 사이의 연결은, 에베소서 3장의 끝부분에 놀라운 방식으로 소개되어 있다. 즉 사도 바울은 이렇게 외치고 있다. "우리 가운데서 역사하시는 능력대로 우리의 온갖 구하는 것이나 생각하는 것에 더 넘치도록 능히 하실 이에게 교회 안에서와 그리스도 예수 안에서 영광이 대대로 영원 무궁하기를 원하노라 아멘."(엡 3:20,21)

377

나는 무한히 보배로운 가르침을 담고 있는 에베소서 5장은 살펴보지 않을 것이다. 왜냐하면 이미 이 책의 초반부에서 이 부분을 독자들에게 상기시켰기 때문이다. 에베소서는 몸으로서의 교회와 그리스도께서 그 머리이심을 밝힘으로써 교회에 대한 주제를 다루는 서신이다. 이 하나의 몸은 예수님의 승천 이후 이 땅에서 형성되고 발전되고 있으며, 하늘로서 오신 성령님을 통해서 교회는 하나님이 거하시는 처소로 지어져가고 있다. 이 몸된 교회를 통해서 하나님의 영광은 장차 오는 모든 세대에 빛날 것이다. 이 몸된 교회는 지상에서 사탄을 이기고 승리하신 승리를 선전하는 성령의 도구이다. 이 성령님은 이 땅의 곳곳마다 하나님이 그리스도로 말미암아 이루신 구속의 영광을 선전할 뿐만 아니라, 그리스도께서 사망을 이기시고 아버지의 보좌로 높임을 받으심으로써 승리하시고 영광의 자리에 앉게 한 능력의 증인으로서 보내심을 받았다. 게다가 성령님은 교회를 하늘(들)에 거하시는 머리되신 그리스도와 연합시키시고, 그리스도 안에서 함께 그 자리에 앉은 자로서 하늘의 부르심을 교회에 주시는 분이시다. 처음부터 그 완전함 가운데 형성된 이 몸은 교회 안에 거하시는 성령의 에너지를 통해서 자라도록 되어 있었다. 마치 한 어린아이가 성인의 상태에 이르기 위해서 모든 부분에서 온전해지면서 자기 속에 있는 생명의 능력을 통해서 자라는 것과 같다.

골로새서는 우리가 살피고 있는 주제에 대한 몇 가지 보배로운 가르침을 준다. 에베소서는 하나님이 만물을 그리스도 안에서 통일시키시는 분이시며, 교회는 그리스도의 몸으로서, 그리고 만물에 대한 그리스도의 통치에 참여한 자로서 그리스도와 연합을 이루고 있음을 가르친다. 반면 골로새서는 동일한 진리를 다른 측면에서 가르친다. 우리는 골로새서 1장에 소개된 그리스도의 개념이, 선지자들의 증거를 따라 유대인의 소망으로서 메시야의 개념과 다를 뿐만 아니라 에베소서에서 발견하는 개념과도 사뭇 다르다는 점을 볼 수 있다. 우선적으로 성경이 말하고 있는, 그리스도께서 가지고 계신 이중적인 영광, 즉 만물의 머리와 교회의 머리로서 그리스도께서 얻으신 이중적인 영광에 대해서 살펴보자. 골로새서 1장 15-16절에서, 그리스도는 "모든 창조물보다 먼저 나신 자"로 소개되어 있다. 그 이유는, 그리스도께서 만물을 창조하신 분이시기 때문이다. 만물을 창조하신 분께서 그 피조물 가운데 한 사람으로서 자신의 자리를 취하셨지만 마침내 만물의 머리가 되셔야만 했다. 이 사실이 17절에서 확증되고 있다. 그리스도의 영광의 두 번째 부분은 18절에서 선포되어 있다. 그리스도는 몸인 교회의 머리이시다. 그리스도는 시작이시며, 죽은 자들 가운데서 먼저 나신 분이시다. 에베소서 1장 22-23절에는 두 개의 진리가 제시되어 있다. 이 두 가지 진리가, 모든 충만으로 그리스도 안에 거하게 하심으로 그리스도께서 가지고 계신 두 가지 다른 영광을 따로 구분해서 소개하고 있다. 만물을 자기와 화목케 하시고, 교회와 화목을 이룬 내용이 이어지고 있다. 그리스도의 십자가의 피로 화평을 이루신 하나님은 만물, 곧 땅에 있는 것들이나 하늘에 있는 것들을 그리스도로 말미암아 화목시키는 것이었다. 이것은 16절에 대한 응답이다. 그리고 나서 사도 바울은 골로새 그리스도인들에게 이렇게 말한다. "전에 악한 행실로 멀리 떠나 마음으로 원수가 되었던 너희를 이제는 … 화목케 하사."(골 1:21-22) 이것은 18절에 대한 응답이다. 그들은 그리스도께서 머리이신 교회의 일부이며, 교회는 지금 이러한 화목이 이루어진 곳이다. 24-25절은 그리스도의 이중적인 영광과 이중적인 화목과, 이중적인 사역 - 즉 천하 만민에게 전파해야 하는 복음의 사역과 그리스도의 몸된 교회의 사역 - 을 각각 소개하고 있다. 이 사역은, 앞에서 소개하고 있는 모든 계시적인 교리들을 보완하는 차원에서, 하나님 말씀의 가르침을 완결시키는 사역이었다(24-26절). 교회는 지나간 시대와 세대들 가운데 감추어 온 비밀이었다. 이 비밀은 계시된 모든 특권들 속으로 이방인을 받아들일 뿐더러, 그리스도에 대해 말할 때, 단순히 유대인 영광의 면류관과 완성자로서가 아니라 성령을 통하여 그리스도께서 이방인들에게도 영광의 소망이 되시는 것이었다. 유대인 가운데 계셨던 예수님은 마땅히 메시아로서 대우를 받으셔야 했음에도 그렇지 못했지만, 장차 그들에게 약속된 영광을 성취하는 분으로 나타나실 것이다. 하지만 이방인 가운데 성령으로 임재하신 그리스도는 영광의 소망이실 뿐만 아니라, 더욱 탁월한 영광, 즉 하늘 영광의 소망이시다. 에베소서에 보면, 그리스도는 하나님 우편에 높임을 받으셨고, 거기서 성령님을 교회에 보내주심으로써 사람으로서 원수에 대한 승리를 이루신 그분의 권능의 나타남과 그분의 승리에 대한 증거를 삼으셨다. 이제 그리스도는 지상에 세워진 교회의 영광스러운 머리이시다. 골로새서에 보면, 그리스도는 교회에 임재해 계심으로써 자신이 친히 들어간 하늘 영광에 이방인들도 확실히 이르도록 인도하시는 분이시다. 그렇다면 골로새서 1장은 매우 흥미로운 방식으로 교회가 들어간 탁월한 위치를 보여주고 있다. 부활하신 그리스도는 머리이시다. 교회는 그 몸이다. 교회가 들어간 화목의 실제적인 효과는, 십자가 피를 통해서 이룬 화목을 기초로 해서 지금 나타나고 있다. 유대인 뿐만 아니라 이방인도 교회에 속해 있다. 성령을 통해 영광의 소망이신 그리스도께서 교회 안에 거하신다. 영광의 소망이란 표현은 논란의 여지없이, 교회를 지상에서 하늘에 속한 영광에 이르는 확실한 소망을 가진 독보적인 존재로 생각하게끔 해준다. 교회의 하나됨은 에베소서에서 소개되고 있지 않다. 하지만 그리스도의 몸은 유일하게 하나일 수밖에 없다는 것은 명백한 사실이다.

379
나는 교리에 집중하고자 한다. 골로새서는 전체적인 가르침을 통해서 볼 때, 골로새 성도들이 몸의 머리되신 그리스도와의 친밀한 연합을 잃어버릴 위험에 처해 있음을 보여주고 있다. 사실 그리스도 안에서 모든 것이 성취되었고, 그리스도 안에서 완결되었다. 하지만 이 진리를 잊어버림으로써 여기에 무언가를 더하고자 애를 쓰는 것은, 그야말로 그리스도를 축출하려는 것이 아니면 무엇이랴. 결과적으로 골로새서는 그리스도의 부요하심과 완전성을 골로새 교회 성도들에게 부각시키는데 목적이 있었다. 반면 그리스도와의 연합의 믿음을 붙들고 있던 에베소 교회의 성도들은 자신들에게 계시된, 자신들이 소유하고 있는 특권의 총체적인 범위에 대한 가르침을 통해서 유익을 얻을 수 있었다. 한 쪽의 신실함과 다른 쪽의 불신실함, 모두 하나님의 손 안에서 모든 세대에 걸쳐 누릴 교회의 복으로 변화될 필요가 있었다.

디모데전서는 몇 개의 구절 속에 매우 보배로운 가르침을 담고 있다. 디모데전서 3장 15절은 교회를 "하나님의 집"으로, "살아 계신 하나님의 교회요 진리의 기둥과 터"로 소개하고 있다. 여기서 우리는 지상에 있는 교회의 실제적인 특징을 볼 수 있다. 교회는 하나님의 집이다. 진리를 볼 수 있는 곳이 교회이며, 그 외에서는 볼 수 없다. 이 세상에서 오직 교회만이 진리를 보존하고 있다. 성경의 이 진술을 이해하도록 하자. 교회는 진리를 만들어내는 곳이 아니라, 오히려 진리에 의해서 창조된 곳이다. 교회는 진리에 권위나 무게를 더하지 못한다. 진리는 교회가 진리로 받아들이기 이전부터 이미 하나님의 진리이다. 교회는 그 진리를 소유하고 있다. 그럴 때 교회는 존재한다. 왜냐하면 교회는 진리를 소유하고 있고, 교회만이 진리를 소유하기 때문이다. 교회 외에 어디서 진리를 볼 수 있는가? 어디에도 없다. 진리가 어디에나 있다는 추측은 하나님의 진실성과 섭리를 부정하는 것이다. 진리는 그렇게 하나님이 말씀하셨기 때문에 진리이다. 진리는 교회의 권위 아래 있지 않다. 다만 하나님의 권위 아래 있다. 하나님이 진리의 원천이시다. 진리가 있는 곳에, 진리를 수단으로 해서 한 몸을 형성하고 있는 교회가 있다. 진리를 소유하고 또 진리를 소유함으로써 존재하는 교회는 여하간 진리를 세상에 나타낼 것이다. 교회가 권위를 가지고 있긴 하지만, 교회가 가진 권위는 교회가 가르치는 내용을 진리가 되게 하지 못한다. 진리만으로 교회를 형성하지 못한다. 즉 '교회'라는 단어의 의미는 다른 여러 가지 개념들을 아우르고 있기 때문이다. 한 사람이 진리를 가지고 있다 해도 교회가 되지 못한다. 하지만 하나님의 교회는 진리를 소유함으로써 구별된다. 진리를 소유하지 못한 교회는, 교회 존재의 존립 요건 상, 더 이상 하나님의 교회가 아니다. 이

점의 중요성을 강조하다보니, 약간은 본문에서 멀어진 느낌이 든다. 하지만 이 모든 내용이 교회라는 주제와 간접적으로 서로 연결되어 있는 것 또한 사실이다.

380

교회의 소망과 사역이라는 측면에서 최종적인 교회의 모습을 제시하는 방식으로 교회를 소개하고 있는 성경 본문이 하나 있다. 요한계시록 22장 17절이다. "성령과 신부가 말씀하시기를 '오시옵소서' 라고 하는 도다. 듣는 자도 '오시옵소서' 라고 하라. 목마른 자도 올 것이요 또 원하는 자는 값없이 생명수를 받으라 하시더라."

이 구절에서 우리는 성령님께서 매우 놀라운 방식으로 로마서 8장과 매우 유사한 내용을 소개하고 있는 것을 볼 수 있다. 두 개의 본문 모두 성령님께서 오순절 이후 지상에 거하시면서 하나님의 말씀을 얼마나 중요하게 여기시며, 또 자신을 신자들과 혹은 교회와 동일시 여기시는가를 보여준다. 로마서는 8장 27절은 "마음을 감찰하시는 이가 성령의 생각을 아시나니" 라고 말하는데, 왜냐하면 "성령이 하나님의 뜻대로 성도를 위하여 간구하[시기]" 때문이다. 이제 이것은 우리의 탄식이 된다. 요한계시록에 보면 성령과 신부가 "오시옵소서" 라고 말한다. 성령님은 신부의 자리에 함께 계심으로써, 교회의 정서는 곧 성령님이 표현하시는 것과 똑같은 것이 된다. 성령님은 지상에 계시고 또 교회에 생기를 불어넣으심으로써, 교회 생각의 참 원천이 되신다. 이러한 영감어린 생각들에 의해서 생기를 얻은 교회는 성령의 영향력 아래서 자신의 정서를 표현한다. 정서의 표현에만 국한한다면, 누군가 그 정당성에 의문을 제기할지도 모른다. 여기엔 로마서 8장에서 말하고 있는 탄식도 포함된다. 성령님이 이러한 일에 자신을 연결시키신 이래로, 가장 연약한 자의 마음의 갈망조차도 거룩한 생각의 능력과 권위를 가질 수 있게 되었다. 바로 이 사실이 교회에 신적인 특징을 더해주며, 교회의 갈망과 소망에 신적인 영감을 준다. 교회는 신랑이 속히 오기를 갈망한다. 이것은 예언에 대한 문제가 아니다. 이것은 예언의 계시자이신 그리스도에 관한 것이다. 그리스도는 자신을 이렇게 소개하고 있다. "나는 … 광명한 새벽 별이라."(계 22:16) 교회는 그리스도를 안다. 교회는 그리스도께서 나타나시는 큰 날이 있기 전에 그리스도와 함께 있게 될 것이다. 교회는 그리스도와 함께 영광 중에 나타날 것이다. 따라서 그리스도께서 자신의 위격을 나타내실 때, 이것은 신랑이신 그리스도의 오심을 갈망하는 신부의 진정한 사모하는 마음을 일깨워준다. 여기엔 증거해야 하는 증거가 있다. 이제 소개하고자 한다. 교회는 듣는 사람들, 그럼에도 신부로서 가진 특권이 무엇인지를 이해하지 못한 사람들로 하여금 이러한 외침, 즉 "오시옵소서."라고 외치는 외침에 동참하라고 부른다. 그 어간에 교회는 이미 생명수 강을 소유하고서 또 목마른 사람들을 향해 나아가면서, 와서 값없이 생명수를 마시라고 초청한다. 교회가 가진 이 얼마나 아름다운 지위인가! 교회의 마음에 솟아난 처음 정서는 자신의 머리, 곧 신랑을 향하는 것이었다. 신랑은 자신을 온 세상에 나타내시기 전에 광명한 새벽별처럼 임할 것이며, 하늘에서 자신에게로 교회를 영접할 것이다. 그때 교회는 모든 신자들로 이러한 갈망에 동참하기를 바랄 것이며, 주님의 오심을 외치는 목소리를 높일 것이다. 그때까지 교회는 자신에게 은혜를 보이신 그리스도의 마음을 따라 은혜의 그릇이자 은혜의 전령으로서 소임을 다할 것이다.

381

벌레 같은 우리에게 이처럼 주권적이고 창조적인 은혜가 주어진 것을 생각해볼 때, 우리는 얼마나 복된 자리에 들어온 것인가? 만일 독자께서 요한복음 17장을 자세히 읽어보면, 그 장의 주요 주제는 신자들로 하여금 태초에 예수님이 자리했던 동일한 자리에 사도들과 더불어 특별한 방식으로 들어가게 하는 것임을 볼 수 있다. 그들은 지상에 계셨던 예수님의 자리를 대신하게 되었다. 우리는 오직 주님만이 그리스도의 영으로서, 제자들이 그러한 과업을 성취할 수 있도록 힘이 되어주실 수 있다는 것을 잘 알고 있다.

이 진리는 과연 교회의 참된 자리가 무엇인지를 이해하도록 해준다. 그리스도는 지상에 계셨지만, 그럼에도 동시에 아버지와 하나이셨다. 그리스도는 아버지를 이 땅에 나타내셨다. 그리스도는 지상에 계신 한 사람이었지만 사랑과 거룩이 다스리는 하늘의 정신과 정서를 지상에 드러내신 하늘에 속한 사람이셨다. 왜냐하면 하나님은 사랑이시고 또 거룩이시기 때문이다. 주님은 자신을 "하늘에 있는 인자"로 말씀하셨다. 주님은 죄인들에게서 떠나계셨지만, 동시에 죄인들을 향해 완전한 은혜로 대하셨다. 주님의 경우엔, 주님의 위격 때문에 그럴 수 있었다. (주님은 참 사람으로서 하나님을 전적으로 의지하셨고, 동시에 성령의 능력을 덧입고 활동하셔야만 했다. 이 사실은 사람으로서 주님의 완전성을 이루고 있었다.) 교회의 경우, 문제는 신성한 위격에 있는 것이 아니라, 그리스도께서 세상에 속하지 않으셨던 것처럼, 교회도 세상에 속하지 않다는데 있다. 하늘로서 오신 성령에 의해서 하늘에 있는 머리되신 그리스도와 연합을 이룬 교회는 그리스도와 함께 죽고 살아났으며, 하늘 처소에서 그리스도 안에서 앉아 있다. 따라서 교회의 특징은 순전히 천상적이다. 교회는 지상에 있고, 지상은 성령님이 오신 곳이다. 따라서 지상은 교회가 천상적인 행실을 나타내는 장소이며, 하늘에 속한 동기와 하늘의 마음을 드러내는 장소이다. 교회는 그리스도 안에서 성령을 통해서 천상에서 산다. 교회의 생명은 하나님 안에서 그리스도와 함께 그곳에 감추어 있다. 교회는 이 땅에선 아무 것도 구하지 않는다. 이 말은 교회는 하늘에 있는 본향을 사모하고 기다린다는 뜻이다. 교회는 하나이며, 교회는 이 사실을 알고 있다. 다른 것일 수 없다. 교회는 과연 그리스도께서 하늘 기쁨의 동반자로서 다른 신부를 가지고 있다고 생각해야 하는 걸까? 교회가 교회일 수 있는 방식은 신랑의 특징과 성령의 하나되게 하신 것 뿐만 아니라 교회의 하나됨에 있다. 교회는 지상에 있다. 교회는 자신의 본향을 그리워할 뿐만 아니라, 더욱이 자신을 신랑이신 그리스도에게로 영접하기 위해서 오시는 주 예수 그리스도를 더욱 그리워한다. 그때 주님이 계신 곳에 교회도 주님과 함께 있게 될 것이다. 그 어간에 교회는 지상에서 성령님의 임재를 통해서 한 몸으로 연합해서 증거하는 일을 감당한다. 이것이 바로 하나님께서 교회에게 그리스도께서 오셔서 자신을 영접하러 오시는 그 날까지 정해주신 자리이다. 그 날이 되면, 교회는 영광에 들어가게 될 것이며, 자신을 그곳에 있게 한 사랑을 향해서 영광을 돌릴 것이고, 가련한 죄인들에게 강력한 구속의 역사를 이루심으로써 하나님의 아들과 동일한 영광에 들어가게 하셨고 또 아버지와의 동일한 관계 속에 들어오게 하신 은총을 노래할 것이다. 따라서 "그리스도 예수 안에서 우리에게 자비하심으로써 그 은혜의 지극히 풍성함을 오는 여러 세대에 나타내[게]"(엡 2:7) 될 것이다.

382

우리가 지금까지 살펴본 내용들은 자연스럽게 우리가 다루고 있는 주제의 두 번째 부분으로 이어진다. 즉 교회가 하나님의 섭리 가운데 차지하고 있는 자리는 무엇인가에 대한 것이다.

이 질문의 천상적인 측면은 우리가 막 살펴본 몇 개의 본문 가운데서 그 대답을 찾을 수 있다. 사실 이것은 교회의 본질이 무엇인가에 대한 부분이다. 하나님은 자기 아들을 인자로서 만물의 통치자로 정하셨으며, 그의 영광을 함께 나누고 또 그의 통치에 함께 참여할 신부를 얻으실 계획을 세우셨다. 이 얼마나 영광스러운 지위인가! 참으로 무한한 하나님의 은혜로다! 하늘 영광 안에 계신 예수님의 동반자가 되는 것, 이것이 바로 교회의 신분이다. 이것은 동시에 땅에 속한 영광도 나타나게 될 것인데, 바로 구약성경의 예언의 성취를 통해서 될 것이다. 때가 찬 경륜을 위해서 하나님은 만물을, 곧 하늘에 있는 자들과 땅에 있는 자들을 그리스도 안에서 하나로 통일시키실 것이며, 머리이신 그리스도 안에서 그리하실 것이다. 그리스도의 신부이자 몸은 바로 교회이다. 지상에서 일어나는 하나님의 섭리의 역사를 보여줄 뿐더러 성취될 예언을 담고 있는 구약성경은 이 비밀에 대해서 우리에게 아무 것도 제시하고 있지 않다. 그처럼 교회는 지상에서 일어나는 하나님의 섭리에 속한 부분이 아니다. 창세 전에 계획된 하나님의 목적으로서 교회는 이러한 계획들 가운데 깊이 감추어 왔을 뿐만 아니라, 그리스도께서 이 땅에서 거절당하시고 또 하늘에서 머리의 자리를 차지하실 때까지 감추어 왔다. 이러한 영광에 대한 증거가 약속에 대한 합법적인 권리를 가지고 있던 유대인들에게 거절을 당함으로써, 만세와 만대로부터 감추어온 이처럼 영광스러운 비밀이 모든 사람들에게 완전하게 공개되었다.

383

사람에 대한 것이든 아니면 유대인에 대한 것이든 몇 가지 사실들을 생각해볼 때, 하나님의 이러한 섭리에 대한 적절성은 아무 어려움 없이 이해될 수 있다. 그리스도께서 거절당하실 때까지, 사람은 율법으로 또는 율법 없이 다양한 방법으로, 심지어는 그리스도의 위격을 통해서 제시된 은혜 아래에서도 시험을 받았다. 이는 "하나님께서 그리스도 안에 계시사 세상을 자기와 화목하게 하시며 저희의 죄를 저희에게 돌리지 아니하셨기"(고후 5:19) 때문이다. 이제 그리스도의 죽음을 통해서, 사람은 자신을 하나님의 원수로 입증했다. 그렇다면 원수는 하나님의 자비하심 조차 싫어했던 것이다. 그럼에도 하나님의 자비하심은 인간이 가진 유일한 자원이었다. 왜냐하면 자비야말로 하나님에게 속한 것이기 때문이다. 새 사람으로서 그리스도는 다시 사셨고, 영광을 받으셨으며, 하나님의 우편에 앉으셨고, 세상 밖에 계신다. 그리스도는 사람으로서 본래 하나님의 계획 속에 있던 자리를 차지하셨다. 하나님의 우편에 한 사람이 있고, 교회는 성령을 통해서 그와 연합됨으로써 그분의 몸을 이룰 수 있게 되었다.

성도들이 들어간 그처럼 높은 천상의 신분은 이전에는 존재할 수 없었다. 몸은 머리되신 주님이 하늘에서 자신의 자리를 차지하시기 이전에는, - 그 자리는 하나님의 계획 가운데 그리스도를 위해서 예비된 자리였다 - 머리와 연합을 이룬 존재로서 존재할 수 없었다.

이전 하늘에서는 영광을 받은 사람이 없었기 때문이다. 하지만 그리스도께서 영광을 받은 사람으로서 하늘에 올라가셨기 때문에 교회는 그리스도와 한 몸으로서 연합을 이룰 수 있게 되었다.

384

유대인들을 생각해보면, 다른 것들보다 더욱 중요한 이유가 있다. 즉 그들에겐 예언들과 약속들이 있었다. 그리스도께서 우선적으로 그들에게 제시되어야만 했다. 그들이 그리스도를 거절할 때까지, 신실하신 하나님은 그들의 특권을 부정하는 그 무엇도 하신 일이 없었고, 그들을 제외시키신 일도 없으셨으며, 유대인과 이방인 사이의 차이점도 허물지 않으셨다. 유대인들은 그 차이점을 계속해서 유지시키려고 했다. 하지만 예수님을 십자가에 못 박음으로써 그 모든 차이점은 끝났다. 하늘에 유대인은 한 사람도 없다. 하지만 자신의 책임에 전적으로 실패한 사람과 그들에게 주신 약속들을 이루어주기 위해서 오신 분을 거절한 유대인들에게 하나님은 인자께서 들어가신 하늘의 영광과 연결된 감추어온 비밀을 계시하셨다. 즉 이스라엘 민족이 거절하는 동안 그리스도와 연합된 몸을 형성하는 것이다. 그리고 그리스도께서 주권적인 은혜로 지상에 있는 이스라엘에 대한 섭리를 재개하실 때, 그리스도와 함께 영광 중에 그리스도의 몸이 나타나도록 하셨다. "이 비밀을 너희가 모르기를 내가 원치 아니하노니 이 비밀은 이방인의 충만한 수가 들어오기까지 이스라엘의 더러는 소경이 된 것이라."(롬 11:25, 다비역) 신실하지 못한 이스라엘은 약속의 성취를 위해서 오신 그리스도를 거절함으로써 약속을 누릴 수 있는 권리를 잃어버렸다. 결국 그들은 다른 이들과 같이 진노의 자녀였다. 하지만 그 사실이 하나님이 자기 약속을 이루시는 것을 방해하지 못할 것이다. 하나님은 사람이 신실하지 못하다고 해서, 하나님도 자신의 약속에 대해 신실하지 못하다는 것은 있을 수 없다. 하나님의 은사와 부르심에는 후회하심이 없다. 이스라엘의 소경됨은 일시적인 것이다. 이것이 바로 로마서 11장이 가르치고 있는 내용이다. "보라 너희 집이 황폐하여 버린 바 되리라 내가 너희에게 이르노니 이제부터 너희는 찬송하리로다 주의 이름으로 오시는 이여 할 때까지 나를 보지 못하리라."(마 23:38,39) 여기에 완벽한 하나님의 지혜가 있다. 자기 민족에게 오신 메시아이신 그리스도를 거절한 이스라엘은 이제 치료법이 없다. 장차 그들이 세상과 마찬가지로 가련한 죄인에 불과하게 되었을 때, 그들에게 주신 약속들을 다시 회복시키는 것은 하나님의 주권적인 은혜일 것이다. 징계 아래서, 그 날까지 지키심을 받은 이스라엘은 호세아 3장에 예언된 대로, 참 하나님도 없이 거짓 신도 없이 지내게 될 것이다(4절). 이 기간 동안 하나님은 이방인들의 숫자가 충만히 차기까지 하늘 백성인 교회를 부르심으로써 하나님의 각종 지혜를 나타내실 것이며, 이스라엘 민족을 오히려 정죄 아래 들어가게 한 그 의의 행동을 통해서 이루신 온전한 구속에 기초해서 약속보다 더 큰 역사를 이루어 가실 것이다. 사람과 이스라엘은 구속의 역사를 완성하기 이전, 지난 과거 세대의 모든 역사 동안 충분한 시험을 받았다. 하나님은 둘 모두에게 하나님의 섭리를 통해서 하나님의 지혜를 충분히 나타내셨다. 하나님의 능력, 하나님의 인내, 하나님의 긍휼, 그리고 사람의 손에 하나님의 통치를 맡기신 일과 하나님의 거룩한 법의 계명들, 약속과 기적을 통한 하나님의 간섭과 중재, 징계와 축복의 반복, 정의로운 심판, 가장 부드러운 보호와 돌봄, 그리고 참으로 아름다운 섭리 등을 나타내셨다. 심지어 하나님의 심판을 받아 강력한 홍수에 의해 세상을 덮은 일도 지상에 있는 사람에 대한 하나님의 섭리였다.

385
천사들은 이 모든 일을 지켜보았다. 천사들은 지상에 있는 사람들에 대한 하나님의 섭리가 집행되는 것을 통해서 하나님의 지혜와 권능을 목격했다. 이제 교회는 천사들이 경배하는 바, 하나님의 무한하신 계획과 지혜의 깊음을 천사들에게 전혀 새로운 측면에서 보여주는 일을 하고 있다.

사람들에게 나타난 무능력은 하나님의 섭리를 통해서 유용하게 바꿀 수 있는 기회를 제공했다. 하나님이 이 땅을 통치하신다는 더 이상의 증거는 없다. 다만 분명하게 지상에서 하나님의 가장 사랑하시는 대상이 악한 자의 손에 맡겨져 있고, 하늘 영광과 기쁨을 맞이할 준비가 되어 있다.

독자들이 주의 깊게 보아야 할 내용이 한 가지 더 남아 있다. 그것은 그리스도께서 영광을 받으실 때까지는 성령님이 이 땅에 내려오실 수 없었다는 것이다. 성령님이 이 세상에 오셔서 증거하시는 주제는 바로 그리스도께서 들어가신 천상적인 영광과 그리스도를 통해서 이루신 구속의 완성에 대한 것이다. "(예수께서 아직 영광을 받지 못하신 고로 성령이 아직 저희에게 계시지 아니하시더라.)[12]" (요 7:39) 우리는 이 구절을 통해서 하나님의 말씀이 교회에

---

12) "아직 계시지 아니하시더라"는 표현은 매우 단순하면서도 정확한 번

대해서 우리에게 제시하고 있는 내용을 매우 선명하게 볼 수 있다. 즉 교회는 이 땅의 세대에 대한 경륜과는 별도로 그 존재를 예정하신 하나님의 영원하신 계획을 따라, 이전에는 전혀 존재한 일이 없었던 것에 대한 전혀 새로운 계시였다.

386
이러한 증거를 전할 뿐만 아니라 이방인들에게 측량할 수 없는 그리스도의 풍성을 전하도록 택함을 받은 바울의 서신서들은 이러한 진리들로 가득하며, 이러한 그리스도의 영광의 탁월성을 드러내는 교리들로 가득하다. 이 모든 것들은 선지자들이 예언했던 것 이상의 것들이다. 디모데전서 3장 16절을 보라. "크도다 경건의 비밀이여, 그렇지 않다 하는 이 없도다 그는 육신으로 나타난 바 되시고 영으로 의롭다 하심을 입으시고 천사들에게 보이시고 만국에서 전파되시고 세상에서 믿은 바 되시고 영광 가운데서 올리우셨음이니라." 이미 인용한 구절에서 교회를 진리의 기둥과 터로 말했던 바

역으로서, 하늘로서 이 땅으로 강림하시고 또 교회 안에 거하시게 될 성령의 임재가 사도들에게 과연 어느 정도나 실제적인 문제였으며 또 그 마음을 가득 채우고 있었는지를 잘 보여준다. 이를 통해서 성령님에 대한 전체적인 개념과 그들에게 어떠한 의미였는지를 엿볼 수 있다. 사실 성령님은 이미 세상에 계셨다. 그렇다면 이것은 하나의 위격으로서 성령의 존재에 대한 문제가 아니다. 그리스도께서 구속의 역사를 완성하시고 영광을 받으신 이후, 오순절에 성령님이 오신 이후로, 성령님의 임재는 새로이 지상에서 시작되었고, 이렇게 세상에 강림하신 성령님께서 그들에게 임하셨다. 사도행전 19장에 보면 동일한 표현이 나온다. "우리는 성령이 있음도 듣지 못하였노라."(행 19:2) 그들은 세례 요한의 제자들에게서, 하나님의 어린양께서 성령으로 세례를 주실 것이란 말을 들었다. 그들이 바울에게 한 말은, 자신들은 그 성령님을 받지 못했을 뿐만 아니라 성령님이 계신 줄도 알지 못한다는 것이었다.

울은 여기서는 교회를 경건의 비밀이라고 말하고 있다. 예언들을 성취하고자 오신 메시아는 비밀이 아니었다. 사도 바울이 여기 16절에서 소개하고 있는 그리스도는 이전에는 결코 소개된 적이 없었던 그리스도이시다. 즉 하나의 비밀로서, 하나님이 육신으로 나타나시고, 그 영으로 의롭게 되시고, 천사들에게 보이시고, 이방인들에게 전파되시고, 세상에서 믿은바 되시고, 영광 가운데 올라가신 그리스도이시다. 여기에 소개된 어떤 요소들은 지상에 오신 메시아와 연결되어 있다. 왜냐하면 하늘로 올라가신 이 동일한 메시아는 유대인들에게 약속된 약속들을 이루고자 다시 오실 것이기 때문이다. 하지만 총체적으로 이 구절에 소개된 내용들은 이전에는 소개된 적이 없었다.

교회에 대한 내용 가운데 이러한 것은 절대적인 방식으로 진실하다. 이러한 것이란 사도 바울이 에베소서 3장 9-11절에서 말하고 있는 내용이다. "영원부터 만물을 창조하신 하나님 속에 감춰었던 비밀의 경륜이 어떠한 것을 드러내게 하려 하심이라 이는 이제 교회로 말미암아 하늘에서 정사와 권세들에게 하나님의 각종 지혜를 알게 하려 하심이니 곧 영원부터 우리 주 그리스도 예수 안에서 예정하신 뜻대로 하신 것이라." 하나님 속에 감춰진 것 보다 더욱 절대적이고 숭고한 것은 없다. 이처럼 교회의 비밀은 하나님의 계획 속에 깊이 감추어 있었고, 개봉된 일이 없었고, 사실상 이전에는 존재하지도 않았다. 하지만 "이제" 하늘에서 정사와 권세들에게 하나님의 각종 지혜가 교회를 통해서 알려졌다. 천사들은 하나님의 인내와 하나님의 능력과 하나님의 통치를 관찰해왔다. 하지만 이 땅에서 하늘에 계신 하나님의 아들과 연합을 이루고 있는 천상적인 몸을 본 적은 없었다. 이 때문에 하나님은 하나님의 지상에 속한 통치적인 섭리를 (지상 백성인 이스라엘에 대한 통치적인 섭리를) 잠시 보류하시고, 하늘 백성들과의 관계 속으로 들어가셨다. 이 구절은 이 점을 매우 선명하게 드러내고 있다. 교회는 이전에는 존재하지 않았을 뿐더러 계시된 적도 없었다. 바로 그 시점까지 교회는 하나님 속에 감추어진 비밀이었다. 자신의 계획 속에 교회를 설계하신 하나님은 하늘에 속한 시스템을 창조하시기 이전에, 자신의 통치 아래서 사람을 시험하셨고, 완성된 구속에 근거해서 하늘에 있는 둘째 아담과 연합을 이루게 하셨다. 독자들은 이 구절에서 가르치고 있는 핵심적인 내용을 마음에 분명히 해야 한다. 사도 바울의 목적은 교회가 전혀 새로운 것이란 사실을 보여주는 것이었다. 땅에 속한 것들을 통해서 하나님의 지혜와 섭리를 보여줄 만한 것들은 많이 있었다. 이제 하늘에 있는 권세를 가진 존재들이 교회를 통해서 전혀 새로운 하나님의 지혜를 본다. 교회는 이전에 존재하지 않았을 뿐더러, 그 존재에 대해서 계시된 적도 없었다. 교회는 하나님 속에서 감추어온 비밀이었다. 후자는 앞으로 인용하게 될 성경 구절을 통해서 확증될 것이다. 이것은 전자를 더욱 발전시킨 것이다. 전자는 에베소서 2장의 끝부분에서 다루고 있는 중요한 교훈이다.

387

유대인과 이방인이 하나의 몸으로, 즉 교회로 연합되었다는 진리는 14절과 15절에서 매우 공식적인 형태로 소개된 십자가의 역사로 확립된 것이다. 중간에 막힌 담은, 하나님이 친히 세우시고 또 절대적인 방법으로 서있었으나, 십자가를 통해서 허물어졌다. 십자가라는 도구를 통해서 먼데 있었던 사람들(이방인)과 가까운데 있었던 사람들(유대인)이 하나의 몸으로 화목되었다. 이제 그들은 사도들과 선지자들의 터 위에 세움을 입었다. 즉 교회는 십자가 사건 이후에, 유대인과 이방인의 연합이 가능해진 이후에나[13] 존재할 수 있었다. 하나님을 향한 인간의 적대감 - 유대인과 이방인으로서 본성상 가진 적대감 - 이 나타났고, 유대인들은 약속에 대한 모든 권리를 잃어버렸다. 이제 하나님의 영원한 계획에 따라서 은혜가 더 나은 (하늘에 속한) 기업을 얻도록 서로를 받아들이도록 했다. (육체 가운데 나타나시고, 땅에 속한 경륜 혹은 세대에 대한 경륜 밖에서 영원한 실체를 설정하시고, 영광 속으로 올리어 가심으로써 하나님의 택하심을 따라 자신과 연합을 이룬 한 백성을 얻으신) 하나님은 세상의 터를 놓기도 전에 이미 자신의 신부요 또한 자신의 몸과 더불어 이 영광을 함께 나눌 것을 계획하셨다.

이러한 비밀의 계시로 돌아가 보자. 교회를 그리스도의 몸으로 말하면서(골 1:26), 사도 바울은 "이 비밀은 만세와 만대로부터 옴으로 감추었던 것인데 이제는 그의 성도들에게 나타났고 하나님이 그들로 하여금 이 비밀의 영광이 이방인 가운데 어떻게 풍성한 것을 알게 하려 하심이라 이 비밀은 너희 안에 계신 그리스도시니 곧 영광의 소망이니라"고 말했다. 유대인들에게 그리스도는 영광의 성취이다. 하지만 성령으로 임재하신 그리스도는 자신이 그 속에 거하시는 사람들에게 하늘 영광의 소망이 되신다.

---

13) 이러한 연합은 그리스도께서 거절당하시기 이전에, 십자가 이전에는 분명한 죄였다.

이 사실이 로마서에 나타나 있다. "세상이 시작된 이래로 비밀로 보존되어 온 그 비밀의 계시를 따라 된 나의 복음과 예수 그리스도를 전파함으로써 이제 너희를 능력으로 견고하게 하실 것이라."(롬 16:25, KJV 참조)

바울의 서신과 베드로의 서신을 자세히 살펴보면 볼수록, 유대인과 그리스도인의 소망과 선택 사이에 놓인 극명한 차이점에 대한 사례를 많이 볼 수 있을 뿐더러, (베드로는 교회란 주제를 전혀 다루고 있지 않다는 사실과 더불어) 교회의 영원한 선택에 대한 부분이 더욱 선명하게 드러나게 될 것이다. 에베소서 3장에서 이 비밀은 또한 그리스도의 비밀로 불리고 있다. 사실 이전에 그리스도는 한 개인이었을 뿐, 자신과 영적으로 연합을 이룬 한 몸의 머리로서 그리스도는 아니었다. 사도 바울은 그것은 특별한 계시를 통해서 자신에게 알게 하신 것이었다고 선언하고 있다(3-5절). "다른 세대에서는 사람의 아들들에게 알게 하지 아니하신" 하나의 비밀을 알게 해주신 것이었다. (이방인들이 하나의 몸 안에서 공동 후사가 되는 것은 비밀이었다.)[14]

---

14) 서신서에서 교회에 대해서 말하는 사람은 유일하게 바울이다. 우리가 에베소서 3장 3절에서 보는 것처럼, 바울은 자신이 특별한 계시를 통해서 교회 진리를 받은 사실을 언급했다. 바울만이 전체 몸에 적용할 수 있는 말씀을 제시하고 있다. 바울은 두 번 정도 특정한 교회에 대해 말했다. 내가 이미 인용했던 표현을 상기시켜 드리고자 한다. 즉 바울은 "하나님의 말씀을 완성하는 교회의 사역자"(골 1:25)였다. 이 구절은 하나님이 뜻하신 계시, 즉 교회에 대한 내용이 부족한 듯 보인다. 어쨌든 하나님은 이 (교회에 대한) 진리를 경영하도록 사도 바울을 사용하셨다.

이 성경본문은 바울이 교회를 진리의 근본적인 교리로서 소개하는 방식을 보여주기에 충분하다. 하나의 비밀로서, 교회는 구약성경에 계시된 적이 없었고, 하나님과 이스라엘 민족과의 모든 관계를 종결지어버린 예수님의 죽음 이전에는 설립되지도 않았다. 이스라엘은 (구약성경의) 예언들과 약속들과 관계를 가지고 있었고, 그 두 가지 것은 사람의 신실성과 믿음에 기초하고 있었다. 잠시 동안 이스라엘 민족은 눈이 가리어졌고, 장차 자신의 지상 백성들에게 주신 약속들을 이루실 하나님은 그들의 소경된 기간 동안, 하나님의 영원하신 계획의 실현을 통해서 경이로운 열매를 맺을 기회를 얻으셨다. 그 경이로운 열매란 교회를 가리킨다. 이스라엘이 은혜를 통해서 그들에게 주신 약속들을 회복하게 될 때, 교회는 그리스도께서 영광의 광채 가운데 나타나실 때 그리스도의 신부로서 빛을 발하게 될 것이다.

389
그러한 것이 교회의 운명이다! 그 때와 시간을 기다리는 동안, 교회가 가진 자리와 교회의 소명은 무엇인가? 우리는 이미 성령님께서 하늘로서 오셨고 지상에서 교회를 모으시는 것에 대해 살펴보았다. 신랑께서 재림을 지체시키심으로써, 만일 영혼들이 그분의 소유가 된 모든 사람들을 다시 살리시거나 변화시키심으로써 공중에서 주님의 임재 앞으로 모으시는 그 순간을 위해서 주님을 기다린다면, 여기 지상에 함께 모인 구속받은 자들의 모임은 보혜사 성령님이 거하시는 곳이며, 바로 그곳에서 성령님은 항상 교회를 형성하신다. 거기에 무지가 있을 수 있고, 지체들은 이곳저곳에 흩어져 있을 수도 있고, 교회는 신실하지 못하고 또 아름다운 단장을 못하고 있을 수도 있지만, 그럼에도 그리스도께서 하늘로서 오실 때 교회를 자기에게로 맞이하실 것이다. 이는 교회는 항상 교회이고, 항상 그리스도의 신부인 것은 변함이 없기 때문이다. 교회는 한 정결한 처녀로 그리스도에게 바쳐졌다. 교회는 하늘의 그리스도의 신부이다. 이스라엘은 그분의 지상 백성이다. 그리스도께서 하늘에 계시는 동안, 성령님은 교회를 하늘에서 그분의 신부가 되도록 불러 모으는 일을 하신다.

교회가 하늘의 부르심을 받았다는 것이 전부가 아니다. 이것이 교회와 그리스도가 가진 관계에 대한 전체 진리가 아니다. 교회는 그리스도의 신부이면서 동시에 그의 몸이다. 하나님의 모든 생각이 성취되었을 때, 사실상 교회는 그리스도와 함께 하게 될 것이다. 교회의 생각과 성격은 하나님이 정하신 기준에 따라서 형성된다. 게다가 교회는 이미 성령을 통해서 그리스도와 연합되어 있다. 교회는 하나이며 또한 하나일 수밖에 없다. 하지만 교회는 또 다른 특징을 띤다. 세상이 그리스도를 거절했을 때, 세상은 이미 심판과 정죄를 받았다. 주님은 자신의 십자가를 언급하시면서 "이제 이 세상의 심판이 이르렀으니"(요 12:31)라고 말씀하셨다.

인간의 책임이란 측면에서 세상과 하나님의 관계가 그리스도를 거절함으로써 영원히 종식되었을 때, 교회는 은혜 가운데 세워졌다. 따라서 교회는 세상에서 나와 하나님에게로 영접되도록 부르심을 받았다. 교회는 그리스도의 소유이다. 성경은 "너희는 저희 중에서 나와서 따로 있고 … 내가 너희를 영접하여"(고후 6:17)라고 말한다. 교회는 그리스도에게만 속한 특별한 백성이다. 예수님은

"내가 세상에 속하지 아니함같이 저희도 세상에 속하지 아니하[였다]"(요 17:16)고 말씀하셨다. 이것은 개인들에 대해서도 참된 사실이다. "저희도 다 하나가 되어 우리 안에 있게 하사 세상으로 … 믿게 하옵소서"(요 17:21)라고 주님은 말씀하셨다. 하나됨은 세상 사람들이 밖에서 볼 수 있는 것이다. 사도 바울은 이렇게 말했다. "외인들을 판단하는데 내게 무슨 상관이 있으리요마는 교중 사람들이야 너희가 판단치 아니하랴 외인들은 하나님이 판단하시려니와."(고전 5:12,13) 성령님은 지상에 몸의 지체들 간에 가장 친밀하고 가장 공식적인 하나됨을 세우는 일을 하신다. 그들은 서로 서로 지체이다. 이러한 하나됨은 그들 가운데 인식된다. 그리스도인은 세상에 속한 사람이 아닌 것을 모두가 알고 있다. 왜냐하면 그는 교회에 속해 있기 때문이다. 만일 한 지체가 고통을 받으면 모든 지체도 함께 고통을 받는다. 이러한 하나됨은 참되고 진실한 것일 뿐만 아니라 각 지역교회에 구체적으로 나타나야 하는 특징이다. 각 지역마다 교회가 있었다. 여러 서신서를 통해서 볼 수 있는 것처럼 서신을 받을 수 있는 주소가 있었기 때문이다. 그럼에도 이러한 지역적인 하나됨은 우주적인 하나됨을 반영하는 것일 뿐이다. 지역교회의 한 지체는 우주적 하나됨의 지체인 것이다. 성경교사들, 복음전도자들, 사도들, 디모데, 디도, 바울은 어느 한 지역교회에 속해 있지 않았다. 이러한 은사자들은 전체 몸의 지체였다. 어느 하나의 (지역)교회에 한 지체가 된다(a member of a church)는 개념은 성경에 없다. 그러한 생각은 성경의 개념과는 거리가 멀다. 오히려 그리스도의 몸의 지체가 되는 것이 맞다. 따라서 이러한 "마디와 힘줄"이 지역 교회들에서 제 기능을 하게 되면, 전체 몸의 하나됨에 기여하게 되고 세상이 보고 느낄 수 있게 된다.

390

그리스도인은 서로를 하나의 몸으로 인식해야 한다. 세상과는 구별된 하나의 몸으로서 진정 하나의 몸으로 밖에는 설명할 수 없는 공통의 관심과 가장 친밀한 유대감으로 얽힌 유일한 존재로 나타나야 한다. 성령님은 교회와 세상을 하나로 묶으실 수 없다. 교회는 세상으로부터 꺼내온 사람들로 구성되어 있기 때문이다. 사람들은 아무 개념 없이 공적인 몸의 공동체 안으로 들어올 수도 있고, 거짓 형제도 받아들일 수 있지만, 교회는 독특한 몸이다. 만일 교회가 세상 가운데서 하나로 드러난다면 교회의 의무는 그러한 하나됨을 통해서, 그리고 총체적인 하나됨에 의해서 주님을 영광스럽게 해드리는 것임이 분명해진다.

그러한 신분에 이르게 해준 은혜가 탁월한 것만큼 동기는 더욱 강력하다. 우리는 세상의 소금이고, 세상의 빛이고, 언덕 위에 세워진 도시이고, 모든 사람이 알고 읽을 수 있는 그리스도의 편지[15]이다. 그리스도의 몸은 성령의 능력에 의해서 - 여기서 성령의 능력이란 이기심과 죄가 세상에 침투함으로써 분리시키는 작용을 하는 모든 것들을 극복시키는 힘을 가리킨다. - 머리되신 주님의 성품을 재생산해야 한다. 그렇게 지상에서 그리스도께서는 영광을 받으신다. 신부는 자신이 신랑과 연합되어 있는 자신의 모습을 장차 드러내게 될 것이다. 그 때 교회는 온전히, 그리고 절대적으로 그리스도의 소유가 될 것이다!

---

15) 성경은 편지들이라고 말하지 않는다. 고린도 교회는 총체적으로 그리스도의 편지였다.

391

사람들은 "비가시적인(보이지 않는)" 교회에 대해서 말하곤 한다. 성경은 이에 대해서 전혀 언급하고 있지 않다. 그것은 우리가 방금 인용한 성경 본문이 가진 힘을 부정하는 개념이다. 하나님의 자녀들은 흩어짐으로 자신들을 숨길 수 있다. 그래서 사람들은 개인들이 비가시적인 교회를 이루고 있다고 주장할 수 있다. 그들은 과연 자신의 기독교 신앙을 숨길 것인가? 오히려 주님은 "이같이 너희 빛을 사람 앞에 비취게 하여 저희로 너희 착한 행실을 보고 하늘에 계신 너희 아버지께 영광을 돌리게 하라"(마 5:16)고 말씀하셨다. 그렇다면 개인들은 비가시적이어서는 안된다는 것이 분명해진다. 이것이 사실이라면, 교회가 비가시적일 수 있다고 말하는 것은 주의 말씀을 거부하는 것이며, 이러한 개인들이 하나로 연합되기를 거절하는 것이 되고 만다. 주님은 분명 신자들은 하나가 되어야 하며, 그럴 때 세상이 믿게 될 것이라고 말씀하셨다.

혹 분쟁이 있고, 신자들은 육신적이고, 사람을 따라 행할 수가 있다. 그럼에도 모든 개인들의 의무가 사람들 앞에서 빛을 비추는 것이고, 이 모든 개인들이 친밀한 하나됨을 이루고 있다면, 세상과는 구별된 몸을 이루고 있다면, 모든 곳에서 그들의 하나됨을 고백하고 있다면, (이러한 모습은 분명 초대교회의 모습이었다.) '이 몸이 비가시적이다.' 라고 말하는 것은 아무 의미가 없다. "산 위에 있는 동네가 숨기우지 못할 것이[기]"(마 5:14) 때문이다.

이제 다루고자 하는 질문은, 교회가 이러한 자리를 얼마나 인식하고 있지 못하고 있는가에 대한 것이 아니다. 나는 다만 교회가 말씀에서 어떻게 제시되고 있는지를 말하고 싶을 뿐이다.

만일 교회가 예수님의 신부라면, 교회는 그리스도께서 부재한 시기 동안 그리스도를 영화롭게 하고 싶은 갈망을 가질 것이다. 교회는 그 마음을 그리스도께서 바쳐야 한다. 교회는 오직 그리스도를 통해서만 자신이 나아갈 지침을 받는다. 만일 교회가 하나님의 집이라면, 교회는 성령님이 거하시는 그곳에 합당한 성결로 자신을 지키도록 애써야 한다. 만일 교회가 진리의 기둥과 터라면, 교회는 오직 진리 외엔 다른 것이 들어오지 못하도록 해야 한다. 진리야말로 교회의 존재 이유이자 근거이다. (하나님이 육체로 나타나시고, 이방인 가운데 전파되시고, 영광 속으로 올리우심으로써) 교회를 구속하신 그리스도에 대한 영광스러운 계시가 교회를 교회로 존재하게 해주었다. 교회는 그 진리에 대한 증인이다.

어린양의 아내로서, 교회는 그러한 관계에 합당한 애정을 가지고 있다. 교회는 자신을 영접하러 오시는 신랑의 오심을 사모하고 있다. 교회는 자신이 하늘에 있는 그리스도에게 속해 있음을 알고 있다. 결과적으로 세상과 혼합되지 않을 것이며, 자신을 공중에서 영접하고자 오시는 예수님의 공중 재림을 굳게 믿고 있기에[16], 세상을

---

16) 개인의 책임에 대한 문제와 연결되어서 주의 재림을 언급할 때에는, 대상이 그리스도인이건 세상이건 신약성경은 예수님의 지상 재림(the appearing of Jesus; 에피파니)을 언급한다. 은혜로우신 하나님의 계획에 따른 교회의 기쁨과 분깃은 하늘로 교회를 영접하러 오시는 그리스도의 공중 재림이다. 공중 재림(the coming of Christ; 파루시아)은 세상을 심판하러 오시는 그리스도의 지상 재림(His revelation) 이전에 이루어질 것이다. 말씀은 공중 재림을 교회의 믿음과 소망의 대상으로 제시하고 있다.

심판하러 오시는 예수님의 지상 재림과 자신의 소망을 혼동하지 않을 것이다. 교회는 그리스도께서 영광 중에 나타나실 때, 자신도 영광 가운데 그리스도와 함께 나타날 것을 알고 있다. 따라서 이러한 소망의 능력이자 보증이신 성령님을 통해서 세상과 분리된 교회는 지상에서 가능한 성화를 통해서 자신을 깨끗하게 하고자 한다. "이 소망을 가진 자마다 그의 깨끗하심과 같이 자기를 깨끗하게 하느니라."(요일 3:3)

392

이 내용은 빌립보서 3장의 교훈이 담고 있는 힘이기도 하다. 어쨌든 빌립보서 3장은 그 대상이 개인이다. 나는 이 부분을 인용했는데, 왜냐하면 나는 그것을 그리스도인의 마음 속에서 역사하는 이 진리의 정상적인 효과로 보기 때문이다. 이것을 배운 사람은 양심 속에 교회는 하나이며, 하나일 수밖에 없다는 생각을 새기게 될 것이다. 그는 교회가 이러한 하나됨을 나타내야 할 뿐만 아니라, 교회가 그리스도의 소유라는 사실을 지속적이고도 실제적으로 증거해야 한다는 양심을 가지게 될 것이다. 지체들을 하나의 몸으로 모으시고, 그 가운데 임재하시는 성령님이 바로 이러한 증거의 능력이자 생명이다. 그 길은 믿음으로 갈 수 있는 길이다. 여기서 믿음의 길이란 고난의 길을 의미하며, 그 고난이란 그의 몸된 교회를 위한 그리스도의 남은 고난을 가리킨다. 이로써 우리도 함께 영광을 받게 될 것이다(롬 8:17, 골 1:24).

제 2장 교회의 능력과 소망, 소명, 현재 지위와 사명
The Church - What is it? Her Power, Hopes, Calling, Present Position and Occupation

372

교회가 진정 무엇인가[1]에 대해서 생각해보는 것은 참으로 엄중한 일이다. 교회의 특권을 생각해볼 때 그것은 참으로 복이 있는 일이긴 하지만, 교회가 "그리스도의 편지"로서 지상에서 그리스도를 대표하는 자리에 있다는 것을 생각할 때에는 그것은 매우 엄중한 일이다. 구약시대에 하나님께서 사람에게 요구하시는 것을 돌 판에 새기신 것처럼, 마찬가지로 신약시대에 교회는 세상에서 하나님이 사람에게 새로이 계시하신 것을 나타내고, 사람 속에 또 사람에게 나타내신 하나님의 은혜와 능력을 보여주도록 부르심을 받았다.

---

1) 교회가 무엇이 되어야 하는가가 아니라 교회가 무엇인가의 문제이다. 교회는 신실한 대표가 되어야 하지만, 우리는 하나님의 교회를 이 자리에서 꺼내줄 순 없다. 상태가 어떠하든지 이 자리를 지키게 해야 한다.

천국(the kingdom)은 교회와 다르다[2]. 우리는 천국에서 권능과 통치의 나타남을 볼 수 있지만, 그리스도와의 연합이나 아버지와 그 아들 예수 그리스도와 함께 하는 사귐은 볼 수 없다. 천국의 복음은 절대적으로 다른 내용으로 주어졌다. 우리가 흔히 말하는 "은혜의 복음"[3]과 "교회"에 대한 내용과 "천국 복음"과 "천국"은 전혀 별개의 내용이다. 바울은 하나님의 나라에 대해서 가르쳤고, 복음에 대해서 가르쳤으며, 또한 교회에 대해서 가르쳤다. 하지만 천국 복음과 같은 것으로 가르친 적은 없었다[4].

---

2) 천국과 교회를 구분하는 것은 매우 중요하다.

3) 우리는 매우 제한적인 의미에서 "복음"이란 용어를 사용하고 있지만, 성경에서 복음이란 용어는 매우 광범위하게 사용되고 있다. 예를 들어보자. 사도 바울은 디모데가 돌아왔을 때, 그가 형제들의 믿음과 사랑에 대한 기쁜 소식을 가져왔다고 표현했다. 게다가 우리는 "저희와 같이 우리도 복음 전함을 받은 자이나"(히 4:2)라는 구절을 볼 수 있다. 그들에겐 약속의 땅이 복음이었다. 복음이란 말은 오늘날 전파되고 있는 은혜의 복음에만 제한적으로 사용되고 있지 않고, 그저 모든 "기쁜 소식"을 통칭하는 의미로 사용된다. 따라서 복음은 하나님 나라의 기쁜 소식이나 가나안에 대한 기쁜 소식이나 모두에 사용될 수 있다.

4) 사도 바울은 하나님 나라의 복음을 전파했다. 하지만 하나님께서 지상에서 권세를 가지고 통치를 세우신다는 것은 전혀 다른 이야기이다. (여기서 하나님 나라란 단어 대신 통치란 단어를 사용하면, 당신은 즉시 기존 "교회"란 개념과 얼마나 멀어지는지 직감할 수 있을 것이다.) 하나님 나라의 복음은 그리스도께서 영광 가운데서 자신과 연합을 이룬 신부를 맞이하실 것이란 진리와는 직접적인 관계가 없다. 사도 바울이 자신의 사역을 소개할 때, 그는 복음 사역과 교회 사역을 구분했다.

373

하나의 계시가 있다. 그것은 하나님은 장차 거대한 권세를 잡으실 것이며, 세상을 통치하실 것에 대한 것이다. 또 다른 진리가 있다. 그것은 왕의 신부가 있고, 또 몸이 있다는 것이다. 거기에 더하여, 영혼이 구원을 받는데 절대적으로 필요한 하나님의 은혜가 나타났다. 이렇게 세 가지, 즉 하나님 나라, 교회, 그리고 영혼 구원은 서로 차이가 있으며, 서로 다른 영역이다.

이스라엘이 하나님의 백성으로 부르심을 받은 순간부터, 하나님은 분명 왕을 주실 생각을 하셨다[5]. 왕을 세우고자 했던 사람의 방식은 틀렸다. 사무엘의 시대까지 제사장 제도는 하나님과 그 백성 사이를 도덕적으로 연결해주는 끈이었다. 하지만 제사장들은 신실하지 못했고, 그러자 주님은 이스라엘의 영광이 머물던 모든 곳에 이가봇이라고 쓰셨다. 하나님과 이스라엘 백성 사이를 연결하고 있던 끈이 끊어진 것이다. 언약궤는 블레셋 사람들에게 빼앗겼다. 제사장들은 살해되었다. 하나님께서 언약궤를 빼앗기는 일을 허락하셨으며, 블레셋 사람들은 하나님의 산에 있었다.

이것이 사울에게 징조가 되었다[6]. 사무엘상 10장을 보라. 그는 거기서 벧엘로 올라가는 사람을 보았다(3절). 거기엔 벧엘의 하나

---

5) 이 생각은 다윗의 때까지 실현되지 않았다. 하지만 모세 시대에 이미, 하나님은 하나의 나라를 소유하실 뿐만 아니라 왕을 소유하실 계획을 알리셨다. 모세는 "여수룬에 왕이 있었으니"(신 33:5)라고 말했지만, 그는 이스라엘 백성의 왕이 아니었다.

6) 사울은 그것을 깨달아야 했지만, 그러지 못했다.

님에 대한 믿음을 가진 사람들이 있었다[7]. (다시 말해서, 하나님은 야곱에게 하신 자신의 변치 않는 약속을 포기하실 수 없으셨다.) 모든 것이 사라졌지만, 하나님과 이스라엘을 연결하고 있는 은줄은 끊어질 수 없었다. 이 사실은 믿음의 안식처가 되었다. 하나님은 실패할 수 없으셨다. 두 번째로, 사울은 하나님의 산에 올라가야만 했다(5절). 그곳엔 블레셋 사람들의 군대가 있었다. 하나님의 제단이 있어야 할 곳에 주의 원수들이 자리를 차지하고 있었고, 믿음으로 행하는 사람들을 억누르는 힘으로 작용하고 있었다. 그럼에도 벧엘은 소고(작은 북)와 저(피리)만으로 점령될 수 있었다. 이렇게 믿음이 기쁨과 함께 어우러질 때 하나님의 백성에겐 능치 못할 일이 없게 된다. 이것은 여호와를 자신의 하나님으로 삼은 백성들이 가진 특권이었다. 예언의 영이 사울에게 임했다(6절). 믿음의 눈을 가진 사람에겐 매우 분명했고 또 교훈적인 일이었건만, 사울은 어느 징조도 이해하지 못했다. 다윗은 이와는 반대로, 왕이신 그리스도의 모형이었다.

왕이 세워진 후, 제사장의 지위에 변화가 생겼다. 백성과 하나님 사이의 직접적인 연결 고리가 끊어지게 된 것이다. 엘리 대제사장이 죽은 후, 하나님은 "내가 나를 위하여 충실한 제사장을 일으키리니 그 사람은 내 마음 내 뜻대로 행할 것이라"(삼상 2:35)고 말씀하셨다. 하지만 하나님 앞에서가 아니라 "나의 기름 부음을 받은 자 앞에서 영구히 행하리라"고 말씀하셨다. 여기서 우리는 하나님과 백성들을 연결하는 새로운 제도로서, 왕족이 세워지는 것을 볼 수

---

[7] 벧엘은 야곱이 하나님을 이스라엘의 변치 않는 하나님으로 보았던 장소였다. 창세기 28장을 보라.

있다. 왕은 제사장 위에 세워졌다[8]. 그러므로 솔로몬은 "아비아달을 쫓아내어 여호와의 제사장 직분을 파면"할 수 있는 권세가 있었다(왕상 2:27). 솔로몬이 성전을 봉헌했을 때, 제사장들은 서서 섬길 수 없었다. 이는 주의 영광이 하나님의 집을 가득 채웠기 때문이었다. 왕은 하나님을 찬양하고 또 백성들에게 복을 빌어주었다[9].

374

마침내 왕께서 겸비하신 그리스도의 위격으로 이 세상에 오셨다. 세례 요한이 와서 "회개하라 천국이 가까웠느니라 … 내 뒤에 오시는 이는 나보다 능력이 많으시니 나는 그의 신을 들기도 감당치 못하겠노라 그는 성령과 불로 너희에게 세례를 주실 것이요 손에 키를 들고 자기의 타작 마당을 정하게 하사 알곡은 모아 곡간에 들이고 쭉정이는 꺼지지 않는 불에 태우시리라[10]"(마 3:2-12)고 말했다. 요한은 백성들에게 거절당했다. 그가 감옥에 갇힌 후, 그리스도께서 동일한 증거를 이어가셨다(마 4장). "이 때부터 예수께서 비로소 전파하여 가라사대 회개하라 천국이 가까왔느니라 하시더라 … 예수께서 온 갈릴리에 두루 다니사 저희 회당에서 가르치시며 천국 복음을 전파하시며 백성 중에 모든 병과 모든 약한 것을 고치시니."(마 4:17,23) 하나님의 권능이 그리스도와 함께 했으며, 그 증거하는 말씀과 함께 역사했다. 왕께서 거절당하셨기에, 제자들에게 "천국의 비밀을 아는 것"이 허락되었고 무리들에게는 비유로 제시

---

8) 이 때로부터 백성들의 흥망성쇠는 왕에게 달렸다.

9) 멜기세덱처럼 했던 것이다.

10) 다시 말해서, 왕은 심판을 집행하러 오는 것이다.

되었다(마 13장). 하나님께서 제자들과 함께 하셨다. 사도들은 계속해서 천국을 전파해야 했다.

하나님의 나라가 세워지고 있었다. 즉 천국의 권능과 예수 그리스도의 위격 안에서 설립되고 있었다. 그리스도는 자신의 큰 권능과 통치로 천국을 통치하실 계획이었다. 하지만 그 나라는 우선적으로 하늘에 세워질 수밖에 없었다. 왜냐하면 그리스도께서는 먼저 왕위를 받아 가지고 오려고 먼 나라로 가야만 했기 때문이다(눅 19:11,12). 그래서 하늘로 올라가셨다. 하지만 그리스도는 아직 천국의 권능을 가지고 다시 돌아오지 않고 계신다. 그 나라는 "내세 또는 장차 오는 세상"에서 이루어질 것이다. 그 나라는 단순히 유대교의 상태를 회복하는 것이 아니라 "인자의 나라"가 될 것이다. 단순히 유대인들의 나라가 아니라 "그들의 메시아의 나라"가 될 것이다(단 2장과 7장을 보라). 하늘은, 가장 높고 존귀한 의미에서 천국의 보좌가 놓이는 곳이 될 것이다. 그럼에도 이 나라는 지상에 세워지는 하나님의 나라이다.

또 다른 계시가 있다. 우리는 그 나라에서 다스리는 일을 하게 될 것이다. 그 나라엔 "그리스도와 함께 하는 공동 후사들"(롬 8:17)과 그리스도와 함께 통치하는 일을 하게 될 "동류들"(히 1:9)이 있다. 그들은 함께 "보좌에 앉을" 사람들이다. 그럼에도 천국은 지금 이 땅에 (비밀스럽게) 설립되어 있다. 따라서 나는 오늘도 천국의 영역을 걷고 있다.

375

예루살렘의 멸망은 예루살렘이 사법적인 심판을 받아 한쪽으로 제껴졌음을 의미한다. 우리는 지금도 하나님의 나라를 전파할 수 있다. 실제적인 능력이 주어진다면 모든 것을 바로 잡을 수 있을 것이다. 하지만 지금은 능력의 나타남을 통해서가 아니라 증거하는 말로 전파한다. "장차 오는 세상"에서 그리스도의 능력이 나타나게 될 때, 사탄의 권세는 무용지물이 될 것이다[11]. 이 모든 내용 속에는 오로지 하나님의 나라와 관련된 것만 있다. 이 세대의 끝에 앞서 이러한 하나님 나라의 도래에 대한 특별한 증거가 다시 주어질 것이다.

전혀 다른 원리에 속한 또 다른 사역이 있다. 바울의 사역에는 세대들을 초월하는 초월성이 있다. 그리고 여기엔 (단순히 이방 죄인인가 아니면 유대인인가의 문제가 아니라) 본질적으로 사람이 무엇인가의 문제가 달려 있다. 바울은 한편으로 이방인들을 통해서 그 문제를 풀어볼 수 있었고, 다른 한편으론 유대인들을 통해서 입증할 수도 있었다. 하지만 그가 입증하고 제시한 것은 사람은 (유대인이나 이방인이나 예외 없이) 하나님과 원수 상태에 있다는 것이었다. 만일 우리가 예루살렘에서 시작한다면, 우리는 예루살렘에 대한 증거[12]로 시작하면 된다. 바울은 유대인과 이방인 모두를 동일

---

11) 기적이나 초자연적인 역사는 "내세의 능력"에 속한 것이다(히 2:5, 6:5).

12) 마태복음 28장 19절에 담긴 지상 대명령은 유대인들에 대해선 아무런 언급도 없이, 모든 민족에게로 가라는 명령이다. 그리스도는 유대인들을 대상으로 사역하셨지만, 지상 대명령은 이방인들에게로 가라는 것이었다. 누가

하게 "진노의 자녀들"로 보고 사역했다. 우리는 바울이 복음[13]을 천하 만민에게[14] 전파한 것을 알고 있다. 하지만 바울은 단순히 복음의 사역자가 아니었다. 그는 "하나님의 말씀을 이루는 또는 완성시키는[15]" 말씀의 사역자였다.

골로새서 1장 12-25절을 읽어보자. "아버지께 감사하기를 바라노니, 그분은 우리를 빛 가운데서 성도의 기업의 부분을 얻기에 합당하게 하셨고, 그분은 우리를 어둠의 권세에서 해방시키셨고, 또 그분의 사랑의 아들의 나라[16]로 옮기셨음이라. 그 아들 안에서 우리가 구속, 곧 죄들의 사함을 받았도다. 그는 보이지 아니하는 하나님의 형상이시며, 모든 피조물[17] 가운데 장자시라. 왜냐하면 그에 의해서 모든 것들, 즉 하늘에 있는 것들과 땅 위에 있는 것들, 보이는

복음 24장 47절을 보면, "예루살렘으로부터 시작하여 모든 족속에게 전파될 것"을 언급하고 있는데, 이것은 엄청난 은혜가 아닐 수 없다.

13) 여기서 복음이란 말은 일반적인 의미로 사용되었다.

14) 영혼 구원의 메시지를 담고 있다는 측면에선, 베드로의 복음과 바울의 복음은 다르지 않다. 하지만 그 증거에 있어선, 매우 차이가 있다. 사람에게 복음을 전할 때에는 그 사람의 영적 상태에 따라서 달리 말할 필요가 있긴 하지만, 동일한 지점에서 출발할 필요는 있다. 즉 당신은 잃어버린 죄인이고, 하나님은 거룩하신 하나님이시다. 만일 예수의 피로 씻음을 받지 않는다면, 당신은 멸망하게 될 것이다.

15) 하나님의 말씀이 완성되기 위해선, 하나님의 나라 뿐만 아니라 교회 진리가 반드시 전파되어야 한다.

16) 이는 하나님의 나라를 가리킨다.

17) 그리스도는 하나님의 형상이실 뿐만 아니라 모든 피조물 위에 계신 머리이시다. 그 이유는 그리스도께서 모든 피조물을 창조하셨기 때문이다.

것들과 보이지 않는 것들, 또는 보좌들이나 혹은 주권들이나 정사들이나 혹은 권세들이 창조되었기 때문이라. 만물이 그에 의해서 또한 그를 위해서 창조되었느니라. 또한 그는 만물보다 먼저 계시고, 만물이 그에 의해서 함께 존속하느니라. 그리고 그는 교회 곧 몸의 머리시라. 그는 시작이시며, 죽은 자들 가운데서 첫 번째[18]이시니, 이는 그가 만물 가운데 첫째 자리를 차지하게 하려 하심이라. 이는 그 안에 {신성의} 충만이 거하는 것을 기쁘게 여기셨고, 또한 그에 의해서 만물을 화목하게 하고, 그의 십자가의 피로 화평을 이루셨으니, 그로 말미암아 땅에 있는 것들이나 또는 하늘들에 있는 것들이 자기와 화목하게 하셨음이라. 그리고 전에 악한 행실로 멀리 떠나있었고 또 마음으로 원수가 되었던 너희를[19] 지금은 화목케 하셨고 자기 육체의 몸의 죽음을 통해서 이루셨으니, 너희를 거룩하고 흠 없고 책망할 것이 없는 자로 그 앞에 세우고자 하셨으며, 만일 진실로 너희가 발견하고 굳게 서있는 믿음에 거하고 너희 들은 바 복음의 소망에서 떠나가지 아니하면 그리하리라 이 복음은 하늘 아래 모든 피조세계에 전파된 바요 나 바울은 사역자가 되었노라. 이제, 나는 너희를 위하여 받는 고난들을 기뻐하고, 또 그리스도의 남은 고난을 그의 몸인 교회를 위하여 내 육체에 채우노라. 내가 교회의 사역자가 된 것은, 하나님의 말씀을 완성하고자 너희를 위하여 나에게 주신 하나님의 경륜을 따라 된 것이니, 이 비밀은

---

18) 이제 그리스도는 죽은 자들 가운데서 부활하신 첫 번째이실 뿐만 아니라 "몸된 교회의 머리"이시다.

19) 이는 교회를 가리킨다. (만물의 머리됨이 있었던 것처럼, 교회의 머리됨도 있다.) 여기서 우리는 목적상 만물이 화목하게 되는 것과 믿음을 통하여 교회가 현재적인 화목을 이룬 것을 볼 수 있다.

시대들과 세대들을 거쳐 오는 동안 감추어왔던 것인데, 이제는 그의 성도들에게 나타났음이라."(다비역)

376

교회에 대한 성령의 증거를 통해서, 나는 (하나님 나라도 아니고, 단순히 개인들의 영혼 구원도 아닌) 만물의 머리이신 그리스도와 연결되고 또 연합을 이루었으며, 또한 그 머리이신 그리스도를 위한 하나의 몸이 있음을 볼 수 있다. 주님이 화목을 이루신 역사 속에는 특별한 부분이 있다. 바울은 그리스도께서 몸의 머리되신 것과 또 그리스도에게서 자신이 사역하는 모든 성도들에게로 흘러가는 은혜의 대상인 교회에 대한 모든 것을 추론해내었다. 어떻게 이런 일이 가능한 것인가? "다 한 성령으로 세례를 받아 한 몸이 되었고 또 다 한 성령을 마셨기" 때문이다(고전 12:13).

377

에베소서 1장 19-23절을 보자.
"그의 힘의 강력으로 역사하심을 따라 믿는 우리에게 베푸신 능력의 지극히 크심이 어떤 것을 너희로 알게 하시기를 구하노라 그 능력이 그리스도 안에서 역사하사 죽은 자들 가운데서 다시 살리시고 하늘에서 자기의 오른편에 앉히사 모든 정사와 권세와 능력과 주관하는 자와 이 세상뿐 아니라 오는 세상에 일컫는 모든 이름 위에 뛰어나게 하시고 또 만물을 그 발 아래 복종하게 하시고 그를 만물 위에 교회의 머리로 주셨느니라 교회는 그의 몸이니 만물 안에서 만물을 충만케 하시는 자의 충만이니라."

이 성경본문은 몸의 머리되신 그리스도께서 "만물 위에 교회의 머리"이심을 밝히고 있다.

지상에 있는 성도들이 하늘에 있는 머리와 한 몸을 이룰 수 있는 것은, 성도들을 하나의 몸을 이루고자 하는 목적에서 하늘로서 보내심을 받은[20] 성령에 의해서 가능한 것이다.

결과적으로 바울이 사도들과 선지자들을 언급할 때에는 오로지 이 빛을 통해서만[21] 그들을 바라볼 뿐이다. 그렇다면 바울이 말하고 있는 사도들과 선지자들은 그리스도께서 지상에 계실 때 임명된 사람들이 아니다. 바울은 "너희를 위하여 내게 주신 하나님의 그 은혜의 경륜을 너희가 들었을 터이라 곧 계시로 내게 비밀을 알게 하신 것은 내가 이미 대강 기록함과 같으니 이것을 읽으면 그리스도의 비밀을 내가 깨달은 것을 너희가 알 수 있으리라 이제 그의 거룩한 사도들과 선지자들에게 성령으로 나타내신 것같이 다른 세대에서는 사람의 아들들에게 알게 하지 아니하셨으니[22]"(엡 3:2-5)라고 말했다. 이러한 거룩한 사도들과 선지자들의 존재에 대해서 생각해 보자. "그러므로 이르기를 그가 위로 올라가실 때에 사로잡힌 자를 사로잡고 사람들에게 선물을 주셨다 하였도다 올라가셨다 하였은

---

20) 구속의 역사를 완성하시고 하늘로 승천 이후, 그리스도께서 하나님의 우편 자리에서 영광을 받으신 결과로 성령님이 오실 수 있었다.

21) 이 빛은 하늘에서 높임을 받으신 머리이신 그리스도에게서 흘러나온다.

22) 여기서 우리는 "그의 거룩한 사도들과 선지자들"을 보는데, 이러한 사도들과 선지자들에게 성령님이 계시해주실 때까지 아무것도 알려진 것이 없었다.

즉 땅 아래 곳으로 내리셨던 것이 아니면 무엇이냐 내리셨던 그가 곧 모든 하늘 위에 오르신 자니 이는 만물을 충만케 하려 하심이니라 그가[23] 혹은 사도로, 혹은 선지자로, 혹은 복음 전하는 자로, 혹은 목사와 교사로 주셨으니 이는 성도를 온전케 하며 봉사의 일을 하게 하며 그리스도의 몸을 세우려 하심이라." (엡 4:8-12) 사도들에 대한 이러한 생각은 높임을 받으신 머리에게서 나온 것이다. 바울은 사람을 더 이상 육체를 따라서 알지 아니하기로 작정했다.

378

한 성령에 의해서 한 몸 안으로 세례를 받은 우리는 머리와 연합을 이룬 한 몸이 되었다. 하늘에서 하나님의 우편에 계신 머리되신 그리스도는 성령의 능력에 의해서 땅에 있는 지체들과 한 몸을 이룰 수 있게 되었다. 성령은 그것을 "교회"라 부른다[24].

마태복음 16장에는 간혹 무시되는 말씀이 있다. 주님은 거기서 베드로에게 "내가 이 반석 위에 내 교회를 세우니"(18절)라고 말씀하셨다. 하나님 아버지에게로부터 "살아 계신 하나님의 아들"이라는 그리스도의 위격에 대한 계시가 베드로에게 주어졌다. 베드로

---

23) 이는 하늘에 계신 그리스도를 의미한다.

24) 이렇게 선택하시는 하나님의 사랑은 영혼들의 시샘을 일으킬 수 있다. 아담으로부터 시작해서 하나님이 부르신 모든 사람들을 피를 통해서 구원하시는 하나님의 역사를 생각해볼 때, 혹 이러한 차이점이 이렇게 선택하시는 하나님 사랑의 토대를 흔들지 않도록 경계할 필요가 있다. 그럼에도 하나님이 나에게 주신 지위를 제대로 이해하고 또한 하나님이 주신 대로, 그 이름을 그대로 사용하는 것은 나에겐 특권이기도 하지만 또 한편으론 의무이다.

가 이 고백을 하자마자 예수님께서는 "바요나 시몬아 네가 복이 있도다 이를 네게 알게 한 이는 혈육이 아니요 하늘에 계신 내 아버지시니라 또 내가 네게 이르노니[25] 너는 베드로라 내가 이 반석 위에 내 교회를 세우리니 음부의 권세가 이기지 못하리라 내가 천국 열쇠를 네게 주리니"(17-19절)라고 대답하셨다. 그리스도는 자신의 교회를 세우실 계획이었다. 이뿐 아니라, 그리스도께서는 베드로에게 열쇠들을 주셨다. 바로 천국 열쇠들(keys)이다. 천국은 그리스도께서 세우시는 교회와는 다른 실체였다. 교회는 성령님께서 하나 되게 하신 몸으로서, 하늘에서 아버지의 우편에 앉아 계신 머리이신 주 예수 그리스도와 서로 연결되고 또 연합을 이루고 있는 존재이다. 이처럼 성령님께서 그리스도와 연합을 이루게 하신 것은 유일무이한 존재[26]이며, 매우 특별한 존재로서 성경에서는 이것을 "교회"라 부른다.

현재 유럽에 있는 거의 모든 나라[27]가 이 문제를 놓고 갑론을박을 하고 있다. 게다가 셀 수 없이 많은 이론들이 있다. 사람들은 묻는다. 과연 교회란 무엇인가? 어떤 사람은 "교회는 가시적이다"라고

---

25) 사실 이 말은 이런 의미가 있다. '나는 너에게 특별한 자리를 주고자 한다. 나는 무언가를 말할 것이다. 나의 아버지께서 너에게 나의 이름을 계시해 주신 것처럼, 나는 너에게 특별한 이름을 줄 것이다!'

26) 여기서 지역 교회들은 논의의 대상이 아니다.

27) 사람들이 해결하고 싶어 하는 것은 무엇이 하나님의 교회인가? 라는 질문이다. 어쩌면 성도들과 하루 종일 토론해야 할지도 모른다. 여기서 가장 중요한 요소는, 그렇다면 그 교회를 어떻게 실천하고 실행할 것인가 하는 점이다.

하고, 다른 사람은 "교회는 비가시적이다"라고 한다. 또 어떤 사람은 지금은 교회가 존재하고 있지 않지만, 머지않아 교회가 존재하게 될 것이라고 말한다. 즉 현재 지구상에 교회는 없지만 (교회들은 있을 수 있지만), 장차 (모든 구원받은 성도들이 하늘에 모이게 될 때에는) 하나의 교회가 존재하게 될 것이라는 뜻이다. 물론 그 말은 분명 일리가 있다. 장차 그리스도께서 아버지의 보좌를 떠나 교회를 자신에게로 영접할 때, 하늘에는 영광스러운 몸이 형성될 것이다. 그리스도는 지금 하나님의 우편에 앉아 계시면서, 그동안 오로지 교회만을 이 땅에 존재하는 몸으로 소유하신다. 하늘에 있는 자신의 보좌를 떨치고 일어나실 때까지 그리스도께서는 성령님을 통해서 항상 교회 안에서 일하시고, 조율하시고, 활동하신다. 성령님이 이 땅에 강림하셨기 때문이다. 그리스도께서 교회를 자신의 몸으로 소유하실 수 있는 이유는, 바로 성령님께서 교회 안에 거하시기 때문이다. 이 일은 교회가 장차 영광 중에 그리스도와 하나가 될 때까지 진행될 것이다.

379

만일 성경으로 돌아간다면, 거기엔 어려움이 없다. 바울은 교회를 찾고자 어디를 바라보았는가? "우리가 … 다 한 성령으로 세례를 받아 한 몸이 되었고."(고전 12:13) 바울은 이 한 몸을 어디서 발견했는가? 하늘인가, 땅인가? 하늘이 아니라 땅이었다. 게다가 능력과 병 고치는 은사 등 여러 가지 은사들도 하늘에 있는 것이 아니었다. "마디와 힘줄"도 하늘에 있지 않았다. 뿐만 아니라 교회 사역도 하늘에 있는 것이 아니다. 물론 교회가 최종적으로는 하늘에 있을 것이지만, 지금은 땅에 있다. 이것은 우리 영혼이 보아야만 하는 매우 단순하면서도 선명한 사실이다.

교회의 능력에 대해서 살펴보자. 성경은 교회의 능력을 말하고 있지 않고, 다만 우리 속에서 역사하는 능력을 말한다. 즉 교회 가운데서 역사하시는 하나님의 능력을 말한다. "우리 가운데서[28] 역사하시는 능력대로 우리의 온갖 구하는 것이나 생각하는 것에 더 넘치도록 능히 하실 이에게 교회 안에서와 그리스도 예수 안에서 영광이 대대로 영원 무궁하기를 원하노라." (엡 3:20,21) 하나님께서 권능으로 역사하시는 일은 교회의 도덕적 상태에 의해서 영향을 받을 수밖에 없다. (따라서 하나님은 교회를 향해서 오래 참으신다. 하지만) 교회가 만일 하나님께서 결코 인정할 수 없는 상태에 있다면[29], 하나님은 결코 공적으로 일하실 수가 없으시다.

여기서 능력의 역사란 교회의 공개적인 증거 시에 나타나는 하나님의 권능을 가리킨다. 교회는 분명 하나님 능력의 그릇이었고, (더불어 하나님의 나라를 증거하는 동안 상당한 권능이 나타났던 것은 사실이다[30]. 오늘날 그와 동일한 권능의 역사를 기대하는 것은 헛된 일이다.) 그 당시 나타났던 권능은 인자에게 속했던 권능이었다. 거기에 한 영혼이 구원받는 일이 있고, 교회의 사역이 있을지라도, 동

---

[28] "우리 속에서"가 옳은 번역이다. 어쨌든 우리 속에서 하나님의 능력이 역사하고 있다.

[29] 하나님은 복음이 전파되는 것은 인정하신다. 따라서 복음을 전파하는 일에는 어느 정도 능력이 동반되어 나타날 수 있다.

[30] 어느 정도는 하나님의 나라에 대한 증거도 있었다.

일한 권능이 나타날 것을 기대할 순 없다. 하나님은 주권적으로 역사하시며, 자신이 기뻐하시는 대로 일하신다. 교회는 하나님의 권능을 담는 그릇이었고, 초자연적인 역사는 부활하신 인자이신 그리스도의 권능에 대한 증거였다. 나의 경우, 영혼들이 구원받기를 바란다면, 나는 차라리 복음을 증거하는 동안 성령의 역사가 나타나기를 기도할 것이다. 교회의 상태가 나아지기를 바란다면, 교회의 모든 필요를 공급해주시는 머리이신 그리스도를 바라볼 것이다. 교회가 세상 앞에서 그리스도의 특징을 외적으로 나타내는 소명을 수행하는 동안에는, 그리스도의 권능을 사용할 수 있었다. 그렇다면 교회가 능력을 세상으로 흘려보내는 일에는 부족이 있을 수가 없다. 그리스도와 그분의 능력과 능력으로 행하시는 일에는 실패가 있을 수 없다. 그리스도께서는 교회의 필요를 공급해주심으로써 반드시 교회를 양육하신다. 하나님께서 교회 안에서 일하시고 또 사람들에게 역사하신다면, 거기엔 반드시 하나님의 나타나심이 있기 마련이다. 하나님은 교회의 도덕적 상태를 무시하고 은혜의 권능을 베푸시는 법이 없으시다. 마찬가지로 하나님은 개인의 상태에 반해서 개인들에게 역사하실 수 없으시다. (하나님은 하나님 앞에서 개인의 상태를 보여주시고, 그에 대한 교훈과 책망을 하신 후, 그 사람의 회개에 부응해서 회복시키는 은혜의 역사를 허용하신다. 이러한 자기 성찰과 회개 없이 그저 은혜를 베푸시는 일은 없다.)

380
신령한 복을 얻으려면 우리 영혼의 상태를 살펴야 한다. 왜냐하면 신령한 복은 우리 영혼의 상태에 따라서 주어지기 때문이다. 과연 우리는 지금 어디에 있는가? 이것이 우리가 물어야 할 질문이다.

하나님은 자신의 마음을 바꾸지 않으신다. 교회의 책임이 결코 하나님의 은혜를 바꾸지 않는다. 그리스도는 교회가 지금 원하는 바로 그 자체이시다. 그렇지 않으면 나의 믿음은 아무것도 얻을 수 없다. 정확하게 말하자면, 우리가 지금 교회를 보면서 바라는 그것을 얻을 수 없다. 사도들의 시대에, 그것은 초자연적인 역사로 꽃을 피웠다. 하지만 주님은 동일한 방법으로 일하지 않으신다. 그리스도께서는 교회에 대한 자신의 생각을 포기하지 않으실 것이다. 만일 우리가 우리의 생각을 따라서 움직이고 또 주님은 주님의 생각을 따라서 움직인다면, 주님은 우리가 세운 것들에 대해서 슬퍼하실 것이다. "나와 함께 모으지 아니하는 자는 헤치는 자니라." (마 12:30) 그리스도께서 모으는 일을 시작하신다면, 주님과 하나로 모이지 않은 것들은 흩어버리실 것이다. 그 집을 모래 위에 세운 집들은, 하나님의 영의 첫 번째 바람이 불어올 때 모든 것이 허물어질 것이다. 이것은 매우 깜짝 놀랄만한 일이긴 하지만, 또한 우리를 겸손케 하는 일이다. 하나님의 일하심을 바라보는 사람들은 이 일 때문에 낙망하는 일은 없을 것이다. 당신은 어쩌면 차디찬 겨울 땅을 걷고 있을지 모른다. 하지만 봄이 오면, 얼음은 녹는 법이다. 교회와 및 교회의 지체들은 본래 자신의 자리로 돌아가야 한다. 그리스도는 변하지 않으신다. 교회의 능력은 사실 교회의 연약함에 있으며, 그리스도를 전적으로 의지하는 영에 있다. 교회는 지속적이고, 단순하고, 순수하게 의존적인 자신의 자리를 떠나서는 안된다.

381

교회의 소망은 하늘에 있는 주 예수 그리스도와 연합을 이룬 관계와 자리에 기초하고 있다. 교회는 지상에서 순례자인 것은 사실이지만, 동시에 교회는 지상에서 신부이다. 하늘에 계신 머리이신 그리스도와 연합을 이루었고, 그리스도 안에서 하늘에 앉아 있는 상태에 있는 교회는 장차 하늘에 들어갈 날을 기다리고 있다. 교회가 가진 한 가지 복된 소망은 세상과는 모든 관계를 끊고, 오직 하늘에 계신 그리스도 하고만 관계를 맺고 있는데 있다. 교회는 만물이 하나님 나라에서 제자리를 잡는 것을 볼 것이지만, 이 일은 교회의 소망과는 상관이 없다. 교회의 소망은, 그리스도와의 연합의 관계 때문에, 오로지 하늘에 계신 주 예수 그리스도와 함께 하는 것이다. 교회는 하늘에서 주님을 만나게 될 것이다. 바울은 어디서 그리스도를 만났는가? 하늘에 있는 영광 가운데 계신 그리스도를 뵈었다. 바울은 그때 교회가 바로 그 자리에서 그리스도와 하나 되어 있음을 알았다.

영광에 들어가려면 몸의 변화가 일어나야 하는데, 그럴지라도 교회가 그리스도와 함께 하늘 처소에 앉아 있는 지위에는 아무 변동이 없다. 왜냐하면 교회는 바로 지금 그리스도 안에서 하늘에 앉아 있기 때문이다. 그리스도와 함께 하는 것이 우리의 소망이다. "나 있는 곳에 너희도 있게 하리라."(요 14:3) 데살로니가전서에서 사도 바울은 "그리하여 우리가 항상 주와 함께 있으리라"(살전 4:17)고 말했다. 그 다음엔 무엇이 있을까? 아무것도 없다. 세상에서는 정말 많은 일들이 일어날 것이다. 하지만 교회의 소망은 주님이 있는 곳에서 주님과 함께 하는 것이며, 교회가 주님이 있는 그대로의 모습을 보는 그대로, 주님과 같이 되는 것이다.

교회의 부르심에 대해서 살펴보자. 하늘의 부르심이 교회의 부르심을 포함하고 있긴 해도, 교회의 부르심과 동일한 것은 아니다 (히 3:1 참조). 하늘의 부르심은 교회의 부르심을 정확히 설명해주지 못한다[31]. 우리는 우리가 몸이며 또한 그리스도의 신부임을 모른 채, 그저 개인들의 집합체로서 부르심을 받고, 하늘로 휴거되기만을 바라보고 또한 그리스도의 형제들로서 하늘의 분깃을 소유하는 것으로만 만족할 수 있다. 반면 교회의 소망은 신랑이신 그리스도와 결혼하는 것이며, 이 결혼식은 하늘에서 이루어질 것이다. 장차 휴거된 우리는 하나님의 나라와 영광을 위하여 하늘로부터 내려올 것이지만, 그럼에도 우리의 자리는 여전히 하늘에 있을 것이며, 그리스도와 연합을 이룬 한 몸으로 존재할 것이다. 우리는 성령으로 말미암아 하나님이 거하시는 거처로 함께 지어졌다. 그러한 것이 여기 지상에서 교회가 받은 부르심이다[32].

---

31) 많은 사람들이 교회 자체와 교회의 지체들을 혼동하고 있다. (한 성령으로 세례를 받아 한 몸이 된) 교회를 염두에 두지 않고서도, 지체들에게만 해당되는 많은 것들을 논할 수 있다. 예를 들어서, 우리는 회사를 직접적으로 언급하지 않으면서, 그 회사의 직원들이 가진 권리와 같은 것들에 대해서 얼마든지 논할 수 있다.

32) 에베소서 4장에서 바울은 "너희가 부르심을 입은 부름에 합당하게 행하여 모든 겸손과 온유로 하고 오래 참음으로 사랑 가운데서 서로 용납하고 평안의 매는 줄로 성령의 하나 되게 하신 것을 힘써 지키라 몸이 하나요 성령이 하나이니 이와 같이 너희가 부르심의 한 소망 안에서 부르심을 입었느니라."(1-4절)고 말했다. 베드로와 바울과 요한 사이엔 자신들에게 맡겨진 사역의 주제에 따라서 엄연한 차이점이 존재하는데, 특별히 바울은 하나님의 세대를 발전시키고 있다. 베드로는 그리스도의 부활의 중인이었다. 바울에게 그것은 단순한 부활이 아니라, 하나님 우편에 계신 그리스도와의 연합을 의미했다. 바울은 자신이 핍박했던 (사실은 교회를 핍박했지만) 바로 그 그리스도에게서 (바울은 그리스도를 직접 본 적이 없었다) 음성을 듣고 회심했다(행 9:4,5). 그 자체가 바울을 회심시키는 말씀이었다. 요한에게서 우리는 전혀 다

382

교회의 현재 지위와 소명에 대해서 살펴보자. 여기엔 거대한 차이를 만들어내는 한 가지가 있다. 하나님의 영께서 복음이 처음 전파되는 시기에 역사하셨을 때, 그때는 가시적이고 실제적인 권능이 나타났으며, 표면적으로는 한 곳에 모였다. 그렇게 능력이 나타난 것은, 물론 정반대로 연약함도 있었지만, 진리가 충만하게 드러났기 때문이었다. 하지만 오늘날 그와 동일한 능력은 없다. 하나님의 양들은 흩어진 상태로 있다. 양의 우리가 무너졌다. 그 결과 복음을 아는 정도가 다양하게 되었다. 하나됨의 원리가 오히려 분열의 원리가 되고 있다. 사람은 이제 자신을 진리의 중심에 놓고 싶어 한다. 만일 나의 영혼이 그리스도를 바라보고, 그리스도를 중심으로 모이고, 또 그리스도의 판단을 받아들일 준비가 되어 있지 않다면, 매일 만나는 성도들의 다양한 의견과 판단에 밀려 요동할 것이며, 혼돈 속으로 빠져 들어갈 수밖에 없을 것이다. 그리스도를 유일한 공동의 목표로 삼은 곳에서만, 하나가 될 수 있는 능력을 볼 수 있을 것이다. 나는 그리스도를 유일한 중심으로 삼은 곳에서만 하나됨 안에 있는 하나님의 교회를 발견한다.

교회가 할 일은 끊임없이, 중단 없이 머리되신 그리스도를 세상에 알릴 수 있는 영적 지표가 되는 것이다. 만일 머리이신 그리스도께서 교회의 첫 번째 관심사가 아니라고 할 것 같으면, (우리는 이

른 것을 보게 된다. 요한은 우리에게 하나님의 본성이 무엇인가를 보여주며, 결과적으로 하나님 자녀의 본성이 무엇인가를 보여준다. 그 본성은 사랑과 의(義)이다. 하나님은 빛이시며, 또한 하나님은 사랑이시다. 자녀의 본성은 거듭남을 통해서 하나님의 본성을 물려받은 것이다.

러한 것을 어찌 알 수 있는가? 교회가 머리이신 주님을 생각하고 또 모든 생각과 마음과 애정을 머리에게 쏟을 때 자연스럽게 나타나는 법이다.) 교회는 그리스도를 위한 일을 할 수 없다. 이러한 것이 교회가 애써야 하는 중대한 일이다. "우리는 기도하는 것과 말씀 전하는 것을 전무하리라."(행 6:4) 나는 사탄의 능력으로 둘러싸인 군중들을 돌파해야 하며, 이러한 군중들을 뚫고 나의 머리되신 주님, 모든 능력의 원천되신 주님에게로 나아가야 한다. 우리는 머리되신 그리스도와 사귐을 나누며, 또한 영으로 사는 성도들과 함께 하는 사귐을 추구해야 한다. 우리는 요한계시록 22장의 성령의 외침을 듣는 사람들과 함께 해야 한다. 그럴 때 교회는 자신의 빛을 가지게 될 것이며, 교회 밖에 있는 모든 것은 어둠 속에 잠기게 될 것이다. 사도 요한은 외부와 단절된 밧모 섬에 갇힌 채, 자신만의 세계에 살고 있었고 또 자신만의 생각으로 가득했다. 하지만 그것은 하나님의 생각이었으며, 그는 그렇게 능력을 소유하고 있었다. 그가 처한 상황은 무슨 활동을 해야 하는 사역의 장은 없었지만, (이것을 묵상할 때 우리 마음엔 큰 힘이 되지는 않지만) 머리되신 주님과 교통하며 친밀한 사귐을 나누기엔 충분했다. 우리는 아주 친밀한 사귐을 나눌 수 있을 정도로 그리스도께로 가까이 나아가야 하며, 그리스도를 아주 잘 알고 또 모든 부분에서 그리스도와 같이 될 수 있으려면 더 가까이 나아갈 필요가 있다. 만일 우리 마음이 세상과 분리되어 있지 않다면, 세상에 있는 동안 징계를 통해서 억지로 분리해야 하는 일을 겪을 것이다. 만일 영적으로나 육적으로나 우리가 세상과 분리되어 있지 않다면, 하나님은 우리 영혼을 괴롭게 하심으로써 분리시키는 일을 하신다. "네가 모든 것이 풍족하여도 기쁨과 즐거운 마음으로 네 하나님 여호와를 섬기지 아니하였기에 장차 너는 주리고 목마르고 헐벗고 모든 것이 핍절한 일을 겪을 것이며, 네 하나님 여호와께서 너를 치게 하실 대적을 보내실 것이며 너는 그를 섬기게 될 것이라."(신 28:47,48)

제 3장 처음 교회의 시작과 현재 상태
What is the Church, as it was at the beginning?
and what is its present state?

76

교회가 가진 두 가지 관점을 살펴보자. 첫 번째로 교회는, 예수 그리스도께서 하늘로 승천하신 결과, 하나님의 자녀들이 영화롭게 되신 사람이신 그리스도와 한 몸으로 연합을 이룬 사람들의 연합체이다. 두 번째로 교회는, 성령으로 말미암아 하나님이 거하시는 처소로서 집이다. 구주 예수 그리스도는 자기를 믿는 사람들을 온전히 구원하실 뿐만 아니라, 흩어져 있는 하나님의 자녀들을 한 곳으로 모으기 위해서 자신을 내어주셨다. 그리스도는 구속의 역사를 온전히 완성하셨다. 죄들을 정결케 하는 제사를 단번에 영원히 드리시고, 하나님의 우편에 앉으셨다. 한 번의 제사를 통해서 주님은 거룩하게 된 자들을 영원히 온전케 하셨고, 깨끗하게 하셨다. 이제 성령님은 우리에게 "저희 죄와 저희 불법을 내가 다시 기억지 아니하리라"(히 10:17)고 증거하신다. 하나님의 사랑이 우리에게 예수님을 주셨다. 하나님의 의(義)가 그리스도의 희생제사를 통해서 온전히 충족되었다. 그리스도는, 구속 사역의 완성과 우리를 그리스도 안에서 열납해주신 것과 우리를 불러내어 영광에 이르게 해주신 것을 증거하기 위해서 하나님의 우편에 앉아 계신다. 예수 그리스도께서는 약속하신 대로 하늘로서 성령님, 곧 보혜사를 보내주셨고, 이제 성령님은 예수님을 믿는 우리 속에 거하신다. 성령님은 우리를 구속의 날, 즉 우리 몸이 영광스럽게 되는 날까지 인치셨다. 뿐만 아니라 그 성령님은 우리 기업의 보증이시다.

혹 지상에 교회가 존재한 일이 없었을지라도, 이 모든 것은 언제나 진리이다. 우리는 두 가지 측면을 생각해야 한다. 즉 구원받은 개인들이 있고, 하늘에 속한 영광의 후사들로서 하나님의 자녀들이다. 이것이 하나의 측면이라면, 또 다른 측면은 그리스도와 연합을 이루고 또 그리스도의 살 중의 살이요 또 뼈 중의 뼈로서 그 몸의 지체들이 되는 것이 있다. 거기에 더하여 성령으로 말미암아 하나님이 거하시는 처소로서 집이 있다. 이제부터 나중 두 가지를 살펴보자.

교회가 그리스도의 몸이라는 것보다 성경에서 더 분명한 진리는 없다. 우리는 그리스도를 통해서 구원을 소유하고 있을 뿐만 아니라, 우리는 그리스도 안에 있고 그리스도는 우리 안에 있다. 그리스도의 특권들을 즐거워하는 참된 그리스도인이라면, 성령님을 통해서 자신이 그리스도 안에 있고 그리스도께서 자신 안에 계신다는 것을 알고 있다. 주님께서는 "그 날에 너희는 내가 아버지 안에 너희가 내 안에 내가 너희 안에 있다는 것을 알리라"(요 14:20)고 말씀하셨다. 여기서 말씀하는 그 날이란 우리가 하늘로부터 보내심을 받은 성령님을 받게 되는 그 날을 의미한다. 주와 합하는 사람은 한 영이다. 따라서 우리는 그리스도 안에 있고 그리스도의 몸의 지체이다. 이에 대한 가르침이 에베소서 1-3장에서 전개되고 있다. "그를 만물 위에 교회의 머리로 주셨느니라 교회는 그의 몸이니"라는 구절보다 더 분명한 말씀이 있는가? 이제 주목할 것은, 이처럼 경이로운 사실은, 이 구절들 속에 포함되어 있는 모든 것이 다 성취된 것은 아니지만, 그럼에도 그리스도께서 하늘로 오르셔서 영광을 받으시자마자 시작되었다는 것이다. 사도 바울은, 하나님이 우리를 그리스도와 함께 일으키셔서 그리스도 안에서 우리를 함께 하늘에 앉게 하셨다고 말하고 있다. 우리는 아직 "그리스도와 함께" 하는 것은 아니지만, "그리스도 안에" 있다. 그리고 3장에는 "다른 세대에서는 사람의 아들들에게 알게 하지 아니하셨으니 이는 이방인들이 복음으로 말미암아 그리스도 예수 안에서 함께 후사가 되고 함께 지체가 되고 함께 약속에 참예하는 자가 됨이라 … 이제 교회로 말미암아 하늘에서 정사와 권세들에게 하나님의 각종 지혜를 알게 하려 하심이니"라고 기록되어 있다.

77

교회는 그리스도께서 영광을 받으신 결과로, 하늘로서 오신 성령님에 의해서 지상에 형성되었다. 교회는 하늘의 머리이신 그리스도와 연합을 이루고 있다. 그리스도 연합을 이룬 신자들은 성령님에 의해서 그리스도의 지체들이다. 이처럼 보배로운 진리는 다른 여러 성경 본문들을 통해서 확증된다. 예를 들어서 로마서 12장 4,5절을 보자. "우리가 한 몸에 많은 지체를 가졌으나 모든 지체가 같은 직분을 가진 것이 아니니 이와 같이 우리 많은 사람이 그리스도 안에서 한 몸이 되어 서로 지체가 되었느니라."

　다른 본문들은 굳이 인용할 필요가 없을 줄로 안다. 다만 고린도전서 12장은 살펴볼 필요가 있다. 사도 바울은 여기서 장차 하늘에 거하게 될 교회가 아니라 지금 지상에 있는 교회에 대해서 말하고 있으며, 온 세상에 흩어져 있는 교회들이 아니라 고린도라고 하는 특정 지역에 있는 하나의 지역 교회를 언급하고 있다. 이 점을 분명히 하라. 그래서 사도 바울은 고린도전서 시작부분에서, "고린도에 있는 하나님의 교회 곧 그리스도 예수 안에서 거룩하여지고 성도라 부르심을 입은 자들과 또 각처에서 우리의 주 곧 저희와 우리의 주 되신 예수 그리스도의 이름을 부르는 모든 자들에게"라는 말로 시작하고 있다. 반면 하나의 특정 지역교회가 아니라 지상에 있는 전체 교회를 언급할 때에는 이렇게 표현한다. "하나님이 교회 중에 몇을 세우셨으니 첫째는 사도요 둘째는 선지자요 셋째는 교사요 그 다음은 능력이요 그 다음은 병 고치는 은사와 서로 돕는 것과 다스리는 것과 각종 방언을 하는 것이라."(고전 12:28) 사도들은 하나의 지역교회에서 섬기는 일을 하지 않았고, 병 고치는 은사도 하늘에서는 사용되지 않을 것이 분명하기에, 이 구절은 지상에 있는 교회 전체에 대한 말씀이다. 이처럼 지상에 있는 교회 전체는 그리스도의 몸을 이루고 있으며, 그리스도와 연합된 신자들이 그 몸의 지체들이다. 이렇게 하나의 몸을 이루는 것은 성령 세례를 통해서 된 것이다. "몸은 하나인데 많은 지체가 있고 몸의 지체가 많으나 한 몸임과 같이 그리스도도 그러하니라."(고전 12:12) 사도 바울은 이렇게 말한 후에, 이처럼 많은 지체들이 하나의 몸을 이루고, 각자 기능을 하는 것을 설명한 후, 27절에서 이렇게 덧붙인다. "너희는 그리스도의 몸이요 지체의 각 부분이라."(27절) 이 모든 일은 하늘로서 강림하신 성령 세례에 의해서 된 일임을 기억하기 바란다. 결과적으로 이 몸이 지상에 존재하게 되었고, 이 몸은 어느 곳에 있든지 모든 그리스도인들을 다 아우르고 있다. 그들은 성령을 받은 사람이다. 오직 성령을 통해서만 그리스도의 지체가 되며 또한 서로 지체가 된다. 아, 이 얼마나 아름다운 하나됨인가! "만일 한 지체가 고통을 받으면 모든 지체도 함께 고통을 받고 한 지체가 영광을 얻으면 모든 지체도 함께 즐거워한다."(26절)

78

여기 말씀은 이외에도 은사들이 온 몸의 지체들에게 주어졌으며, 그 은사들은 전체 몸에 속해 있음을 가르친다. 사도들, (신약시대의) 선지자들, 교사들은 한 특정 지역교회가 아니라 전체 교회에 속해 있다. 결과적으로 성령님이 주신 이러한 은사들은 모든 교회에서 활용되어야 한다. 왜냐하면 그리스도인은 한 몸의 지체이기 때문이다. 만일 아볼로가 에베소 교회에서 가르치는 일을 했다면, 그가 고린도 교회에 있을 때에도 가르치는 일을 해야 하며, 어느 지역 교회에 가든지 그는 가르치는 일을 할 수 있다.

그래서 교회는 그리스도의 몸이며, 하늘에 있는 머리이신 그리스도와 연합을 이루고 있다. 우리 각 사람은 우리 속에 거하시는 성령에 의해서 한 몸의 지체가 되었고, 또한 모든 그리스도인은 서로에게 지체가 되었다. 이 교회는 장차 하늘에 거하게 될 것이지만, 지금은 하늘로서 보내심을 받은 성령으로 말미암아 지상에서 그리스도의 몸을 이루고 있다. 성령님은 우리와 함께 거하시며, 성령님을 통해서 그리스도와 연합을 이룬 모든 신자들은 한 몸 안으로 세례(침례)를 받았다. 게다가 성령님이 각 사람에게 나누어 주신 은사들은 한 몸된 전체 교회의 지체라는 자격으로 사용된다.

이미 살펴보았지만, 지상에 있는 교회는 또 다른 특징을 가지고 있다. 즉 교회는 지상에서 하나님이 거하시는 집이다. 참으로 흥미로운 부분이지만, 이 집은 십자가에서 구속이 이루어지기 전까지는 세워지지 않았다. 하나님은 자신을 엄청 낮추심으로써 낙원에 있는 첫 번째 사람과 믿음의 조상을 자주 방문하시긴 하셨지만, 그럼에도 무죄상태에 있는 아담이나 아브라함과 함께 거하진 않으셨다. 하나님은 그들과 함께 거하실 수 없었다. 하지만 이스라엘을 애굽에서 구속하시자마자 바로 하나님은 자기 백성 가운데 거하시고자 강림하셨다. 성막의 식양을 계시하시고 또 제도를 설명하신 후, 하나님은 이렇게 말씀하셨다. "내가 이스라엘 자손 중에 거하여 그들의 하나님이 되리니 그들은 내가 그들의 하나님 여호와로서 그들 중에 거하려고 그들을 애굽 땅에서 인도하여 낸 줄을 알리라 나는 그들의 하나님 여호와니라."(출 29:45,46) 따라서 이스라엘 백성들 가운데 하나님께서 거하시는 일은 그들을 구속하신 일의 최종적인 단계였다. 하나님의 백성들 가운데 하나님께서 임재하시는 것이야말로 하나님의 백성들이 가진 최고의 특권인 것이다.

79
성령의 임재는 그리스도 안에서 그리스도와 연합을 이룬 신자의 특징이 무엇인가를 가르는 분수령이다. "너희 몸은 … 성령의 전인 줄을 알지 못하느냐?"(고전 6:19) "누구든지 그리스도의 영이 없으면 그리스도의 사람이 아니라."(롬 8:9) 이 모든 구절을 모으면, 그리스도인은 하나님의 성전이며, 그 속에 하나님의 영이 거하시는 사람이다. "너희가 하나님의 성전인 것과 하나님의 성령이 너희 안에 거하시는 것을 알지 못하느뇨?"(고전 3:16)

그리스도인 개인들에 대한 이야기는 그만 하고, 이제 교회가 성령으로 말미암아 지상에 있는 하나님의 집이라는 측면에 대해서 살펴보자. 이 얼마나 보배로운 특권인가! 하나님 자신의 임재는 자기 백성들이 된 우리 기쁨의 원천이며, 힘이며, 또한 지혜가 아닌가! 하지만 여기엔 동시에 엄청난 책임이 따른다. 그처럼 귀한 손님을 우리는 과연 어떻게 대우해드릴 것인가를 생각해야 한다. 이 진리를 입증하고자 나는 몇 개의 성경본문을 인용하고자 한다. 에베소서 2장 19-22절이다. "그러므로 이제부터 너희가 외인도 아니요 손도 아니요 오직 성도들과 동일한 시민이요 하나님의 권속이라 너희는 사도들과 선지자들의 터 위에 세우심을 입은 자라 그리스도 예수께서 친히 모퉁이 돌이 되셨느니라 그의 안에서 건물마다 서로 연결하여 주 안에서 성전이 되어 가고 너희도 성령 안에서 하나님의 거하실 처소가 되기 위하여 예수 안에서 함께 지어져 가느니라." 여기서 우리는 이 건축이 지상에서 이미 시작된 것을 볼 수 있다. 하나님의 의도는, 전에는 이방인들이 들어올 수 없도록 중간에 막아 놓은 담을 하나님께서 허무셨기에, 이제는 모든 믿는 자들로 이루어진 하나의 성전을 소유하시는 것이다. 이 건축물은 모든 그리스도인들이 영광 안에서 하나를 이룰 때까지 계속해서 지어져가게 될 것이다. 그동안 지상에 있는 모든 신자들은 교회 가운데 거하시는 성령으로 말미암아 하나님이 거하시는 처소와 집을 형성하게 된다.

　디모데전서 3장을 보면 사도 바울은 "내가 속히 네게 가기를 바라나 이것을 네게 쓰는 것은 만일 내가 지체하면 너로 하나님의 집에서 어떻게 행하여야 할 것을 알게 하려 함이니 이 집은 살아 계신 하나님의 교회요 진리의 기둥과 터이니라"(딤전 3:14,15)고 말했다. 이 말씀을 통해서 우리는 지상에 있는 교회는 살아계신 하나님의 집인 것을 알 수 있다. 게다가 이 서신은 디모데에게 이 하나님의 집에서 어떻게 처신해야 하는지를 교훈하고 있다. 이제 우리는, 그리스도인에게는 이 세상에서 진리를 유지해야 할 책임이 있음을 보게 된다. 오늘날 교회는 이 진리를 가르치고 있지 않지만, 사도들은 가르쳤다. 따라서 성경교사들은 가르치고, 그리스도인은 가르침 받은 진리에 충성스럽게 반응함으로써 진리를 유지한다. 이로써 우리는 세상에서 진리의 증인이 된다. 진리를 찾는 사람은 세상 종교나 유대교나 또는 이슬람교에게서 찾을 것이 아니라, 그리스도인 교회에서 찾게 될 것이다. 교회가 진리에 대한 권위를 가진 것이 아니라, 말씀이 진리에 대한 권위를 가지고 있다. 교회는 진리를 담는 그릇일 뿐이다. 진리가 없는 곳엔 교회도 없다. 그러한 것이 교회이며, 그리스도의 몸이다. 그리스도는 하늘에 있는 교회의 머리이시다[1]. 이러한 것이 지상에서 성령으로 말미암아 하나님이 거하시는 하나님의 집이 가진 특징이다. 교회가 완성되면, 교회는 하늘에서 그리스도를 만나게 될 것이며, 신랑이신 그리스도와 동일한 영광을

---

　1) 여기에 교황이 교회의 머리일 수 없다는 명백한 증거가 있다. 왜냐하면 만일 그리스도께서 머리이실진대, 어찌 한 몸에 머리가 둘 일 수 있단 말인가?

입게 될 것이다.

80

교회가 처음 시작되었을 때 교회의 상태에 대해서 알아보기 전에, 성경이 집으로서 교회에 대해서 말하고 있는 것에는 약간의 차이점이 있다는 사실을 우선 살펴볼 필요가 있다.

주님은 마태복음 16장 18절에서 "내가 이 반석 위에 내 교회를 세우리니"라고 말씀하셨다. 교회를 세우시는 분은 바로 그리스도이시다. 그래서 하데스의 문이 교회를 이기지 못하는 것이다[2]. 여기서 교회를 건축하는 일을 하는 것은 사람이 아니라 그리스도이시다. 물론 사도 베드로도 신령한 집에 대해서 "하나님께는 택하심을 입은 보배로운 산 돌이신 예수에게 나아와 너희도 산 돌같이 신령한 집으로 세워지고 예수 그리스도로 말미암아 하나님이 기쁘게 받으실 신령한 제사를 드릴 거룩한 제사장이 될지니라"(벧전 2:4,5)고 언급했지만, 일꾼들에 대해선 아무 말도 하지 않았다. 이것은 그리스도에게로 나아온 개인들의 마음 속에서 일어나는 은혜의 역사를 의미한다. 이제 사도행전을 보면, "주께서 구원받는 사람을 날마다 교회에 더하게 하시니라"(행 2:47, KJV 참조)고 말하고 있다. 이 일은 하나님의 역사이기에 결코 실패할 수 없으며, 그 효과는 영원까지 이어지지만 그 결과는 시간 안에 나타난다. 더욱이 우리는 에베소서 2장에서, "너희는 사도들과 선지자들의 터 위에 세우심을 입은 자라 그리스도 예수께서 친히 모퉁잇돌이 되셨느니라 그의 안에

---

2) 천국을 위한 열쇠는 있지만 교회를 위한 열쇠는 없다는 점을 주목하라. 교회엔 사람이 열고 닫을 수 있는 열쇠가 없다. 열쇠는 천국을 위한 것이다.

서 건물마다 서로 연결하여 주 안에서 성전이 되어 가고"(20,21절)를 볼 수 있다. 이렇게 지어져 가는 이 성전은 사람들의 눈앞에 나타날 수밖에 없다. 혹 이처럼 효력 있는 은혜의 역사가 사람들 앞에서 외형적인 하나됨의 모습으로 나타나지 않는다 해도, 하나님께서 자기 자녀들을 영원한 생명으로 인도하시는 그 하나님의 역사는 실패하지 않을 것이다. 영혼들이 그리스도에게로 나아오고, 그들은 그리스도 위에 건축된다.

81

  사도 요한과 사도 바울은 모두, 특히 사도 바울은 성령의 능력에 의해서 교회의 간증이 하나의 모습으로 사람들에게 나타나야 할 것에 대해서 말했다. 우선 요한복음 17장을 보자. "내가 비옵는 것은 이 사람들만 위함이 아니요 또 그들의 말로 말미암아 나를 믿는 사람들도 위함이니 아버지여, 아버지께서 내 안에, 내가 아버지 안에 있는 것 같이 그들도 다 하나가 되어 우리 안에 있게 하사 세상으로 아버지께서 나를 보내신 것을 믿게 하옵소서."(20,21절) 여기 보면 하나님 자녀들의 하나됨이 세상을 향해 증거해야 할 하나의 증거이며, 이를 통해서 세상으로 하나님께서 예수님을 보내신 것을 믿게 하려는 것임을 볼 수 있다. 그렇다면 이 하나됨의 진리는 결과적으로, 하나님의 자녀들에게 명백한 의무로 주어진 것이다. 이 진리를 거부하고 있는 현재 교회의 상태는 이 진리를 미워하는 원수의 손에 들린 무기라는 사실을 우리는 알아야 한다.

  이러한 집으로서의 특징과 사람의 책임이 함께 묶여 있는 것은 하나님의 말씀에서 매우 중요한 가르침이다. 사도 바울은 "너희는

… 하나님의 집이니라 내게 주신 하나님의 은혜를 따라 내가 지혜로운 건축자와 같이 터를 닦아 두매 다른 이가 그 위에 세우나 그러나 각각 어떻게 그 위에 세울까를 조심할지니라"(고전 3:9,10)고 말했다. 여기서 건축하는 일을 하는 것은 사람이다. 하나님의 집은 지상에 세워진다. 교회는 하나님의 집이다. 여기서 우리는 (성령의 감동을 받아 하나님께 나아오는 사람들 속에서 일하시는) 하나님의 역사 뿐만 아니라 (나무나 풀이나 짚을 재료로 삼아 일하는) 사람의 역사도 볼 수 있어야 한다. 사람들은 종종 사람이 일한 결과와 그리스도께서 일하신 결과를 혼동하거나, 아니면 서로 섞는 잘못을 저지른다. 그리스도의 역사를 사람의 역사와 같은 것으로 착각하지만, 이 둘 사이엔 엄청난 차이가 있다. 거짓된 교사들이 그리스도의 몸에 속한 모든 특권을, 온갖 종류의 불법과 부패한 사람들이 섞여 있는 큰 집(기독교계)에 적용하는 일을 했다. 이 해로운 오류는 성령으로 말미암아 하나님이 거하시는 처소로서 하나님의 집에 대한 사람의 책임을 없애는 것이 아니라, 그 보다는 지상에서 한 몸으로 성령의 하나되게 하신 것을 지키지 못하도록 방해하는 쪽으로 나타난다.

이 차이점을 주목하는 것은 매우 중요하다. 왜냐하면 이는 오늘날 일어나는 교회 문제들에 대한 통찰력을 주기 때문이다. 이 주제에 대한 관심을 갖자. 교회가 처음 예루살렘에서 시작되었을 때 그 상태는 어떠했을까? 우리는 성령의 엄청난 역사가 경이로운 방식으로 나타난 것을 알고 있다. "믿는 사람이 다 함께 있어 모든 물건을 서로 통용하고 또 재산과 소유를 팔아 각 사람의 필요를 따라 나눠 주며 날마다 마음을 같이하여 성전에 모이기를 힘쓰고 집에서 떡을 떼며 기쁨과 순전한 마음으로 음식을 먹고 하나님을 찬미하며 또 온 백성에게 칭송을 받으니 주께서 구원 받는 사람을 날마다 교회에 더하게 하시니라."(행 2:44-47) 그리고 사도행전 4장을 보면, "믿는 무리가 한마음과 한 뜻이 되어 모든 물건을 서로 통용하고 자기 재물을 조금이라도 자기 것이라 하는 이가 하나도 없더라 사도들이 큰 권능으로 주 예수의 부활을 증언하니 무리가 큰 은혜를 받아 그 중에 가난한 사람이 없으니 이는 밭과 집 있는 자는 팔아 그 판 것의 값을 가져다가 사도들의 발 앞에 두매 그들이 각 사람의 필요를 따라 나누어 줌이라"(행 4:32-35)고 되어 있다. 성령님께서 권능으로 그들의 마음에 역사하신 결과로 나타난, 이 얼마나 아름다운 모습인가! 하지만 이처럼 아름다운 모습은 속히 사그라졌다. 그럼에도 그리스도인은 가능한 이러한 역사가 오늘날에도 재현되도록 추구해야만 한다.

82

사람 마음 속에 숨어 있던 악이 곧 나타났다. 아나니아와 삽비라가 등장했고, "헬라파 유대인들이 자기의 과부들이 매일의 구제에 빠지므로 히브리파 사람을 원망"하는 일이 일어났다. 사람 마음 속에 있는 죄가 마귀의 역사와 결합하여 작동하는 일이 교회의 품안에서 일어났다. 하지만 동시에 성령님은 교회 안에 거하셨고, 여전히 일하고 계셨으며, 악을 잠재우고 또 악을 선으로 바꾸는 일을 충분히 감당하셨다. 그래서 교회는 여전히 세상 앞에 하나의 모습으로 나타날 수 있었다. 하지만 사도들이 떠난 후에는 각자 분파를 이루었다. 성령으로 충만했던 하나의 교회는 하나님의 구원을 증거했고, 지상에서 하나님의 임재를 누렸다. 이 교회에 하나님은 구원받는 모든 사람들을 더하셨다. 이 예루살렘 교회는 박해 때문에 예루살렘에 거주했던 사도들 외에는 모든 지역으로 흩어지게 되었다. 그때 하나님께서는 이방인들에게 복음을 전할 자신의 메신저로 바울을 일으키셨다. 바울은 이방인 가운데 교회를 세우기 시작했고, 교회 안에 이방인과 유대인의 차별이 없으며 모두가 다 그리스도 안에서 하나이며 또한 하나의 몸을 이루고 있다고 가르쳤다. 유대인들 가운데 교회가 존재할 뿐만 아니라, 한 몸 안에서 유대인과 이방인이 하나의 몸을 이루고 있으며, 연합을 이루고 있다는 신약교회의 교리를 즉시 선포했다. 그것은 세상의 기초를 놓기 이전부터 이미 하나님의 경륜 가운데 있는 주요한 목적이었지만, 하나님 안에 감추어 온 것이었다. 하나님 안에서 여러 세대 동안 감추어온 비밀이었지만, 이제는 "교회로 말미암아 하늘에 있는 통치자들과 권세들에게 하나님의 각종 지혜를 알게 하려는" 것이었다(엡 3:10). 이것은 "이제 그의 거룩한 사도들과 선지자들[3]에게 성령으로 나타내신 것같이 다른 세대에서는 사람의 아들들에게 알리지 아니하셨던"(엡 3:5) 것이었다. 골로새서 1장 26절은 "이 비밀은 만세와 만대로부터 감추어졌던 것인데 이제는 그의 성도들에게 나타났다"고 말한다.

83

유대인 뿐만 아니라 이방인도 예수 그리스도를 믿음으로써 그리스도인이 되며, 모두가 공개적으로 교회로 영접된다. 그렇게 하나됨이 나타났다. 모든 성도는 한 몸의 지체이며, 그리스도의 몸의 지

---

3) 여기서 우리는 사도 바울이 신약시대의 선지자들만을 언급하고 있음을 주목해야 한다.

체이다. 그렇게 몸의 하나됨을 소유했다. 몸의 하나됨은 기독교의 근본적인 진리였다. 지상에 있는 각 지역 교회는 하나됨 안에서 하나님 교회의 하나됨을 나타내었다. 따라서 고린도에 있는 하나님의 교회에 쓴 바울의 서신이 하나의 지역교회에 배달되었다. 그리고 바울은 더 나아가 고린도 교회에 보내는 서신을 다른 지역교회들도 읽을 수 있도록 "또 각처에서 우리의 주 곧 그들과 우리의 주 되신 예수 그리스도의 이름을 부르는 모든 자들에게"란 말을 덧붙일 수 있었다. 그럼에도 고린도 교회에 속한 사람들을 언급하면서, 바울은 "너희는 그리스도의 몸이요 지체의 각 부분이라"(고전 12:27)고 말했다. 만일 그리스도의 몸의 지체인 그리스도인이 에베소 교회에서 고린도 교회로 갔다면, 그는 고린도 교회에서도 여전히 그리스도의 몸의 지체로서 동등한 대우를 받을 수 있었다. 그리스도인은 하나의 지역 교회의 지체가 아니라, 그리스도의 몸의 지체이다. 고린도 교회에서 눈, 귀, 발, 기타 다른 지체의 역할을 했던 사람은 에베소 교회에서도 동일하다. 말씀에서 우리는 한 지역 교회의 지체란 개념은 볼 수 없고, 다만 그리스도 몸의 지체란 개념만을 볼 뿐이다.

말씀 사역도 마찬가지로 이 동일한 진리를 증거하는 증거이다. 성령님께서 사역의 원천으로 주신 은사도 전체 교회 안에 있다(고전 12:8-12, 28). 은사를 가진 사람은 몸의 지체이다. 만일 아볼로가 고린도 교회에서 교사였다면, 그는 에베소 교회에서도 교사였다. 만일 그가 에베소 교회에서 그리스도의 지체로서 눈, 귀, 혹은 기타 다른 지체였다면, 그는 고린도 교회에서도 마찬가지이다. 고린도전서 12장을 보면, 이 주제가 선명하게 제시되어 있다. 하나의 몸, 그리고 많은 지체들이 있다. 하나의 전체 교회가 있고, 그 안에 성령님이 주신 은사들이 있다. 은사를 가진 사람은 그가 어느 지역 교회에 가던지 그 은사를 사용하게 된다. 에베소서 4장을 보면, 동일한 진리가 소개되어 있다. 그리스도께서 위로 올라가실 때에 "사람들에게 은사를 주셨다 … 그가 어떤 사람은 사도로, 어떤 사람은 선지자로, 어떤 사람은 복음 전하는 자로, 어떤 사람은 목사와 교사로 삼으셨으니 이는 성도를 온전하게 하며 이는 사역의 일을 하게 하며 이는 그리스도의 몸을 세우려 하심이라 우리가 다 하나님의 아들을 믿는 것과 아는 일에 하나가 되어 온전한 사람을 이루어 그리스도의 장성한 분량이 충만한 데까지 이르리니 이는 우리가 이제부터 어린 아이가 되지 아니하여 사람의 속임수와 간사한 유혹에 빠져 온갖 교훈의 풍조에 밀려 요동하지 않게 하려 함이라 오직 사랑 안에서 참된 것을 하여 범사에 그에게까지 자랄지라 그는 머리니 곧 그리스도라 그에게서 온 몸이 각 마디를 통하여 도움을 받음으로 연결되고 결합되어 각 지체의 분량대로 역사하여 그 몸을 자라게 하며 사랑 안에서 스스로 세우느니라." (엡 4:8-16)

84

이 하나됨과 이 하나됨 안에서 지체들의 자유로운 은사 활용은 사도들의 시대에 실현되었다. 각 은사는 주의 일을 성취하는데 효과적으로 사용되었고, 자유롭게 활용되었다. 사도들은 사도로서 일했고, 마찬가지로 첫 번째 박해로 흩어진 사람들도 자신이 받은 은사의 분량을 따라 사역에 참여했다. 게다가 이렇게 사역하는 것이야말로 사도들이 가르쳤던 내용이었다. "각각 은사를 받은 대로 하나님의 여러 가지 은혜를 맡은 선한 청지기 같이 서로 봉사하라 만일 누가 말하려면 하나님의 말씀을 하는 것 같이 하고 누가 봉사하려면 하나님이 공급하시는 힘으로 하는 것 같이 하라 이는 범사에 예수 그리스도로 말미암아 하나님이 영광을 받으시게 하려 함이니 그에게 영광과 권능이 세세에 무궁하도록 있느니라 아멘."(벧전 4:10,11) "너희가 모일 때에 각각 찬송시도 있으며 가르치는 말씀도 있으며 계시도 있으며 방언도 있으며 통역함도 있나니 모든 것을 덕을 세우기 위하여 하라 만일 누가 방언으로 말하거든 두 사람이나 많아야 세 사람이 차례를 따라 하고 한 사람이 통역할 것이요 만일 통역하는 자가 없으면 교회에서는 잠잠하고 자기와 하나님께 말할 것이요 예언하는 자는 둘이나 셋이나 말하고 다른 이들은 분별할 것이요."(고전 14:26-29) 이 모든 구절들은 그 당시 그리스도인들이 실행했던 것이다. 마귀는 이러한 하나됨을 파괴하고자 했다. 하지만 사도들이 살아있는 동안에는 성공하지 못했다. 마귀는 이 일을 위해서 유대교를 도입했다. 하지만 성령님은 우리가 사도행전 15장에서 볼 수 있는 것처럼, 하나됨을 보존하셨다. 마귀는 고린도 교회에서는 철학을 이용해서 교회 안에 당파를 만들어내고자 애를 썼고(고전 2장), 골로새 교회에서는 두 가지 모두를 이용했다(골 2장). 하지만 이 모든 노력들이 물거품이 되었다. 성령님이 교회 안에서 일하셨고, 사도들에게 주신 지혜를 따라서 원수 마귀의 공격을 막아내면서 교회의 하나됨과 진리가 유지될 수 있었다. 사도행전을 읽어보고, 서신서들을 읽어보면, 우리는 이러한 하나됨과 이 교회 진리를 명확하게 보게 될 것이다. 이 두 가지가 연합되는 일은 성령의 역사에 의해서만 가능하다. 그저 개인들이 자기가 하고 싶은 대로 하는 것은 연합이 아니다. 게다가 사람들이 뜻을 합쳐 연합을 이루는 일도, 개인의 완전한 자유를 보장하지 못한다. 하지만 성령님께서 다스리실 때에는, 필연적으로 형제들이 함께 연합을 이루고 또 성령님께서 형제들을 하나로 연합시키신 그 의도를 따라서 각 사람이 일하는 것이 가능하다. 다시 말해서, 성령님의 뜻이 이루어지는 것이다. 따라서 성령의 임재가 있을 때에만, 모든 성도들을 하나의 몸으로 함께 모으고, 그분의 뜻을 따라서 각 사람이 섬기고 봉사할 수 있을 뿐만 아니라, 하나님의 영광과 및 몸의 건축을 위한 사역에 합력할 수가 있다.

그러한 것이 처음 교회였다. 오늘날 처음 교회의 모습은 어디에 있는가? 그런 일은 하늘에 가서야 이루어질 것이다. 그렇다. 하지만 과연 이 지상에 그리스도의 몸의 지체들은 없는 것인가? 그렇지 않다. 그리스도 몸의 지체들은 지금 흩어져있다. 어떤 사람은 세상에 묻혀 있고, 또 어떤 사람은 종교 시스템에 종속되어 있다. 어떤 사람은 이런 교파에, 어떤 사람은 저런 교파에 속해 있다. 게다가 구원받은 자들을 자신의 교파로 끌어당기고자 서로 경쟁하고 있다. 그럼에도 불구하고, 하나님께 감사하자. 여전히 많은 사람들은 하나됨을 추구하고 있다. 하지만 그런 사람을 어디서 찾을 수 있는가? 어떤 사람의 말처럼, 그럴지라도 동일한 성령으로 우리는 서로 사랑하면 되지 않느냐는 말로 충분하지 않다는 것을 알라. 왜냐하면 우리는 한 성령으로 세례를 받아 한 몸이 되었기 때문이다. 주님은 이렇게 기도하셨다. "그들도 다 하나가 되어 우리 안에 있게 하사 세상으로 아버지께서 나를 보내신 것을 믿게 하옵소서." (요 17:21) 하지만 우리는 지금 하나가 아니다. 몸의 하나됨이 나타나고 있지 않다. 초대 교회에는 하나됨이 명확히 나타났고, 각 도시마다 이 하나됨이 온 세상에 증거되고 있었다. 모든 그리스도인들은 어디에서 나 하나의 교회에 속한 지체로 행했다. 한 지역에서 그리스도의 지체가 된 사람은 다른 지역에서도 영접을 받았다. 교회의 천거서를 가진 사람은 모든 교회에서 영접되었다. 왜냐하면 하나의 교회만이 존재했기 때문이었다.

85

주의 만찬이 이 하나됨을 외적으로 나타내는 표지였다. "떡이 하나요 많은 우리가 한 몸이니 이는 우리가 다 한 떡에 참여함이라." (고전 10:17) 그럼에도 교회가 지금 내놓고 있는 증거는, 모든 능력과 은혜를 가지고 계신 성령님조차도 교회 분열을 막으실 수 없다는 것이 아니고 무엇이랴? 교회란 이름을 가진 대부분의 교회들이 온갖 부패의 온상이 되었고, 교회의 빛으로 자랑하는 대다수가 불신자들이다. 그리스 정교회, 로마 가톨릭, 루터 교회, 개혁주의 교회들은 함께 만찬을 먹을 수 없다. 그들은 서로를 정죄한다. 다양한 교파에 속해 있는 하나님 자녀들의 경우에도, 그들의 빛은 말 아래 감추어져있다. 영적 부패를 견딜 수 없어서 자신이 속했던 제도권 교회에서 나온 사람들은 또 다른 종파에 속함으로써, 만찬을 함께 할 수 없다. 이 교회 저 교회도 하나님의 교회를 자청할 수 없게 되자, 그들은 교회는 비가시적인 존재가 되었다고 말한다. 그렇다면 비가시적인 빛에 무슨 가치가 있을쏜가? 하나님의 빛이 비가시적인 것으로 변해가는 것을 보면서도 아무런 겸손과 고백이 없다는 것이 우리의 현실이다. 교회가 하나님의 빛으로 나타나기 위한 전제 조건으로서 하나됨은 파괴되었다. 교회는 전에 아름다웠고, 하나의 모습이었고, 하늘에 속해 있었다. 하지만 그 모든 거룩한 특징을 상실했고, 세상에 묻혀 버렸다. 그리스도인들도 세상 사람들과 똑같이 세상적이고, 탐욕적이고, 부와 명예와 권력을 움켜쥐고자 애쓰고 있다. 교회는 그리스도에 대해서 한 글자도 보여줄 수 없는 이상한 편지[4]가 되었다. 그리스도의 이름을 가지고 있을 뿐인 명목상의 교회들은 원수 또는 무신론자들의 집합체가 되었다. 참 그리스도인들은 허다한 교파 교회들 가운데서 길을 잃었다. 우리는 어디서 하나의 몸된 표식을 찾을 수 있는가? 그리스도인들을 하나의 몸으로 연합시키는 성령의 능력을 어디서 볼 수 있는가? 그리스도인들이 하나의 몸을 이루고 있다는 사실을 누가 부인할 수 있는가? 처음 교회에는 하나였지만 더 이상은 하나가 아닌 것에 대해서 과연 책임이 없는가? 아니면 그저 우리는 초대 교회의 상태와 말씀이 우리에게 요구하는 상태와 조금 다를 뿐이라고 변명만 늘어놓으면 되는 것인가? 아니다. 그래선 안된다. 우리는 세상에서 교회가 그 정도로 밖에 나타날 수 없는 상태에 처한 것을 심각하게 고민해야 한다. 왜냐하면 그렇게 변명만 늘어놓는 것은 그야말로 그리스도의 마음과 사랑에 대한 합당한 반응이 아니기 때문이다. 사람들은 대개 자신이 영원히 구원받았다는 사실로만 만족해할 뿐이다.

86

말씀이 이 점에 대해서 무어라 말하고 있는지 당신은 진지하게 고민하고 있는가? 우리는 로마서 11장에서 이 주제에 대한 일반적인 하나님의 섭리를 볼 수 있다. 과거 유대인 세대는 이제 이방인 세대로 대치되었다. 왜냐하면 유대인들은 하나님의 인자하심에 머물러 있지 않았기 때문이다. "넘어지는 자들에게는 준엄하심이 있

---

4) 성경은 우리가 그리스도의 편지가 되어야 한다고 말하지 않고, 다만 "너희는 … 그리스도의 편지니"(고후 3:3)라고 말한다.

으니 너희가 만일 하나님의 인자하심에 머물러 있으면 그 인자가 너희에게 있으리라 그렇지 않으면 너도 찍히는 바 되리라."(롬 11:22) 지상에 있는 하나님의 백성이 찍어냄을 당하는 것은 진정 심각한 일이 아니겠는가? 분명 신실한 자들은 있기 마련이고, 그들은 보호를 받을 것이다. 왜냐하면 그들을 향한 하나님의 신실하심은 실패가 있을 수 없기 때문이다. 하지만 하나님께서 한때 지상에서 영광을 받으셨던 모든 시스템은 (그 신실함을 잃어버릴 때) 심판을 받고 또 찍히는 바가 될 것이다. 하나님의 영광, 즉 하나님의 실제적인 임재가 한때 예루살렘에 머물렀고, 하나님의 보좌가 그룹 사이에 있었다. 하지만 이스라엘이 바벨론 포로로 사로잡혀간 이후로, 하나님의 임재는 예루살렘을 떠났고, 그분의 임재 뿐만 아니라 영광까지도 더 이상 그들 가운데 남아 있을 수 없었다. 비록 하나님은 오랫동안 참고 인내하셨지만, 그들이 그리스도를 거절하자마자, 하나님은 그들을 언약에서 끊어내셨다. 유대인 가운데 남은 자들은 그리스도인이 되었고, 유대교의 모든 시스템은 심판에 의해서 종결되었다. 만일 하나님의 인자하심에 머물러 있지 않으면, 그러한 일이 기독교 시스템에도 일어날 것이다. 유대교는 하나님의 인자하심에 머물러 있지 않았다.

그러므로 비록 나는 모든 참 그리스도인은 보존될 것이며 또 하늘로 휴거될 것으로 굳게 믿고 있지만, 그럼에도 지상에서 교회의 간증을 책임지고 있는, 성령으로 말미암아 하나님이 거하시는 집으로서 교회는 더 이상 존재하지 않는 시기가 오게 될 것으로 보고 이 있다. 베드로는 이미, "하나님의 집에서 심판이 시작되는 때"가 오고 있다고 말했다(벧전 4:17). 바울의 시대에 불법의 비밀이 이미 역사하고 있었고, 그 일은 죄의 사람이 나타날 때까지 지속될 것이다(살후 2:7). 사도들의 시대에 모두가 "다 자기 일을 구하고 그리스도 예수의 일을 구하지 아니했다."(빌 2:21) 사도 바울은 자신이 떠난 후에 사나운 이리가 교회 속 그리스도인들 가운데 들어와서 양떼를 아끼지 아니할 것이라고 말했다(행 20:29,30). 그리고 말세에 고통 하는 때가 도래할 것이며, 사람들에게 경건의 모양은 있으나 경건의 능력은 부인하는 일이 있을 것과 악한 사람들과 속이는 자들은 더욱 악하여져서 속이기도 하고 속기도 할 것에 대해서 말했다(딤후 3:1-13). 그리고 최종적으로 배도가 일어날 것이다. 우리는 과연 하나님의 인자하심에 계속해서 머물고 있는가?

87

이렇게 신실하지 못한 것을 우리는 과연 인간의 역사 속에서 볼 수 없는가? 하나님은 항상 자신의 피조물을 선한 위치에 두심으로써 시작하신다. 하지만 피조물은 변함없이 하나님이 두신 위치를 버리고, 늘 신실하지 못한 자리로 떨어진다. 하나님은 오래 참으시지만, 그렇다고 해서 그렇게 떨어진 자리를 다시 회복시키지는 않으신다. 못쓰게 망가진 것을 수선하는 것은 하나님의 방식에 어긋난다. 다만 그것을 끊어내시고, 이전보다 훨씬 좋고 새로운 것을 도입하신다. 아담은 타락했다. 하나님은 하늘에서 오신 주님이시며, 마지막 아담이신 그리스도를 선택하셨다. 하나님은 이스라엘에게 율법을 주셨다. 하지만 그들은 모세가 산에서 내려오기도 전에 금송아지를 만들었다. 그래서 하나님은 자기 백성들의 마음에 율법을 새기시기로 작정하셨다. 하나님은 아론을 대제사장으로 임명하셨다. 하지만 처음 시작부터 아론의 아들들은 다른 불을 드렸다. 그 순간부터 아론은 더 이상 영광과 아름다움으로 수놓은 대제사장의 의복을 입고 지성소에 들어갈 수 없게 되었다. 하나님은 다윗의 아들을 여호와의 보좌에 앉게 하셨다. 하지만 그(솔로몬)를 통해서 우상숭배가 들어왔고, 왕국은 분열되었으며, 세상의 보좌는 하나님의 손에서 느부갓네살 왕에게로 넘어 갔다. 그는 거대한 금 신상을 만들었으며, 신실한 자를 극렬히 타는 풀무불 속에 던져 넣었다. 이 모든 경우 사람은 신실하지 못했다. 사람에 대해서 오래 참으셨던 하나님은 심판에 의해서 개입하시고 더 나은 시스템으로 대체하신다.

사람이 망친 모든 것들을 둘째 사람을 통해서 훨씬 더 나은 방법으로 새로이 세우시는 하나님의 역사를 보는 것은 매우 흥미롭다. 사람이 그리스도 안에서 높임을 받게 되고, 유대인들의 마음 판에는 율법이 새겨지고, 예수 그리스도로 말미암아 대제사장직이 수행되는 것이다. 그리스도는 다윗의 아들로서 이스라엘 집을 다스리실 것이다. 뿐만 아니라 열방을 통치하실 것이다. 교회에 대해서 생각해보자. 교회도 마찬가지로 신실하지 못했다. 하나님의 영광이 교회에 맡겨졌건만 교회는 그 하나님의 영광을 유지하지 못했다. 그러므로 교회도 지상에 세워진 하나의 시스템으로서 끊어짐을 겪게 될 것이며, 하나님이 세우신 다른 모든 것들처럼, 심판에 의해서 종말을 맞이하게 될 것이다. 반면 신실한 자들은 하늘로 휴거되어 하나님 아들의 형상을 본받는 자가 되는 더 나은 상태에 들어가게 될 것이며, 구주의 왕국을 이 땅에 세우는 일을 함께 하게 될 것이다. 이 모든 일은 결국 하나님의 신실하심에 대한 감탄스러운 증거가 될 것이다. 하나님은 사람의 불충성과 신실하지 못함에도 불구하고 자신의 모든 계획을 성취하실 것이다. 그렇다면 이 일은 사람의 책임을 아예 없애 주는 것일까? 사도 바울은 "만일 그러하면 하나님께서 어찌 세상을 심판하시리요?"라고 말했다. 진정 양심이 있다면, '우리가 주의 영광을 땅바닥에 내던져 버렸나이다'라고 생각하는 것이 마땅하지 않은가? 사도들의 시대에 이미 악한 자의 역사가 나타났다. 각 사람이 자신의 악행을 더하고 있었다. 그렇게 이 세대의 악행은 쌓여만 간다. 머지않아 하나님의 집이 심판을 받게 될 것이다. 모든 의인의 피가 유대 민족의 피를 요구한 것처럼, 모든 의인의 피가 바벨론에게로 돌아갈 것이다.

88
우리는 장차 하늘로 휴거될 것이다. 그럴지라도 하나님의 집이 황폐화될 것이란 사실 때문에 애통해 해야 하지 않겠는가? 그렇다. 교회는 처음에는 성령의 능력에 의해서 머리되신 주님과 연합을 이루고 있었고, 주의 영광을 증거하는 아름다운 증인이었다. 교회는 그리스도와 연합을 이루고 있었고 또 하늘에 속한 존재였기에, 세상은 교회를 통해서 성령의 능력을 보고 경이로움을 느낄 수밖에 없었다. 성령님은 인간을, 인간들 사이에 있는 모든 차이점과 차별성을 일으키는 인간적인 동기를 넘어서는 존재로 변화시키심으로써, 모든 나라와 모든 부류의 신자들을 하나의 가족으로, 하나의 몸으로, 하나의 교회로 만드셨다. 그리하여 교회를 지상에 있는 인간들 가운데서 하나님의 임재가 머무는 하나님의 집으로 세우신 것이다.

하지만 앞선 세대의 죄들에 대해선 우리에게 책임이 없다는 말을 한다. 과연 우리는 현재 우리가 처한 상태에 대해서 책임이 없는 것인가? 느헤미야와 다니엘은 이스라엘 백성의 죄들을 자신의 책임으로 돌리지 않았던가? 오히려 그들은 자신들이 속한 하나님 백성의 고통 때문에 애통해하지 않았는가? 만일 우리에게 책임이 없다면, 어째서 하나님은 그들을 제해버리시며, 어째서 모든 시스템을 심판하시고 또 멸망시키시는 것인가? 어째서 주님은 "만일 그리하지 아니하고 회개하지 아니하면 내가 네게 가서 네 촛대를 그 자리에서 옮기리라"(계 2:5)고 말씀하시는가? 어째서 주님은 두아디라 교회를 심판하신 결과로, 교회를 왕국으로 대체시키시는 것일까? 어째서 주님은 "내 입에서 너를 토하여 버리리라"고 말씀하시는가? 나는 요한계시록의 일곱 교회가 처음 시작부터 마지막까지 이 땅에 존재하는 교회의 역사를 보여준다고 믿는다. 모든 경우에, 그리스도인에겐 교회의 상태에 대한 책임이 있음을 볼 수 있다. 어쩌면 책임을 지는 것은 지역 교회들이지 우주적인 교회는 아니라고 말하고 싶을지도 모른다. 확실한 것은, 하나님은 지상에 세우신 하나의 시스템으로서 교회를 찍어내실 것이란 점이다.

처음 시작부터 끝까지 교회는 계속해서 책임을 지고 있었다. 유다서를 살펴보자. "이는 가만히 들어온 사람 몇이 있음이라 그들은 옛적부터 이 판결을 받기로 미리 기록된 자니 경건하지 아니하여 우리 하나님의 은혜를 도리어 방탕한 것으로 바꾸고 홀로 하나이신 주재 곧 우리 주 예수 그리스도를 부인하는 자니라."(유 1:4) 그들은 몰래 교회 안으로 들어왔다. "아담의 칠대 손 에녹이 이 사람들에 대하여도 예언하여 이르되 보라 주께서 그 수만의 거룩한 자와 함께 임하셨나니 이는 뭇 사람을 심판하사 모든 경건하지 않은 자가 경건하지 않게 행한 모든 경건하지 않은 일과 또 경건하지 않은 죄인들이 주를 거슬러 한 모든 완악한 말로 말미암아 그들을 정죄하려 하심이라 하였느니라."(유 1:14,15) 따라서 유다의 시대부터 몰래 들어온 사람들은 입술만의 신앙을 가진 채, 기독교를 세속화시켜온 죄로 인해서 심판을 받게 될 것이다. 유다서에서 우리는 세 부류의 불법과 불법의 발전을 볼 수 있다. 가인에게서 우리는 순수한 인간의 불법을 본다. 발람에게서 우리는 교회의 불법을 본다. 그리고 고라에게서 반역을 본다. 그리고 그들은 멸망을 당할 것이다. 주님은 밭에 좋은 씨앗을 심었고, 사람들이 잘 때 원수가 가라지를 심었다. 좋은 씨는 곡간으로 들어갈 것이지만, 종들의 태만과 게으름은 원수로 하여금 주인의 일을 망치도록 기회를 만들어주었던 것도 사실이다. 과연 우리는 주님이 사랑하신 교회의 상태에 대해서 무관심해도 되는 것인가? 주님이 금하신 교회의 분열에 대해서 모른 척해도 되는 것인가? 그렇지 않다[5]. 사랑하는 형제들이여, 우리 자신을 겸손하게 하자. 거기에 우리도 가담했음과 우리의 허물을 인정하자. 이제부터라도 신실하게 행하고, 각자의 책임을 다하자. 다시 한 번 교회의 하나됨과 하나님의 증거로 돌아가려는 노력을 아끼지 말자. 우리 자신을 모든 악과 모든 불법에서 깨끗하게 하자. 만일 우리가 주의 이름으로 모이는 것이 가능하다면, 그것은 엄청난 복이다. 하지만 이 일은 본질적으로 하나님 교회의 하나됨 안에서만 가능하고, 성령의 참 자유 안에서만 가능한 일이다.

---

5) 디모데전서 1장에서 우리는 하나님의 집으로서 교회의 질서를 볼 수 있다. 디모데후서 2장에서 우리는 교회가 무질서하게 되었을 때, 따라야 할 지침을 볼 수 있다. 이는 우리 하나님께서 우리가 모든 난관을 만났을 때를 대비해서 필요한 모든 것을 준비해두셨기 때문이다. 따라서 우리는 신실한 사람이 되어야 하며, 모든 불법에서 떠나야 한다.

89

　만일 하나님의 집이 여전히 지상에 남아 있고, 성령님께서 그 안에 거하신다면, 성령님은 교회의 상태를 보시며 근심하지 않겠는가? 또 만일 성령님께서 우리 안에 거하실진대, 교회 안에서 그리스도께서 무시당하는 것을 볼 때 우리 마음은 괴롭고 또 번민하지 않을까? 그것은 그야말로 성령님께서 하나님 교회의 하나됨을 증거하기 위해서 하늘로서 강림하신 근본적인 이유가 아닌가? 신약성경이 오늘날 그 상태를 예고한 대로, 교회의 상태는 그대로 되었다. 오늘날 교회의 상태를 대면하시는 성령님은 교회의 영광이 땅바닥에 떨어지고 또 하나님 백성들이 그저 우왕좌왕하는 것을 보면서 원수가 승리의 노래를 부르는 것을 보시면서 심히 슬퍼하실 것이 분명하다.

　사실 그리스도께서는 자신의 영광을 지상에 있는 교회에 맡기셨다. 교회는 영광의 보관소였다. 거기서 세상은 성령의 능력을 통해서 그리스도의 영광이 나타나는 것을 보고, 사탄과 사망과 모든 대적들을 이기시고 포로로 삼으셨으며, 십자가에서 그들을 모두 물리치신 그리스도의 승리를 볼 수 있어야 한다. 과연 교회는 지상에서 이러한 보관소의 역할과 지상에서 그리스도의 영광을 유지하는 역할을 하고 있는가? 만일 그렇지 않다면, 그리스도인들이여, 나에게 대답해보라. 과연 교회가 이렇게 된데 대해서 그리스도인의 책임이 있는가, 없는가? 주님이 자기 집의 모든 소유를 다 맡긴 종을 생각해보자(마 24장). 과연 그 종은 주인님의 집의 상태에 대해 책임이 있는가, 없는가? 어쩌면 당신은 악한 종은 외형만을 갖춘 명목상의 교회이며, 곧 부패하고 참 교회가 아니라고 말할지도 모르겠다. 그럴 수도 있다. 나는 그런 교회에 속해 있지 않다. 하지만 그에 대한 나의 답변은 이렇다. 비유를 보면, 그 종은 혼자였다. 문제의 핵심은 이 종이 신실한가, 그렇지 않은가에 있다. 당신은 하나님의 교회를 가득 채우고 있는 불법에서 분리된 상태에 있고, 스스로 잘하고 있다고 생각할 수 있다. 그럴지라도 과연 당신의 마음은 그러한 교회의 상태 때문에 애통하는 마음이 정녕 없는가? 주님은 예루살렘을 보시고 슬픔의 눈물을 흘리셨다. 주님의 마음에 그토록 가까이 나아간 그대여, 과연 당신에겐 오늘날 교회의 상태를 보면서 흘릴 눈물이 없는 것인가? 바로 여기에 주님의 영광이 땅바닥에 떨어진 채 사람들의 발에 짓밟히고 있다. 과연 나는 아무 책임도 없다고 말하고 싶은가? 주님의 참 종만이 책임을 느낄 것이다. 개인적으로 말씀으로 인도를 받는 사람은 하나님의 집을 부패시키는 모든 불법에서 떠나야 하지만, 그럼에도 그리스도의 종으로서 우리는 그리스도의 영광을 나 자신과 동일시해야 하며, 세상에 그리스도의 영광을 나타내도록 힘써야 한다. 바로 이 점에서 우리의 믿음이 실제적으로 나타나야 하는 것이다. 하나님과 그리스도께 영광이 있다고 믿는 그런 믿음이 아니라, 이 영광이 하나님의 백성과 동일시되고 있다는 믿음이 필요하다(출 32:11, 민 14:13-19, 고후 1:20). 우선적으로, 하나님은 자신의 영광을 사람에게 맡기신다. 사람은 자신의 위치에서 그 영광과 자신을 하나로 인식하고, 그래서 그렇게 주어진 처음 자리를 떠나지 말고 그 영광을 신실하게 지킬 책임이 있다. 머지않아 하나님은 자신의 계획을 따라서 자신의 영광을 이 세상에 나타내실 것이다. 하지만 무엇보다 우선적으로, 사람은 하나님이 자신을 두신 자리에서 책임이 있음을 알아야 한다. 우리는 하나님의 교회, 즉 지상에서 하나님의 영광이 머무는 거처로서 하나님의 집에서 우리의 자리를 가지고 있다. 그렇다면 이제 우리 마음 속에 물어야 할 질문은 이것이다. 과연 하나님의 영광을 볼 수 있는 하나님의 집은 지금 어디에 있는가?

제 4장 하나님의 집과 그리스도의 몸으로서의 교회
The Church - the House and the Body

91

교회에 대해서, 전혀 새로운 내용은 아니지만 살펴보자. 교회 문제는 여러 가지 면에서 우리 마음을 동요시킨다. 교황주의 혹은 고교회주의를 선호하는 사람들은 설명하기 어려운 말로 교회를 정의함으로써 이득을 얻고 있다. 이 주제를 간략하게 살펴보자.

이 주제를 시작하면서 우선적으로 생각해볼 두 가지 요소가 있다. 첫 번째는 지금까지 필자가 관찰해온 것인데, 이 부분에서 프로테스탄티즘을 믿는 사람들은 대부분 혼돈과 불일치를 이루고 있다. 즉 집과 몸을 같은 것으로 보는 것이다. 그래서 지상에 나타나는 외적인 것, 즉 입술로 신앙을 고백하는 사람들과 세례(침례) 받은 모든 사람을 포함하는 하나님의 집과 내적인 것, 즉 성령에 의해서 그리스도와 연합을 이루고 있는 몸을 하나로 보는 것이다. 다른 하나는 성경이 건축이란 그림을 통해서 교회를 설명하고 있는 것인데,

하나는 그리스도께서 친히 세우시는 교회(마 16:18)와 다른 하나는 사람의 책임에 맡겨진, 그래서 외적으로 하나님의 집으로 건축되어지는 교회(고전 3:9-15)를 혼동하는 것이다.

첫 번째 요소에서 혼동은 로마 가톨릭 시스템의 기원과 그 특징에서 비롯되었다. 종교개혁자들은 이 점을 분명히 하지 않았다. 즉 외적인 신앙고백만으로 기독교 종교에 입문한 사람들, 혹은 그저 물세례를 받은 모든 사람들에게 몸의 특권을 부여했던 것이다. 사실 초대교회 시대에도 그러했다. 주님은 구원 받는 사람을 날마다 교회에 더하셨다. 이렇게 교회에 가입하는데 특별한 원칙은 없었다. 이것은 주님의 역사였다. 물론 실제적으로 완전하게 이루어진 역사였다. 유대인의 세대가 끝나갈 무렵 주님이 아끼시는 사람들에게 하신 일은 그들을 하늘로 데려가는 것이 아니라 주님이 시작하신 교회에 그들을 더하는 일이었고, 이 일은 현재 세대의 끝까지 지속되는 일이다. 그들은 세례(침례)에 의해서 외적으로 더해졌고, 그것이 교회에 더해지는 방법임에는 추호의 의심도 없었다. 이것은 주님이 도입하신 방법이었고, 그렇게 더해진 사람들은 모두가 몸으로서의 특권에 실제적으로 참여했다. 성례와 예식은 그리 중요하지 않았다. 사실 어떤 점에서는 아직 소개되지도 않았다. 왜냐하면 아직 이방인들이 더해지지 않았고, 또 몸의 하나됨도 가르쳐지지 않았기 때문이다. 그럼에도 모든 것이 이미 주어진 상태였다. 왜냐하면 성령님이 오셨기 때문이다. 그럼에도 사실은 모든 것이 유대인과 예루살렘에만 국한되어 있었다. 만일 유대인이 민족적으로 회개했다면, 사도행전 3장은 2장과 마찬가지로 성취되었을 것이다. 만일 여기서 모든 것이 시작은 되었지만, 유대인과 이방인이 한 몸으로서 하나된, 교회의 독특한 특징들이 소개된 것이 아니라 해도, 어쨌든 모든 것은 실제적이었다. 교회에 구원받는 사람들을 더하신 주님은 사람들을 교회가 소유하고 있는 특권 속으로 넣으셨고, 몸 된 교회에 더해진 사람들은 그 특권들을 누릴 수 있었다.

92

하지만 이내 상황은 종료되었다. 시몬 마구스와 거짓 형제들이 몰래 들어왔고, 성례가 도입되었으며, 교회의 특권을 실제적으로 누리는 일은 별개의 사안이 되었다. 세례(침례)에 의해서 들어온 모든 사람이 그리스도의 몸의 지체도 아니었고, 실제로 영생을 소유한 사람도 아니었다. 그렇다고 해서 그들이 아무런 유익을 얻지 못했다는 말이 아니다. 그들은 모든 점에서 많은 혜택을 누렸다. 하지만 그것은 자기 죄를 먹고 마심으로써 정죄를 더하는 일이었을 뿐이었다(고전 11:27-30). 유다서에 따르면, 그들은 교회와 관련해서 심판의 씨앗에 불과했다. 유다서가 이것을 증거하고 있다. 우리가 초대교회에 대해서 살펴본 대로, 그런 사람들이 여전히 교회 안에 남아 있었다는 것은 이런 문제나 차이점이 더 이상 문제가 되지 않게 되었다는 것을 보여준다. 그들은, 이레니우스Irenaeus처럼 이단에 대항해서 진리를 수호하는 싸움에 바빴다. 그리고 이그나티우스Ignatus처럼 이미 존재하고 있었던 하나됨을 위해 싸웠다. (대부분 그의 글을 읽은 사람들은 허구처럼 느낄 것이라고 필자는 생각한다.) 둘 다 대체로 옳았지만, 바울이 유대주의자들과 대항하면서 견지했던 교리, 그리고 (그리스도께서 머리가 되시고 또 성령에 의해서 개인적으로 인침을 받은 사람들이 서로 지체가 되는) 한 몸의 교리는 일반적으로 잃어버렸다. 그래서 일반적으로 몸의 권리가 세례

(침례)를 받은 사람 모두에게 속하는 것이 되어버렸다. 필자는 전반적으로 몸의 참된 특권이 사람들의 마음에서 사라지게 되었다고 말하고 싶다. 만일 그들이 믿음에 속한 위대한 요소들을 간직했다면, (그리스도의 인성, 또는 신성을 부인했던) 영지주의는 피할 수 있었을 것이다. 한편 (저스틴 마터Justin Martyr, 오리겐Origen, 그리고 클레멘트Clement를 통해서) 플라톤주의는 충분히 붕괴되었다. 하지만 그 영향력은 남아 있었다. 외형적인 몸이 교회가 되었고, 그리고 그 교회의 특권이 무엇이었든 간에 세례(침례)받은 모든 사람에게 속한 것이 되었다.

이런 현상은 종교개혁 교회에서도 지속되었다. 따라서 "세례(침례)를 통해서 나는 그리스도의 지체가 되었고, 하나님의 자녀가 되었고, 또 천국의 상속자가 되었다."고 마틴 루터Luther가 말했고, 또 칼빈Calvin이 말했다. 그리고 칼빈은 다른 곳에서 "세례는 택함 받은 자들에게만 효력을 미친다"고 말했다. 특권의 정도에는 차이가 있지만 스코틀랜드 교회도 이에 동의했다. 영국 국교회와 루터 교회도 이것을 따름으로써 중대한 여러 가지 결과들을 발생시켰다. 그 결과 실제적으로 영생을 가진 사람은 실제적으로 그리스도의 지체이지만, 그럼에도 최종적으로는 잃어버린바 될 수 있다는 결론이 도출되었다. 나는 이러한 것들을 다루고 싶지는 않다. 다만 이로 인해서 창출되는 결과는 명백하다. 그 결과 이중적인 오류가 생기게 되는데, 성례(만찬)와 같은 외적인 의식을 행하는 것을, 그리고 의식을 실제적이고 필수적인 것으로 도입하는 것을 생명을 가진 자로서 신성한 특권을 소유하는 것으로 여기게 되고, 몸의 특권을 성례에 참여하는 것으로만 제한시키는 전적인 혼돈이 생기게 되었다.

93

나는 객체(the sign)가 주체(the thing)를 나타낸다는 점을 부인하고 싶지 않다. 그리스도는 살아 계신 상태에서 자신의 손으로 빵을 들고는, 실제로는 전혀 부서지지 않았지만 "이것은 부서진 내 몸이니"(출 11:24, KJV 참조)라고 말씀하실 수 있었다. 하나님은 더 이상 죄를 넘어가실 일이 없어진 후에 "이것은 여호와의 유월절이니라"(출 12:11)라고 말씀하셨다. 주님은 "나는 참 포도나무요"(요 15:1)라고 말씀하심으로써, 무수히 많은 포도나무 가운데서 자신의 유일성을 암시하셨다. 이러한 표현법은 모든 언어에서 통용된다. 나는 사진을 보며, "이 분이 나의 어머니입니다"라고 말한다. 잘못 해석하기로 작정한 사람이 아니라면, 사진을 진짜 어머니로 오해하는 사람은 없을 것이다. 성경은 "우리가 그의 죽으심과 합하여 세례를 받음으로 그와 함께 장사되었나니"(롬 6:4)라고 말한다. 하지만 우리는 장사되지도 않았고, 게다가 아직 죽지도 않았다. 하지만 일반적으로 성경에서 우리는 세례(침례)와 주의 만찬과 관련해서 이러한 표현들을 보게 된다. 이상한 일이긴 하지만, 생명을 받는 일과 세례(침례)가, 그리스도의 살을 먹고 그리스도의 피를 마시는 일과 주의 만찬이 서로 연결되어 있는 성경구절을 우리는 전혀 볼 수 없다는 것이다. 오히려 그리스도와 함께 죽고 함께 살아난 것은 중생의 씻음[1](딛 3:5)과 연결되어 있다. 어쩌면 요한복음 3장과 6장이 연관이 있을지도 모른다. 하지만 직접적으로 연관된 성경본문은 없

---

1) 중생(regeneration)과 베드로전서 1장에서 말하는 거듭남(born again)은 같은 것이 아니다. 중생은 생명을 받는 것이 아니라, 오히려 마태복음 19장 28절, "세상이 새롭게 되어(in the regeneration)"라는 구절과 같이 상태의 변화를 의미한다.

다. (나는 이 두 개의 본문을 성례(세례와 만찬)에 적용하는 것을 전적으로, 그리고 절대적으로 반대하는 입장이다.) 세례(침례)는 우리가 그리스도와 함께 죽어 장사되었으며, 그리스도와 함께 부활했다는 것을 상징적으로 보여주는 예식이다. 사울(바울)은 세례를 받고 그의 죄를 씻도록 요청받았다(행 22:16). 하지만 어느 누구도 세례(침례)를 통해서 생명을 받거나 영혼의 살리심을 받은 사람은 없다.

성경은 성례 체계(즉, 예식 체계)를 인정한다. 사람들은 형식상 지상에 종교 시스템을 세우고 그것을 중심삼아 모이고, 거기서 무슨 특권을 기대한다. 유대인들과 그리스도인들의 성경은 이러한 특성을 모두 가지고 있다. 하지만 성경은 조심스럽게 이러한 특권을 개인적으로 소유하는 것과 이러한 특권이 있는 장소에 출입하는 것을 구분한다. "유대인의 특권이 무엇이냐?…범사에 많으니 우선은 그들이 하나님의 말씀을 맡았음이니라."(롬 3:1-2 참조) 다른 곳에서 우리는, 이처럼 육체를 따라 그리스도께서 나신 혈통에 참여하고 있는 유대인들의 특권들의 목록을 볼 수 있다. 하지만 이스라엘에 속했다고 해서 다 이스라엘이 아니요, 표면적 유대인이 유대인이 아니라 이면적 유대인이 참 유대인이다.

94
동일한 원리가 기독교에도 적용된다. 고린도전서 10장에서 사도 바울은 사람들이 성례(만찬)에 참여하지만, 멸망할 수 있음을 설명하고 있다. 이 주제는 너무 멀리 갈 수 있기에 더 이상 언급하지 않겠다. 하지만 분명한 것은 어떤 사람이 그리스도인의 체계에 속한 특권과 외형적인 예식에 참여할 순 있지만, 생명은 없을 수도 있다는 것이다. 이것이 히브리서 6장의 경우이다. 사람이 사람의 방언과 천사의 말을 할 수 있고, 산을 옮길 만한 믿음이 있을지라도 아무 것도 아닐 수 있다. 이러한 것들이 아무리 풍성해도, 구원과 상관이 없을 수 있다. 따라서 갈라디아인들의 경우에, 성령님이 그들 가운데 역사했지만 바울은 그들에 대해 잠시 의심이 있었다. 게다가 우리는 주님이 사람들로 하여금 주님의 이름으로 귀신을 쫓아내도록 허락하셨지만, 그럼에도 여전히 주님은 그들을 알지 못하는 사례를 알고 있다(마 7장). 이것은 주님의 공생애 당시, 어떤 사람이 포도나무에 가지처럼 붙어 있다가 버려지는 일[2](요 15:6)과 직접적으로 연결되어 있다. 나는 이 사실을 다만 일반적인 진리로 확증하는 바이다. 그리스도인의 질서에 속한 일에, 우리는 예식의 형태로 참여하는 특권을 누린다. 하지만 외적인 특권에는 참여하지만, 그러한 사람들 가운데에는 여전히 신적인 생명 혹은 그리스도와의 연합된 일이 없을 수도 있다는 점을 상기시키고 싶다.

영국 국교회 시스템은 더 나아간다. 교회의 특권을 세례 받은 모든 자에게 부여하며, 세례(침례)를 하나의 상징으로 보지 않는다. 세례(침례)가 중생의 표지임을 부인할 생각은 없다. 성경대로라면 세례(침례)는 명백히 죽음에 대한 상징이며, 일반적으로 그리스도의 이름으로 받는다. 게다가 죽음의 상징일 뿐만 아니라, 물에서 올라오는 것은 부활의 상징이다. 세례(침례)는 개인적인 것이며, 그리

---

[2] 주님은 "너희가"라고 말씀하지 않고 "사람이" "내 안에 거하지 아니하면"이라고 말씀하셨다. 주님은 자기 사람들을 아시며, 자기 사람들이란 이미 깨끗함을 받은 사람들만을 가리킨다.

스도의 몸에 속하는 것과는 하등 상관이 없다. 세례(침례)는 그리스도의 지체가 되는 것의 상징이 아니라 오히려 이미 지체된 것을 선언하는 것이다. 따라서 죽음 이상의 의미를 가지고 있지 않으며, 기껏해야 부활을 상징한다. 그리고 순전히 개인적인 것이다. "나는 거기서 죽는다. 나는 다시 살아났다." 이것이 전부이다. 그렇다면 여기엔 몸의 하나됨이 있을 자리가 없다. 우리는 각자 따로 세례(침례)를 받는다. 반면 우리가 한 몸으로 세례를 받는 것은 물에 의한 것이 아니라 한 분 성령에 의한 것이다. 주의 만찬은 한 몸 되었다는 것에 대한 상징이다. "우리가 다 한 몸이니 이는 우리가 다 한 떡에 참여함이라."(고전 10:17) 세례(침례)를 받은 사람이 다 생명을 가지고 있다고 주장하는 것은 비성서적인 일일 뿐만 아니라 사실도 아니다. 세례(침례)를 받은 사람들이 다 영생을 가지고 있으며, 또 생명에 속한 특권을 가진 것으로 생각하는 것은 치명적인 오류이며, 유다서에 계시되어 있는 심판으로 나아가게 하는 지름길이다. 그들이 그리스도의 지체임을 주장하는 것은 세례(침례) 속에 내포된 상징의 의미를 넘어서는 것이다.

95

성례 혹은 예식은, 성례에 대한 가르침이 분명히 있기에, 계시된 특권에 참여하는 방식이며, 고백된 신앙의 외형적인 시스템이며, 지상에서 몸을 가시적으로 드러내는 체계이다. 그리스도의 생명을 받고, 또 그 몸의 지체가 되는 일은 성령에 의해서 된다. 우리는 성령으로 태어났으며, 성령에 의해서 한 몸 안으로 세례를 받았다. 물 세례(침례)에 의해서 그리스도의 지체가 되었다고 말하는 것은, 하나님에게서 오는 생명과 입술의 신앙고백에 의해서 외형적으로 특권에 참여하는 것을 혼동함으로써 (직접적으로 성경에 반대함으로써) 하나님의 진리를 변질시키는 것이다. 몸의 하나됨을 (외적으로) 표현하는 것은 세례(침례)가 아니라 주의 만찬이다. 주의 만찬은 그 특징상 공동으로 참여한다. 즉 교회적으로 참여하는 것이다. 따라서 우리는 에베소서 4장에서 말하는 대로, "몸이 하나, 성령이 하나, 부르심의 한 소망"을 가지고 있다. 이것은 가장 내적인 것으로 성령과 신령한 사람들에게 속한 것이다. "주도 하나, 믿음도 하나, 세례도 하나", 이것은 좀 더 포괄적인 것으로 외적인 신앙고백과 그리스도에 대한 신앙고백을 가리킨다.

성례(예식)을 통한 외적인 예배 참여와 하나님의 영의 권능에 속한 것을 혼동하는 것은 로마 가톨릭으로 회귀하는 것이며, 배도의 시작이다. (교회의 외형적인 모습이 극도로 부패했던 시대에 참 생명과 참 교회가 무엇인지 고민했던 참으로 경건한 사람이었던) 어거스틴Augustine이 이 둘을 조화시켜보려고 무진 애를 쓴 것을 보는 것은 얼마나 가슴 아픈 일인지 모른다. 어거스틴은 도나티스트Donatists들을 대하면서 움찔했으며, 그들에 대한 답변을 내는데 주춤했다. 그것은 아무 것도 아니었다. 단지 이단에 의해 행해진 세례도 인정하며, 성령에 의해서 시행된 것으로 본다는 내용이었다. (이것은 사도행전이 보여주는 대로, 터무니없는 또 다른 실수였다.) 결론적으로 도나티스트들은 세례를 받았기에, 결론적으로 그들도 참 교회에 속한 자들로 인정한다는 것이었다. 어거스틴은 자신이 친 그물에서 빠져나오려고 허둥대다가 실수를 했다. 사실 주교들과 콘스탄틴 황제는 이러한 논쟁에 빠지기 보다는 다른 수단을 사용했다.

여기에 추가하고픈 것이 있다. 이것은 매우 중요한 것인데, 세례(침례)는 생명을 받는 것이 아니며, 무슨 상태의 변화를 일으키는 것도 아니고, 다만 자리의 변화를 가져다준다는 것이다. 타락한 사람에게 필요한 것에는, 두 가지가 있다. 사람은 육신의 마음으로는 하나님과 원수 관계에 있고, 하나님에게서 멀리 떠나 있다. 이 두 가지 모두가 치료되어야만 한다. 우리는 하나님에게서 났으며, 그리스도 예수 안에 있는 생명의 성령을 받았다. 생명을 받은 사실만으로는 우리의 자리를 변화시키지 못한다. 생명을 받은 사람은 머지않아 육신의 죄악성을 인식하게 될 것이다. 곧 우리 속에 (즉 우리 육신 속에) 선한 것이 없음을 뼈아픈 경험을 통해서 알게 된다. 만일 우리가 하나님의 요구를 성령의 빛을 통해서 보게 되면, 그 결과 나는 그것을 행할 수 없는 나 자신의 무력성을 보게 될 것이고 이로써 "오호라 나는 곤고한 사람이로다!"라는 절망상태에 빠지게 된다. 하나님과 화목된 자로서, 이제 새로운 자리, 위치, 신분의 변화가 필요하다는 것을 깨닫게 되는 것이다. 이렇게 새로운 자리로 들어가는 것은 그리스도의 죽으심에 의해서 되며, 그리스도의 사역의 가치 때문에 사람은 부활 안에 있는 사람에게 합당한 새로운 자리와 신분에 들어갈 수가 있게 된 것이다. 그리스도는 죄에 대하여 단번에 죽으셨다. 이제 그리스도는 살아나셨으며, 그것도 하나님을 향해 살아나셨다. 이제 세례(침례)는 이에 대한 상징일 뿐, 결코 하나님의 아들로서 그리스도께서 가지고 계신 살리는 능력과는 아무 관계가 없다. 우리는 그리스도의 죽음 속으로 침례를 받았고, 그리스도의 죽으심과 합하여 장사되었으며, 그리스도께서 아버지의 영광에 의해서 죽은 자 가운데서 다시 살아나신 것처럼 우리도 살아났다. 이로써 우리는 생명의 새로움 안에서 행할 수 있게 된 것이다. 만일 우리가 다시 살아난 것이라면, 우리는 산 사람이다. 이로써 우리는 그리스도와 함께 다시 살리심을 받았다(quickened together with Christ). 죽음은 우리를 과거 우리의 자리에서 완전히 벗어나게 해주었다. 우리는 죽음을 통해서 과거 우리가 속했던 자리에서 벗어난 것이다. 그리스도께서 죽음을 통해서 죄에 대하여 죽고 또 세상을 벗어나신 것처럼 우리도 죽음을 통해서 죄에 대하여 죽고 또 세상을 벗어났다. 우리는 그리스도의 몸으로 말미암아 율법에 대하여 죽었다. 우리는 죄에 대하여 죽었고, 육체를 십자가에 못 박았기에 세상에 대하여 십자가에 못 박힌 것이다. 이제 세례(침례)는 죽음을 상징하며, 다시 살아남으로써 하나님 앞에서 새로운 자리와 신분으로 서게 해준다. 그렇다면 세례(침례)는 죽음을 의미하는 것이지, 영혼이 다시 살리심을 받는 것을 의미하지 않는다. 우리는 이 새로운 자리에서 그리스도로 옷 입고 있으며, 이제는 죽음을 통해서 세상과 육신과 율법에 대해서 모든 관계를 종결시켰다. 이것은 그리스도인에게 참된 것이며, 이렇게 그리스도인은 세상에서 구원을 받았다. 몸의 하나됨은 이후에 전개되는 별도의 진리이다. 로마서는 몸의 하나됨이란 주제를 직접 다루고 있지 않지만, 이 진리에 필요한 토대를 제공한다.

96

이제 교회를 세우는 것에 대해 살펴보자. 그리스도께서는 마태복음 16장에서, 친히 교회를 세우실 것과 지옥(하데스)의 문이, 즉 사망의 권세를 가진 사탄의 권세가 교회를 이기지 못할 것을 선언하셨다. 사탄의 권세를 능히 능가하도록 주어진 그리스도의 이름을 보면 반석이 무엇인지를 선명하게 보여준다. 그리스도는 살아계신 하나님의 아들이었다. (사탄이 가지고 있던) 사망의 권세가 결코 이길 수 없는 이름이었다. 부활이 그에 대한 증거였다. 따라서 그리스도는 능력으로 하나님의 아들로 선포되신 것이다(롬 1:4). 베드로가 자신에게 계시된 진리를 고백했을 때, 이렇게 계시로 알게 된 것은 아버지께서 알게 해주신 것이었으며, 이 진리와 연결된 최우선적인 것으로서 그리스도의 선물이었다. 독자들은, 천국의 열쇠가 교회와 아무 상관이 없다는 점에 주목해야 한다. 이전에 이미 언급했지만, 사람들은 천국의 열쇠에 의해서 교회에 더해지는 것이 아니다. 오히려 열쇠는 왕국의 열쇠로서, 베드로에게 주어졌다. 베드로는 교회를 세우는 일과 아무 상관이 없었다. 이렇게 교회를 세우는 일은 그리스도께서 하실 일이었다. 그리스도는 "내가 … 내 교회를 세우리니"(마 16:18)라고 말씀하셨다. 아버지께서 그리스도의 특징을 계시하셨다. 그 반석 위에 그리스도께서 (교회를) 세우신다. 베드로는 이렇게 건축되는 교회의 첫 번째 돌이긴 해도, 건축자는 아니었다. 게다가 그리스도는 친히 베드로에게 천국의 열쇠를 주시고, 천국의 행정을 베드로에게 맡기셨다. 많은 논쟁이 있긴 하지만, 어쨌든 서로 평행으로 달리고 있는 천국과 교회는 같은 것이 아니다. 즉 천국은 교회가 아니다. 그래서 베드로가 베드로전서 2장 4-5절에서 이 부분을 언급하면서도, 결코 자신을 이 건축의 주체로 말하지는 않는다. 오히려 이렇게 신령한 집으로 세워지는 일은 그리스도로 말미암아 영혼 속에서 이루어지는 그리스도의 비밀스러운 사역이었으며, 오직 신령한 사람들에게만 개인적으로 이루어지는 매우 실제적이고 영적인 사역이었다. 오직 은혜에 의해서 그들의 마음 속에 이루어지는 일이었으며, 그리스도에게로 친히 나아온 사람들에게만 일어나는 일이었다. "사람에게는 버린 바가 되었으나 하나님께는 택하심을 입은 보배로운 산 돌이신 예수께 나아가 너희도 산 돌 같이 신령한 집으로 세워지고 예수 그리스도로 말미암아 하나님이 기쁘게 받으실 신령한 제사를 드릴 거룩한 제사장이 될지니라 성경에 기록하였으되 보라 내가 택한 보배로운 모퉁잇돌을 시온에 두노니 그를 믿는 자는 부끄러움을 당하지 아니하리라 하였으니 그러므로 믿는 너희에게는 보배이나"(벧전 2:4-7) 반면 다른 사람들에겐 "부딪치는 돌과 걸려 넘어지는 바위"(8절)였다. 여기를 보면 성례(예식)는 없고, 오직 믿음만 있다. 산 돌들이 산 돌에게 나아오는 것이다. 모든 것이 신령하고, 개인적이고, 실제적이다. 그리스도는 믿음이 있는 사람에겐 보배이시다. 그들은 주님이 얼마나 선하신 분이신지를 맛 본 사람들이다. 다른 사람들에겐 그렇지 않았다. 베드로는 건축자가 아니었고, 다른 그 어느 누구도 건축자가 될 수 없었다. 다만 그들은 믿음으로 나아와서 함께 지어져갈 뿐이었다. 다시 한 번, 강조해서 말하지만, 이 교회는 하데스의 문이 결코 이길 수 없다. 하지만 사람이 참여하는 건축은 이렇게 말할 수 없다. 베드로에게는 그리스도의 몸이나 몸의 지체가 되는 것이 계시되지 않았다. 따라서 베드로는 그리스도의 몸으로서 교회에 대해선 아무 말도 하지 않았다.

97

이제 바울에게로 가보자. 바울은 이 문제와 많은 연관이 있다. 바울은 교회의 사역자로서 하나님의 말씀을 성취했고 또 완성시켰다. 따라서 그리스도의 몸으로서 교회에 대한 교리가 바울을 통해서 완전하게 발전될 수 있었다. 에베소서 1장, 4장과 고린도전서 10장, 12장, 로마서 12장, 그리고 골로새서에서 우리는 교회에 대한 총체적이면서도 정교한 가르침을 볼 수 있다. 당연한 말이지만, 몸을 건축한다고 말하는 것은 없다. 그리스도는 몸의 머리가 되기 위하여 부활하셨다. 골로새서 1장에 보면, 그리스도는 하나님의 우편으로까지 높이 되셨다. 하나님은 그리스도에게 그처럼 높은 지위를 주셨고, 만물을 충만케 하시는 하나님의 충만으로서 몸의 머리가 되게 하셨다. 그리스도는 십자가로 한 몸 안에서 둘을 화목하게 하셨다. 그리고 그 일을 이루는데, 성령의 세례로 하셨다. 한 성령에 의해서 우리는 모두가 한 몸으로 세례를 받았다. 게다가 바울이 성령에 의한 완벽한 조정을 통해서 이루어지는 건축에 대해서 말할 때, 그는 중간 매개체로 인간 건축자에 대해선 전혀 언급하고 있지 않다. "너희는 사도들과 선지자들의 터 위에 세우심을 입은 자라 그리스도 예수께서 친히 모퉁잇돌이 되셨느니라 그의 안에서 건물마다 서로 연결하여 주 안에서 성전이 되어 가고 너희도 성령 안에서 하나님이 거하실 처소가 되기 위하여 예수 안에서 함께 지어져 가느니라."(엡 2:20-22) 이것은 다소 달리 볼 수 있는 여지는 있지만 베드로가 말한 건축과 같다. 우리는 히브리서 3장에서 동일한 것을 볼 수 있다. 곧 그리스도의 집을 언급하면서 사도 바울은 "우리는 그의 집이다"(히 3:6)라고 말했다. 하지만 바울은 다른 곳에서 다른 식으로 말하면서, 인간을 도구로 해서 건축되는 집, 그래서 세상에서 외형적으로 집의 모습으로 나타나는 교회에 대해서 언급한다. "너희는 하나님의 밭이요 하나님의 집이니라 내게 주신 하나님의 은혜를 따라 내가 지혜로운 건축자와 같이 터를 닦아 두매 다른 이가 그 위에 세우나 그러나 각각 어떻게 그 위에 세울까를 조심할지니라."(고전 3:9-10) 그리고 나서 바울은 이 일에 충성 혹은 불충성의 효과와 결과를 설명한다. 여기서 우리는 이 사역에 참여하는 사람의 책임과 사람이 도구로써 이 사역에 직접 개입하는 일의 개연성을 볼 수 있다. 여기선 그리스도께서 건축하는 일을 하고 있지 않다. 오히려 바울이 지혜로운 건축자였고, 터를 놓는 일을 했다. "이 터는 곧 예수 그리스도"(11절)였다. 다른 사람들은 그 위에 세우는 일을 했다. 이는 건축하는 일에 참여하는 것이며, 또한 함께 지어져 가는 것이었다. 나무와 짚과 풀은 금과 은과 보석으로 지어지는 집과 함께 지어질 수 없었다. 그런 재료를 가지고 사역에 참여하게 되면 불에 의해서 소멸될 것이다. 그리스도의 사역은 영원하기 때문이다. 분명 이러한 특징은 마태복음 16장 혹은 베드로전서 2장에서 말하는 건축과는 다른 특징을 교회에 부여해준다.

98

이 부분을 혼동하고 잘못 생각한 결과로 로마 가톨릭과 퓨지주의와 고교회파 시스템이 세워졌다. 그들은 그리스도께서 세우시는 집, 즉 산 돌들이 산 돌에게 나아와 서로 연결되어 주 안에서 성전으로 자라가는 (그래서 그 자체로 완전한) 것과 사람들이 함께 하나님의 집을 세움으로써, 실패의 가능성이 열린 것 사이를 구분하지 못했다. 나는 이 세상에서 집으로서 외형을 가지고, 교회로 자칭하고, 교회의 특징을 나타내고, 또 그 소임을 다하는 곳을 하나님의 집으로 인정한다. 그럼에도 그것은 사람에 의해서 건축되고, 나무나 짚이나 풀로 지어지고 있기에, 그 모든 사역은 장차 불로써 나타나는 심판의 날에 다 타버릴 것이다. 게다가 부패한 사람들이 교회를 부패시키는 법이다. 만일 누군가 이처럼 부패케 하는 특징을 가지고 사역에 참여하면, 모든 것이 파괴될 것이다. 그리스도께서 세우시는 집이 따로 있다. 산돌들이 나아와 다른 산돌들과 더불어 서로 연결되어 지어지는 집, 그래서 주 안에서 성전으로 지어져가는 집이 있다. 그리고 또 달리 하나님의 집으로 불리는 것이 있다. 지상에서 하나님을 위하고, 또 하나님에 의해서 세워지지만, 사람을 도구로 해서 사람의 책임이 개입되는 집으로서의 교회가 있다. 그렇다면 거기엔 매우 나쁜 집, 심지어는 사람들이 집을 세우는 일을 하는 것이 아니라 오히려 훼손시키는 일도 있다. 터는 잘 놓였다. 매우 좋은 터이다. 문제는 그 위에 어떻게 세우느냐에 달려 있다. 따라서 전체 기독교계는 하나님의 집으로서 지위와 책임 위에 서 있다. 실제적인 건축 혹은 사역은 사람의 일이며, 나무나 짚이나 풀, 혹은 부패한 사람들의 순전한 부패로 세우는 일을 할 수 있다. 이것은 "내가 내 교회를 세울 것이다"라고 말씀하신 그리스도께서 세우시는 교회가 아니다. 그리스도께서 하나님의 성전을 나무나 풀이나 짚으로 세우신다고 말하는 것은 신성모독적인 것이다. 하지만 사도가 우리에게 말한 것이 일어날 수 있다. 사실은 이미 일어났다. 하나님의 이름을 빙자해서 나무, 짚, 풀로 세우는 사람들이 있었고, 그처럼 악한 사람이 하나님의 성전을 더럽혔다. 그들은 악한 일에 하나님의 이름을 사용함으로써 하나님의 명예를 실추시켰다. 그것은 참으로 악한 일이었다. 바울은 디모데후서 2장에서 그러한 사례를 설명하고 있다. 하지만 이 부분은 여기서 다루기엔 부적절할 것 같다. 우리가 지금 다루고 있는 주제는 세례(침례)에 의해서 외형적인 집에 들어오는 것과 몸 사이를 구분하는 것이다. 그리스도께서 친히 세우시는 교회와 사람이 자신의 책임 하에서 하나님의 집을 세우는 것 사이를 구분하는 것이다. 모든 것이 사람에게 맡겨졌지만, 사람은 늘 실패했다. 하나님은 결코 실패할 수 없는 둘째 사람을 통해서 완전하게 하시는 일을 하기 전에, 우선 사람의 손에 모든 것을 맡기셨다.

99
아담은 실패했고, 그리스도에 의해서 대치되었다.

율법이 주어졌고, 이스라엘은 황금 송아지를 만들었다. 이후에 그리스도께서 오실 때, 율법은 이스라엘의 마음 판에 다시 기록될 것이다.

제사장 제도는 실패했으며, 다른 불을 드렸다. 아론은 대속죄일 외에는 성소에 들어가는 것이 금지되었으며, 성소에 들어갈 때에는 영광스럽고 아름다운 옷을 벗고 들어가야만 했다. 그리스도는 자비하고 신실한 대제사장이 되어, 지금 영광 가운데 계신다.

다윗의 아들은 전적으로 실패했으며, 이방의 많은 여인들을 사랑했고, 왕국은 분열되었다. 느부갓네살은 이방나라를 통치하도록 하나님에 의해 세움을 받았지만 금 신상을 만들었으며, 하나님께 충성스러운 사람을 불속에 던져 넣었고, 나중에는 짐승처럼 되었다. 그리스도는 영원히 쇠하지 않는 영광을 입고 다윗의 보좌에 앉으실 것이며, 이방나라를 통치하실 것이다.

교회는 그리스도를 영광스럽게 하도록 부르심을 받았다. 그리스도께서는, 내가 이미 그리스도 안에서 영광스럽게 되었다고 말씀하셨다. 하지만 많은 적그리스도가 등장하고 배도하는 일이 일어났다. 심지어 사도 시대에도 모두가 자기의 일을 구했다. 그래서 마지막 때에 대한 설명과(요한서신서), 심판의 대상들에 대한 설명이 있다(유다서). 바울이 떠난 후, 탐욕스러운 이리들이 들어왔으며, 교회의 품속에서도 진리를 떠나는 제자들이 일어났다. 고통 하는 때가 오고 있으며, 악한 자들과 속이는 자들은 더욱 악하여질 것이다. 따라서 그들도 하나님의 인자하심에 머물러 있지 않으면 그들도 찍히는 바가 될 것이다. 하지만 주님이 오실 것이다. 이 모든 일에도 불구하고, 자기의 성도들에게서 영광을 받으시고 모든 믿는 자들에게서 칭송을 받으실 것이다. 교회는 다른 모든 것처럼 그 진짜 모습을 드러낼 것이다. 은혜가 그 완전한 역사를 이룰 것이며 완성시킬 것이다. 그리스도의 건축은 완성될 것이고 완전해질 것이다. 그리고 영광 중에 그 모습을 나타낼 것이다. 사람의 건축은 허약하고 무너질 것이며, 극심한 심판을 통과하게 될 것이다.

제 5장 하나님의 집, 그리스도의 몸, 그리고 성령 세례
The House of God; the Body of Christ; and the Baptism of the Holy Ghost

15

그대는 내게, 전에 내가 종종 언급했던 하나님의 집과 그리스도의 몸의 차이점에 대한 잘못된 개념이 어떻게 역사적으로 발전해왔는지에 대해서 문의를 했고, 그에 대한 내용을 "Present Testimony"에 간략하게 실었다. 이처럼 잘못된 개념이 가지고 있는 실제적인 중요성은 나의 마음에 그 주제에 대해서 깊이 생각하게 했고, 그에 대한 역사성을 검토해야겠다는 생각을 일으켰다. 내가 지금 말하고자 하는 잘못된 개념이란 성경에서 말하는 교회가 가지고 있는 서로 다른 두 가지 측면을 혼동함으로써 생긴 것이다. 즉 하나님의 집으로서의 교회와 그리스도의 몸으로서의 교회에 대한 것이다. 이 주제를 다루어야겠다고 생각한 이후, "Bible Treasury"에 계속 연재했다. 하지만 이 글에서 다룬 것보다는 성경의 진술을 더 상고해보아야겠다는 소원을 가지고, 이 주제를 더 깊이 연구해야겠다고 마음을 정한 후에는 이 주제에 몰입을 할 수 있었다. 이전 글과 이제 전개하고자 하는 견해의 근거는 여전히 동일 선상에 있다. 이제 우리는 두 가지 개념이 얼마나 다른 것이며, 또 얼마나 독립적인 것인지에 대해서 선명하게 볼 수 있다.

하나님의 집으로 들어올 때 그리스도의 몸의 특권 속으로 들어온다는 개념은 기독교가 조직적으로 변질되는데 핵심적인 역할을 했으며, 세상의 숭배를 획득했으며, 종교개혁의 걸림돌이 되었으며, 이제는 프로테스탄트 체계를 부패시키고 있을 뿐만 아니라 종교개혁의 쇄기를 도로 뽑아내는 역할을 하고 있다. 그들의 개념에 따르면 하나님의 집에 들어온 사람들은 그리스도의 몸의 모든 지체들로서 실제적인 지체이며, 성령에 의해서 다시 살아난 사람들 혹은 하나님에게서 난 사람들이다. 그들은 자신들이 지은 모든 죄를 사함받았고, 자신을 드리신 그리스도의 희생에 의해서 영원히 온전케 된 사람들이다. 그들은 그리스도의 영을 받았고 또 영광스러운 기업을 받은 상속받은 후사들이다. 만일 집과 몸이 같은 것이라면, 그렇다면 집으로 들어온 모든 사람은, 그들이 성인이거나 유아이거나 몸에 속한 특권에 참여하게 된다. 그렇다면 한편 그리스도의 몸의 참된 지체가 된다는 것은 아무런 안전을 보장하지 못하게 된다. 그들의 논리대로라면, 참 지체도 멸망할 가능성이 있기 때문이다. 하나님에게서 새로이 태어난다는 개념도 무의미하게 된다. 왜냐하면 거듭난 사람도, 자신이 받은 영생을 잃어버릴 수 있게 되고, 그렇다면 또 다시 거듭나야만 하며, 심지어는 거듭남이 없어도 천국에 들어가거나 또는 그들이 말하는 대로 생명이 없어도 천국에 들어갈 수 있기 때문이다. 그리스도의 희생이 가지고 있는 영구한 효력도 무의미해진다. 왜냐하면 거룩하게 된 자들이 영원히 온전케 되지 않았기 때문이다. 구속의 날까지 성령으로 인친 것도 아무 의미가 없어진다. 왜냐하면 하늘에 들어가지도 못할 사람들에게 인을 친 것이 되기 때문이다. 그렇다면 성령의 인침은 아무 가치 없는 것이 되고 만다.

16
이제 우리가 다루어야 할 첫 번째 개념은 교회(eekklesia)이다. 나는 Church(교회)라는 단어 보다는 Assembly(모임)라는 단어를 선호한다. 왜냐하면 Assembly라는 단어가 헬라어 단어가 가진 의미를 문자적으로 더 잘 전달하고 있기 때문이다. 전문적인 단어가 관습적인 의미를 잘 담아내고 있긴 하지만, 사실 사람들의 마음에 큰 혼동을 가져다준다. 생각의 지엽적인 성장과 발전이 도덕적 교육을 통해서 언어를 생산해내긴 하지만, 단어들이 고유한 이름들이 되면 개념을 전달하기 보다는 오히려 새로운 개념을 창조하게 된다. 예를 들어서, 이 교회(the church)라는 단어를 생각해보자. 모두가 아는 대로 교회라는 단어는, 기독교적인 예배를 드리는 장소 또는 건물이라는 이미지에 투영되었다. 따라서 교회가 하나님의 집이라고 했을 때, 비록 하나님이 기독교 시스템 아래서 사람의 손으로 만든 성전에 거하지 않을 것으로 선언하셨음에도 불구하고(행 17:24), 사람들은 여전히 건물을 하나님의 집으로 여기고 있다. 반면 성경적으로 말하자면, 두 세 사람이 그리스도의 이름으로 모이는 곳, 그래서 그 중심에 그리스도께서 거하시는 곳이 참된 교회이다.

그래서 나는 모임이라는 단어가 원어의 실제적인 의미를 담고 있다고 말하고 싶다. 내가 언급한 본문을 택해서, 이 단어가 가진 힘을 느껴보라. 만일 한 형제가 다른 형제에게 죄를 범했다면 그는 그 사람과만 상대하여 말해야 한다. 만일 그렇게 하는 것이 소용이 없 다면 두 세 사람을 데리고 가서 권고해야 한다. 만일 그렇게 해도 소용이 없었다면 모임에 말해야 한다(마 18:15-17). 여기서 성경의 본문에 없는 것이 무엇일까? 이런 일이 있을 때 성경의 교훈을 따른 다면, 얼마나 많은 오해들이 그처럼 간단하고 단순한 언어에 의해 서 사라질 것인가? 이 일과 관련해서 에피소드가 있다. 제임스 왕은 성경번역자들에게 이 단어를 "church"로 바꾸도록 명령했는데, 이 전 제네바 역본에서는 이 "church"라는 단어를 삭제했다. 이럴 수 밖에 없는 이유를 생각해봄직하다[1].

---

1) 여기와 다른 몇 군데의 사례를 보면, 우리가 가진 영어성경이 놀라운 번 역본이긴 해도, 명백한 단어를 편견이나 나쁜 의도로 고의적으로 변경시킨 책임을 피할 순 없다. 8년 동안 공들여 번역한 독일어 성경이 영어성경의 도 움을 받았긴 해만, 더 나은 번역으로 생각되진 않는다. 벵겔(Bengel)의 신약 성경은 매우 공들여 번역된 성경이지만, 거의 쓰이지 않고 있다. 피스카토르 Piscator가 번역한 개혁주의 독일성경도 매우 훌륭하다. 하지만 아! 개혁주의 교회들 안에서도, 내가 아는 한 그보다 번역이 더 나은 것이 없는 루터 성경을 쓰고 있다. 프랑스 성경은 매우 평범한 번역본이다. 디오다티Diodati 성경이 가장 정확하게 번역된 성경이지만, 프랑스 사람들은 오래되고 덜 정확한 프 랑스 성경을 사용한다. 진실은 이렇다. 프랑스어는 성경 번역하기엔 아주 까 다로운 언어이다. 정확할 순 있지만, 너무 정확하기에 사람의 마음을 옥죄는 듯한 느낌을 받게 한다. 원어 보다 더 정확하게 번역된 디오다티 성경은 결론 적으로 프랑스 사람들에게서 멀어졌다. 이제 몇가지 사례를 제시해보겠다. 잘못된 번역 사례라기 보다는, 인간의 연약성이 드러난 사례라고 할 수 있다. 사도행전 1장 22절을 보면, 킹제임스 성경은 "한 사람을 성직에 임명하여"(우 리 성경에는 "하나를 세워"라고 되어 있음)라고 번역했다. 이 말은 원어에 없 다. 사도행전 3장 19절은 "그리하면 유쾌하게 되는 시간이 올 것이요" 대신 "유쾌하게 되는 날이 올 때에"로 번역되었다. 이것이 무슨 차이가 있나 생각 할 수 있지만, 어쨌든 잘못된 번역이다. 데살로니가후서 2장 2절은 그리스도 의 날이 "임했다"가 아니라 "가까이 왔다"고 번역되었다. 이 단어는 장차 올 것이라는 의미가 아니라 이미 현존해 있는 상태와 항상 현재 상태를 의미한

17

　　회중의 모임(Assembly)이라는 단어는 구약성경의 언어와 사상에서도 나타나고 있다. 하지만 모임의 의미를 가지고 있는 단어는 전혀 다른 특징과 뿌리를 가지고 있다. 이 두 개의 단어, 즉 '헤다'와 '카할'이라는 단어는 전혀 다른 개념을 전달하고 있다. 헤다(hedah)는 회중의 집합체로서 모이는 것 보다는 그저 함께 하는 모습을 연상시켜 준다. 카할(kahal)은 실제로 모이는 모습을 연상시켜 주는데 모임과 집합 사이에 존재하는 차이점을 느낄 수 있는 것과 같다. 모에드(moed)라는 단어가 있는데 이 단어는 또 다른 개념으로 회막에 사용되었다. 이스라엘 회중은 회막에서 하나님을 만났다. 사실 이 둘은 전혀 다른 개념이다. 하지만 이 단어에 담긴 뜻은 모이도록 정해진 장소를 의미한다. 이스라엘은 하나님의 회중이 모이는 모임(assembly)이었고, 그들은 출생에 의해서 하나님의 회중 가운데 속할 수 있었다. 물론 할례를 받지 않는다면 거기서 제외되었다. 구약적 의미를 가진 이 모든 것들은 그리스도의 죽음에 의해서 다 지나갔다. 그럼에도 사랑하는 자기 백성들을 향한 하나님의 인내는, 십자가에 달린 그리스도의 중보기도 때문에 더 오래도록 남아 있었다. 선지자들은 이 모든 것에 대해서 미리 예언했고, 이스라엘의 운명에 대해서 예언했던 선지자들 가운데 한 사람은 다른 누구 보다 더, 그렇게 될 수밖에 없는 많은 이유들에 대해서 말했

다. 데살로니가서의 전체적인 가르침은 여기에 달려 있다고 해도 과언이 아니다. 게다가 킹제임스 번역자들은 에베소서 6장 12절에서 "하늘 처소에 있는(heavenly places)"이란 단어 대신, "높은 곳에 있는(in high)"이란 단어를 사용했다. 사도행전 20장에서 같은 의미를 가지고 있지만 감독(bishops)이란 단어 대신에 감독관(overseers)이란 단어로 번역했다. 지금 당장 생각나는 단어들만을 언급하자면, 그 정도이다.

다. 바로 이사야 선지자는 이스라엘 민족에게 어둠이 임하고, 하나님의 증거에 대해서 귀를 막고, 그래서 하나님이 자기 백성들에게서 얼굴을 돌리실 때, 그 백성들 가운데 구별된 남은 자들을 아끼시며 또 그들을 통해서 모든 것을 말씀하실 것에 대해 말했다. 이 남은 자들은 미래의 어느 날에 돌아올 것이다. 그들을 위해서 이스라엘은 호의를 입을 것이며, 이스라엘 민족의 영광이 다시 회복될 것이다(사 6:9-13, 8:15-18, 10:21,22, 65:8,9, 66장을 읽으라.) 이사야 8장은 이스라엘 민족이 버림을 당할 때에, 이 남은 자들이 특징적으로 나타날 것을 보여준다. 그들은 이스라엘 두 집에게 표적이 될 것이다.

이스라엘이 거절을 당하는 데에는 두 가지 이유가 있다. 하나는 우상숭배에 대한 하나님의 증인으로서 책임에 실패한 것 때문이고, 다른 하나는 주 예수님의 위격 안에서 여호와께서 자기 백성을 찾아오셨으나 거절한 것 때문이다. 이사야 40-57장은 이 두 가지 요소를 다루고 있다. 바벨론 포로로 사로잡힌 것은 전자에 대한 그들의 심판의 결과였다. 따라서 우리는 이스라엘의 구출과 연관해서 고레스가 언급된 것을 볼 수 있다. 이스라엘의 현재 상태는 자기 메시아를 거절한 결과이고, 바벨론 포로기 이후 더러운 영이 그들에게서 나갔었다. 여전히 남은 자는 보존되고 있으며 다시 돌아올 것이다. 그들이 자기 백성이라는 사실을 하나님이 간과하시지는 않지만, 그럼에도 의인과 악인을 구분하실 것이며, 이것은 이사야 48장 22절에 분명히 언급되어 있다. 거기서 우상숭배에 대한 회개가 이루어진다. 이사야 57장 21에서는 그리스도를 거절한 것에 대한 회개가 이루어지고 있다. 그들의 악함과 큰 권능으로 오시는 주의 재림, 그 중간에 복음 시대가 놓여 있다. 이스라엘 역사의 끝에 가면 나갔던 더러운 영이 더욱 악한 다른 일곱 영과 함께 돌아올 것이다. 그 영들은 우상숭배의 영이다. 메시아를 거절할 뿐만 아니라 자기 이름으로 오는 자를 영접할 것이다. 마지막 단계는 처음보다 더 악하게 될 것이며, 악은 더욱 무르익어 끔찍한 심판으로 나아갈 것이다. 하지만 여호와의 이름을 부르며, 우상을 거절하고 여호와를 기다리며, 자신들이 찌른 그분을 소망하며, 자신들을 구출(their deliverance)하기 위해서 무한한 은혜로 오시는 분을 바라는 자들에게는 그들이 처한 악한 상황에서 건져주시는 구출이 있을 것이다.

18

이제 설명할 부분은 하나님이 야곱의 집에서 얼굴을 돌리시고 이스라엘 민족을 심판하시는 때에, 그 심판에서 건짐을 받게 될 이러한 남은 자들(this remnant)의 상태에 대한 것이다. 첫 번째 증인은, 야곱의 집에 대하여 얼굴을 가리시는 여호와를 앙망하면서, 그분을 소망 중에 기다리는 여호와의 제자들 가운데서 여호와의 증거에 매여 율법을 준수하는 사람이다(사 8:16,17). 비록 모든 복이 그리스도의 죽음에 기초하고 있지만, 그럼에도 이 사람들은 그리스도의 죽음을 자신의 신앙의 근간으로 삼고 있지 않다. 산상수훈과 더불어 마태복음 10장, 24장에 있는 마태복음의 교훈들이 이에 대한 증거이다. 그들은 점증하는 빛을 통해서 자신들의 위치를 밝히 알게 될 것이며, 영적인 이해를 가지고 아버지의 이름을 붙들 것이다. 이는 아들이신 그리스도께서 산상수훈을 통해서 하셨던 일이다. 그들은 주님이 밝혀 주시는 (구약성경에 기록된) 예언서의 빛을 통해서 이 모든 일을 감당하게 될 것이다. 게다가 다시 오시는 왕에 대한 생각을 붙잡음으로써 이미 제시된 모든 교훈에 특별한 빛을 더하게 될 것이다.

시편 22편은 복된 주님이 사망에 처하게 된 모습과 또 주님이 하나님에게서 버림받는 것을 감당해야 하는 것이 가지고 있는 엄청난 진리를 우리 앞에 소개하고 있다. 여기서 우리는 남은 자가 들어가게 될 은혜의 자리에 대한 분명한 빛을 볼 수 있다. 주님은 하나님에게서 버림을 받으셨지만 들소의 뿔에서 건짐을 받으셨다. 이렇게 죄가 해결되었을 때, 하나님의 기쁨에서 솟아나오는 말로 형용할 수 없는 충만한 복이 임하게 되었다. 그리스도의 희생의 가치 때문에 비록 영원한 기쁨이지만, 그 기쁨은 배가가 되었다. 사람으로서, 인자로서, 그리스도의 영혼에 모든 기쁨이 넘쳤다. 주님은 이 기쁨을 자기 형제들에게 선포하고, 주님과 함께 하는 자리를 자기를 따르는 가련한 제자들에게 주신다. 이제야 주님은 그들을 자기 형제들로 부르실 수 있다. 왜냐하면 구속의 역사가 완성되었기 때문이다. 주님은 막달라 마리아에게 "너는 내 형제들에게 가서 이르되 내가 내 아버지 곧 너희 아버지, 내 하나님 곧 너희 하나님께로 올라간다 하라"(요 20:17)고 말씀하셨다. 하지만 이것이 전부가 아니다. 주님은 모임의 회중 가운데서 찬송의 노래를 부르게 하신다. 이렇게 남은 자들이 나타날 것이며, 제자들은 구속의 터 위에 서게 될 것이고, 그 중심에 그리스도를 모시게 될 것이다. 따라서 이스라엘의 남은 자로 구성된 모임은 분명하고도 참된 토대를 가지고 있다. 하나님의 모임이 거기에 있고, 하나님의 임재가 그곳에 있다. 여기서 우리는 남은 자, 형제들이 하나의 모임을 이루는 것(카할, 즉 실제적으로 함께 모이는 것)과 그리스도의 희생과 속죄사역에 근거해서 함께 모이고, 또 생명에 있어서 그리스도의 부활의 능력 가운데 들어간 것을 볼 수 있다. 하나님은 영생의 능력 가운데 계신 구주 하나님이시다. 하나님은 평강과 은혜와 영광 가운데 알려지셨고, 소망 가운데 기쁨을 누리고 계신다. 신약성경의 교훈은 우리를 이보다 더 좋은 곳으로 이끌고 간다. 이보다 더한 것이 기초로 놓여 있기 때문이다. 그리스도는 이스라엘 민족만을 위해서, 그들만을 구원하기 위해서 죽으신 것이 아니라, 멀리 흩어진 하나님의 자녀들을 하나로 모으기 위해서 죽으신 것이다.

19

예수님이 영광을 받으신 후에 주어질 것으로 성경에서 약속하고 있는 가장 위대한 약속은 성령 세례이다. 이제 교회가 형성되었고, 주께서 심판에서 건지신 이스라엘의 남은 자들을 날마다 교회에 더하셨다. (교회가 휴거된 후에) 그들은 이스라엘 공동체를 이룰 것이다. 하지만 지금 그들은 교회에 더해지고 있었다. 120명의 신자들은, 은혜로, 실제적인 카할로 모이고 있었지만 아직 그들은 모임을 형성할 중심 대상이 없었고, 다만 공동의 믿음에 대한 인식만 있었다. 그리스도께서 부활하신 날과 그 다음 일주일의 첫날에 예수님의 방문에 의해서 힘을 얻고 있었을 뿐이었다. 하지만 성령 세례는 그들을 실제적인 헤다(hedah), 공동체적 몸, 참된 오헬-모에드(ohel-moed), 주님이 그곳에 계시는 회막으로 형성하도록 했다. 그리고 나서 주님은 그 모임을 지상에서 자신의 교회로 소유하셨다. (예루살렘에는) 하나님이 여전히 성전으로 인정하시는 장소가 있었지만, 하나님은 그곳에 거하지 않으셨다. 그것은 구약시대에 마치 성막이 언약궤가 없는 상태에서 기드온에 있었고, 언약궤는 시온산에 있었던 것과 같다. "교회"라는 공식적인 이름이, 이 사람들 가운데 형성된 이 모임을 총칭하는 이름이 되었다. 교회의 상태 혹은 특권, 하나님 혹은 그리스도와의 관계는 하나 혹은 그 이상으로 다양할 수 있었고, 교회에 대한 하나님과 그리스도의 섭리는 아직 나타나지 않았다. 우리는 교회가 하나 혹은 그 이상의 측면과 관계를 가지고 있으며, 그에 따라 하나님의 섭리가 나타나게 될 것을 보게 될 것이다.

20
어쨌든 하나님의 교회가 형성되었다. 교회는 여전히 하나님의 계획 속에 있었고, 그 계획 가운데서 교회가 시작되고 또 유대인과 이방인이 아무런 차별 없이 하나의 몸을 이루면서 계속 성장해가고 있었지만, 그럼에도 아직 교회 지체들이 붙잡아야 하는 믿음은 제시되지 않았다. 게다가 그들 믿음의 핵심을 이루게 될 교회에 대한 다른 진리들도 제시되지 않았다. 하지만 이 땅에 형성된 하나님의 교회가 있었다.

성경에 제시된 교회의 몇 가지 측면에 대해서 생각해보자. 첫 번째, 주님은 마태복음 16장에서 친히 자신이 교회를 세우실 것을 예언하셨다. 마태복음 12장까지 그리스도는 이스라엘에게 회개와 왕국에 대해서 전파하셨고, 이스라엘 회중 가운데 여호와의 의를 선포하셨다. 무엇보다, 주님은 자신을 이스라엘에게 여호와-메시아로 제시하셨고, 그에 대한 이스라엘의 응답과 자신의 포도원에서 열매를 구하셨다. 하지만 결국 주님은 육체를 따라서 난 이스라엘과 전적으로 관계를 끊으셔야만 했다. 그리스도의 제자들만이 이제는 주의 모친이며 형제요 자매들이다. 이스라엘 민족은 심판을 받았다. 그들의 상태는 이전보다 더 악화되었다. 마태복음 13장에서 주님은 씨를 뿌리신다. 하지만 열매를 구하진 않으신다. 이제 천국이 세워졌고, 밭은 유대교가 아니라 세상이다. 이 모든 것이 선명하게 드러났다. 하지만 이것은 다만 우리를 새로운 상황으로 이끌어 갈 뿐이다(마 14,15장). 주님은 자신이 거절당하신 일로 인해서 발생한 여러 가지 도덕적인 요소들을 계시해주셨다. 사실 예언된 내용들이긴 하지만, 이스라엘의 넘치는 악에도 불구하고 주님은 그들을 참으시고 그들에게 은혜를 베푸신 것이다.

마태복음 16장에서 주님은 시몬 베드로에게서 자신의 위격에 대한 고백을 끌어내신다. 그 고백은 아버지께서 그에게 계시해주신 것이었다. "주는 그리스도시요 살아계신 하나님의 아들이시니다." (16절) 이 반석 위에 주님은 세상에서, 하나님의 아들로서 자기 속에 있는 신성한 생명의 능력으로 자신의 교회를 세우실 것이다. 주님은 아들로서, 하나님 속에 있는 생명의 능력으로 존재하셨다. 그렇다면 음부(하데스) 혹은 사망의 권세를 가지신 분이 그것을 거슬려 무엇을 하실 수 있단 말인가? 그리스도는 살아계신 하나님의 능력의 표현이었고, 아들로서 생명 안에 있는 능력 자체이셨다. 사망의 권세가 무엇을 할 수 있단 말인가? 그 결과가 부활 안에서 나타났다. "성결의 영으로는 죽은 자들 가운데서 부활하사 능력으로 하나님의 아들로 선포되셨으니 곧 우리 주 예수 그리스도시니라."(롬 1:4) 더 이상 주님께서 그리스도이심을 이스라엘에 선포할 필요가 없었다. 이 증거는 끝났다. 하지만 주님은 교회를 세우셔야 하며, 이를 위해서 주님은 인자로서 고난을 당하시고 죽으시고, 다시 살아나실 필요가 있었다. 그렇다면 교회는 사망의 권세보다 더 큰 부활의 권세로 세워지는 것이다. 어떤 제자들은 인자가 왕국의 영광 가운데 오는 것을 (변화산에서) 볼 수 있었다. 이제 주님은 고난을 받으셔야만 했고, 이스라엘과 연결되어 있는 메시아의 직분을 포기하셔야만 했다. 큰 능력과 권세로 왕국을 취하기 전에, 살아계신 하나님의 아들의 직분으로 교회를 세우신 것이다. 따라서 우리는 이러한 측면에서 그리스도께서 가지신 세 가지 직분을 볼 수 있다.

1) 이스라엘에게 메시아로서의 그리스도, 향후 더 이상 선포되지 않았다.
2) 살아계신 하나님의 아들로서의 그리스도, 어느 곳에서도 이 직분을 잃어버리지 않았다. 이 직분 위에서 주님은 교회를 세우실 것이다.
3) 인자로서의 그리스도, 이 직분으로 그리스도는 고난을 당하실 것이며, 장차 자기 왕국을 세우고자 오실 것이다.

주님은 자신의 죽음을 선포하셨지만, 자신의 위격을 계시로 아는 것에 기초해서 교회를 세우고자 하셨다. 인자에 대한 예언의 말씀은 시편 9편, 다니엘 7장, 그리고 시편 80편 17절에 있다. 천국은 다른 주제이다. 이것은 여기서 다루지 않을 것이다.

21
이제 그리스도는 선포하신다. 이 반석 위에, 즉 여기서 반석은 그리스도께서 살아계신 하나님의 아들되심의 진리를 가리키며, 이 진리 위에 주님은 자신의 교회를 세우실 것이다. 그리고 하데스의 문들이 결코 교회를 이기지 못할 것이다. 이것은 매우 놀라운 진술이다. 무죄상태의 아담을, 결과적으로 모든 인류를, 율법 아래 있었던 이스라엘을 하데스의 문이 이겼기 때문이다. 그 결과 사망과 파멸이 왔다. 사탄은 하데스의 권세를 가지고서 항상 우위를 차지해왔다. 이것은 인간의 책임이라는 토대 위에서 된 일이었다. 하지만 온전하신 그리스도, 살아계신 하나님의 아들로서 사망의 권세에 사로잡힐 수 없으신 그리스도는 우리를 위해서 은혜를 가지고 책임의 자리에 들어가셨다. 주님이 그 자리에 들어가신 것은, 이 세상 신이 그분에 대한 무슨 권한이 있어서가 아니었다. 다만 아버지를 향한 사랑과 순종에 의한 것이었다. 주님은 사망에 매여 있을 수 없는 분이실 뿐만 아니라, 오히려 사망의 권세를 완전히 깨뜨리심으로써 사탄을 전적으로 무력화시키셨다. 이것은 은혜였고 부활로 인한 권능이었다. 비록 의(義)가 이룩한 완전한 결과는 아니었지만 부활의 완결과 부활 능력의 증거였다. 이것은 그리스도께서 가지고 계신 은혜와 권능에 대한 큰 증거였고, 이 위에 교회가 세워지는 것이다. 교회는 인간이 소망했지만 실패했던 책임 위에 세워진 것이 아니라, 살아계신 하나님의 아들 안에 있는 은혜와 권능 위에 세워졌다. 그렇다고 책임이 없는 것은 아니다. 다만 교회의 안전, 하나님의 목적이 이끌어가는 교회의 존립은 그리스도의 은혜와 능력에 터 잡고 있다.

22

이제 성경에서 교회가 버림을 당하는 측면에 대해서 살펴보고자 한다. 이렇게 버림을 당하는 것은 그리스도에 의해서 세워진 교회가 아니라, 사실은 하나님의 집으로서 교회이다. 그리스도는 자신의 마음과 자신의 영광을 따라 자신의 목적을 위해서, 우리의 복을 위해서 교회를 세우셨다. 이것이 이 시점에서 우리가 교회에 대해서 알고 있는 전부이다. 교회에 대해서는 열쇠가 없다는 점을 주목하라. 그리스도께서 교회를 세우신다. 반면에 천국에는 열쇠가 있다. 베드로는 교회에 대해서 열쇠를 가지고 있지 않을 뿐만 아니라, 교회에 대해서는 열쇠가 없다. 교회는 열쇠를 가지고 있지 않다. 어느 누구도 교회에 대해서 열쇠를 가지고 있지 않다. 어느 누구도 없다. 교회는 그리스도께서 세우신다. 세우는 일에는 열쇠가 필요 없다. 교회의 열쇠, 운운하는 것은 이러 저러하든지, 망상이다. 전혀 없다.

그리스도께서 친히 세우시는 교회는 은혜와 능력으로 세워진다. 교회는 살아계신 하나님의 아들이신 예수 그리스도라는 반석 위에 세워진다. 사망의 권세 잡은 자, 사탄의 권능을 무력화시킨 그리스도의 부활의 권능 때문에 교회를 이길 수 있는 것은 아무 것도 없다. 부활 안에 있는 생명의 능력이 사탄과 하데스의 문을 이겼다. 따라서 무슨 일이 일어나든지, 거짓 형제가 들어올지라도 교회는 능히 이기고 나아가며, 외적인 상태가 심히 부패되어 그리스도께서 그 입에서 토하여 내치는 일이 있을지라도 그리스도의 교회 건축은 반석 때문에 견고하다. 교회를 세우시는 분은 그리스도이시다. 그리스도는 사람에게서 나온 그 모든 방해의 역사를 뚫고 자신의 일을 해나가신다. 이렇게 교회의 건축이 땅에서 전개되어 가는 것이 하나님의 일이며 또한 목적이다.

여기서 주목할 것은, 우리는 지금까지 그리스도의 몸 혹은 그리스도의 신부, 성령에 의해서 하나님이 거하시는 전으로서의 교회에 대한 것은 전혀 언급하지 않았다는 점이다. 이 모든 것은 지금 논하기엔 이질적인 느낌을 준다. 다만 지금은 생명을 다루고 있다. 즉 아들로서 그리스도는 살아계신 하나님의 생명에서 나온, 그리고 하나님 속에 있는 생명을 가지고 계신다. 이것은 신적인 생명이며, 그리스도 속에 있는 생명으로서 (부활을 통해서 입증되었다.), 이 생명은 하늘 건축자이신 그리스도에 의해서 세워지는 교회의 기초와 안전을 제공해줄 뿐만 아니라 사망의 권세를 잡은 자, 사탄으로 하여금 이길 수 없게 한다. 결과는 그 어떠한 전쟁의 양상이 전개될지라도 하나님의 목적에 의한, 사탄에 대한 완전하고도 확실한 승리이다. 따라서 여기에 분명 교회가 있지만, 다만 개인들의 모임일 뿐 성령의 능력으로 형성되는 몸은 아니다. 따라서 이러한 계시로 완전한 일치를 이룬 베드로는 우리가 "예수 그리스도를 죽은 자 가운데서 부활하게 하심으로 말미암아 우리를 거듭나게 하사 산 소망이 있게"(벧전 1:3) 하셨다고 선언했다. 그리고 나서 "하나님께는 택하심을 입은 보배로운 산 돌이신 예수께 나아가 너희도 산 돌 같이 신령한 집으로 세워지고 예수 그리스도로 말미암아 하나님이 기쁘게 받으실 신령한 제사를 드릴 거룩한 제사장이 될지니라"(벧후 2:4,5)고 말했다. 거듭난 사람들은 한 건축물로 세워지는데 필요한 돌들로, 그리고 제사장으로 함께 모인다. 그럼에도 이것은 (바울이 말하는) 지체들이 연결되고 결합되어 각 지체의 분량대로 역사하여 자라가는 하나의 몸으로서 교회는 아직 아니다.

23
어쨌든 지금까지 우리는 이 땅에서 그리스도에 의해서 세워지는 교회 - (비록 하늘을 위한 것이지만 하늘에서 건축되는 것도 아니고, 하늘에 있는 머리와 연합을 이루고 있는 것으로 제시되지도 않은 교회) - 에 대해서 살펴보았다. 이 교회는 이스라엘에게 하신 약속을 근거로 해서, 그리스도를 유대인들에게 메시아로 제시된 것과는 대조를 이루며, 따라서 그리스도는 육신의 혈통을 따라서 다윗의 씨로 태어나셨다. 사도행전 3장에서 베드로는, 사실상, 이러한 근거에서 약속을 따라, 약속을 성취하고자 오신 그리스도, 그리고 장차 그들의 회개에 근거해서 다시 오실 그리스도를 소개하고 있다. 이것은 "아버지, 저들을 용서하여 주소서"라고 기도하신 그리스도의 중보기도에 터 잡고 있다. 하지만 그들은 자기 조상들과 마찬가지로 성령을 거역했다. 그들의 역사는 여기서 종결되었다.

교회는 성령의 강림에 의해서 형성되었으며 공적으로 시작되었다. 하나의 민족으로서 유대인들은 그들의 지도자들에 의해서 제시된 축복을 거절했다. 이제 새로운 진리가 빛을 발하고 있다. 곧 하나님은 모든 민족을 받으실 것이다. 그럼에도 아직 몸의 하나됨에 대한 말씀은 없다. 하지만 이방인들도 영접될 수 있게 되었다. 사마리아 사람들이 영접된 일은 제자들에게 그리 놀랄만한 일이 아니었다. 우리는 요한복음 4장에서 이미 그리스도께서 그들 가운데 들어가셨던 일을 알고 있다. 그들은 적어도 유대인의 특권을 자신들도 가진 체했다. 예루살렘에서 성령의 증거는 최종적으로 거절되었다 (행 7장). 그 결과 한 성도(스데반)가 하늘에서 자신의 자리를 얻는다. 이제 그리스도는 자신의 원수들이 자기 발아래 놓일 때까지 확실히 보좌에 앉으실 수 있게 되었다. 이후로 교회는 외적으론 흩어졌다. (박해로 인해서 예루살렘 성을 떠나야 했기에) 사도들의 유대인 선교는 끝났다. 사도들만 예루살렘에 남았다. 성령님의 역사는,

이제 자유로운 행보를 하실 수 있게 되었고, 그래서 (성령의) 증거를 이방인들에게까지 가지고 갈 수 있게 되었다. 그 어간에 하나님의 섭리와 연관된 가장 중요한 사건이 일어났다. 스데반의 죽음은 대적들에 의해서 자행된 가장 극심한 박해를 가져왔고, 교회가 흩어지게 된 일은 이제 앞으로 우리가 살펴보게 될 일의 기반을 닦았다. 주권적인 은혜로 말미암아 전혀 새롭고 독특한 계시가 임하게 되었고, 육신의 혈통을 따라서 세상에 오신 그리스도에 의해서가 아니라, 이전에 부르심 받은 사도들과는 독립적으로, 하늘에 계시고 또 지극히 높은 영광 가운데 계신 그리스도를 봄으로써, 모든 성도들은 그리스도와 연합되어 있다는 진리를 받은 사람이 등장하게 되었다. 가치관의 혼돈을 겪었으나 마침내 회심하여 능력에 사로잡힌 사람, 바울은 예수께서 (혈과 육으로는 결코 알 수 없었던) 하나님의 아들이라는 위대한 진리의 증인이 되었다. (베드로는 이 진리를 결코 배운 일이 없었다. 그는 다만 예수님을 주와 그리스도가 되신 분으로 알았다.) 바울은 예루살렘에서 온 사람이 아니었고 사람에게서 보냄을 받은 것도, 사람을 통해서 온 것도 아니었다. 다만 성령님에 의해서 보내심을 받아 이방인의 도시 안티오크에서 사역했으며 자신을 보내신 그리스도의 권위 아래서, 그분에게만 책임을 지는 사역을 했다. 성령의 역사하시는 능력에 의해서 하늘 아래 모든 사람들에게 영광의 복음을 전하면서 교회의 사역자가 되어 하나님의 말씀을 완성했다. 바울이 회심의 때에 보게 된 것은 영광 중에 계신 그리스도와 하나됨을 이루고 있는 교회의 모습이었다.

24

따라서 사도 바울의 글에서 우리가 볼 수 있는 것은, 하나님의 교회의 매우 중요한 특징에 대한 것으로, 지금까지 계시된 일이 없는 교회에 대한 부가적인 진리들이다(엡 1:22). 이는 그리스도께서 머리이시며, 만물 안에서 만물을 충만케 하시는 그리스도의 충만인 몸에 대한 것이다. 총체적으로 살펴보면 참 그리스도인들은 "그리스도의 몸이요 각 지체의 부분들"(고전 12:27)이다. 이 진리는 고린도전서 12장에 온전히 계시되어 있다. "몸은 하나인데 많은 지체가 있고 몸의 지체가 많으나 한 몸임과 같이 그리스도도 그러하니라." (고전 12:12) 우리는 이처럼 중요한 진리가 얼마나 유익한지를 알고 있다. "다 한 성령으로 세례를 받아 한 몸이 되었고."(고전 12:13) 이 주제를 바울은 고린도전서 12장에서 설명하면서 전개해나가고 있다. 에베소서 4장에서 우리는, 몸이 각 마디를 통하여 도움을 받음으로 연결되고 결합되어 각 지체의 분량대로 역사하여 자람으로써 사랑 안에서 스스로 세워지는 것을 본다. 지체의 상호성은 로마서 12장에서 다루고 있다. 한 말로 요약하자면, (주님은 바울이 박해했던 성도들을 교회로 불렀다. 교회는 이미 존재하고 있었다는 점에 주목하라) 교회는 그리스도의 몸이라는 참으로 중요한 특징을 지닌 채 존재하고 있었다. 교회는 이미 성령 세례를 통해서 형성되었기 때문이다. 에베소서에서, 사도 바울은 몸에 대해서 말할 때 그는 그리스도의 몸을 선택받은 성도들로 언급하면서, 그리스도 예수 안에서 새롭게 창조된 존재로 그리고 구속의 날까지 인침을 받은 존재로 말한다. 즉 바울은 교회를, 하나님이 아시는 대로, 머리와 연합된 그리스도의 몸으로 보았다. 그 영혼이 다시 살리심을 받았고, 함께 부활했고, 머리이신 그리스도 안에서 하늘에 함께 앉아 있다. 이러한 연합이 이루어진 것은 성령 세례 때문이다. 성령 세례를 통해서 선택받은 자들과 남은 자들이 오순절에 몸 안으로 들어왔다. 물론 하나님의 부르심을 받은 모든 사람들이 몸 안으로 들어온 것이다. 몸이 온전히 형성되면, 교회는 하늘 영광과 더불어 하늘에 그 모습을 드러낼 것이다. 교회에 대한 하나님의 마음은, 그리스도께서 머리가 되시는 그리스도의 몸으로서의 교회이다. 여기에 미치는 못하는 것은, 그것이 무엇이든지 인간 역사의 산물일 뿐이다. 하나님의 복이 인간에게 주어질 때, 인간은 항상 그 복을 손상시켰다. 독자들은 계속해서 이 사실을 보게 될 것이다. 인간에게 맡겨진 모든 것은, 사탄의 역사로 망가졌고 잃어버린바 되었다. 하지만 이 모든 것이 마지막 아담을 통해서 회복되고 온전케 될 것이다. 하나님의 교회로서 교회는 여전히, 처음 나타난 모습대로라면, 그 정상적인 상태에서, 이후로 그리스도의 몸이 되도록 정해졌다. 그리고 그 몸 안에서 모든 지체는 살아있고 아무 흠이 없는 지체가 될 것이었다. 그리스도는 죽은 지체들로 이루어진 불구의 몸을 가지고 있지 않다. 오히려 그리스도 안에서 역사했던 능력, 즉 그리스도를 다시 살리시고 또 그리스도를 하나님의 우편에 앉게 한 능력이, (이것이 에베소서 1장에서 다루고 있는 주제이다) 그들에게도 역사했다. 그들은 믿었고 또한 인침을 받았다. 이것이 몸을 언급할 때마다 항상 언급되는 내용이다. 자기 육체를 미워하는 사람은 아무도 없다. 오히려 몸을 보양하고 소중히 아낀다. 이것이 바로 주님이 교회에 대해서 하시는 일이다. 왜냐하면 우리는 그분의 몸의 지체이자, 또한 살 중의 살이요 뼈 중의 뼈이기 때문이다. 교회는 지상에서 하나님의 자녀들이 하나로 모일 수 있는 모임이며, 함께 모이는 모임이다. 실제적으로 교회는 그리스도의 몸이다. 교회는 그리스도와 함께 살아났고, 하늘에서 그리스도 안에서 앉아 있다. 성경이 말하듯이, 사람은 하나님의 형상이다. 야고보는 창세기 1장과 마찬가지로 인간이 하나님의 형상대로 지음을 받았다고 말한다(약 3:9). 하지만 사람의 상태와 위치는 그 자신의 책임에 맡겨졌었다. 그 결과 사람은 하나님과 원수 상태로 전락했으며, 파멸 상태에 있다.

25
이스라엘은 하나님 호의의 대상이었으며, 지상에서 하나님의 장자(firstborn)였다. 선택에 관해서 말하자면 아버지의 사랑을 받은 자였으나 쫓겨났고 원수가 되었다. 가지가 꺾인 것이다. 이 문제는 하나님의 마음과 생각을 따라서 생각해보아야 하며, 사람의 책임과 연관된 결과를 따라서 생각해야 한다. 이스라엘은 모세에게 속하여 구름과 바다에서 모두 세례(침례)를 받았고 같은 신령한 양식을 먹었으며, 같은 신령한 음료를 마셨다. 이것은 침례와 주의 만찬과 연관되어 있으며, 이 두 가지는 그리스도인의 연합체, 즉 교회가 지켜야 하는 외적인 예식으로 주어졌다. 어쨌든 하나님은 이스라엘 백성들 가운데 다수를 기뻐하지 않으셨다. 이 사람들은 비록 사도 바울이 표현한 것처럼, 이스라엘 백성들 가운데 섞여 있었지만 이스라엘은 아니었다. 우리는 교회의 이러한 성격에 대해서 알고 있어야 한다. 즉 교회는 지상에서 인간의 책임 아래 있으며 인간의 활동에 영향을 받는 존재라는 점이다. 여기는 우리는 사도 바울의 글에서 표현된 대로, 집과 건물의 이미지에 의해서 표현된 교회의 특징을 파악해야 한다. 몸의 지체는 그리스도의 지체이며, 그리스도 안에서 생명력 있는 존재로 안전을 보장받고 있다. 사실 하나님이 세우신 집으로서 교회라는 관점에서 보더라도 교회는 실패할 수 없다. 이스라엘 민족과는 달리, 지상에서 전혀 새로운 길을 갈 수 있다. 우리가 이미 살펴본 대로, 그리스도는 친히 자기 교회를 세우실 것이며, 하데스의 문이 교회를 이길 수 없을 것이라고 선언하셨다. 때가 되면 그리스도께서 세우신 교회는, 마치 이스라엘의 남은 자가 교회로 들어온 것처럼 하늘로 거처를 옮길 것이며, 그곳에서 하나님의 집과 하나님의 도성이 될 것이다. 반면 명목상 그리스도인 이란 이름만 가지고 있던 배도한 몸은, 이스라엘의 몸이 잘려 나간 것처럼 잘려 나갈 것이다. 성령님이 내주하셨던 교회만이 최종적으로, 하늘에 속한 교회로 혹은 최종적인 순수체로 적출되는 것이다. (교회의 휴거가 이루어지게 되면) 이스라엘은 이후 하나님 은혜의 수혜자로 등장하게 된다.

26

이제 우리가 살펴볼 것은 집으로서의 교회이다. 주님은 자신의 건축물에 대해서 말씀하셨고, 베드로는 산 돌로서 예수님에게로 나아와, 신령한 집으로 세워지는 것에 대해서 말했다. 이 두 가지에서 우리는 그리스도의 실제적인 은혜의 역사를 볼 수 있으며, 교회가 지상에서 이스라엘의 자리를 대신하게 된 사실 외에 인간의 실패 혹은 세대적인 다루심에 대한 암시는 찾아볼 수 없다. 이스라엘 민족 가운데 교회는 자연스럽고 정상적인 모습으로 자리를 잡고 있다. 게다가 마태복음 18장에서는 징계에 대해서 다루고 있는데, 만일 교회의 말도 듣지 않거든 이방인이나 세리처럼 여겨야 했다. 그가 교회 안에 있지 않다면 더 이상 이스라엘 사람이 아니라 이방인처럼 대우를 받는 것이었다. 하지만 바울은 우리를 더 높은 곳으로 이끌고 올라가, 어떤 의미에선 아래를 내려다보는 관점을 갖도록 해준다. 바울은 단순히 그리스도께서 지상에 세우실 교회, 즉 마태복음 16장과 베드로의 관점에서 영혼들이 서로 연결되고 단합해서 여기 이 땅에서 하나의 집으로 (그리고 거룩한 제사장으로) 세워지는 교회에 대한 것이 아니라, 하늘에 있는 그리스도와 이 땅의 성도들이 그 몸의 지체로서 하나로 연합된 교회, 그래서 보다 광범위한 교회를 보았다. 이를 위해서 바울은 자신을 교회의 사역자로 소개하면서, 한편에선 모든 점에서 교회가 가진 경이로운 특권에 대해서, 또 다른 한편에선 사람의 손에 의해서 좌우될 수 있는 그 실제적인 가능성에 대해서 말하고 있다. 따라서 건축에 참여하는 자로서 사람이 교회의 건축 현장에 들어오게 된 것이다. 바울은 그리스도를 이 건축의 당사자로 소개하고 있지 않다. 축복과 책임이 모두 사람에게 달려 있다.

27

에베소서 1장이 우선적으로 우리의 관심을 끈다. 성도 개인들이 첫 번째이고 또 최우선의 대상이다. 그들은 우리 주 예수 그리스도의 아버지와의 관계 속에 들어왔다. 이제 하나님의 목적이 계시되었고 그들은 성령의 인침을 받았으며, 장차 올 기업의 상속자가 되었다. 그들을 하나님과 함께 하는 자리에 두게 한 능력은 그리스도를 영광의 자리로 높이는 역사 속에서 나타난 능력이었다. 이것은 우리를 한발 더 나아간 요점으로 이끌어준다. 즉 하나님의 계획은 그들을 그리스도와 하나로 연합시키는 것이었다. 하나님은 영광을 받으신 그리스도를 모든 만물 위에 머리로 삼으셨고, 교회를 그 몸에 연합시키셨다. 따라서 우리는 두 번째로, 만물 안에서 만물을 충만케 하시는 자의 충만이신 그리스도와 교회의 연합을 보게 된다. 이제 교회는 하나님의 눈으로 볼 때, 그리스도와 연합을 이루고 있으며, 그것이 정상적인 상태와 특징을 가진 것으로 소개되고 있다.

지금 다루고 있는 교리는 신자를 다시 살린 능력에 관한 것인데, 그 능력이 그리스도에게도 역사했으며, 함께 다시 살리고 하나님 우편에 앉게 했다. 하나님은 그 능력을 통해서 (유대인 또는 이방인을) 그리스도와 함께 살리셨고 또 함께 일으키사 그리스도 안에서 하늘에 함께 앉게 하셨다 - 그리스도 안에서 새로운 피조물이 되게 하셨다 - 는 것을 보여주신다. 그 뿐만 아니라 더욱 직접적이고 즉각적으로 그것을 보이신다.

이전에는 개인들이 하나님의 생각과 계획의 대상이었지만, 이제는 교회가 하나님의 생각과 계획의 대상이다. 개인들은 사랑 안에서 하나님 앞에 거룩하고 흠이 없도록 그리스도 안에서 창세 전에 택함을 받았으며, 예수 그리스도로 말미암아 양자의 명분을 얻어 하나님의 아들이 되도록 예정되었다. 따라서 우리 (신자들은), 현재적으로 그리스도의 피로 말미암아 구속, 곧 죄 사함을 소유하고 있으며, 성도들은 (이방인들은), 그들이 믿은 이후에, 약속의 성령으로 인침을 받았으며, 값 주고 사신 것을 소유하게 될 구속의 날까지 인침을 받았다. 교회에 대해서 생각해보자. 그리스도를 높이신 하나님은 그를 만물 위에 교회의 머리로 삼으셨다. 교회는 그리스도의 몸이며, 만물 안에서 만물을 충만케 하시는 하나님의 충만이다. 이제 믿음이 붙잡아야 하는 것은 이것을 하나님의 완전한 계획으로 보는 것이다. 전체 몸이 완성되면 머리와 연합을 이룬 그리스도의 몸은 만물에 대한 통치를 하게 될 것이다. 하늘 아담을 위한 참 이브가 준비된 것이다. 주님은 이 낮은 땅 뿐만 아니라 온 피조 세계의 주님이 되실 것이다. 이 사실은 시편 8편에서 노래되고 있다. 이 일은 아직 이루어지지 않았다. 지금 그리스도는 하나님 보좌 우편에 앉아 계셔서, 자기 원수들이 그분의 발등상이 될 때까지 기다리고 계신다. 시편을 인용하고 있는 히브리서가 우리에게 말해주는 것처럼, 우리는 아직 만물이 그리스도께 복종하고 있는 것을 보지 못하고 있다. 하지만 우리는 영광과 존귀로 관 쓰신 그리스도를 보고 있다. 그 어간에 그리스도는 교회를 모으고 있다. 성령으로 인침을 받은 사람들은 몸의 하나됨 안으로 들어와서, 합법적으로 그리스도와 하나로 연합된 모든 특권을 누리고 있으며, 이 효력은 현재 발효되고 있다. 비록 외적인 결과는 아직 완전히 나타나지 않았고 또 그리스도는 사람으로서 만물에 대한 통치권을 아직 실제적으로 받지 못했지만, 그럼에도 만물은 아버지의 소유이며, 또한 그리스도의 것이다. 만물은 하나님과 화목된 것을 알고 있지만 하늘과 땅에 있는 모든 것을 화해시키려는 하나님의 목적은 아직 성취되지 않았다. 그럼에도 여기서 우리 마음을 가득 채우는 것은, 그리스도께서 사람으로서 우주적인 통치권을 행사하시고, 온 교회가 완성되면, 하나님의 계획이 온전히 드러날 것이란 사실에 있다. 따라서 우리는 지상에서 사람의 손에 달린 교회의 행정적인 측면이 아니라 이상의 내용들을 하나님의 마음에 있는 것으로 보아야 한다.

28

이제 하나님의 섭리에 대한 일반적인 진리에 대해서 살펴보자. 새로운 것은 아닐 터이지만 매우 중요한 것이다. 그리스도 안에서 나타날 모든 영광, 즉 사람으로서 그리스도께서 취하실 영광은 그리스도의 위격의 부속된 영광이라기 보다는 우리 속에 있는 것들과 연결되어 있으며 첫 사람 아담의 손에서 우선적으로 시험을 받았지만 그가 실패한 일과 연관이 있다. 사람으로서 아담은 실패했다. 그래서 마지막 아담이신 그리스도께서 모든 만물에 대한 참된 머리가 되셨다. 하나님은 사탄에 대해서 승리하신 - 사탄은 최초로 무릎을 꿇었다 - 그리스도를 영화롭게 하셨다. 이스라엘 안에서 사람은 삶의 규례로서 주신 율법에 의해서 시험을 받았다. 이후로 율법은 그들의 마음에 기록될 것이며, 하나님의 율례로서 지켜질 것이다. 제사장 제도는 사람의 책임 하에 세워졌지만 실패했다. 그리스도는 모든 구원받은 사람들을 자신의 제사장으로 세우실 것이다. 다윗의 아들에 대한 충성은 실패했고, 왕국은 파괴되었다. 장차 그리스도 안에서 왕국은 다시 세워질 것이며, 다시는 쇠하는 일이 없을 것이다. 이방인과 이방나라에 대한 주권적인 통치 권력은 느부갓네살에게 주어졌지만 결국 실패했다. 그는 종교적 일치를 위해서 우상의 신상을 세웠으며 결과적으로 하나님의 성도들을 박해했다. 이것도 그리스도 안에서 온전함 가운데 세워질 것이며, 이방인들은 그리스도를 온전히 신뢰하게 될 것이다. 교회는 그 책임성을 지닌 채 세워졌고, 하나님은 교회를 통해서 영광을 받으시고, 그리스도를 영화롭게 해야만 했다. 교회는 이 면에서 실패했다. 하지만 그리스도께서 다시 오실 때, 그리스도는 그의 성도들에게서 영광을 받으실 것이며, 모든 믿는 자들에게서 놀랍게 여김을 받으실 것이다. 구속이 완전히 성취되는 것이다. 우리는 이전에는 결코 알려진 일이 없지만, 하나님의 전체적인 계획이 거기에 있음을 알고 있다. 왜냐하면 주 예수님이 오셨고, 그 복된 터를 놓았기 때문이다. 교회가 성령의 현재적인 능력에 의해서 하나님과 주 예수님을 영광스럽게 하도록 세워졌지만, 본래 부르신 목적에서 벗어나 육신의 자리에 들어감으로써 그 책임의 자리에서 전적으로 실패했다는 것은 전혀 사실이 아니다. 오히려 하나님의 확실한 계획이 영광 중에 계신 그리스도와 연합된 교회를 통해서 이루어지게 될 것이다.

29

　에베소서 1장에 보면 교회는, 에베소서 전체 주제의 측면에서 보면 마지막에 언급된 방식으로 소개되고 있다. 그 어간에 그리스도의 지체들이자 하늘 기업의 상속자들이 소유하고 있는 것들에 대해서 언급하고 있으며, 그들이 지상에서 가지고 있는 책임에 대한 것이 아니라 오히려 하나님의 궁극적인 목적에 대해서 언급하고 있다. 에베소서 1장에 다른 내용은 없다. 하나님의 생각, 목적, 그리고 계획이 그 주제이다. 에베소서 2장의 시작 부분은 과거 허물과 죄로 죽었던 사람들이, 이러한 하나님의 계획들로 가득한 복된 자리에 들어온 사실을 말해준다. 여전히 성도들을 대상으로 바울은 2장 11절부터 사실상 지상에 있는 그들의 실제적인 상태와 위치 - 그들이 실제로 처해 있는 현재적인 자리 - 에 대해서 말하고 있다. 이방인은 가까워졌고, 십자가를 통해서 중간에 막힌 담은 허물어졌다. 그렇게 그리스도는 유대인과 이방인들을 화목시켜서 하나의 몸으로 하나님께로 이끄셨다. 그리고 화평의 메시지를 그들 모두에게 전하심으로써 우리 둘이 한 성령을 통해서 아버지께로 나아가게 하셨다. 그들은 성도들과 동일한 시민이며 하나님의 권속이 되었고, 사도들과 신약의 예언자들의 터 위에 그리스도를 모퉁이 돌로 삼아 모든 건물이 서로 연결되어 주 안에서 성전이 되어 가도록 건축되었다. 또한 그들은 그리스도 안에서 성령으로 말미암아 하나님의 거처가 되도록 함께 지어졌다. 따라서 이곳에 전개되어 있는 생각은 지상에 있는 교회의 정상적인 모습과 상태에 대한 것이다. 성경은 이러한 내용을 원칙으로 말하면서 그렇게 설명하고 있다. (다른 식으로는 말할 수 없었을 것이다.) 하지만 여기서 우리는 첫 번째 것과는 상당히 다른 토대 위에 있다. 하나님의 목적과 계획에 따른 교회의 모습은 없고, 지상에 설립된 하나의 시스템으로서, 사람의 수고를 통해서 세워진 교회의 모습만 있다. 바울이 설교하고 있는 대상의 사람들은 지상에서 하나님의 거하시는 처소로 함께 지어진 사람들이었다. 성전은 늘 그런 식으로 나타났다. 이제 성전은 또 다른 방식으로 나타났는데, 곧 그리스도인 자신이 성전이며, 성령을 통해서 하나님이 거하시는 처소이다.

에베소서 1장과 2장(10절 끝까지)을 보다 자세히 살펴볼수록, 모든 면에서 하나님의 계획과 하나님의 역사라는 관점에서 내용이 전개되고 있으며, 그 복된 결과가 우리에게 주어진 사실을 볼 수 있다. 어느 것도 사람에게 달린 것처럼, 혹은 사람의 책임에 있는 것처럼 말하는 내용은 없다. 첫째, 하나님의 목적은 그리스도 안에 있는 우리 개인들에 대한 것이다. 따라서 우리는 사랑하는 자 안에서 열납되었고, 우리는 그리스도의 피로 말미암아 구속을 받았다. 그리고 나서 하나님의 뜻이 우리에게 계시되었다. 그리스도의 영광을 위하여 이렇게 주어진 자리에서 우리는 하나님의 계획을 따라 모든 것을 자기 뜻대로 역사하시는 하나님의 목적에 의해서 기업을 소유하게 되었다. 이러한 뜻이 계시된 것이 에베소서 전체의 성격을 규정하고 있다. 그리고 사도 바울은 에베소 교회 성도들이 그것을 알게 해달라고, 그리고 그 속으로 들어가게 해주는 능력을 알게 해달라고 기도하고 있다. 이 능력은 그리스도 안에서 역사했던 능력이며, 또한 그리스도를 죽은 자 가운데서 다시 살리고 또 하나님 우편에 앉게 한 능력이었다. 그 동일한 능력이 우리에게도 역사했으며

(죄 가운데 죽어 있었던) 우리도 살렸고, 그리스도 안에서 하늘에 함께 앉게 했다. 이것은 에베소서 1장 마지막 부분에 자세히 설명되어 있다. 이 모든 것은 그리스도의 몸의 실제적인 지체들을 삼으시는 하나님의 역사이다. 우리는 하나님이 만드신 작품이다. 우리는 믿은 이후에 은혜를 통하여 그리스도 안에 있는 우리에게 속한 기업의 보증으로 약속의 성령으로 인침을 받았다.

30
이제 그리스도의 몸으로서, 그리스도와 우리의 연합은 이러한 하나님의 역사의 절대적인 부분을 형성하고 있다. 따라서 그리스도를 다시 살리시고 또 그리스도를 하나님 우편에 앉게 하실 때, 역사했던 것과 동일한 하나님의 적극적인 역사와 능력이 우리 안에도 작동하고 있다. 그렇다면 몸은 그리스도의 참 지체들로 구성되며, 그리스도께서 하나님 우편에 앉아 계신 동안 이러한 연합은 하나님의 권능과 하늘로서 보내심을 받은 성령의 효력 있는 임재에 의해서 이루어진다. 이러한 연합을 통해서, 그리스도께서 하나님 우편에 앉아 계시는 동안 그리스도의 지체들은 그리스도 안에서 함께 하늘에 앉아 있다.

이미 살펴보았지만 11절에서, 사도 바울은 지상에서 시작된 이 비밀의 세대에 대해서 설명한다. 이 주제를 다루기 이전에 우리는 몇 개의 성경 본문을 살펴보아야 한다. 비가시적 (보이지 않는) 교회의 교리는 (어거스틴으로부터 지금까지) 성서적인 개념으로 인정받아 왔고, 결과적으로 지상에선 몸을 인식할 수 없다는 사상과 사탄에 의해서 전체적으로 부패한 기독교계를 그리스도의 몸으로 생각하게끔 하는 사상을 받아들이게 했다. 게다가 변질된 기독교계의 외적인 성례를 축복의 통로로, 합법적이고 유일한 은혜의 통로로 생각하도록 함으로써, 기독교계에 속하는 것이 몸의 모든 특권을 받을 수 있는 길로 제시했다. 하지만 이것은 사실이 아니다. 우리는 몸을 고린도전서 1장에서 제시된 것처럼 생각해야 한다. 즉 지상에서 몸이 그 모습을 나타낼 때는 하나됨의 모양을 갖추어야 한다는 것이다. 여기서 우리는 이러한 하나됨을 지상에서 이루어내는 능력을 인식하게 된다. 그러한 하나됨을 가시적으로 이루어 낼 수 있는 것은 그리스도인의 신앙고백 혹은 영적인 생명이라는 표지에 있다. 사도 바울이 고린도 사람들을 성도로 말할 때에는 지상에서 하나의 몸을 형성하고 있는 사람들로 언급하는 것이다. 하지만 그들에게 경고의 말을 할 때에는, 그들이 비록 외형적으로는 이 몸 안에 들어온 것처럼 보일지 모르지만, 결국에는 하나님이 그들을 거절할 것을 전제하고 있는 것이다. 외형적으로 참여하는 것으로 충분하지 않다.

31

고린도전서 12장에서 우리는 하나됨이 가지고 있는 힘을 볼 수 있다. "몸은 하나인데 많은 지체가 있고 몸의 지체가 많으나 한 몸임과 같이 그리스도도 그러하니라 우리가 유대인이나 헬라인이나 종이나 자유자나 다 한 성령으로 세례를 받아 한 몸이 되었고."(고전 12:12,13) 10장에서 우리는 외적인 참여의 모습을 볼 수 있다. "떡이 하나요 많은 우리가 한 몸이니 이는 우리가 다 한 떡에 참여함이라."(고전 10:17) 성령 세례는 몸의 하나됨을 이루게 해준다. 주의 만찬은 그에 대한 외적인 표지이다. 여기서 주목해야 할 점은 사도 바울은 그리스도 예수 안에서 거룩하여지고 또 각처에서 우리의 주 곧 그들과 우리의 주 되신 예수 그리스도의 이름을 부르는 사람들에게 이 말을 하고 있다는 것이다. 게다가 여기서 말하고 있는 몸의 하나됨은 그리스도 예수 안에서 거룩하여진 우주적인 몸을 가리키지만 그럼에도 몸은 그리스도인들의 지역 교회를 통해서 표현되고 있다. 하나님의 부르심을 받은 성도들은 이러한 하나됨을 지역적으로 표현해야 한다.

"고린도에 있는 하나님의 교회 곧 그리스도 예수 안에서 거룩하여지고 성도라 부르심을 받은 자들(부르심에 의해서 성도가 된 자들)"은 그리스도의 증거를 소유한 사람들로 소개되고 있으며, 그 사실은 그들이 성령의 은사를 받았다는 사실에 의해서 확증된다. 그들은 그리스도의 재림을 기다리는 사람들이며, 그리스도는 그들을 흠이 없는 자로 끝까지 견고하게 지키실 것이다(고전 1장). 따라서 바울은 고린도 신자들을 보면서, (10장에서) 비록 경고의 말을 하고는 있지만, 이 모든 것이 실제적으로 이루어진 사람들로 대하고 있다. 5장 마지막 부분에서 성도들로 불리는 이 몸에서 악한 사람을 내쫓도록 명하고 있다. 하나님 앞에서 그들의 자리와 신분은 전혀 누룩이 없는 것처럼 새로운 덩어리가 되어야 하기 때문이다. 교회 밖에 있는 사람과 교회 안에 있는 사람이 있다. 교회 안에 있는 사람들은 판단해야 한다. 교회 밖에 있는 사람들은 하나님의 손에 있다. 하나의 장소에서 모이는 교회는, 성도들의 전체 회중으로 서로 끈끈하게 연합을 이루어 그리스도의 몸처럼 움직여야 한다. 고린도전서 12장에서 사도 바울은, 온 몸과 지체와의 관계를 선명하게 설명한 후, "이제 너희는 그리스도의 몸이요 지체의 각 부분이라"고 말했다. 그리스도 안에 있는 모든 사람들이 한 몸에 포함되었기에, 그들은 이러한 위치로 들어왔다. 그리스도의 몸 외에 다른 것은 없다. 지역교회도 하나의 몸처럼 움직여야 하며, 그리스도의 지체가 아닌 자들은 배제시킬 수 있다[2]. 28절부터 이어지는 구절은 분명 총체적인 교회에 관한 것으로써, 사도들과 모든 은사자들은 교회 안에 있다. 하나님이 교회 중에 몇을 세우셨는데, 첫째는 사도요 그 다음은 선지자 등이 있다. 사도와 선지자는 어느 특정한 교회에 속해 있지 않다. 그들은 어느 한 순간도 지역교회에 속하지 않는다. 바울은 고린도 교회에서 교회의 한 지체처럼 사역했지만, 그럼에도 사도로서 자신의 위치를 벗어난 적은 없었다.

32

게다가 이러한 사실은 지상에 있는 교회의 특징을 말해준다. 병을 고치는 일은 하늘에서 필요한 것이 아니며, 이러한 신유의 은사들이 하늘에서 사용되지도 않는다. 그리스도의 몸의 지체로서 자신의 은사를 사용하는 것은 하나님의 생각에 따라서, 자신에게 주어진 자기 자리에 대한 인식 가운데서 실행하는 것이다. 그들에게 주어진 자리는 교회이며, 그리스도 예수 안에서 거룩하여지고, 성도로 부르심을 받은 사람들의 모임이다.

사도 바울은 한 사람이 방언과 예언과 기적의 은사를 모두 가지거나, 아니면 아예 아무 은사도 가지고 있지 않을 가능성을 논하면서, 몸의 지체들 가운데 그러한 사람은 없다고 말한다. 우리는 하나

---

[2] 나는 여기서 범죄한 사람을 징계의 차원에서 출교하는 것에 대해서 말하고 있지 않다.

님의 계획과 역사에 의해서 몸에 속해 있다(엡 1장). 이제 몸은 성령 세례에 의해서 형성되며, 주의 만찬에 참여함으로써 그 하나됨을 공개적으로 나타내야 한다. 첫 번째, 그리스도는 교회에 대해 머리이시며, 교회는 그리스도의 몸이다. 두 번째, 몸의 다양한 지체들은 성령님에 의해서 다양한 기능을 수행하도록 몸에 더해졌고, 하나님은 그들을 교회 안에 두셨다. 즉 교회는 하나님의 경륜의 최종적인 결과로서, 몸으로 불린다(엡 1장). 그 몸의 지체들은 지상에 있는 교회 안에 배치되었다(고전 1장). 이 두 가지 사실 속에서 교회는 그리스도의 몸으로 불리는 것이다. 지상에서, 하나님의 마음 속에서, 그들은 실제적으로 동일시(同一視)되지만 그렇다고 서로 구별이 되지 않는 것은 아니다. 다만 그들은 (하나님이 보실 때) 항상 그리스도 예수 안에서 거룩하여지고, 성도로 부르심을 받은 사람들이다.

다른 성경 본문은 거짓 형제가 교회 중에 가만히 들어올 수 있으며 배도할 수 있음을 보여준다. 그럴 가능성에 대해서 경고와 암시를 주고 있긴 하지만, 이 주제는 여기서는 다루지 않을 것이다. 교회는 알곡 가운데 가라지가 심겨지는 것과는 아무 상관이 없다. 그것은 하나님의 나라와 관련된 주제이며, 밭인 세상에서 일어나는 일이다. 로마서 12장에서 우리는 고린도전서 1장과 동일한 개념을 발견한다. 모든 사람들이 참 성도로 간주된다. 그리고 지체들은 머리와 연합을 이루기 보다는 상호관계 속에서, 개인적인 사역으로 서로 연합되어 있는 것으로 소개되어 있다. "이와 같이 우리 많은 사람이 그리스도 안에서 한 몸이 되어 서로 지체가 되었느니라." (롬 12:5) 더 이상 본문을 인용할 필요는 없을 것 같다. 에베소서에서 참 성도는, 그리스도와 함께 살리심을 받았고, 만물의 머리이신 그리스도의 몸에 속해 있다. 고린도전서에서 "몸은 하나인데 많은 지체가 있고 몸의 지체가 많으나 한 몸임과 같이 그리스도도 그러하다.]" 로마서에서 "우리 많은 사람이 그리스도 안에서 한 몸이 되어 서로 지체가 되었[다.]"

33

이제 나는 에베소서에 제시된 두 번째 측면으로 나아가고자 한다. 세대적인 경륜에 따라, 그리스도는 교회를 건축하시며, 사탄의 권세에서 결과적으로 보호하신다. 하나님의 계획에 따라 성도는 그리스도와 함께 살리심을 받고 신성한 권능에 의해서 그리스도의 몸을 이룬다. 이 몸은 성령 세례에 의해서 지상에서 형성되며 나타난다. 하지만 하나님의 계획과 역사에 대해서 계시를 받은 사도 바울은 교회에 대해서, 그리고 교회를 외적으로 형성하는 능력에 대해서 우리에게 소개하면서 교회의 실제적인 조건과 사람의 손에 의해서 어떻게 진행될 것 또한 알려주고 있다. 하나님의 다양한 세대들 가운데 존재해온 일반적인 사실을 자세히 살핀 사도 바울은 하나님의 계획 속에서 설정된 교회의 모습을 계시하도록 사명을 받아, 교회를 하나님이 새로이 만드신 작품으로 소개하고 있다. 여기서 바울은 견해가 아닌 사실에 역점을 두고서, 최우선적으로 하나님의 마음에 호응하면서 이러한 사실들로 인해서 행복하고 순수한 상태에 들어간다. 비록 하나님이 일하시고 역사하심으로써 결과적으로 하나님 자신의 계획이 성취될 것이 분명하지만, 그럼에도 사실들은 사람의 영역에서 진행될 것이며, 그 과정상 사람의 상태와 조건에 좌우될 것이다. 따라서 우리는 하나님의 계획과 생각을 따르는 길에 있기 보다는, 하나님의 마음에 합한 길에 있기 보다는 다만 사실들과 환경의 영역에 들어와 있다. (하나님의 역사하심과 사람의 역사가 함께 어우러지지만, 결국 최종적인 결말은 은혜에 호응하게 될 것이다.) 그럼에도 하나님의 마음을 따르는 것이 단순한 길이며, 절대적으로 하나님의 역사인 것이다. 따라서 동일한 주제일수 있지만, 몸이 아닌 것은 교회로 불릴 수 없다.

은혜에 의한 역사의 여지를 남겨 두는 방식은 참으로 복되며, 하나님의 마음을 따르는 길이다. 그럼에도 일꾼은 사람이기에, 그 은혜의 역사로부터 떠나갈 수 있다는 사실이 두렵기만 하다. 하나님이 교회 안에 거하신다는 것을 우리는 대개 물리적인 측면에서만 보려 하지만, 전혀 별개의 측면이 있다. 우리는 하나의 몸의 지체들을 볼 순 없지만, 하나님께서 세상 가운데서 일하시는 현장을 볼 순 있다. 하나님의 임재는 그렇게 건축된 실체 속에서만 느낄 수 있다. 사도 바울은 에베소서 2장에서, 사실들을 열거했다. 따라서 에베소 교회 안에 있는 이방인 신자들은 전에 멀리 있었지만, 이제는 그리스도의 피로 가까워졌다. 이는 그리스도께서 중간에 막힌 담을 허셨고 그 육체로 규례들을 폐하심으로써, 둘을 (유대인과 이방인을) 한 새 사람으로 만드셨고, 십자가로 이 둘을 한 몸으로 화목시켰으며, 원수 된 것을 십자가로 소멸하셨고, 먼 데 있는 이방인과 가까운 데 있는 유대인들에게 평안을 전하셨기 때문이다. 그리스도로 말미암아 유대인과 이방인 신자들은 한 영으로 아버지께 나아감을 얻었다. 이 모든 일을 통해서, 이러한 사역을 굳게 세우게 해준 위대한 원리가 드러나게 되었다.

34

19절과 20절은 이 새로운 위치(new position)를 보다 자세히 설명한다. 그리스도 안에서 모든 건물이 서로 정확하게 짝을 맞추듯 연결되어 주 안에서 거룩한 전으로 지어진다. 따라서 유대인과 이방인이 성전 혹은 하나님의 거하실 처소로 함께 지어져간다. 그들은 하나님의 처소로 지어지는 데까지 자라간다. 이런 측면에서, 성전은 완전한 성전이 될 것이다. 이 사실 뿐만 아니라, 진행되고 있는 현재 사역이 있다. 그들은 성령을 통해서 하나님의 거처로 함께 건축되고 있다. 하나님은 성령을 통해서 그곳에 거하신다. 이제 그리스도의 죽음에 근거한 하나님의 생각은 거룩한 전을 소유하시는 것이며, 하나님이 그곳에 거하시는 것이다. 하나님은 그리 하실 것이다. 하지만 이 사실에 부응해서 지상에서 진행되는 일이 있다. 유대인과 이방인이 성령을 통해서 하나님의 처소로 함께 건축되는 것이다. 여기서 소개되고 있는 중요한 개념은 성령의 위격 안에서 하나님의 거처가 되는 것이다. 여기엔 머리, 연합, 몸의 개념이 없다. 이를 통해서 하나님이 우리에게 말씀하고자 하시는 것은, 그리스도를 머리로, 또 그들을 지체로 연합시키는 것이 아니라, 다만 그들 가운데 거하신다는 개념이다.

하나님의 마음 속에서, 결과적으로 집은 참 그리스도인들로 이루어진 거룩한 집이 되는 것이 분명하다. 성령님께서 자신의 거처를 정하실 때, 처음에는 실제적으로 그렇게 되었었다. 사도는 그들을 성도로 대하고 있다. 몸과 집은 사실상 같은 것이었다. 그 둘은 동일한 터에 건축되었다. 그렇다면 누가 건축했는가? 이에 대한 언급은 없다. 비록 현재적인 사실을 통해서 짐작해보는 것은 건축은 정상적인 상태에 있다. 하지만 현재 우리는 하나님의 계획을 온전히 이루는 하나님의 역사는 볼 수 없고 다만 사람의 책임에 따르는 경고만을 보고 있다. 하지만 에베소서 1장과 에베소서 2장 1-10절까지는, 오히려 사람의 책임에 대한 것은 읽을 수 없다. 바울은 이제 "내가 너희를 권하노니 너희가 부르심을 받은 일에 합당하게 행하여 … 평안의 매는 줄로 성령이 하나되게 하신 것을 힘써 지키라"(엡 4:1-3)고 말한다. 여기서는 삼중적인 하나됨에 대해서 말하고 있다. 첫째, 한 성령, 한 몸, 그리고 한 소망, 둘째, 한 주님, 한 믿음, 그리고 한 세례(침례), 셋째, 한 분 하나님 곧 만유의 아버지, 만유 위에 계시고 만유를 통일하시고 만유 가운데 계시는 분이다. 고린도전서에서 우리에게 제시된, 지상에서 이루어지는 사역의 실제적인 성취로 돌아오면, 사람은 할 것이 없고 모든 일을 하나님이 하신다는 진리는 없고, 다만 사람이 전적으로 책임을 지는 측면만 있음을 보게 된다. 지상에서 이루어지는 실제적인 사역은 사람이 일하는 것에 달려 있고, 그 결과는 사람이 책임을 진다. 바울은 지혜로운 건축자(wise master-builder)로서 터를 놓았다. 참된 터가 놓였다. 그 일은 어느 누구도 할 수 없었다. 이제 모든 사람은 그가 놓은 터 위에 어떻게 세울 것인지 주의해야 한다. 사람은 금이나 은이나 보석이나 나무나 풀이나 짚으로 세울 것이다. 사역의 견고성은 사역하는 재료에 달려 있다. 사역은 시험을 받을 것이다. 가르침은 그 특징에 따라서 영혼에 영향을 미친다. 세상에서 그리스도의 터 위에 세움을 받게 되는 건축의 상부구조물은 건축 재료에 따라 달라질 것이다. 결국 우리는 세상에서 다른 결과를 만들어낼 것이다. 하지만 하나님의 건축은 세상에서 하나님이 정한 기준과 지위가 있다. 사람이 건축에 참여할 때, 책임의 문제가 따르며 그 결과는 사용한 재료에 따라 달라질 것이다. 사람의 잘못된 건축의 결과를 악한 자의 소행으로 돌려 책임을 면하려는 시도가 있어왔다. 하지만 이것은 전혀 용납되지 않을 것이다. 건축의 결과는 사람이 책임을 질 것이고, 불에 의해서 시험을 받을 것이며, 결국 모든 것이 불에 타게 되면 그는 자기 영혼만 건지게 되고 그가 수고한 모든 것은 잃게 될 것이다. 하지만 여기서 우리는 몸에 대한 개념을 전혀 볼 수 없다.

35

말씀의 교훈은 더 나아간다. 하나님은 악이 개입하고 역사할 것이란 원리를, 영적인 총명으로 그 사실을 살핀 사람들의 눈 앞에 아무 것도 아닌 것으로 만드셨다. 그럼에도 성도들이 그리스도를 향하여 냉담해지고 또 불법의 비밀이 역사한다는 사실이 바울의 마음을 내리 눌렀다. 기독교를 움켜잡고도 불법의 일에 가담한다는 것이 유다와 베드로에게 분개한 마음을 일으켰다. 누군가 참 기독교를 떠나 적그리스도의 자리를 차지한다는 것이 요한에게 경고의 음성을 발하게 했다. 그들은 그러한 사람들을 향해서 하나님의 심판을 말씀을 통해서 상기시켜주었다. 거짓 형제가 가만히 들어왔고, 악이 스며들었다. 그리고 그리스도인 공동체에 실제로 속하지 않은 사람들은 나갔다. 지혜로운 건축자이자 교회의 사역을 총체적으로 맡은 바울은 무엇보다 성령으로 판단하면서, 원수의 역사를 간파했으며, 성도들에게 필요한 경고와 지침을 주고자 했다. 그리고 그렇게 했다. 특별히 하나의 본문이 우리의 관심을 끄는데, 왜냐하면 그 본문은 우리의 주제와 직접적으로 연관이 있고, 바울이 처음 성령의 감동으로 그에 대해 언급한 이후 계속해서 무르익어 온 상태에 들어간 성도들이 이제 어떻게 행동해야 하는가에 대한 명백한 지침을 주고 있기 때문이다. 디모데후서 2장 17,22절을 읽어보라. 이단이 들어왔고 어떤 사람들의 믿음은 무너졌다. 여기서 사도 바울은, 이미 언급한 대로 지상에 있는 하나님의 백성들이 가진 두 가지 측면에 따른 차이점에 대해서 설명하고 있다. 하나님의 견고한 터는 서있다. 여기에는 인(印)이 가지고 있는 두 가지 특징과 연관이 있다. 즉 주께서 자기 백성을 아신다는 것이며 (그래서 하나님의 목적이 확실하고도 안전하게 이루어지는 것이다.), 그 다음은 사람의 책임에 대한 것인데, 곧 그리스도의 이름을 부르는 자마다 불의에서 떠나야 한다는 것이다. 하지만 이것이 전부가 아니다. 집의 실제적인 상태, 즉 주님의 집이 사람에게 맡겨졌기 때문에 마침내 도달하게 된 상태, 즉 큰 집의 상태가 제시되어 있다. 그래서 사도 바울은 "큰 집에는 금 그릇과 은 그릇 뿐 아니라 나무 그릇과 질그릇도 있어 귀하게 쓰는 것도 있고 천하게 쓰는 것도 있나니"(딤후 2:20)라고 말하고 있다. 우리 자신이 그 집에서 천히 쓰는 그릇이 될 가능성이 제기되고 있다. 사도의 지침은 이러한 것에서 자기를 깨끗하게 하고 주를 순결한 마음으로 부르는 자들과 함께 의와 믿음과 사랑과 화평을 따르라는 것이다. 이제 전반적인 결과는 디모데후서 3장에 제시된 대로, 경건의 모양은 있지만 능력은 없는 상태로 떨어지게 된 것이다. 데살로니가후서는 이렇게 경건의 능력에서 떠나간 결과로 죄의 사람이 들어온 것을 설명하고 있다.

36
성경의 이처럼 다양한 본문들은 우리에게 성경에서 말하고 있는 대로, 교회가 걸어가게 될 길에 대한 상당히 선명한 통찰력을 준다.

첫째, 하나님의 목적과 역사에 따르면 교회는 몸이다. 교회의 지체들은 머리와 함께 살리심을 받고, 함께 일으킴을 받고, 함께 그리스도 안에서 하늘의 장소에 앉아 있다. 이것은 결과적으로, 만물의 머리되신 그리스도의 몸이 되는 것을 가리킨다. 그렇다면 이는 만물 안에서 만물을 충만케 하시는 그리스도의 충만이다. 둘째, 우리는 성령 세례에 의해서 지상에 나타나는 몸을 볼 수 있으며, 이것은 외적으론 주의 만찬에 참여함으로써 하나됨을 표현하게 된다. 따라서 이렇게 모이는 사람들은, 모든 성도들이 그러한 생각에 합의함으로써 적어도 몸을 표현하는 것이다. 여기에 물세례(침례)는 아무 관계가 없다. 우리는 승천하신 그리스도와 한 몸이다. 물세례(침례)는 결코 승천을 가능케 하지 못한다. 다만 의미상 죽음과 부활을 상징할 뿐이다. 셋째, 신약의 사도들과 선지자들의 터 위에 세움을 받은, 하나님의 생각과 목적에 따른 집이 있다. 이 집은 주님께 거룩한 성전으로 자라가고 있다. 이 집은 아직 완성되지는 않았지만, 장차 완성될 전체 교회를 아우르고 있다. 복음 아래서 유대인과 이방인이 교회 안에서 하나로 연합을 이룸으로써 성령을 통하여 지상에서 하나님의 처소로 형성되었다. 이것은 하나의 사실로서 다루어지고 있다. 에베소서는 이렇게 되어야 한다고 말하고 있지 않고, 이미 이렇게 된 사실을 말한다. 이것은 개인 영혼을 사망상태에 다시 살리시고, 성령에 의해서 그리스도와 연합시키는 하나님 능력의 역사에 대한 것이 아니라, 오히려 하나님의 역사를 통해서 새롭게 형성된 관계 속으로 들어가는 것에 대한 것이다. 그 결과 교회는 하나님이 거하시는 처소로서, 이스라엘의 자리를 차지했다. 의심의 여지없이 처음엔 이스라엘이 하나님의 능력에 의해서 그 자리에 들어갔다. 하지만 이스라엘이 들어간 자리는 지상에서 사람의 책임과 연결된 지위였고, 결코 하늘에 있는 머리와 연합된 지위는 아니었다. 넷째, 우리는 이 집을 건축하는 일꾼으로 참여한다. 즉 바울은 지혜로운 건축가로서 터를 놓았다. 그리고 다른 사람들은 그 위에 세우는 일을 하는데, 좋은 재료를 가지고 건축하지 않을 위험성이 있다. 다섯 번째, 천히 쓰는 그릇으로 가득한 큰 집 상태가 있다. 자신이 천히 쓰는 그릇이 되고 싶지 않은 사람은 자신을 깨끗하게 해야 하며, 이 상태와 아울러 고통하는 때, 즉 입술로만 신앙고백을 하는 사람들은 경건의 모양은 있지만 경건의 능력은 없이 지내는 때가 올 것이다. 신실한 자들은 이러한 사람들에게서 돌아서야 한다. 그리고 마지막으로 (참 성도들이 하늘로 휴거된 후) 실제적인 배도가 일어나고, 죄의 사람의 출현하게 될 것이며, 심판으로 모든 것이 마치게 될 것이다.

37
두 개의 본문이 이 부분과 연결되어 있다. 디모데전서 3장 15절과 히브리서 3장 6절이다. 히브리서 3장 6절은 그리스도의 집, 즉 참된 의미에서 그리스도께서 소유하시고, 하나님의 목적을 따라서 지어져가는 집을 그리스도께서 친히 돌보시는 집이 있다. 하나님은, 비록 하늘들의 하늘이라도 그분을 감당할 수는 없지만, 그럼에도 사람들과 함께 거할 하나의 집, 거처하실 처소를 소유하고자 하신다. 이처럼 사람과 하나님이 함께 거할 처소는 구속(救贖, redemption)에 근거하고 있으며, 십자가 구속의 역사에 의해서 그들은 합법적으로 하나님의 소유된 백성이 되었고, 변동될 수 없는 신분을 얻었다. 이것은 단지 창조에 의해서 된 일이 아니었다. 하나님은 아담 혹은 아브라함과 함께 하는 것일지라도 그들과 함께 거하지 않으셨다. 다만 이스라엘이 애굽에서 구속함을 받아 나왔을 때, 그들을 자기 백성으로 삼으셨고, 하나님은 그들 가운데 거하셨다. 하나님은 그 속에 거하시기 위해서 그들을 속량하신 것이었다. 출애굽기 29장 45-46절을 보라. "내가 이스라엘 자손 중에 거하여 그들의 하나님이 되리니 그들은 내가 그들의 하나님 여호와로서 그들 중에 거하려고 그들을 애굽 땅에서 인도하여 낸 줄을 알리라 나는 그들의 하나님 여호와니라." 그리고 출애굽기 15장과도 비교해 보라. 집이 비게 되고, 깨끗이 청소가 되었을 때, 찬송을 받으실 주님이 오셨고, "너희가 이 성전을 헐라 내가 사흘 동안에 일으키리라"(요 2:19)고 말씀하시면서 자신의 몸을 가리켜 "이 성전"이라고 부르셨다. 하지만 이제 주님은 거하실 처소로서 교회를 건축하셨다. 교회에 대한 이처럼 복된 진리는, 구속의 다른 열매들보다 더욱 강조되어야 한다. 새 하늘과 새 땅에서 하나님의 장막(교회)이 사람과 함께 할 것이다. 그때까지 교회는 지상에서 성령을 통해서 하나님의 처소로 지어져 가게 될 것이다. 히브리서 3장에서 사도는 다른 서신서들에서와 마찬가지로 그들이 고백한 신앙을 포기하고 돌아서는 유대인 신앙 고백자들에게 경고하고 있다. 만일 그리한다면 그들은 그리스도께서 맡으신 그의 집이 되지 못할 것이다. 그리스도는 하나님으로서 친히 모든 것을 세우시고, 친밀한 관계를 통해서 자신의 집을 소유하셨다. 이 집은 하나님의 건축물로서, 그리스도를 포기한 사람들은 거기에 참여하지 못한다. 디모데전서 3장은 이 사실을 다소 다른 측면에서 보여준다. 사도의 마음 속에 있었던 요점은 그리스도께서 자신의 집을 다스리지 않는다는 것이 아니라, 하나님의 집에서 종들이 가지고 있는 책임의 문제였다. 살아계신 하나님의 교회가 바로 그리스도의 집이다. 진리가 고백되는 곳, 그

고백이 세상에서 유지되는 곳이 있다. 만일 스스로를 하나님의 교회로 부르는 곳이 근본적인 진리의 고백을 잃어버린다면, 하나님의 교회이기를 포기하는 것이다. 반대로 주의 종은, 진리가 고백되는 하나님의 교회 안에서 (즉 살아계신 하나님의 집에서) 스스로 어떻게 행하여야 할지를 배워야 한다. 이것이 하나님의 집으로서 특징이며, 우리의 책임은 이러한 하나님의 집의 특징을 따라서 행하는 것이다.

38

지금까지 말한 내용은 독자로 하여금 이 주제에 대한 성서의 생각 속으로 빠져들게 하기에 충분하다고 본다. 여기서 매우 중요한 결과들이 파생될 수 있다. 하지만 아직은 이쯤해두고 싶다. 우리는 지상에 있는 하나님의 교회에 대한 일반적인 개념에 대해서 살펴보았다. 그리스도께서 높은 곳에서 영광을 받으신 결과로 이중적인 측면을 가지게 된 교회의 정상적인 상태에 대해서 생각해보았다. 교회는 높은 곳에서 그리스도와의 연합을 이루었기 때문에 그리스도의 몸으로 나타났다. 그리고 그리스도께서 영광을 받으신 결과로 강림하신 성령의 거처로서 교회는 하나님의 집이다. 이러한 특징들이 에베소서가 우리에게 소개하는 내용이다. 각각의 경우에서 가장 중요한 점은, 참된 신자들로 구성되어 있다는 점이다. 일반적으로 교회의 건축은, 그 궁극적인 결과로 보면, 그리스도의 부활의 능력에 터 잡고서 그리스도께서 하시는 일이다. 그렇다면 사탄의 역사는 교회를 결코 이길 수 없다. 마태복음 16장을 제외하면 성경에서는 교회를 그리스도의 교회로 부른 적이 없고, 다만 로마서 16장 16절에서 그리스도의 모든 교회들이란 표현을 사용하고 있을 뿐이다.

그리스도의 교회라는 표현은 그리스도께서 친히 세우시고, 그리스도의 능력으로 보호받는 존재임을 암시한다. 그리스도는 교회를 그 실제적인 측면에서 생각할 뿐 그 거하는 특권이나 혹은 사람의 손에 의해서 일시적으로 띠게 될 외적인 형태에 대해서 생각지 않으시는듯하다. 그리스도의 몸은 지상에 있는 존재를 일컫는 말이지만, 성령님께서 능력으로 역사하시는 살아있는 지체들로 구성되어 있음을 항상 전제로 하고 있다. 성경은 사람이 이 몸의 지체가 되지 않으면 이러한 성령의 능력을 소유할 수 없다는 말하지 않는다. (고린도전서 13장, 히브리서 6장, 그리고 복음서의 여러 성경 구절들과 심지어 구약성경을 보면, 사람은 그리스도의 몸의 지체가 되지 않고도 성령의 능력을 경험할 수 있다.) 하지만 몸에 대해서 말할 때, 그 몸의 지체들은 모두가 살아 있는 성도들로 구성되는 것을 전제로 하고 있다. 집은 우선적으로 건물과 그에 부속된 축복을 아울러 담고 있다. 동시에 인간의 건축 참여를 말할 때에는, 그 결과 지상에는 큰 집이 생겨나게 되고, 거기엔 귀히 쓰는 그릇 뿐만 아니라 천히 쓰는 그릇이 자리를 잡게 된다. 그래서 우리는 거기에서 자신을 깨끗하게 하라는 부르심을 받고 있다.

39

이 주제를 마무리하기 전에 독자들에게 에베소서 5장을 언급하고 싶다. 에베소서 5장은 교회를 향한 그리스도의 사랑에 대해서 말하고 있으며, 하나님의 계획의 대상이자 또한 아담과 이브의 관계를 통해서 비유된 그리스도의 신부로서 교회의 모습이 그려져 있다. 우선 교회의 전반적인 특징과 결과는, 그리스도께서 교회를 사랑하시고 위하여 자신을 주신 사실에 있으며, 이제 자기 앞에 영광스럽고 흠이 없게 세우고자 (하나님이 이브를 만드시고 아담에게 주신 것처럼) 자신을 위하여 말씀으로 깨끗하게 하신다. 두 번째, 교회를 향한 자애로운 사랑 안에서, 그리스도는 사람이 자기 육체를 사랑하는 것처럼 교회를 양육하며 보호하신다. 에베소서 4장에서 우리는 머리이신 그리스도를 통해서 은사들이 주어진 것을 알고 있다. 이러한 은사들은 지체들 서로가 서로를 섬기면서 각 개인들로 하여금 온전함에 이르게 하는 방편으로 주어졌다. 따라서 모든 성도들이 봉사의 일을 통해서 사역에 참여하는 측면에서 볼 때, 모든 지체의 섬김을 통한 공급에 의해서 전체 몸이 고르게 자람으로써 그리스도의 몸이 세워지는 것이다. 나는 이전에 언급한 삼중적인 하나됨을 상기하고 싶다. 한 몸, 한 성령, 그리고 한 소망이 있다. 그리스도의 주되심과 거기에 부응하는 믿음과 침례가 있다. 그리고 나서 한 하나님 곧 우리 모두의 아버지가 계신다. 하나님은 만유 위에 계시고 모든 곳에 계시며, 심지어 우리 모두 안에 계신다. 참으로 경이로운 특권이다! 다음과 같은 몇 가지 문제가 있다. 역사적으로 교회는 어떻게 이해되었는가? 그리스도인들의 마음 속에 가지고 있었던 교회의 모습은 무엇이었는가? 이 주제에 대해서는 주님이 허락하신다면 다른 곳에서 다룰 것이다.

지금까지 다루어온 주제를 완성시키는 뜻에서, 역사 속에서 점진적으로 발전해온 하나님의 교회에 대한 개념들을, 최소한 주요한 흐름만이라도 제시하고자 한다. 나 자신이 고백하지 않을 수 없는 것은, 일단 성경을 떠나게 되면 나는 가진 자원이 많지 않다는 점이다. 그럼에도 신학자로서 볼 때, 나는 교부들의 사상을 인정할 수 없다. 적어도 나는 그들의 글을 상당히 많이 참고했다. 하지만 교회라는 주제를 놓고 볼 때, 나는 그들에게서 (분명 그 주제가 가지고 있는 성경의 진리와 깊이에 대한 것이 아니라, 합당치 않고 잘못된 사상으로 점철된) 인간적 사상과 이성을 통한 통찰(이해)의 힘을 느낄 수 있었다. 만일 인간 사상을 통해서 신적인 것들을 지상에 속한 것으로 확립하게 되면, 여전히 시대적인 질문과 의구심은 남을 수밖에 없다. 사람에게서 파생된 견해들로는 충족시킬 수 없는 엄청난 차이(elevation)가 존재하기 때문이다. 그 때문에 그 시대의 활동가들은 자기 시대 사람들을 충족시키고자 애썼다. 그래서 나의 판단으로는, 부패하고 타락한 인간적인 요소들이, 분명한 과정을 통해서, 하나님의 창조에 속한 특질과 특권들로 옷을 입게 되었다. 터툴리안(Tertullian, De Praescriptione)과 키프리안(Cyprian, De Unitate)의 책과 일반적인 교회사를 살펴보면, 상당히 대중적인 사상들로 옷을 입고 있다는 생각이 든다. 그리고 거기엔 최초로 순전히 국가 교회에 대한 구체적인 이해가 존재하고 있었음을 짐작해볼 수 있다. 이후부터 점진적인 부패가 진행되어 왔다. 인간의 실패에 대하여 점진적으로 (곧 습관적이고 마침내 교리적으로까지) 신적인 특권을 부여해왔다. 우리는 이것을 로마 가톨릭에서 완전한 모습을 보고 있다. 하지만 교부들은 사소한 오류를 범했다. 그들의 지엽적이고 간헐적인 집착을 완화시키려고 하는 말이 아니다. 성 어거스틴처럼 신적인 생명에 의해서 어떤 깊고도 복된 진리를 붙잡았을 때 - 그러한 진리는 부패할 수 없었다 - 교회와 같은 주제들에 대해서 다소 확장된 견해를 가질 수 있었다. 하지만 그처럼 높은 수준에서도 실제적인 부패의 과정은 진행되었고 지금은 전체적인 기독교계가 혼돈 가운데 들어갔다. 하지만 적어도 악을 허용하지 않으려는 도덕적 존엄성은 있었고, 더욱이 자아를 추켜세우고, 또한 인위적으로 존경을 자아내게 하는 성직자 계급주의에 대한 경계심은 있었다.

40
여전히 교부들은 우리에게 그들 자신이 처했던 역사를 알게 해준다. 나는 간단하게 그들 시대에 활동했던 사람들의 견해들을 소개하고자 한다.

현재 로마 가톨릭 체제에 대해서는 다른 곳에서 살펴보자. 현재 다루고 있는 주제와 연관해서 간단하게 말하자면, 그들은 교부들에게서 자신들에게 유리한대로 신조들을 삼았고, 교부들의 글에 위조된 내용들을 첨가시켰다. 정치적인 능력에 의해서 기독교의 주장과 특권을 절대 권력화시킴으로써 오히려 기독교가 가진 진리성, 그 정신, 그리고 실천성을 훼손시켰다. 그래서 하나님의 교회에 속한 절대적인 것들을 사탄의 권세 아래 있는 자리에 귀속시켰다. 로마 가톨릭은 다만 우화(寓話, a fable)에 불과하다는 것을 잊지 말아야 한다. 하나님을 향한 이스라엘의 충성도가 약화되었을 때, 이스라엘 왕국은 분열되었다. 마찬가지로 교회가 형식적인 신앙공동체로 완전히 타락하게 되면, 교황 체제가 역사의 전면에 등장하게 되고, 하나님은 교회가 가톨릭화 하는 것, 즉 로마 가톨릭화 되는 것을 막고자 개입하실 것이다. 왜냐하면 말씀을 이용할 줄 아는 사람은 누구라도 전면에서 거짓을 행사할 것이기 때문이다. 교황제도를 따르는 자들이 그리스 정교회를 무너뜨렸다. 로마 가톨릭을 일으킴으로써 교회의 보편성(catholicity)을 파괴했다. 가장 오래된 교회들과 로마제국의 도시들은 로마 가톨릭에 대항하는 쪽에 서게 되었다. 로마주의는 로마의 정치적 영향력을 입고 보다 강력해졌다. 로마 가톨릭은 악함과 성서에 대한 적대감으로, 그리고 지상 패권주의와 시민 권력을 획득함으로써 더욱 악의 보좌와 좌소가 되었다. 그렇다면 로마 가톨릭은 결코 보편적, 즉 가톨릭적(catholic)인 적이 없었다. 로마 가톨릭을 태동시킨 힘, 지상 패권주의의 획득은 영원히 교회의 보편성을 파괴해버렸다. 하나님의 섭리상 교회의 보편성은 결코 부패가 허용된 적이 없었다. 지금 이 순간 대부분 기독교계와 가장 오래된 교회들은 소위 보편적인 교회라 불리는 로마 가톨릭 밖에 있다. 보편적인 또는 우주적인 교회에 그러한 것이 있어선 안 된다. 하나님의 교회에 속하고 싶은 기독교계 안에 있는 교회들은 그저 자신들의 주장에 의해서가 아니라 성경에 의해서 시험을 받아야 한다. 그러면 부패한 것과 기독교계가 동일한 것이 아닐진대, 쉽게 분별할 수 있을 것이다.

41

이제 교리의 역사에 대해서 살펴보자. 교부들은 세 부류로 나눌 수 있다. 곧 사도 교부, 그리스 교부, 그리고 서방 교부이다. 그리스 교부들 가운데서 우리는 알렉산드리아 학파를 구분해야 한다. 그들은 우리 연구 대상이 아니다. 또한 사도 교부로 분류되지만, 우리가 연구하는 주제에 대해서 아무런 조명도 해주지 못하는 바나바도 제외된다. 바나바Barnabas와 더불어 클레멘트Clement, 이그나티우스Ignatius, 폴리캅Polycarp, 그리고 허마스Hermas 등이 소위 사도 교부로 불린다. 하지만 무라토리 정경이 출판된 후, 마지막에 언급된 허마스가 바로 바울이 로마서 16장 14절에서 언급하는 허마라는 오리겐의 주장에 찬성하는 사람은 아무도 없었다. 그에 대해선 저스틴Justin 다음에 언급할 것이다. 저스틴Justin과 이레니우스Irenaeus는 속 사도 시대를 계승한 그 다음 세대의 교부들이다. 터툴리안Tertullian과 키프리안Cyprian, 그리고 나중에 제롬Jerome과 성 어거스틴St. Augustine은 라틴 교부들의 교리를 우리에게 소개해준다. 그리고 크리소스톰Chrysostom은 후기 동방 교회들의 견해를, 오리겐Origen과 알렉산드리아의 클레멘트Clement of Alexandria는 철학적 기독교를, 레오Leo와 그레고리 대제Gregory the Great는 물질에 대한 로마 가톨릭의 견해를 소개하고 있다.

우리는 에베소서에서 하나님의 교회에 대한 영적이고 진보된 개념에 대해서 볼 수 있고, 고린도전서에서는 성령의 능력 가운데서 교회가 지상에서 어떻게 출현하며 또 발전하는지를 볼 수 있다. 이 점을 간과해서는 안된다. 제도권 교회 밖에서는 구원이 없다는 선언에 대해서 생각해보자. 만일 누군가 몸 안에 있지 않다면 그는 머리와 연결되어 있을 수 없다는 논리인데, 이러한 사상은 지상에서 가장 거대하고도 부패한 성직자 조직체를 낳았고, 양심상 혹은 신앙양심상 거기에 복종하지 않는 사람들과 거기에 가입하지 않은 모든 사람을 정죄했다. 이러한 제도권 교회는 특징상 상당히 부패했고 신앙인의 양심을 괴롭혔다. 이러한 교회에서는 성령의 임재가 살아있는 지체들을 생동감 있게 하고, 생생한 연합을 통해서 성령이 주시는 신령한 복의 부요함과 충만을 맛보는 것은 상상할 수조차 없었다.

42
사도 교부들 가운데 바나바는 이 점에서 아무런 통찰도 주지 않는다. 그의 목적은 모세를 영적으로 해석하는 것이었다. 율법의 모든 규례는 다만 예표에 지나지 않는다. 문자적으로 할례를 행했던 것은 모두 잘못이었다. 클레멘트는 더더욱 우리에게 도움이 되지 않는다. 그는 다만 구약의 계급구조를 그리스도인 봉사에 있어서 질서를 위한 모범으로 삼는다. 하지만 그것을 그리스도인에게 계급제도로 적용하는 것은 옳지 않다. 그렇지만 이미 교회에 대한 개념은 땅에 속한 유대적인 유사성을 택함으로써 급속하게 하락했고, 반대로 성도를 성인으로 정의함으로써 천상적인 존재로 격상되었다. 우리는 이것을 히브리서에서 발견할 수 있다. 히브리서의 목적은 땅에 속한 유대의 성직제도에서 분리시켜, 하늘에 있는 그리스도 안에서 성취된 것을 보여주고, 하늘의 부르심에 참여한 자에게 속한 것이 무엇인지를 알게 하는 것이다. 히브리서에 익숙한 클레멘트에게서 이러한 내용들이 선명하게 나타나고 있는데, 어떤 사람들은 그리스 정교회가 현재의 모양을 갖추게 된 것을 그에게로 돌리고 있다[3]. 사도 교부들 가운데 최고의 것으로 인정받고 있는 바나바 서신은 교회가 이방인의 사도였던 바울에게서 떠나게 된 것이, 모든 것을 영적으로 해석하는 갑작스럽고도 철저한 변화에 있었음을 보여준다. 바나바 서신은 교회에 대한 교리적인 내용은 다루고 있지 않지만, 그 당시 교회 상태를 이해하도록 도와준다. 그 서신은 고린도 교회를 중재하려는 내용을 담고 있다. 고린도 교회 장로들 가운데 몇은 그 교회를 떠났다. 하지만 하늘에 속하고, 영적이고, 또한 유대적인 형태보다 더 진보된 것은 고린도에 없었다. 그는 비

---

[3] 클레멘트 서신으로 불리는 이 서신은, 로마 교회의 이름으로 기록되었다. 이후 3-4세기 동안, 로마 교회는 히브리서를 받아 보지 못했다.

록 히브리서를 인용했지만, 그럼에도 히브리서가 우리를 하늘로 이끌고 올라간 것을 다시 땅으로 끌어내렸다. 나는 이 부분에서 너무 많은 내용을 다루었다. 하지만 이것은 이어지는 내용을 제대로 이해하기 위한 디딤돌 역할을 해줄 것이다.

다음으로 이그나티우스Ignatius에 대해서 살펴보자. 역사의 중요한 요소들에 대해서 우리는 충분히 생각해보아야 한다. 무엇보다 우선적으로 이처럼 초대 교회 시대에 정통을 빙자한 종교적 사기극의 증거를 볼 수 있다! 진짜 순교한 감독과 거짓 순교자를 가려내기 위해서 지혜로운 어셔들Ushers과 매우 정통적이고 학식이 높은 피어선들Pearsons과 날카로운 데일들Dailles에게 부과된 무거운 고역이여! 우리는 공인된 위조문서들과 길게 삽입된 문장들과 짧고 강하게 변호하는 문장들, 그리고 여덟 명 중 다섯 명은 진품으로 인정했지만 결국 위품으로 입증된 시리안 MSS, 그리고 세 개의 진품조차도 많은 부분이 위조된 것으로 밝혀졌다. 근거가 희박했다. 어서가 진품으로 인정받고 있던 폴리캅의 서신을 위품으로 선언한 것은, 사실은 그의 능력에 대한 신뢰 때문이라는 것은 참으로 이상한 일이었다. 편지의 문체가 진품으로 생각되는 것들과는 너무도 달랐다. 그는 그 차이를 보았고, 그 둘을 같은 저자의 작품으로 인정할 수 없었다. 다른 것들을 진품으로 보았기 때문에 이것을 거절했던 것이다. 시리아어로 된 다른 것들은 사상의 흐름과 스타일상, 폴리캅의 저작으로 판명하는데 불리하게 작용하지 않았다. 이런 일에 조예가 깊은듯 젠체하고 싶지는 않지만, 헤펠레와 제이콥슨을 대신해서 큐레톤은 바른 결론에 도달했음을 밝히고 싶다. 시리아어로 된 MSS는 수도원의 수도사들이 경건한 목적으로 사용하기 위해서 만들어진 요약본이었다. 내게는 세 개의 서신에서 볼 수 있는 수도회의 세 개 혹은 여덟 개의 규칙과 같은 것은 없어 보였다. 경건을 위해서 만들어진 소책자 형태로 세 개 서신의 일부를 담고 있을 뿐이었다. 따라서 나는 시리아어로 된 것은 진품이라고 생각한다. 원본이 이 사실을 입증해준다. 현재 나의 목적을 위해서 이것은 별로 중요하지 않다. 이그나티우스의 편지들을 보면, 물론 나는 이 편지들이 진품이라고 생각하지 않으며, 다만 진품 속에 가필한 것으로 본다. 가톨릭(보편) 교회를 주제로 하고 있지 않으며, 보편적 일치성 보다는 자신과 하나로 결합된 지역교회가 감독에게 복종할 것을 권하는 지역교회의 일치성을 주제로 삼고 있다. 이그나티우스는 자신을 하나님처럼 생각하도록, 장로들을 그리스도처럼, 그리고 집사들을 일단의 사도들처럼 생각하라고 쓰고 있다. 이것은 전체 여덟 개의 강력한 표현들을 한 문장으로 정리한 것이다. 요점은 한 사람의 지역교회의 감독과 한 지역교회의 성도들은 모든 면에서 하나로 결속되어 있다는 것이다. 지역교회를 떠난 사람은 모든 것의 밖에 있는 것이다. 교구를 통합해서 관할하는 디오케산 감독주의 (Diocesan Episcopacy)는 이그나티우스에게선 볼 수 없다. 사실 그 시대엔 그런 개념조차 없었다.

43

폴리캅의 순교를 다루고 있는 서머나 서신에서 각 처에 있는 거룩한 공회로서 (우주적인) 교회를 말할 때, 그것은 순례하는 교회를 의미한다. 가톨릭 교회는 서머나 교회를 의미한다. 그리스도는 온 세상에서 보편적인 교회의 목자이시다. 온 세상에 존재하는 교회가 우주적인 하나의 교회라는 사실을 제외하면, 이 서머나 서신에서는 우리에게 도움이 될 만한 교리적 가르침은 거의 없다. 이 서머나 서신은 진품으로 수용되었다. 종교적 사기와 및 복음서를 조작하고 교부들의 글을 날조하는 것이 횡행하는 곳에서 내용을 고치거나 무언가를 써넣는 방식인 가필(加筆)에 대한 의심이 없으려면 이렇게 유물로 남아있는 것에서 확실한 증거를 찾아야 했다. 내가 아는 한, 서머나 서신에 대해선 아무 의혹도 없다.

44

지금까지 본 주제에 대한 사도 교부들의 증거를 살펴보았다. 폴리캅이 빌립보에 보낸 서신은 아무 추가적인 정보를 주지 않는다. 그는 사도를 계승한 사람들과 제 3세대 그리스도인 작가들을 시대적으로 이어주는 역할을 하고 있다.

이들 가운데 첫 번째는 저스틴이다. 하지만 저스틴은 교회에 대한 교리에 대해 아무 말도 하지 않는다. 그는 유대교와는 대조적으로 교회를 모든 사람을 하나로 품는 것 정도로 보았다. 그는 시편 45편을 교회에 적용하면서(Dial. with T., 287b) 말하길, 하나님의 말씀은 교회를 딸로, 하나의 영혼으로, 하나의 회당으로, 하나의 모임으로 말씀하고 있다고 했다. 그는 LXX(70인역)를 참조해서 이사야 53장을 인용하면서 동일한 내용을 말하고 있다. 몸은 하나인데 많은 지체가 있고 몸의 지체가 많으나 한 몸임과 같이 모든 사도들을 하나의 몸으로 말한다. 그들은 모두 하나의 몸으로 부르심을 받았고, 많은 사람들이 하나처럼 교회에 더해지며, 하나의 이름을 불려진다. "Expositio Fidei"는 이보다 더 나아가며, 에베소서 2장과 고린도후서 6장 16절을 인용하면서 그리스도의 성전을 말한다. 하지만 이것은 저스틴의 생각이 아니다. 저스틴이 가지고 있는 교회에 대한 생각은 외적인 몸 혹은 그저 자기 눈에 하나처럼 보이는 지상에서 모이는 일단의 사람들이었을 뿐이었다. 더욱 충격적인 것은 그가 고린도전서 1장에서 분명히 암시한 것처럼 그것이 그의 마음에 있는 생각의 전부였을 뿐, 지상에 한 무리의 사람들을 그리스도인으로 불렀다는 사실 외엔 더 나아가지 않는다는 것이다.

허마의 목자서에서, 우리는 교회를 주제로 한 상당히 발전된 견해들을 볼 수 있다. 나는 그가 A.D. 164년 경에 살았던 피오스 2세의 형제였다는 생각에 동의한다. 이레니우스는 그의 글을 인용한 것으로 보인다. 허마가 쓴 글은 비록 성경을 정확히 인용하고 있지 않지만, 그럼에도 많은 교회에서 읽혀졌다. 몇 작가들이 인용하고 있듯이, 어떤 점에선 무게가 없는 것은 사실이지만, 오리겐과 같은 사람은 그를 성령의 감동을 받은 사람으로 생각했다. 목자서를 수용하는 것은 초대 교회가 어디 쯤 와있었는지를 보여준다. 현대 기독교계가 진리로 인도받았던 초기 그리스도인들에 대해서 말하는 것은 그들이 사도의 가르침에 그만큼 가까이 가고 있다는 것을 말해준다. 왜냐하면 현재 교회는 성령의 능력의 필요성을 거의 느끼지 못하고 있을 뿐만 아니라 초대 교회만큼 성령의 역사를 의지하고 있지 않기 때문이다. 바울은 하나님의 영의 능력을 알고 있었다. 바울은 자신이 떠난 후에 늑대들이 들어올 것을 염려했다. 사실 이미 교회 내에 거짓된 사람들이 일어나고 있었다. 초대 교회가 분별력을 잃어버렸다는 증거가, 바로 허마의 목자서와 같은 환상적인 이야기를 읽고 있었으며 다소 존경을 표했던 것으로 보아 분명해진다. 나는 그들이 선의로 그러했으며, 저자의 영혼 속에 있는 경건을 향한 열망을 읽었기 때문이라는 것에 대해서 의심하진 않는다. 하지만 그것들은 형편없이 꾸며진 우화에 지나지 않으며, 가장 부끄러운 방식으로 미신과 금욕주의[4]를 조장하는 것에 불과했다. 게다가 이단적인 교리를 가르치며, 신적인 것들의 위엄을 무색하게 만들고 있었다. 하지만 우리는 그러한 것들을 수단으로 해서 역사적으로 수용된 교회에 대한 견해를 알 수 있다. 말도 안되는 서론을 지나면, 그에게 교회는 단순히 세상에 존재하는 하나의 건물에 불과하다. 교회는 회개가 아니라 죄사함으로 시작된다(Command. 3). 죄사함 이후에 회개가 이루어진다. 하나님 아들의 이름을 믿는 것이 필수적이긴 하지만, 모든 것이 그후의 행실에 의존되며(Sim. 9:13), 그는 교회에서 거절당한 사람들을 구원하는데 관심이 있다(Vis. 3:8). 하지만 이것도 곧 반박한다(Sim. 9:14). 그는 정결하게 될 때 교회의 한 몸이 된다고 말하며, 악한 자는 쫓아내야 한다고 말한다. 따라서 하나의 이해, 하나의 견해, 하나의 믿음, 그리고 하나의 사랑만 있다. 민족들은 믿고 하나님 아들의 인침, 곧 세례를 받으며, 그들은 모두 동일한 이해와 지식에 참여하게 된다. 그들의 믿음과 사랑은 같게 된다. 그렇다면 그들은 그리스도와 이름에 함께 참여했지만 서로 다른 은혜를 나타내는 어떤 처녀들의 영을 지니게 된다. 결국 그들이 한 마음에 동의를 하게 되면, 그들 모두는 하나의 몸이 되는 것이다. 혹 그들 가운데 누군가 부정하게 되면 의인의

---

4) 그는 남편과 아내가 함께 사는 것을 금지했으며, 매우 추상적인 방식으로 파레이사크토이(pareisaktoi)라는 제도를 도입했다. 그들은 이 제도를 초대교회의 신성함으로 불렀지만, 마귀가 고안한 매우 악한 제도였다. 이렇게 말하는 것이 몹시 심한 말 인줄 나도 안다. 하지만 그들은 그런 방식의 삶에 익숙해 있었다.

무리에서 출회를 당하게 되며, 이전 상태로 다시 돌아가게 될 뿐 아니라 이전보다 더 나쁜 상태에 빠지게 된다. 교회를 건축하는 일을 하는 것은 천사들이다.

46

푸른 지팡이가 마르고, 쪼개지거나 혹은 부분적으로 마르고 또 다시 푸르러지는 이야기, 둥근 돌같이 생긴 부자가 사각형 모양으로 바뀌면서 집안에 쌓아둔 모든 재산을 잃어버리고, 주님이 보시니 건물의 돌들이 빠지는 이야기들에 대해서 세세하게 말하고 싶지는 않다. 다만 이러한 이야기가 외적인 신앙의 모습을 질타하고, 현재의 도덕적 상태, 그리고 이 땅의 모습을 고발하고 있다는 점을 제외하면 별 가치가 없어 보인다. 하늘에 속한 몸, 혹은 하늘에 있는 머리이신 그리스도와 그분의 사역에 우리를 하나로 결합시키시는 성령님에 대한 것은 그에게서 전혀 발견할 수 없다. 그가 가진 교리는 다음과 같다. 한 포도원 주인이 종에게 포도원을 맡긴다. 그리고 주인은 내기를 한다. 즉 포도원을 잘 가꾸면 자유를 주겠다고 한 것이다. 종은 열심히 일하고 잡초를 뽑았다. 주인이 다시 돌아와서 보니, 매우 만족스러웠다. 그래서 자기 아들과 및 천사들과 함께 그에게 어떻게 보상을 해줄 것인지를 의논했다. 그래서 만물을 창조하신 성령님이 섬기고 계신 택함을 받은 몸, 즉 한 번도 더럽혀진 일이 없는 몸으로 영접하기로 결정한다. 이것은 아들과 함께 상속자가 되게 하는 것이었다. 그는 아들은 성령님이 되고, 종은 하나님의 아들이 된다고 말한다. 그리고 다른 곳에서 천사들에 의해서 세워진 집(교회)은 산의 가장 높은 곳에 있는 반석 위에 세워진다고 설명하면서 자신이 그 집으로 들어가는 문이 되었다고 말한다.

비록 공적으로 인용하지는 않겠지만, 그리스도에 대한 그의 교리는 초기 교부들의 가르침을 그대로 답습하고 있으며, 그 시대에 보편적인 것이었다. 그리스도는 하나님 안에서 말씀-이성(the word-mind)으로서 영원하신 존재이지만, 하나님이 세상을 창조하실 때 하나의 인격(prophorikos)이 되신 분이시다.

어떤 사람들은 그를 정통으로 인정하려고 시도했다. 그의 교리는 상당히 문제가 있어 보이기에, 그처럼 가련하고 비성서적이며 터무니없이 비정통적인 것을 굳이 정통적인지를 따져볼 필요를 느끼지 못한다.

우리에게 중요한 것은 과연 그에게 교회는 지상에 건축되는, 단순히 외적으로 가시적인 존재인지, 그리고 사람들이 들어와서 더해지고, 그리고 나중에 출교된다면, 이전보다 더욱 나쁜 상태로 떨어지는 것인가를 알아보는 것이다. 그렇다면 그리스도는 지상에서 세워지는 이 외적인 존재의 터가 되실 뿐, 하늘에 있는 살아있는 머리는 아닌 것이 된다. 이것은 전적으로 성서에서 벗어난 것이다. 성서적 영성은 그곳에 없지만 부자연스러운 것은 아니다. 놀라운 점은, 교회를 유대인과 이방인, 국가적 차이점과 별개로 이 땅에서 새로운 것으로 보았다는 것이다. 그들은 교회를 하나님이 건축하시고, 하나님에게 기원을 둔 집으로 보았다. 하지만 교회를 조직하고 세우는 일에 하나님의 역사와 사람이 거기에 실제적으로 참여하는 것 사이에 아무 차이를 두지 않고 있으며, 나중에는 하나님의 역할과 사람의 역할이 혼동되어 있다. 허마의 목자서에서는 교회를 세우는 것을 천사들에게로 돌리고 있다.

47

이레니우스는 이단들과는 반대로 교회를 이 세상에 있지만 (이 세상에 속하지 않은) 외부적인 것으로 보았다. 사도들이 세웠던 예루살렘 교회는 모든 교회들의 기원이 되는 교회였다(3:12, 5). 성령님이 예루살렘 교회에 거하신다. 그리스도의 교통이 그곳에 있다(3:24, 1). 그리스도를 영접하지 않은 사람, 교회에서 양육을 받지 않는 사람은 그리스도에게서 흘러나오는 샘물을 받아 마실 수 없다. 하나님의 성령과 모든 은혜는 그 교회 안에 있다. 하지만 이 교회는 항상 이단들, 특별히 발렌티안Valentinians과는 대조를 이루는 외적인 몸이다. 이레니우스는 한 곳에서 그리스도를 카푸 에클레시아(caput ecclesiae; 교회의 머리)로 일컬었으며, 주로 하나님 아버지를 카푸 크리스티(caput Christi; 그리스도의 머리)로만 말했다. 그에겐 그리스도와 한 몸으로 연합된 교회의 개념은 없었던 것으로 보인다.

이단들과 논쟁하면서, 그는 사도들이 세운 것을 보는 신앙이란 말을 사용해서 사도들에게서 진리를 가르침 받은 증거로 삼았다. 개별 교회들(the particular churches)은 그의 견해 속에 있는 세 가지 요소들을 증거하는 증인들이다. 그는 여기서 로마에 있는 감독들의 명단[5]을 수록하고 있다.

---

5) 독자들은 이 부분에 관심이 많지 않을지도 모른다. 하지만 나는 적어도 the potiorem Principalitatem(Massuet 시대까지 이것은 potentiorem으로 읽혔다) 이 hikanoteran archen으로서 더 훌륭한 원본임을 의심하지 않는다. 왜냐하면 그는 로마 교회를 세운 사도들을 두 명으로 언급하고 있기 때문이다. 이레니우스가 이런 말을 하는 것은 정황상 그렇게 말하는 것이다. 내 생각엔, 확

교회를 주제로 쓴 완벽한 문장은 3:25, 1에 있다. 거기서 이레니우스는 교회란 처음 받은 신앙을 지속적으로 지켜가는 곳으로 정의했다. 이 직분이 교회에 맡겨졌고, 이 직분을 받드는 모든 회원은 생동감 있게 될 것이다. (라틴어는 상당히 모호하게 표현하고 있다. ad inspirationem plasmationi, ad hoc ut omnia membra vivifiantur) 그리스도의 교통하심이 그곳에 있다[6]. 그리고 나서 이레니우스는 은사들을 언급한다(고전 12장). 그리고 "교회가 있는 곳에 하나님의 영이 함께 하며, 하나님의 영이 있는 곳에 교회가 있다. 성령은 진리이다."라는 말을 덧붙인다. 교회 안에 은사들, 사도들, 선지자들, 박사들, 그리고 성령의 지속적인 역사가 있으며, 교회와 함께 하

신을 가지고 그리했던 것 같다.

6) 우리는 형편없는 라틴어 번역본만을 가지고 있다. 이에 따르면 "거기"는 교회를 가리킬 수 없으며, 오히려 (비유로 표현하고 있는) 화병 혹은 직분을 언급한 것일 수 있다. 필자는 일반적인 개념을 말할 뿐이지만, 상당한 근거가 있다. 내가 인용한 적이 있는 inspirationem plasmationi는 아담의 코에 불어넣은 것은 생명의 숨을 가리킨다. 마찬가지로 교회는 성령님과 그리스도의 교통하심을 소유하고 있으며, 따라서 모든 지체가 이러한 생명의 교통에 참여할 수 있다. 이레니우스가 전에 언급했듯이, 이것은 사람의 구원과 같이 성령의 일상적인 역사이며, 한 믿음 안에 있는 것이다. 어떤 사람들은 이것을 효력 있는 역사로 부른다. 그래서 "이러므로 진리이신 성령 안에 참여하지 못한 사람들은 생명을 주는 어머니의 모유로 양육 받지 못하는 사람들이며, 그리스도의 몸에서 흘러나오는 광명한 샘에서 샘물을 얻지 못하는 사람들이다." 라고 첨언했다. 여기서 주목할 것은, 이단을 상대하고 있는 이레니우스는, 이단들은 전혀 교회가 아닐뿐더러, 교회 안에 있는 어느 것도 소유하지 못한다고 정의하고 있다는 점이다. 교회만이 생명으로 양육할 수 때문이다. 훌륭한 아버지는 분명한 이성의 사유 안에서 경계선을 정한다. 교회는 성령님이 계신 곳이며, 성령님이 계신 곳이 교회이다. 하지만 정직하고도 진지한 믿음에 대한 인식이 있어야 한다. 그들이 교회가 아닌 이유는 그들은 믿음을 가지고 있지 않기 때문이다. 그러므로 그들은 성령님을 모시지 못한다. 믿음은 교회의 전통에 의해서도 증명되었다.

지 않는 사람은 교회에 참여하지 못하며 생명을 빼앗기게 된다. 이레니우스는 성령님을 마치 화병에 담긴 보물처럼 설명하면서, 항상 젊음으로 충만할뿐더러 화병조차 늘 새것처럼 만드는 진귀한 물건으로 설명한다. 거기서 더 나아가 생명을 주는 직분이 교회에 위임되었다고 말한다. 이 모든 것은 교회에 대한 총체적인 혼동을 보여줄 뿐이다. 성령님을 화병에 담겨있으며, 젊음을 유지시켜주는 보물로 보는 것은, 상상가능한 일이긴 하다. 하지만, 그는 거기에 참여하는 사람들은 영적으로 살아날 것이라고 주장한다. 그렇다면 그들은 영혼이 살아나기도 전에 교회의 지체였다는 것인가? 만일 그가 생명을 유지하는 것을 그렇게 설명한 것이라면, 무언가 이전에 생명을 주는 것이 있어야 한다. 교회가 생명을 주는 것은 아니다. 이로써 이단적 오류에 대한 논증은 실패했다. 사실상, 그리스도 몸의 지체들이 생명을 가지고 있는 것이지, 교회가 가지고 있는 것이 아니다. 하지만 이러한 것이 그의 논증의 목적은 아니다. 화병 안에 거하는 것은 좋다. 하지만 화병 자체는 생명을 가지고 있지 않고, 그가 말한 화병을 새것처럼 유지하게 해준다는 이야기는 환상일 뿐이다. 그처럼 성령의 임재가 부패를 방지해준다는 생각은, 살아있는 몸과 거하는 처소 사이의 구분을 모호하게 하고 또 혼동시킨다는 것 외엔 아무 것도 확증할 수 없는 문제이다. 사람 속에 있는 생명의 호흡은 전체 몸과 모든 지체들의 생명이다. 그리고 성령님은, 매우 모호한 방식이지만, 그리스도와의 연합의 측면에서 볼 때 전체 몸을 단체적으로 생동감 있게 해주는 존재로 볼 수 있다. 하지만 이 사실 자체가, 이단들이 생명을 줄 수 없는 것처럼, 생명을 주지는 못한다. 왜냐하면 이레니우스는 소위 지체들로 불리는 자들을 죽은 자들로 보기 때문에, 사실은 몸의 지체가 될 수 없기 때문이다. 그렇다면 비유는 변경되어야 하며, 물론 그렇게 하는 것도 불완전하기는 마찬가지이다. 그들은 생명을 주는 어머니의 모유를 먹고 양육되지 않았다. 그들은 어디에서 양육을 받았는가? 교회는 교회를 이루는 지체들과 독립된 존재인가? "성령이 계신 곳에, 교회가 있다."는 말은 엄격하게 말하자면 사실이 아니다. 왜냐하면 성령님은 개인들 속에 계시기 때문이다. 하지만 이레니우스는 자신의 목적을 위해서 그렇게 표현했다. 오히려 교회가 있는 곳에, 성령님이 있다는 표현이 맞다. 몸으로서 교회는 생명을 나누어주지 못한다. 비유적으로 말해서, 교회는 생명을 가지고 있다. 왜냐하면, 사실 생명은 개인들 속에 있기 때문이다. 게다가 거처와 몸을 혼동함으로써 이레니우스는 머리의 개념을 잃어버렸다. 하지만 집으로서 교회 안에 거하시는 성령은 생명이다. 사실 인간의 창조와 비교해본 것을 제외하면 몸에 대해선 아무런 언급도 하지 않고 있다. 성령님의 내주가 있다는 사실 때문에, 그 속에 생명의 능력을 가지고 있다는 외적인 특징이 이단들과는 대조를 이루고 있다. 살아있는 믿음을 지속적으로 인식하는 복됨도 있지만 생명, 집, 그리고 몸과 같은 모든 성경적인 진리에 대한 혼동으로 가득차 있기에, (특히 몸에 대한 인식의 부족 때문에) 로마 가톨릭의 배도에 기초를 놓았다는 점 외엔 특기할 사항이 없다.

49
성령님이 그 안에 거하시는 그릇의 생생함을 유지시킨다는 것은 성서적인 개념이 아니다. 오히려 성경은 그 반대로 가르친다. 성령께서 성도들, 곧 그리스도와 연합을 이룬 몸의 지체들 속에 있는 영생을 지키시는 것은 옳다. 우리는 교회가 처음에는 이교도들과, 지금은 이단들과 다른 차이점을 볼 수 있다. 곧 지상의 공동체는, 교회 박사들의 생각에 의하면, 몸의 특권들을 흡수하고 있다. 그렇게 되면 몸과 머리의 연합이라는 성경적인 개념은 잃어버리게 된다. 외적인 것이 이미 부패하기 시작했기에, 곧 심화될 것이며 그렇다면 몸의 특권들도 극단적인 부패과정을 통과하게 될 것이다. 하지만 이레니우스는, 이미 언급했듯이, 현재적인 상황과 어려움에 대한 인식 그 이상 나아가지 않았고, 교회가 봉착하고 있는 문제를 해결하고자 자신이 알고 있는 대로 교리를 사용했다. 그러다보니 교회가 가진 충만성과 신령한 복으로 나아가지 못했다. 따라서 (하늘에 승천하신) 머리에 대한 깊이 있는 이해는 없었다. 그러려면 더욱 진실한 묵상과 개념을 소유해야만 했다. 머리에 대한 깊은 이해를 상실했을 때, 교회는 더 이상 그리스도의 몸에 대한 명백한 진리를 소유할 수 없었다. 교회의 특권과 특혜는 부패한 외양만 가진 곳에는 속할 수 없었고, 자신들이 그것들을 수여할 수 있다고 믿는 사람들에겐 특히 그러했다. 한순간도 의심해본 일이 없지만, 이레니우스가 그러했다. 이레니우스에겐 살아있는 몸과 연합을 이루고 있는 하늘의 머리에 대한 개념이 조금도 없다는 것을 주목하라. 그 뿐 아니라 그리스도 안에 우리가 있고, 또 우리 안에 그리스도가 계신다는 개념도 없었다. 그렇다면 교황주의자들은 어떠했을까? 아담에 대해 말하면서, 그는 아담을 교회로 만들었다. 그에게 생기가 들어가서 살아있는 존재가 되었다. 여기엔 이브도 없고, 그리스도를 대표하는 아담도 없다. 이 모든 진리들을 잃어버렸다. 외적인 것에서만 성령님의 존재를 인식했다. 예를 들자면, 생명을 주시는 분 정도로만 인식한 것이다. 그 결과 모든 것이 혼돈에 빠졌다.

알렉산드리아의 클레멘트도 그러한 주제들을 거의 다루지 않았다. 그는 다만 손으로 지어진 성전에 대해서 말하면서, 교회는 선택받은 자들의 회중[7]이라고 말했다. 하지만 자신을 포함해서 선택받은 자는 여기서 아무런 의미가 없다. "스트로마타"(7, p. 85)에 있는 한 구절에 보면, 그는 영지주의자 혹은 지식을 따르는 그리스도인에 대해서 설명하면서, 그러한 사람은 육신의 정욕에 빠지지 않는다고 말했다. 남은 사람들은 거룩한 몸의 육체와 같다. 이는 교회가 알레고리적으로 그리스도의 몸을 표현하기 때문이다. 영적이고 거룩한 합창단으로, 이름대로 부르심을 받은 사람들로 구성되어 있으며, 지식을 따라 살지 않는 사람은 육신으로 부르고 있다. 하지만 이러한 영적인 몸, 거룩한 교회는 정욕적인 것이 없어야 하며, 교회를 거슬러 정욕대로 사는 사람은 교회 안에서 이방인처럼 사는 사람이다. 우리는 여기서 부패가 들어오면, 어떻게 교조적 신비주의(theoretical mysticism)가 왕성해지는지를 보게 된다.

50

이단에 대한 답변(p. 899)에서, 클레멘트는 가장 오래되고 참된 교회는 하나이며, 최근에 생긴 교회들은 간음한 교회들이라고 말했다. 하나님은 두 개의 언약 위에 세워진 참된 가톨릭 교회만을 인정하시며, 다양한 시대에 하나님의 뜻대로 창세 전에 의롭게 될 사람들을 하나님이 미리 아시고 예정하신 사람들, 그렇게 미리 정해진 사람들을 하나로 모으신 교회만을 소유하신다. 전에 그의 양심은 작동하고 있었다. 여기서 그는 이단들에 대항해서 이론을 세우고

---

[7] 이것은 몬태규에 의해서 제안되었다. 즉 교회는 에클레톤, "밖으로 불러내다"는 뜻을 가진 것이어야 한다고 했다. 하지만 의문이 든다.

있다.

　세례(침례) 받은 사람은 깨끗이 씻겼고, 밝게 빛나며, 완전해졌다. 한 구절에서 그렇게 정의함으로써, 다른 글에서도 마찬가지로, 그리스도의 위격에 대한 지식이 매우 부족하다는 것을 나타내고 있다. 진실을 말하자면, 회심한 이후, 그는 기독교 보다는 철학에 더 많은 영향을 받았다. 가난하고, 거칠고, 박해받았지만 진솔한 오리겐을 통해서, 우리는 혼돈과 절제되지 않은 상상력의 흔적을 본다. 그럼에도 불구하고, 참되고 살아있는 믿음의 표식을 볼 수 있다. 오리겐은 교회에 지대한 영향을 미쳤지만, 교회 견해의 발전에 대한 직접적인 통찰을 거의 제공해주지 못한다. 그는 성경을 연구했지만, 교회의 정치에 대한 관심은 없었다. 사실 교구 감독은 그에게 안수를 주지 않고 쫓아내었다. 성경을 해석하는데 그는 본문의 내용물에 집중했다. 아가서에서 말하는 유일한 신부는 교회이다. 성막의 모든 내용물에 대해서 상세하게 설명했다. 방주는 교회이다. 노아는 최고의 이야깃거리였다. 예수님은 최고의 안식을 상징하며 꼭대기에 있다. 상태가 좋지 않은 그리스도인들은 부정한 짐승에 비유되며, 맨 아래 층에 있다.

　오리겐Origen의 영해는 매우 정교했다. 단순성은 어린아이들의 어리석음으로 치부했다. 그는 자유 의지의 철저한 신봉자였다. 한편 셀수스Celsus에 대한 답변에서 사람과 언어의 연합에 대해서 피력하면서 그는 교회를 그리스도의 몸으로 설명했다. 즉 그리스도는 다른 방식으로는 생명력이 없고, 기력이 없는 존재에게 생기를 주고 동력을 줌으로써, 각 지체는 총체적으로 몸의 생명과 혼의 관계처럼 그리스도에 의해서 움직이도록 정해진 한계 안에서만 움직인다. 그는 교회를 그리스도의 신부요 몸으로 불렀다. 게다가 요한복음을 주해하면서 그는 그리스도의 몸된 성전을 교회에 적용했다. 하지만 여기서 그는 부활을 통해서만 완전한 하나가 된다고 언급했다. 그때까지는 에스겔서의 마른 뼈들처럼, 비교적 마른 상태로, 박해 때문에 흩어진 상태로 있게 될 것이라고 말했다. 여기서 그는 다시 교회를 몸으로 불렀다. 베드로전서를 주해하면서, 산 돌들로 지어진 집에 대해서 말했다. 그리고 솔로몬 성전의 건축자들과 선견자들의 숫자와 날짜들을 신비적인 의미로 해석했다. 다시 말해서, 이런 식으로 성경을 해석하게 되면, 성경 한 구절에서 지나치게 광범위한 상상과 그 구절에 담긴 하나님의 생각을 넘어서는 무언가를 보고자 시도하게 된다. 이렇게 하면 절제 되지 않은 상상력으로 무한정 치닫게 되고, 근본적인 진리에 대해서는 문외한이 되기 십상이다.

51

클레멘트와 오리겐은 초기 시대의 바나바와 더불어 알렉산드리아 학파에 속한다. 이제 우리는 개념 보다는 사역의 일로 가득한 실제적인 라틴학파에 대해서 살펴보자.

터툴리안과 키프리안은 처음으로 우리를 도그마(신조)의 역사로 이끌어준다. 터툴리안은 우리에게 도움을 주긴 하지만 교회의 개념에 대해선 거의 언급이 없다. (이미 언급했지만, 두 사람 모두 자기 시대가 처한 어려움과 악에 대해서 주로 관심을 표하고 있다.) 터툴리안은 교회에 대해서 아무 말도 하지 않았다. 다만 하나님의 집에 대해서 언급은 했다. 하지만 그가 가진 관심과 지속적이고 반복적인 주제는 교회에 대한 것이 아니라 여러 지역교회들에 대한 것이었다. 그리고 지역교회들은 하나의 교회라고 표현한 것이 전부였다. 그는 사도들, 혹은 사도적인 인물을 계승하는 것, 진리를 보존하는 것, 그리고 여러 교회들을 교리 안에서 하나 되게 하는 것에 대해서 주로 다루었다. (그는 그리스에서 열린 여러 공의회에서 이 주제를 강연했다.) 그가 교회를 다루고 있는 에베소서를 본문으로 설교를 했을 때, 그가 대적한 유일한 상대방은 마르키온Marcion이었다. 그는 창조주를 최고의 하나님으로 설명했으며, 육체를 경시하지는 않았다. 어떤 사람들은 이 때 발표한 논문을 가지고, 그가 이 시대에 가톨릭교회로 불린 몸을 떠났다고 판단한다. 하지만 그가 달리 언급했던 더 중요한 발언이 더 직접적인 연관이 있는 것 같다. 즉 그는, "교회의 권위만이 평신도와 안수 받은 성직자 사이의 차이점을 만들어낸다. 모든 그리스도인은 제사장이다. 두 세 사람이 모일 때, 심지어 그들이 평신도일지라도, 거기에 교회가 있다. 그들은 주의 만찬과 침례식을 거행할 수 있다."고 말했다. 요컨대, 그의 가르침은 건전한 교회를 보존하는, 사도적 교회들의 가치를 강조하는 것이었다. 그럼에도 그것은 이단들을 견제하기 위한 로마 가톨릭교회가 내세운 법률적 이유에 불과했다.

52

키프리안Cyprian은 교회의 통일성을 상당히 강조했다. 하지만 그것은 노바투스와 노바티안을 견제하는 것에 불과했다. 이때부터 교회의 통일성은 이단들에 의해서 공격을 받았으며, 교회의 통일성을 주장하는 사람들은(the defenders of catholicity) 조심스럽게, 그들이 사도들의 가르침에 속한 믿음을 가지고 있지 않다며, 그들의 교회 됨을 부인하기에 이르렀다. 이제 기독교계에(in the professing Church) 새로운 것이 일어났다. (키프리안이 증거한 것처럼) 교회의 부패는 극에 달했고, 엄격한 규율(징계)의 필요성이 강조되었다. 규율이 제대로 이행되지 않을 경우, 그렇게 판단한 자신들이 오히려 소환을 당하고, 정통으로 공인된 사람들은 탈퇴를 하게 되고, 주교의 권위는 땅에 떨어지게 되었다. 따라서 키프리안이 내세운 통일성의 개념은 사실은 주교들 간의 통일성을 의미했다. 그는 베드로가 받은 약속을 인용하면서(마 16:18), 모든 주교들의 통일성은 하나의 주교, 하나의 감독제 아래로 모이는 것임을 주창했다. 주교들은 동일한 존경과 권세를 가졌다. 그리스도는 하나의 교회를 시작하셨고, 그래서 교회는 하나의 통일체로 나타나야만 하는 것이었다. 주교직은 하나이며, 개인들은 전체의 일부로서 주교직을 맡는 것이다. 마찬가지로 교회도 하나이며, 하나의 거대체로 자라가는 것이다. 그는 이것을 태양과 빛, 나무와 가지로 설명했다. 만일 그들 가운데 하나가 떨어져나가게 되면, 곧 죽거나 잃어버리게 된다. 그러한 것이 절대적인 주님의 교회인 것이다. 교회의 빛, 교회의 가지는 뻗어나간다. 하지만 빛과 몸의 하나됨이 있다. 하나의 머리, 하나의 기원, 하나의 몸, 하나의 어머니가 있다. ("De Unitate Ecclesiae," 106, seqq.) 우리는 교회에게서 났으며, 교회의 젖을 먹고 양육받았으며, 교회의 영에 의해서 소생되었다. 그리스도의 배우자로서 교회는 타락할 수 없으며, 교회는 부패하지도 않고, 순결하다. 그리스도의 교회를 떠난 사람은 그리스도의 상급을 받을 수 없다. 그는 떠돌이이며, 세속에 물든 사람이며, 원수이다. 그는 하나님을 자기 아버지로 모실 수 없으며, 교회를 자기 어머니로 삼을 수 없다. 이와 동일한 결과를 내는 것은 많다. 그는 교회를 노아의 방주, 그리스도의 속옷, 라합의 집, 유월절 양을 먹는 집에 비유했다. 하나님은 사람들을 한 집안에서 하나의 마음으로 사는 사람을 만드셨다. 하나님의 집인 그리스도의 교회에서 사람들은 일치단결하여 살아야 한다. ("Epistle of the Lapsed," 33:66을 보라.) 그는 다시 베드로를 언급했다. 베드로를 시작으로 해서, 절차와 시기와 계승 등을 통해서 주교를 임명하는 등 교회의 원리들은 나름대로 자기 자리가 있다. 따라서 교회는 주교들 위에 세워지게 된다(Ep. 49:93, 95). 로마의 주교였던 코넬리우스는 서신을 통해서 이렇게 말했다. "교회에는 한 사람의 주교가 있으며, 가톨릭 교회는 한 사람의 주교를 두어야 하며, 분립하거나 분열될 수 없다. 가라지들이 교회 안에 있다. 우리는 가라지로 남아서는 안되며, 알곡이 되고자 애를 써야 한다." 그는 디모데후서 2장 20절을 인용하면서 천하게 쓰는 그릇들이 있지만, 자신을 깨끗하게 하는 것은 불가능하다고 말했다. 그는 주님만이 질그릇을 깨뜨릴 수 있다고 말했다. (고백자의 귀환, 키프리안, Ep. 54:99, 100.) 질그릇과 같은 사람들은 그리스도와 함께 할 수 없으며, 또한 그리스도의 배우자와도 함께 할 수 없다고 말했고, 에베소서 5장 31절을 인용하면서 그들은 교회 안에 있어서도 안된다고 말했다. 이 모든 내용은 노바투스[8]를 가리키고 있었고, 노바투스는 변절자들에 대한 징계가 느슨하다는 이유로

---

8) 노바투스(Novatus)는 로마 황제들의 기독교 핍박 속에서도 신앙을 지킨 로마 교회의 주교였다. 그는 종교박해 때 핍박에 굴복하여 배교를 했던 사람들이 핍박이 지나가자 다시 기독교로 복귀하려는 것에 대해 정죄하며 그들의 입교를 반대한 사람이며, 자기를 따르는 사람들과 카타리파(Cathari, 순전한 자들)를 만들어 교회들마다 자신의 주장을 관철시키려 한 사람이었다.

(96) 따로 분리했던 사람이었다.

53

하나의 교회가 그리스도에 의해서 온 세상에 많은 지체들로 나누어진 것처럼, 하나의 주교직은 서로 화합을 이룬 많은 주교들에 의해서 온 세상에 뻗어나가야 한다. Ep. 112에서는 에베소서 4장에 있는 권면을 언급한다. 그는, 사도들의 가르침에 따르면 주님은 가라지를 뽑아 내지 말도록 말씀하셨다고 했다. 그들은 알아서 끼리끼리 어울리게 된다(딤후 2:20). 그들은 멸시를 받을 것이며, 나무 그릇과 질그릇처럼 대우받을 것이다. 다만 주의 날에 그들은 철장으로 깨뜨려지고 불속에 던져질 것이다(168). 교회는 그리스도에게서 떨어질 수 없다. 왜냐하면 키프리안은 교회를 사람들과 사제들이 서로 결속되어 있으며, 양떼가 그 목자와 한 무리를 이루고 있는 것으로 보았기 때문이다. 설사 많은 사람들이 떨어져나갈지라도 주교는 교회 안에 있고, 또 교회는 주교 안에 있는 것으로 알아야 한다고 말했다. 만일 누구라도 주교와 함께 하지 않는다면, 그들은 교회와 함께 하는 사람이 아닌 것이다. 왜냐하면 교회는 총체적으로 하나(catholic)이기 때문이다. 즉 교회는 하나이며 나눌 수도, 또 나뉘질 수도 없으며, 다만 사제와의 끈끈한 관계를 통해서 서로 단단히 결속되어 있다. 이 모든 것은, 사실상, 로마 교회의 노바투스를 겨냥하고 있었다. 로마에 있는 노바투스와 노바티안들을 대적하는 일파의 수장이었던 사람은 펠리치시모^{Felicissimus}였다. 그는 "교회는 부패될 수 없다"고 말했다. 그리고 "다만 주교는 도덕적으로 이교도화 되고 세속적이 될 수 있다. 그러므로 데키우스 황제의 박해는 교회를 다루시는 하나님의 가장 온유한 방식이었다. 교회는 부패될 수 없지만, 교회는 가라지로 가득해지고 천히 쓰는 그릇이 될 수 있다"고 선언했다.

나는 차라리 키프리안의 진술로 가고 싶다. 왜냐하면 그는 교회의 하나됨에 대한 글을 쓴 위대한 저술가로 알려졌기 때문이다. 그는 짧은 기간 활동의 결과로, 상당히 의미 있는 방식으로 교회에 대한 체계를 세웠다. 하지만 그가 세운 시스템은 애쓴 노력과 더불어 쇠잔해졌다. 그는 하나의 지역교회에 한 사람의 감독을 세우는 이그나티우스의 생각에 한 사람의 주교가 여러 주교들을 관장하는 디오케산 감독제의 개념을 추가했다. 그는 성경을 인용하긴 했지만 그의 마음에는 성경이 말하고 있는, 하늘에 있는 머리 되신 주님과 연합을 이룬 여러 지체들에 대한 개념은 진리로 다가오지 않은듯하다. 그는 사도 바울이 말하고 있는 몸의 중요성과 몸으로서의 정체성에 의미를 두긴 했지만, 그리스도의 몸 안에 사탄이 심은 가라지와 천하게 쓰는 그릇들로 가득하다는 개념을 인정했다. 그렇게 될 수 밖에 없었다. 여기서 우리는 외적인 하나됨을 볼 수 있다. (왜냐하면 성직제도 하에서 하나됨을 형성하고 있었기 때문이다.) 이것은 허다한 타락한 자들과 악한 자들의 무리를 그리스도의 배우자와 몸으로 인정하는 셈이 된다.

54

어거스틴은 전혀 다른 단계를 제시한다. 개인적인 종교와 선택에 대한 그의 견해는 그를 엄청난 논쟁과 어려움에 처하게 했다. 하지만 그 내용들은 중요하다. 만일 키프리안이 로마 가톨릭과는 다른 형태의 성직자 계급주의를 제시했다면, 어거스틴은 이신칭의 교리를 제외하고 상당 부분 개혁주의 교리들의 근간을 제공했다. 이 신칭의 교리는 개혁주의 교회에서 상당히 분명했다. 그가 겪은 어려움들은, 만일 그리스도의 교회를 위해서 슬퍼할만한 것이 아니라면, 그가 당혹스러움을 겪은 것과는 달리 오히려 즐거워할만한 것이다. 다른 사람들처럼 그는 경건한 사람으로서 자신을 위해서 성경을 연구했지만, 유명세 때문에 자신만의 사유에 빠져들었다. 그의 경우엔, 교회에 대한 개념은 도나티스트의 것과 같았다. 아프리카에서 도나투스의 전임자의 감독제에 대한 논쟁이 일어났을 때, 거의 대부분이 감독제를 찬성했다. 디오클레티안 황제의 박해시기에 거룩한 책들을 버리고 믿음을 배반했던 사람에 의해서 체칠리아누스가 안수를 받은 것이 문제가 되었다. 그들은 도나투스 후임으로 마조리누스를 선택했다. 다른 사람들은 순교에 대한 광적인 사랑일 뿐이라고 항변했다. 도나티스트들은 콘스탄티 황제에게 호소했다. 이후 처음 판결에 두 사람이 항소했다가 두 사람 모두 정죄를 받아 심하게 박해를 받았다. 그들은 폭력으로 앙갚음했는데, 전해지는 바에 의하면, 암살을 했다고 한다. 초대교회의 역사 속에 이 얼마나 희한한 일인지! 여기서 또 다른 상황을 언급해야 할 것 같다. 키프리안과 대부분 동방 교회의 주교들은 이단에 의해서 세례(침례) 받은 사람들에게 재 세례(침례)를 주었다. 로마 교회와 그 영향력 아래 있는 사람들은 이것을 반대했다. 하지만 키프리안과 동방교회는 고수했다. 하지만 때가 되자, 로마교회의 의견이 서방교회보다 우세해졌다. 이것은 이단에 의해서 시행된 세례를 인정하는 것이 정통이 된 것이었다. 동방교회에서는 이 일 후에도 상당히 오랜 기간 동안 이런 입장을 거부했다.

이것을 언급하는 이유는, 어거스틴이 당혹감을 느낀 가장 큰 것이었기 때문이다. 그는 서방교회의 견해를 받아들였다. 하지만 어거스틴은 가톨릭 교회에 속하지 않은 사람들, 즉 도나티스트에 의해서 세례 받은 사람들도 죄 사함과 성령을 받았다는 것을 인정해야만 했다. 물론 이것은 매우 끔찍스럽게도 어려운 결정이었다. 이제 나는 그의 진술을 인용하고자 한다. 그 속에는 그의 여러 견해들이 서로 상충되어 나타나는 것이 쉽게 보일 것이다. 그러한 것들이 모여 비가시적인 교회에 대한 생각에 정당성을 부여해주었다. 그는 하나의 본문을 지속적으로 사용하고, 또 곳곳에서 반복적으로 그것을 인용하면서 자신의 의견을 진술해나가는 방식을 선호했다. 예를 들자면, 에베소서 5장을 가지고 몸과 머리의 하나됨, 배우자와 남편의 관계를 집중적으로 설명해나갔다.

55

총체적인 그리스도는 그의 머리와 몸으로 이루어진다. 따라서 모든 시편을 통해서, 머리의 말씀을 들어야 한다. 그리하면 우리는 몸의 말을 듣게 될 것이다(Ps. 57:754, C, D). 그렇다면 교회 안에 있는 모든 민족은 오순절의 날과 같다. 교회는 그리스도와 항상 함께 하며, unus homo, caput et corpus, 한 사람, 머리와 몸으로 존재한다(Ps. 18:122, C). 그렇다면 시편에 있는 진술들이 하나님으로서 또는 사람으로서 그리스도와 조화를 이루고 있지 않을 때, 그는 말하길, 나는 감히 그리스도께서 말씀하신다고 말하고 싶다. 그리스도는 그리스도의 지체들 가운데 계신 분이시기 때문에 그리스도께서 말씀하신다(Ps. 30:211, A).

어거스틴은 "만일 머리되신 그리스도를 붙들지 않으면 어느 누구도 구원과 영생에 이를 수 없으며, 그리스도의 몸된 교회에 속하지 않으면 어느 누구도 머리되신 그리스도를 붙들 수 없다."(vol. 9, Ed. Ben. 587, B)고 말했다. 그리고 그는 도나티스트와 그들의 행위를 부정하지 않았다. "만일 교회를 굳게 붙들기만 한다면, 그들은 밀짚일 순 있지만 알곡들에게 상처를 주진 않을 것이다." 그는 무슨 선을 위해서 교회 혹은 사람의 견해들을 수용하지 않았다. 가톨릭교회에서 옳게 행한 것은 승인되어야 마땅하다. 왜냐하면 가톨릭 교회에서 행한 것이기 때문이다. 우리는 그가 교회를 거룩한 정경에서 머리로 말한 것을 인정한다. 그는 성경을 상고하라고 주장했다. 성경은 우주적인 교회를 언급하고 있다. 이것(교회)은 아프리카의 도나티스트가 될 수 없다. 그리고 그는 박해를 (합당하게 사용되기만 한다면) 정당화했다. 내가 이미 암시했듯이, 여기서 그는 크게 혼동을 일으키고 있다. 왜냐하면 이단의 세례를 유효한 것으로 결정했기 때문이다. 따라서 그의 대적들은 도나티스트의 세례가 수용되었다고 주장했고, 따라서 결과적으로 그는 그들도 죄 사함과 성령을 줄 수 있다는 것을 시인해야만 했다. 그는 세례의 효력과 그들이 베푼 세례를 받은 사람들도 교회에 받아들여지는 것을 믿었다. 그렇다면 도나티스트도 교회였던 것이다. 그는 대답하길, 공식적으로 밖에 있는 사람들 가운데 더 나은 사람들이 많았고, 그들이 오히려 선한 가톨릭이라고 했다. 하나님만이 예정된 사람들을 아시며, 또 누가 예정될 것인지도 아신다. 하지만 현재 일만을 가지고 판단할 수밖에 없는 우리는, 하나님의 사랑은 그들에게 해당되지 않으며, 주님은 "내가 너희를 도무지 알지 못하니 불법을 행하는 자들아 내게서 떠나가라."고 말씀하실 것이라고 말한다. 나는 이렇게 대답한다. 즉 그는 다시 말하길, 탐욕스러운 사람 혹은 악한 사람들도 죄를 사할 수 있는가? 만일 당신이 성례를 생각한다면, 그렇다. 만일 자신을 생각한다면, 그럴 수 없다. 우리는 그리스도께 속한 것을 소유하고 있지만, 그것은 아무 효력을 발휘하지 못한다. 악이 교정된다면, 다시 효력을 발휘할 것이다. 이단에게서 세례를 받은 사람은 하나님의 성전이 될 수 없으며, 그가 악을 떠나지 않는 한 세례를 받은 탐욕자도 하나님의 성전이 아니다. 여전히 그는, 그들은 하나님에게서 난 사람들이며, 그들(도나티스트들)도 가톨릭교회에 속하며(9:168, B.C.), 사랑과 평안의 매는 띠 안에 있지는 않지만, 하나의 세례에 속한다고 말했다. 공개적인 분리 가운데 있는 그들은 교회에 소속되어 있지 않지만 교회의 하나됨을 유지하고 있는 사람들은 나쁜 삶에 대해서 분리되어야 한다. 그는 시몬 마구스를 예로 들면서 말했다. 사랑이 없는 사람은 헛되이 태어난 사람이며, 차라리 태어나지 않은 것만 못하다. 그는 "성령을 받으라"(요 20:22)는 구절 때문에 크게 혼동을 일으켰으며, 그 구절을 인용하면서 이어서 "모든 민족을 … 이름으로 세례를 베풀고"(마 28:19)와 "너희가 누구의 죄든지 사하면 사하여질 것이요"(요 20:23)를 연결시켰다. 그는 "형제를 미워하는 자는 사망 가운데 거한다"는 말로 대답하면서, 종파주의자들이 그런 일을 하고 있다고 말했다. 세례를 통해서 거듭나는 것은 옛 상태를 벗고 새롭게 되는 것인가? 하지만 자신의 옛 죄들이 제거되지 않은 사람은 그렇지 않다. 만일 거듭나지 않은 사람이 그리스도로 옷을 입는 것이 아니라면, 만일 그가 그리스도로 옷 입은 것이 아니라면, 그는 그리스도 안에서 세례를 받은 사람으로 여겨질 수 없다. 하지만 그리스도 안에서 세례를 받은 사람은 누구나 그리스도로 옷 입은 것이라고 대답했다. 그는 그리스도 안에서 세례를 받은 사람은 그리스도로 옷 입었다고 인정했다. 그가 그들의 세례를 인정했기 때문에 당연한 결론이었다. 그러므로 그들은 중생한 사람들이었다. 따라서 그들의 죄는 제거되었다. 그는 시몬 마구스는 예외라고 대답했다. 즉 시몬은 죄 사함의 은총에 참여하지 못했으며, 그 일에 아무 분깃이 없었다. 하나님의 형언할 수 없는 임재 가운데, 밖에 있는 듯 보이는 많은 사람들이 그 속에 들어가 있고, 안에 있는 듯 보이는 많은 사람들이 밖에 있다. 많은 사람들이 내적으로 그리고 은밀하게 잠근 동산 안에 있으며, 봉한 샘으로 있다. 그들 가운데 이단에 속한 사람들도 있지만 어쨌든 그들은 세례를 통해 방주 안으로 들어온 사람들이다(218, B). 교회의 물은 합법적으로 사용하는 사람들에겐 신뢰할만하며, 구원하며, 거룩하지만, 교회 밖에서는 사용할 수 없다. 그렇다고 부패될 수도 없다. 따라서 교회는 부패하지 않으며, 순결하며, 순수하다. 따라서 탐욕스러운 사람은 교회에 속하지 않는다. 키프리안도 이 점에 대해서 친히 증거하기를 교회 안팎의 탐욕스러운 사람들이 많이 있다고 했다(466, A). 만일 그대가 제단 주변에 악한 자들의 무리가 둘러싸고 있는 것을 볼진대, 어찌해야 한단 말인가? 그들은 거룩한 기름으로 기름부음을 받았다. 사도가 명확한 진리로 확고하게 말한 것처럼, 그들은 하나님 나라를 얻지 못할 것이다. 그러므로 거룩한 가시적인 성례가 좋은 것일 수도 나쁜 것일 수도 있음을 생각하라. 좋은 쪽은 상을 받을 것이고, 나쁜 쪽은 심판을 받을 것이다. 가시적인 사랑의 기름 바름을 통해서, 좋은 곳에 속한다. 하지만 참 교회(578, A)는 가려지거나 숨겨지지 않으며 그럴 수도 없다(466, B). 따라서 도나티스트들은 교회가 아니다. 주님은 교회를 그물에 비유하셨다. 나쁜 물고기는 물속에 있을 때에는 어부들의 눈에 띄지 않는다. 하지만 물 밖에서는 악한 것들은 심판을 위해서 골라낼 수 있다. 따라서 물고기를 골라내는 일은 그물이 바닷가로 끌어올려졌을 때에만 가능하다. 그때까지 그들은 교회 안에 섞여 있을 수밖에 없다(48, C). 바알에게 무릎을 꿇지 않은 7,000명도 이스라엘 백성들 가운데 있었다.

57
어거스틴에 따르면, 구약성도들도 교회에 속한다(6:454, 455, 480, C; 5:25, C, D).

혼동과 모순이 명백하다. 참된 성결과 하나님의 택하시는 은혜가 무엇인지를 배운 사람은 제단 주변에 악한 무리들로 둘러싸인 것을 보면서 마음의 탄식과 괴로움을 겪었지만, 외형적인 체계를 유지시키고자 했기 때문에 그리스도의 부패할 수 없는 몸을 외형적으로 부패시키는 일을 했다. 제롬은 더 모호했다. 그는 구약성도들을 교회의 지체들로 생각했고(Com. on Epis. to 갈 4:1, 7 (1) 446), 가라지들도 교회에 포함시켰다. 이는 교회를 온갖 종류의 동물들을 수용했던 노아의 방주로 여겼기 때문이다. 따라서 디모데후서 2장에서 말한 큰 집에는 금 그릇, 은 그릇, 나무 그릇과 질그릇이 있는 것과 같다. 그는 아리안주의를 엄격하게 배척했던 이단, 즉 루시페리안 사람들Luciferians을 대항해서 공적 가톨릭 교회 보다 더 엄격하게 했다(2:195). 심판의 날이 해결할 것이다. 다만 교회를 떠나서는 어느 누구도 구원받을 수 없다. 교회는 우주적이지만, 루시페리안은 교회가 될 수 없다. 그는 그 상태를 신랄하게 불평했다. 그는 예레미야 23장 11,12절을 교회에 적용시켰다. 교회를 그리스도의 집으로 생각했다(4:999). 그는 그리스도를 우리의 머리로, 공동의 주님으로 받아들였다. 따라서 그가 그리스도를 머리라고 말할 때, 그것은 아브라함, 비느하스 등 구약성도들도 포함시키는 것이었다.

크리소스톰은 우리에게 약간 도움이 된다. 그는 매우 빼어난 설교자요 열정적으로 공개적인 악에 도전했던 실제적인 사람이었으며, 주교직에서 물러나 추방 상태에서 죽음을 맞이했다. 교회는 그리스도의 몸이며(Hom. 30 on 1 Cor.), 이것이 매우 선명했다. 크리소스톰에 따르면 세례는 성령으로 세례를 받는 것이며, 다 한 성령을 마셨기 때문에 주의 상에 참여할 수 있다. 세례는 중생을 가리키며, 한 성령에 의해서 한 몸 안으로 들어가는 것이다. 이것은 한 사람씩 된다. 그는 실제적인 교회 상태에 더 많은 관심을 가졌다. 그는 교회가 초대교회가 실행했던, 두 세 사람이 차례를 따라 말하는 것(고전 14장 참조)의 흔적 혹은 상징만을 가지고 있다고 불평했다.

58

이 모든 교리적 논쟁을 하는 동안 또 다른 체계가 형성되었다. 처음 기독교를 공인했던 황제는 제국의 보좌를 비잔티움으로 옮겼고, 자신의 이름을 따라 콘스탄티노플이라고 불렀다. 이것은 이중적인 효과를 냈다. 로마 고위성직자들을 보다 큰 정치적인 권세의 자리에 앉혔으며, 보다 더 강화시켰고, 바바리안의 침투는 이탈리아에서 제국의 힘을 약화시켰다. 비록 이탈리아, 라벤나와 심지어 밀라노에 제국의 힘이 남아있긴 했지만, 로마와는 독립되어 있었다. 역사가들은 그 지역을 튜린 지역 Turin을 경유해서 보 지역 Vaudois과 연결시키고자 애썼다. 어쨌든 그곳은 수세기동안 독립적으로 존재했다. 또 다른 효과는 콘스탄티노플을 (콘스탄티노플은 대도시는 아니었고, 사도적 토대도 없었다.) 공적인 중요성을 부여함으로써 로마와 라이벌 관계를 만드는 것이었다. 그래서 그 도시를 신성 로마Nova Roma라고 불렀다. 독자들이 반드시 이해해야만 하는 것은, 정교하게 다듬어진 초대교회는 그야말로 거센 정치의 파도가 일고, 탐욕스럽고, 야망으로 가득한 곳이었으며, 황제에 의해서 소집된 의회, 주교들의 회합은 폭력적이고 폭동을 가세한 교회의 논쟁과 교리적 파당을 잠재움으로써 제국의 분열을 막기 위한 수단이었다는 점이다.

이상한 말이지만, 교회가 세속권력으로부터 자유를 얻었을 때, 의회는 의장직을 수행하지 못했다. 세월이 흐른 후, 교황이 의장직을 맡았다. 처음에는 황제만이 그 자리를 차지했다. 사실상 니케아 공의회에서, 도나티스트의 일을 통해서 교회문제에 경험을 했던 황제는 모든 일을 처리했다. 신성교부들은 감독주의 형제들을 항거하는 내용을 담은 문서로 작성된 불만 사항 혹은 명예 훼손 소송문제를 가져와서 황제의 손에 맡겼다. 황제는 그 모든 문서를 접수해놓고, 그들에게 화목하도록 권한 후, 모두 불태워버렸다. 어쨌든 옳은 사람들은 인정을 받았고, 문제는 해결되었다. 굴곡은 있었지만 다툼은 해결되는 방향으로 진행되었고, 다루기 힘든 사람들은 유배를 당했다. 의회에서 로마교회의 자리는 모호했다. 로마교회는 두 명의 장로가 대표로 선임되었고, 어쩌면 한 사람의 주교, 호시우스가 대표직을 맡았을 것이다. 오래전부터 교황의 자리는 비어있었던 것으로 보이며, 나는 오히려 정책상 그리한 것으로 판단한다. 아무튼 칼케돈 의회에 보낸 레오의 편지를 통해서 우리가 알 수 있는 것은, 그것이 일종의 관례이긴 해도, 로마교회가 의장직을 맡았다는 것은 의심의 여지가 없다. 바로 이 사실을 염두에 두는 것이 중요하다. 알렉산드리아, 안티오크, 그리고 로마는 그 당시 주요 도시이기도 했지만, (로마제국의 권좌가 그 당시 헤라클리아에 있는 대도시의 위성도시였던 비잔틴으로 옮길 때까지) 세 개의 거대한 교회의 중심이었다. 안티오크는 대시리아 제국의 고대 수도였고, 알렉산드리아는 이집트 혹은 프톨레마이오스의 수도였으며, 가장 유명한 교육과 상업의 중심지였다. (안티오크 교회와 더불어 베드로가 세웠고, 또 베드로의 감독을 받은 것으로 알려졌다. 그리고 알렉산드리아 교회는 그의 제자 마가의 감독을 받았다.) 로마는 여전히 세상의 중심도시였으며, 로마교회는 베드로와 바울 두 사도에 의해서 세워진 것으로 알려졌다. 이 모든 전통에 대해서 충분한 답변을 제공한 것 같지 않은 것이 사실이다. 게다가 여러 가지 면에서 의심스러운 점이 많이 있다. 하지만 이러한 것이 그 시대에는 정통적인 견해였다.

59

이방인 황제들이 집권하는 동안, 이러한 견해들이 여러 가지 원인 때문에 널리 확장되었다. 여전히 주교들의 독립성은 최대한 보장되었고, 특히 소아시아와 아프리카 지역에서 그러했다. (이후에 대도시로 승격된) 에베소와 카르타고는 가장 많은 영향을 받은 곳이었다. 재세례파 이단들의 일을 처리하는 과정에서, 이 두 지방은 중요한 역할을 감당했으며, 3세기 들어서면서 로마와는 완전히 독립하게 되었다. 이 일에 키프리안은 많은 역할을 했다. 알렉산드리아는 이집트와 리비아(아프리카)에 실제적인 영향력을 행사했다. 예루살렘 교회가 차세대 총대주교의 직분을 맡을 때까지 안티오크 교회는 소아시아 지역에 막강한 영향력을 행사했다. (알프스 이쪽과 저쪽 지역을 지칭하는) 갈리아치살피나와 갈리아 트란살피나, 그리고 대영제국의 그리스도인들은 근교 도시를 포함하는 로마의 대도시 정책에서 자유로웠다. 이제 두 개의 시실리 제국과 사르디니아 제국은 로마교회에 복속되었다. 서방에서 로마와 견줄 수 있는 세력은 없었다. 로마는 점차적으로 그 영향력을 골(프랑스)과 스페인 그리고 (상당히 오랜 세월 경쟁지역으로 남아 있었던) 일리리쿰까지 확장시켰고, 골(프랑스)에는 교황의 특사로서 지역을 관장하는 지역 장관이 아니라 주교들을 지역 장관으로 임명했다. 이로써 어떤 사람들은 총명하게도 사르디칸 의회[9]에서 정한 교회법을 확대 해석했고, 니케아 공의회의 교회법에 첨부했으며, 제6회 니케아 공의회에선 본 안건 외에도, 서방제국이 그 영향력 아래 들어올 때까지 황태자들의 영향력과 그 사용을 제한시키는 내용을 추가로 상정했다. 색슨족에 의해서 대영제국의 교회들이 몰살될 뻔한 위기 상황에서 (대영제국의 교회들은 부활절을 지킴으로써 동부에서부터 시작되었다), 로마교회는 색슨족의 회심을 일으킴으로써 영국을 복속시켰고, 비록 북부지역 교회가 그 와중에 영국 중부지역까지 영역을 확장시켰지만, 654년경 영국 동부 휘트비 지역에서 일어난 윌프리와 콜먼 사이에 논쟁 결과, 결국 로마교회에 굴복했다. 이

---

9) 이 회의는 로마교회의 지지자들이 개회했던 매우 작은 지방 의회였다. 로마교회는 이러한 교회법들을 니케아 공의회의 결과처럼 인쇄했다. 그들은 일종의 상소심의 재판을 요청하는 식으로 로마로 보냈다. 하지만 칼케돈 공의회는 그것들을 우주적 교회의 공인된 교회법으로 인정하려고 하지 않았다. 어거스틴의 영향력 아래 있던 아프리카의 주교들은 이러한 상소를 비난했고 기각시켰다. 교황의 특사는 니케아 교회법에 호소했다. 그들은 그것은 인정하지 않았다. 공인된 복사본은 거짓된 것으로 반박되었고 돌려보내졌다. 그들의 주장은 계속되었다.

일은 트렌트 공의회에서만 일어났을 뿐, 주교들은 자신들의 권위가 교황에게서 나온다고 선언을 했던 스페인의 고위성직자들은 격렬한 저항을 했다. 총회의 의장권은 교황에게 있다는 선언은 14세기에 이르러서야 콘스탄스Constance에서 선포되었다.

60
지금까지 서방교회 혹은 라틴 계급주의 성직자 제도의 역사에 대해서 살펴보았다. 이제부터 일반적인 주교회의 역사에 대해서 알아보자. 황제가 기독교 신앙을 고백하고 또 콘스탄티노플에 수도를 정한 일은, 우리가 살펴본 바에 의하면, 로마에 경쟁자가 생긴 것이었다. 그리스인들은 말로 논쟁했다. 로마인들은 끊임없이 그들을 끝장내고자 했다. 아무도 모르게 계급적인 수장제도 확립을 요청하는 요구서를 제출했다. 다양한 기회를 이용해서 입법화시키고자 했으며, 다른 사람들은 묵인했다. 고대 권리에 대한 사례를 인용했다. 상황은 호의적으로 돌아갔다. 콘스탄티노플은 세력을 확장하고자 했고, 또 확장일로에 있었으며, 주교들 사이에 그리고 대도시들 사이에 일어난 분쟁을 중재하면서 동부 제국에 대한 영향력은 커져만 갔다. 콘스탄티노플 의회에서 옛 로마로서 지위를 인정받아 로마는 최고의 수장 자리에 앉게 되었다. 하지만 새로운 로마로서 콘스탄티노플은 두 번째 지위를 차지했다. 칼케돈 공의회에서 콘스탄티노플은 황제의 도시라는 지위에 걸맞는(isa presbeia), 그와 동일한 지위를 받았다. 이러한 콘스탄티노플의 격상 때문에 안티오크와 알렉산드리아, 이 두 도시는 로마의 품에 안기는 결과를 낳았다. 레오는 베드로의 감독 아래 있었던 세 도시에 대해서 참으로 놀라운 방식으로 말을 했다. 즉 서로마는 부활절에 대한 끊임없는 신학적 논쟁에서 동로마를 위하여 고요하면서도 지속적으로 지지하면서 교리적인 중재자 역할을 했던 것이다. 이렇게 한 것은 (참으로 능력을 가진 레오의 경우를 생각해보면, 분명 의도적으로 보인다. 하지만 항상 정치적 영향력을 추구했던 참 로마인으로서 당연한 일일 것이다.) 모든 문제를 종식시키는 결정적인 역할을 한 것이었다. 레오의 인물됨을 생각해볼 때, 플라비안에게 보낸 편지에서 다소 교리적인 권위를 내세우는 것을 볼 수 있다. 여전히 콘스탄티노플과 로마는 영향력을 다투는 경쟁적인 관계에 있었다. 한쪽은 황제가 없었지만 서방에서 영향력을 가지고 있었다. 다른 쪽은 동방에서 나름 영향력을 가지고 있었다. 악이 싹트고 있었다. 콘스탄티노플과 경쟁관계에 있던 안티오크 대주교의 제안에 맞서 존 더 패스터의 제안으로 콘스탄티노플은 총대주교의 자리에 상정되었다. 교황 펠라기우스는 이 문제에 대한 이전 모든 제안을 무효화시켰다. 하지만 존 더 패스터는 그레고리 황제의 승계를 알았을 때, 이 안을 다시 제출했다. 그레고리는 그를 적그리스도의 기사라고 탄핵했으며, 자신을 그 유명한 "하나님의 종들의 종"이라는 교황의 이름으로 칭했다. 비록 로마가 우주적 교황이라는 직분을 가지고 있긴 했지만, (칼케돈 공의회에서 부여한 권위를 따라 자신이 그것을 가져야 한다고 그렇게 믿고 있었지만) 겸비한 자세를 취했다. 하지만 이것이 끝이 아니었다. 그레고리는 힘을 다해 콘스탄티노플의 허세를 막고자 했으며, 교제를 끊어버렸다. 로마의 영향력을 막고자 했던 모리스 황제는 온 가족과 더불어 살해당했다. 그를 살해한 자는 지나칠 정도로 그레고리의 칭찬을 받았다. 새로운 황제 포티오스는 답례로, 콘스탄티노플은 모든 교회의 수장이 되고, 로마는 신성로마교회들의 영대주교(primate)가 되어야 한다는 칙령을 내렸다.

61

이 일은 요크와 캔터베리 사이에 있었던 다소 작은 규모의 논쟁들을 일깨우는 계기가 되었다. 그 결과 요크는 영국의 대주교가 되고, 캔터베리는 전체 영국의 대주교가 되었다. 아일랜드에서는 더블린과 아마 사이에 동일한 논쟁이 일어났다. 논쟁의 핵심은 과연 더블린이 아마 교구의 사법권 내에서 십자가를 (대주교(archbishop) 앞에서) 옮길 수 있는가에 대한 것이었다! 더블린은 이제 아일랜드의 영대주교가 되었고, 아마는 전체 아일랜드의 영대주교가 되었다. 이것이 그 당시 기독교의 실상이었다!

참으로 슬픈 역사를 추적해왔다. 18세기에 국가의 영토는, 곧 교회의 영역으로 불렸다. 영토의 대부분은 샤를마뉴 대제가 그 권리는 보유하면서도 로마에 주어버렸다. 교황은 일시적으로 황태자가 되었다. 동시에 그리스 혹은 동방 황제는 남부 이탈리아, 시실리, 그리고 일리리쿰을 차지했다. 광대한 영역에서 로마의 교구를 빼앗아 이전 상태로 돌려놓았다. 물론 강렬한 반감이 있었다. 19세기에 황제가 영토와 권위를 다시 복속시키길 거절하자, 교황은 콘스탄티노플의 총주교였던 이그나티우스의 사례를 들어 황제를 퇴위시켰다. 그러자 그 둘은 서로를 출교시켰다. 황제는 살해당했다. 그를 살인한 자와 새로운 황제는 이그나티우스를 상기했다. 그 어간에 교황과 총주교는 새롭게 회심한 불가리아 사람들에 대한 감독 자리를 놓고 다투었고, 로마는 이단으로 정죄되었다. 콘스탄티노플의 총주교였던 포티오스는 이그나티우스의 죽음을 막고자 했고, 교황은 만일 불가리아 사람들이 자신에게 복종한다면 동의한다는 조건을 제시했다. 그래서 서로 일치를 보았고, 처형하지 않았다. 교황의 특사가 로마에서 콘스탄티노플로 파견되었고 감옥에 갇혔다. 그러자 교황은 포티오스는 합당한 재판을 받았고 이미 강등되었다고 말했다. 11세기에, 콘스탄티노플의 켈룰라리우스는 교황을 다양한 이단으로 고발했다. 레오 9세는 모든 그리스 교회를 출교시켰다. 이탈리아에서 영향력을 펼치길 바랐던 황제는 논쟁을 불식시키고자 애를 썼고, 교황의 특사가 콘스탄티노플에 파송되었다. 그리스인들은 받아들이지 않았다. 특사들은 총주교와 그 지지자들을 모두 파문시켰다. 총주교는 특사들을 파문시켰다. 서방과 동방의 최종적인 분리가 일어났다.

62

이 시기에 점진적인 힘을 키운 교황들은 그 행실에 악명이 높았다. 따라서 로마교회들은 그들을 폐위시켰고, 독일의 황제는 새로운 사람들을 지명했다. 그러자 두 사람이 자리를 놓고 다투게 되었고, 그레고리 7세의 이름으로 힐더브랜드Hildebrand로 불린 성직자의 독신제도를 시행했다. 독신은 오랫동안 명목상 요구되었다. 사실상 결혼한 대부분은 아내와 강제적으로 이별을 해야 했다. 비록 그레고리가 로마에서 유배된 상태에서 죽음을 맞이했지만, 그는 교황을 선출하는 권한을 황제들에게서 빼앗는데 성공했으며 성직자의 독신을 확립했다. 이 시기에 시작된 중요한 변화는 전체 성직자, 귀족들, 그리고 백성들이 아니라 추기경들이 교황을 선출하는 것이었다. 그럼에도 황제가 재가하는 것은 유지되었다. 황제의 재가는 그레고리 7세, 사실은 알렉산더 2세에 의해서 제한을 받았고, 그 시대에 대립 교황이 있었다. 그레고리는 황제의 적극적인 지지를 통해서 선출되었고, 모든 인간 권세 위에 교황의 권세를 세우는 일을 시작했다. 그는 모든 왕들이 자신을 통해서 왕관을 받아야 한다고 주장했다. 정복자 윌리엄과 다른 사람들은 거부했다. 나폴리, 크로아티아, 이상한 일이지만 러시아까지 이것을 환호했다.

이제 우리는 자신들의 교구에 주교를 임명하는 황제의 권한을 축소시키는 교황 시스템이 확립되는 시기까지 살펴보았다. 독립적인 스코틀랜드 교회의 역사는 매우 흥미롭다. 스코틀랜드 교회는 독일과 스위스의 엄청난 복음 전도의 결과였다. 독일의 사도 보니파티우스Boniface는 스스로 교황 아래 들어가 마엔스(프랑스)의 대주교가 되었다. 모든 것이 교황의 영향력 아래 들어가는 순간이었다. 교구에 부속된 광대한 영토는 마치 그들이 실제적인 제후처럼 그 땅을 소유하는 것처럼 여겨졌기에 임명의 문제를 일으켰다.

63
그리스 교회는 안티오크와 알렉산드리아가 영향력을 뚜렷이 나타내기 전까지 사라센들의 침투로 인해서 그 영광이 바래졌다. 14세기 터키에 의해서 콘스탄티노플이 점령을 당한 일은 그 중요성이 끝난 것처럼 보였다. 그것은 신의 섭리가 아니었다. (러시아의 기독교 개종은 10세기 그리스 총주교의 노력의 일환이었다. 처음으로 대공작 부인이 세례를 받고, 그 다음으로 대공작이, 그리고 온 국민의 순서로 진행되었다.) 러시아가 가진 힘은 그리스도 교회에 우호적으로 작용했다. 그들은 우선 콘스탄티노플의 총대주교(the patriarchate) 아래 있었다. 16세기 모스크바의 대주교는 처음에는 의존적인 총대주교였지만, 나중에는 독립적인 총대주교가 되었다. 16세기 초 피터 대제의 통치 기간 동안, 러시아 황제는 영국에서처럼 스스로 교회의 머리로 선언했다. 총대주교와 노회는 황제의 권세 아래 놓이게 되었다. 후기 러시아 전쟁은 소위 성지로 불리는 팔레스타인에 대한 그리스의 권리를 지지하느냐 혹은 라틴의 권리를 지지하느냐의 문제로 일어났다.

그러한 것이 소위 기독교와 교회의 모습이다. 나의 목적은 이것을 하나의 역사로 추적해서 상세히 열거하는데 있지 않다. 하나님의 위대하고도 존귀한 자비하심으로 일어난 종교개혁은 성경을 안개낀듯한 모호성으로부터 건져내었고, 이신칭의를 선포했으며, 많은 국가들을 교황주의의 멍에에서 풀어주었다. 하지만 종교개혁은 국가교회 형태로 남았고, 세례중생설의 씨앗을 뿌렸으며, 여기서 벗어나지 못했다. 사역에 대한 절대적인 권리를 행사하는 성직자 제도는 성령의 주권과 성령의 사역을 부정했으며, 심지어는 중생과 은사에 대한 성령의 역사를 방해하는 데까지 나아갔다. 그리고 (비록 많은 사람들이 첫 번째 오류에서 벗어나긴 했지만, 두 번째 부분에서도 해방이 이루어지는 경이로운 능력의 역사를 볼 필요가 있다.) 이러한 영적인 에너지는 그 인본적인 시스템을 깨는 것으로 작용하고 있다. 새 술은 헌 부대에 넣을 수 없다. 나는 급박하게 조사한 결과에 대해서 간단하게나마 이렇게 말할 수밖에 없다.

이 글을 통해서 보여주고 싶은 것은 실제적으로는 큰 집의 역사이며, 그 마지막에 이를 때 나타날 가장 최악의 모습이고 가장 끔찍스러운 모습이다. 물론 이 말은 그리스도의 몸에 대한 것은 아니다. 이러한 최악의 형태는 교황제도를 가진 가톨릭교회이다. 그것은 지상에 있는 하나님의 건축물로서 인간의 책임 아래 놓인 하나님의 집(고전 3장)과 살아있는 지체들로 그리스도와 연합을 이루고 있는 그리스도의 몸을 혼동한 결과이다. 우리는 다양한 교부들이 하나됨을 촉구하는데 항상 관심을 가졌던 것과 자신들의 입장에서만 피력했던 것에 대해서 살펴보았다. 우선 이그나티우스는 주교와 지역교회의 하나됨을 강조했다. 감독제도에 대한 생각을 더 전개하지는 않았다. 그 후 이단들의 침입이 있었고, 모두가 견지했던 동일한 사도적 교리는 (교회가) 사도들의 감독을 받았다는 교리로 통합되었다. 진리가 성령과 교회를 입증하는 것이기에 이단들은 그렇게 할 수 없었다. 왜냐하면 그들에겐 진리가 없기 때문이다. 이러한 논쟁의 순서는 주목해야 한다. 왜냐하면 논쟁은 전적으로 반-로마 가톨릭적이기 때문이다. 그들은 교회를 통해서 진리를 확정했다. 반면 이레니우스와 터툴리안 학파는 진리를 소유함으로서 교회를 확정한다는 입장이었다. 그들이 성경을 통해서 진리를 혹은 사도적 교리의 계승을 분명한 하나의 사실로 보았다. 이제 이것은 사실이 아니다. 왜냐하면 로마는 중요한 요소들을 변경시켰고 또 추가했기 때문이다. 성령의 오심의 교리로서 필리오케Filioque를 추가시켰고, 죽은 자를 위한 기도에서 죽은 자들에게 하는 기도로 변경했으며, 연옥과 기타 등등을 추가했다. 알렉산드리아와 안티오크는 (그리스도 안에 신성과 인성이 하나로 결합되었다고 보는) 단성론자들이었다. 즉 그들은 그리스도 안에는 하나의 본성만 있다고 믿었다.

64

본론으로 돌아가 보자. 이 시기에 교회와 관련된 것이 있다면, 그것은 이단에 대한 자신들의 입장을 표명하는 것 뿐이었다. 이어진 다음 투쟁에서는 분립을 반대하는 내용뿐이었고, 한쪽 측면에서는 분리적인 입장에 있는 노바티안에 대항하고, 다른 쪽 측면에서는 로마의 오만한 교황들에 반대하면서 감독들의 권리를 주장하는 것이었다. 이것이 키프리안 학파의 입장이었다. 어거스틴 학파는 부분적으로는 도나티스트들에 대항했지만, 정작 신적인 진리에 대한 개인의 분별은 혼동하고 있었고, 하나님만 아시는 비가시적 교회라는 이론을 발명해냈다. 결과적으로 보면, 이것은 최초로 총주교 세력에 의해서 진행된 주교 집단의 과두정치 체제를 허물기 위한 투쟁으로 끝났다. 패권을 두고 로마와 콘스탄티노플이 다툰 꼴이었다. 현대적인 의미로 보면, 사실상 거짓된 로마 가톨릭교회를 세운 결과를 낳은 것이었다. 지상에 있는 교회들을 다스리는 최고 수장으로서 교황들을 세우게 되었는데, 이것은 콘스탄티노플이 시도해 온 일이었다. 외형적인 몸으로서 교회는 로마가 로마 가톨릭을 세우고자 시도하였을 때, 이미 지상에 있는 모든 교회들을 아우르는 가톨릭교회, 즉 보편교회이기를 포기한 것이었다. 이 일은 거대한 두 개의 진영, 즉 로마교회와 그리스교회로 나누는 결과를 낳았다. 로마교회는 사실은 더 컸다. 그리스교회가 동방의 지도자들을 의지한 것처럼, 모두가 서방의 지도자들을 의지했다. 이제는 수적인 우세만을 자랑할 수 없었다. 이는 프로테스탄트의 분립으로 인해서 로마교회 울타리 안에 있는 숫자보다 밖에 있는 기독교계의 숫자가 확대되고 있었기 때문이다. 로마는 독보적으로 이것 한 가지를 가지고 있다. 즉 권력을 탐하고, 그리스도의 머리되심을 부인하고, 하나님의 말씀을 거부하며 또 위조하는 배도자였다. 그것이 전부이다.

65

이제 교리에 대해서 살펴보자. 여기선 또 다른 사항을 주목해야 한다. 교회의 진리가 열린다는 복된 사실은 어느 누구도 생각지 못했다. 어떤 사람은 그러한 개념을 사용해서 외형적인 몸, 사실은 집에 그 특권을 적용시키고자 했다. (이렇게 함으로써 사실은 진리를 부정하는 결과를 낳았다. 그리스도의 몸에 악한 지체가 있다는 생각을 하는 것은 말도 되지 않는다.) 그들은 이 부분에 대한 자신의 생각을 입증하기 위해서 여러 성경구절을 인용했지만, 자신들의 상대방을 혼돈스럽게 만들 뿐이었다. 내가 아는 바로는, 그들 가운데 어느 누구도 몸에 속한 특권을 그들에게 제대로 설명한 사람은 없었다. 그들은 보는 것으로 행했다. 지상에 있는 교회는 자신들의 눈으로 보는 것이 전부였다. 이것은 매우 중요한 내용으로서, 세상의 일에 개입하시는 하나님의 주권적인 섭리를 보여주는 위대한 사실이다. 지상에서 하나님께 속해 있는 교회는 하나님의 밭이요 하나님의 집(또는 건축물)이었다. 하지만 그들은 몸과 집을 구분하지 못했기에, 가시적인 것으로서 집만을 염두에 두었다. 그 결과, 첫째로, 그리스도의 몸 안에 악한 것이 침투해 들어올 수 있다는 생각을 하게 되었고, 사람을 끊임없이 악에 노출되어 있는 존재로 여겼다. 그래서 결과적으로는 악에 물든 사람의 경우, 그 사람은 몸에서 떨어져나갈 수 있다는 가능성을 늘 생각하게 된 것이다. 그 다음으로, 교회가 그리스도의 몸이라고 주장하지만, 모든 사람이 악에 노출되어 있기 때문에, 거룩하고 영적인 능력 보다는 악의 능력이 더 우세한 것으로 치부하는 길을 열었다. 즉 만일 당신이 지체가 아니라면 당신은 머리를 붙들 수 없다. 구원은 머리를 붙드는 데에만 있다. 물론 이 말은 사실이지만, 그들이 생각했던 몸에 대한 생각과 그리스도께서 죽은 지체들로 자신의 몸을 이루고 있다는 생각은 사실이 아니다. 게다가 그들은 세례를 그리스도의 교회에 들어오는 문으로, 그리고 우리가 그리스도의 지체가 되고 또 하나님의 자녀가 되는 방법으로 생각했다. 로마 가톨릭교회주의자들이 그렇다. 마찬가지로 정통 프로테스탄트들도 그렇다. 일반적으로 모든 개신교회들이 그러한 신앙을 가지고 있을 뿐만 아니라, 침례교회도 마찬가지이다. 하지만 세례(침례)는 몸의 하나됨이나 몸 안으로 들어오는 것과는 아무 관계가 없다. 모형적인 의미에서 생각해보더라도, 죽음과 부활을 넘어가지 않는다. 몸의 하나됨은 하늘에 오르신 머리의 승천의 결과이며, 머리이신 그리스도께서 높이 되시고 영광을 받으신 결과로 성령님이 강림하시기 전까지, 몸은 지상에 존재하지 않았다. 그래서 주님은 "내가 떠나가지 아니하면 보혜사가 너희에게로 오시지 아니할 것이요"(요 16:7)라고 말씀하셨다. 한 성령으로 우리가 다 세례를 받아 한 몸이 되었다. 사도행전에서 베드로는 청중들에게 "하나님이 오른손으로 예수를 높이시매 그가 약속하신 성령을 아버지께 받아서 너희 보고 듣는 이것을 부어 주셨느니라"(행 2:33)고 선포했다. 이것이 바로 사도행전 1장 5절에서 약속된 성령의 세례였다. 따라서 우리는 성령의 세례를 통해서 "우리가 … 다 한 성령으로 세례를 받아 한 몸이" 된 것이다. 이 몸 안에는 많은 지체들이 있고, 그 안에서 성령의 에너지가 다양한 은사들을 통해서 나타나게 된다(고전 14:11-14). 성령님은 몸 안에 거하시지 않고 집에 거하신다. "성령 안에서 하나님의 거하실 처소가 되기 위하여 예수 안에서 함께 지어져 가느니라."(엡 2:22) 하나님이 거하실 처소, 곧 집을 건축하는데 사용되는 돌들은 하나님의 집 안에 거하시는 그리스도의 지체들과 같지 않다. 이 점에 있어서 교부들은 모두가 혼동을 했다.

66

그 결과는 교황제도를 주장하는 것과 세례를 통한 중생설과 그리스도의 지체됨에 대해서 프로테스탄트들이 혼동하는 결과를 낳았다. 하지만 이 두 가지, 즉 중생과 그리스도의 몸의 지체가 되는 것은 세례(침례)와는 아무 관계가 없다.

우리는 또 다른 끔찍스러운 결과에 주목해야 한다. 그리스도와 연관해서 악을 허용한 것이다. 예를 들어보자. 교회는 방주다. 거기서 나오면 구원이 없다. 부정한 짐승은 방주의 맨 아래층에 있어야 한다. 노아처럼 그리스도는 꼭대기 층에 있다. 이것이 바로 오리겐과 클레멘트가 주장한 교리였다. 큰 집에는 금과 은의 그릇이 있을 뿐만 아니라 나무와 질그릇도 있어서, 귀히 쓰는 그릇도 있고 천히 쓰는 그릇도 있다. 하지만 우리는 인간의 사상과 성경의 교리를 혼동해서는 안된다. 그리스도께서 오시면 그 모든 사상들은 불에 살라질 것이다. 이것은 키프리안의 교리였다. 교회 안에는 알곡과 가라지가 섞여 있다. 이것은 제롬의 교리였고, 오늘날 프로테스탄트 교회들이 따르고 있다. 마지막으로 부패는 너무도 큰 것이었고, 어거스틴은 그것을 이렇게 표현했다. 즉 자신들은 악한 사람들의 무리가 교회의 제단을 둘러쌓고 있는 것을 보면서 신음하고 애통해한다고 말했다. 그들을 그곳에 그대로 두어야 한다고 했다! 성령님이 가진 자원은 하나님의 예지력에 의한 예정과 비가시적 교회에 있다. 많은 사람들이 교회 안 보다는 밖에 있다. 하나님이 그것을 해결하실 것이다! 그들은 사랑의 끈에 의해서 비가시적으로 묶여 있다. 겉으로 안에 있는 것처럼 보이는 사람들은 결코 끈으로 묶여 있지 않다. 이러한 것이 고 칼빈주의(high Calvinism)의 신학이며, 영국 국교회가 그대로 따르고 있는 교리이다. 악이 몸된 교회 속에 잠복해 있다. 왜냐하면 하나님이 결국에는 모든 권리를 소유하실 것이기 때문이다. 양심은 그리스도의 몸으로 불리는 것이 부패하고 악에 물들 때 분리주의를 택하도록 자극한다. 거대한 기독교계에서 분리하는 일은 영혼의 안정성을 위태롭게 하고, 어느 단체도 신뢰하지 못하게 만들 수 있다. 그것이 집의 문제임을 보지 못하고 대적하게 되면, 오히려 잘못된 교리에 빠지거나 이단적인 단체에 가입하는 위험에 노출될 수 있다.

안타까운 일이지만, 이러한 것이 교회의 역사이다. 교회에 대한 교리적 신조의 발전은 교회가 처한 상황을 해결하면서 형성된 현재적 이론과 연결되어 있었다. 만일 외형적인 교회가 실상은 그리스도의 몸이라면, 거기서 분리되는 것은 종파 또는 분열이 될 것이다. 인간의 행실이 관계하는 한 더욱 황폐화를 촉진했다. 머리와 지체들의 참 연합은 알려지지 않았다. 만일 외형적인 교회가 아무것도 아니라면, 단체적인 책임도 사라진다. 악한 종을 심판하는 일도 없을 것이다. 지상에 있는 교회에 주신 성령님 덕분에 기독교계의 단체적인 책임이란 없다. 아무리 영적인 양심을 가진 사람도, 그리스도의 참 몸이 부패할 수 있다고 느끼는 일은 있을 수 없다. 하지만 집의 부패를 느끼는 사람이라면, 어떤 사람은 개혁을, 어떤 사람은 분리를 생각할 것이다. 교회의 하나됨의 개념은 한편에선 잃어버릴 수 있고, 다른 한편에선 총체적인 부패와 사탄의 권세 탓으로 돌릴 수도 있다. 그렇다면 그리스도의 몸에 부패가 일어날 수 있다고 인정하는 꼴이 되고, 그러한 부패의 작용을 하나님의 역사로 돌리는 것이 될 것이다. 비가시적 교회의 개념은 그러한 상태와 영적인 양심을 화해시키려는 인간적인 시도였다. 성경은 실패를 내다보고 있고, 자세히 설명하고 있으며, 더욱 악하여질 것으로 예고하고 있다. 성경은 부패와 고통 하는 때에 대해서 말하고 있을뿐더러, 최종적으로는 배도할 것을 말하고 있다. 그렇지만 한번도 그리스도의 몸의 부패에 대해서 말한 적이 없다. 물론 성경은 일반적인 상태의 부패를 부정하지 않는다. 오히려 그것을 큰 집에 비유하면서, 천히 쓰는 그릇들에서 자신을 깨끗하게 하면 귀히 쓰는 그릇이 될 것과, 주를 깨끗한 마음으로 부르는 자들과 동행하도록 권면하고 있다(딤후 2:20-22). 이것은 하나님의 목적에 따른 하나님의 집에 대한 내용이다. 사실상 교회의 시작과 끝 모두에서 하나님의 집으로서 교회는 인간의 책임에 달린 일로 말하고 있다. 이에 대한 혼돈이 있다는 사실 자체가 성경을 자신의 손과 마음에 가지고 있고 또 성경의 권위를 인정하는 사람에겐 아무런 어려움을 초래하지 않을 것이다. 하나님의 말씀은 모든 것을 분명하게 해준다. 하늘에 있는 머리와 연합을 이룬 몸은 분명한 실체이며 최고의 복이다. 부패는 분명 성경에 기록되었고, 그에 대한 심판도 설명되어 있다. 큰 집에는 귀히 쓰는 그릇과 천히 쓰는 그릇이 섞여 있다. 정직한 사람, 순종의 사람, 깨끗한 마음을 가진 사람이 걸어야 할 길이 매우 분명하게 제시되어 있다. 본래 하나님의 집은 진리의 기둥과 터로서 잘 정돈되어 있어야 했다(딤전 3장). 하지만 큰 집이 천히 쓰는 그릇으로 가득하게 될 때, 악한 것과 그들로부터 분리하도록 명령이 주어졌다(딤후 2장). 이제 독자들은 이러한 내용이 하나님의 집에 대해서 성경이 언급하고 있는, 마지막 서신, 곧 디모데후서에 담겨 있다는 사실을 주목해야 한다. 하나님의 말씀이야말로 부패한 기독교계로 인해서 고통 하는 시대에 사는 영혼들이 찾아야 하는 가장 확실하고도 효력 있는 은신처인 것이다.

68

나는 슬프기도 하지만 한편으로 유용한 정보를 제공하는 차원에서, 초대교회에 대해서 몇 가지 사실을 첨언하고자 한다. 우선 교리적인 것이다. 나는 이미 허마Hermas의 책에 대해서 몇 가지 진술을 했다. 그의 책은 많은 교회들이 읽었고, 이레니우스가 인용했으며, 오리겐은 영감된 책으로 믿었다는 사실은, 그들이 초대교회에 대하여 전적으로 무지했을 뿐만 아니라 교리를 판단하는 일에 전적으로 무능했다는 것을 말해준다.

게다가 니케아 공의회의 이전 교부들의 교리는 그리스도의 신성에 대해서 만족했다는 것 외엔 아무 것도 없었다. 저스틴Justin은 독자적으로 한 분 최고의 하나님, 창조주께서 이 세상에 인간으로서 나타나실 수 있다는 것을 부인했다. 그리스도의 신성에 대한 교리를 보면, 그리스도는 창조의 역사가 시작되기 전까지는 하나의 인격체로 구분되어 있지 않았다. 예외가 없는 것은 아니지만, endiathetos(신적 이성으로서 로고스이신 그리스도)와 prolhorikos(창조의 목적으로 출생한 로고스이신 그리스도)로 표현된 것 외에는 그리스도론에 대해서 익숙한 사람이 없었다는 것은 일반적으로 부인할 수 없는 사실이었다. 이교도의 개념과 플라톤 철학의 영향을 조화시키고자 하는 마음에서 로고스 혹은 말씀에 대한 그들의 가르침, 그리고 삼위일체란 말이 표현하고 있는 것이 무엇인지에 대한 그들의 주장은, 최소한 간단하게 표현하자면, 극도로 애매모호하거나 불쾌한 것이었다. 만일 그처럼 근본적인 요소 - 그 자체만으로 매우 중요한 진리일뿐더러, 모든 진리의 근간이 되는 주 예수 그리스도의 위격에 대한 진리 - 에 대해서 헷갈리고 부적절했다면, 과연 그들을 어찌 신뢰할 수 있단 말인가? 최종 심판은 불완전한 사람을 정화시키는 수단으로서 소개되어 있다. 어거스틴은 악한 자들, 즉 영적으로 죽은 자들에겐 아무 도움이 되진 않지만, 산 자들에겐 위로를 주는 주의 만찬은 선한 사람에겐 감사를, 나쁜 사람에겐 화목을 의미했다. 다른 곳에서 그는 살아 있는 동안 만찬에 참여했던 일이 지옥에서 그들의 고통을 경감시켜줄 것이라고 말했다. 하나님의 은혜에 대해서 그들은 거의 알지 못했다.

나는 지금까지 영혼들과 그 개인적인 믿음에 대한 것이 아니라 교회 박사들에 대해서 언급해왔다. 성경의 근본적인 주제들에 대해서 초대교부들 만큼 신뢰할 수 없는 사람도 없는 듯하다.

이제 실제적인 측면에서 볼 때, 키프리안Cyprian은 자신의 논문 "De Lapsis"에서 그리스도 이후 200년 동안, 로마제국이 여전히 이교도로 있는 동안, 그리스도인의 도덕성에 대해서 논했다. 그는 "그들은 박해를 받으면서도 자비로운 대우를 받았다. 박해가 아니라 그들에 대한 조사 또는 재판 시에 그랬다. 그들은 그 이유를 알 수 없었다."라고 했다. 그 외에도 그는 교회의 상태를 설명했다. 즉 개인들은 상속재산을 불리는데 열중했으며, 신자들이 사도들, 혹은 사도들의 가르침 아래 있었을 뿐만 아니라 항상 그러해야 함을 잊어버렸다. 그들은 그저 만족할 줄 모르는 탐욕에 눈이 멀어서 재산을 늘리는 일에 빠져 있었다. 성직자들에게서도 신앙은 찾아볼 수 없었다. 집사들도 예외는 아니었다. 사역의 열정도 없었다. 도덕성에도 문제가 있었다. 남자들은 수염을 뽑았고[10], 여자들은 얼굴에 짙은 화장을 했으며, 사람들의 눈은 욕정으로 이글거렸다. 머리카락은 온갖 색상으로 물을 들였다. 순전한 사람의 마음을 속이는 사기꾼들이 들끓었다. 형제들도 서로 속이고 속였다. 불신자와의 결혼도 이루어졌다. 그리스도의 지체들이 이교도와 매춘을 했다. 욕설과 위증 뿐만 아니라, 높은 신분에 있는 사람들을 거만한 말투로 깎아내리는 일을 서슴지 않았다. 독설로 가득한 입술에는 항상 악을 쏟아내었고, 서로에 대한 미움을 버릴 줄 몰랐다. 이 모든 일에 권면을 하고 또 다른 사람에 대한 본이 되어야 하는 많은 주교들이 자신의 성직을 버리고, 세속적인 일에 뛰어들었다. 성직자들은 자신들의 교구를 떠나 교인들을 버렸고, 다른 지방을 떠돌아다니면서 일거리를 찾기도 하고 시장을 배회하기도 했고, 불법적인 거래를 일삼았다. 굶주려가며 교회를 지키는 형제들을 돕는 사람은 없었다. 대부분 돈에 대한 욕심이 가득했다. 은밀한 수법으로 남의 재산을 가로채려는 사람들로 들끓었다. 고리대금업은 흥행했다.

69

이상의 내용이 역사의 현장에 있었던 한 주교가 그렸던 그리스도인의 도덕성에 대한 그림이었다.

---

10) 수염을 뽑았다는 표현은 Ad Quir. iii. 84(Testimoniorum)에 등장하는 표현이다. 키프리안은 이것을 *vellendam*으로 제시했다. 이 표현은 레위기 19장 27절에 나오는데, 이는 *corrumpantur*이다.

그리스도인 황제 시대에 이어진 성도의 축제에 대한 어거스틴의 설명을 살펴보자. 어거스틴은 매우 경건하고도 용기 있는 방식으로 사람들이 술에 취한 상태에서 교회에 오는 것을 저지했다. 그에 대해 경계의 설교를 했고, 매우 소수만이 참석했다. 많은 사람들이 그에 대해 불평했다. 그들은 "교부들도 술에 취했지만 매우 훌륭한 그리스도인이었다. 그런데 어째서 지금은 그렇지 하지 못하게 하는가?" 어거스틴은 기독교인으로 금해야할 것들을 계명으로 정하곤 그들을 압박했다. 여기서 주의할 것이 있다. 우리 시대와는 달리 옛날에는 허용되었고, 무지한 군중들의 범죄에 해당되지만 그럼에도 금하지 않던 일들에 대해서 일방적으로 비난하는 일을 삼가야 한다는 것이다. 어쨌든 그 모든 일들은 실제적으로 교회에서 일어났던 일이기 때문이다. 다시 말해서 (그토록 광대하게 그토록 극심한 박해가 끝나고 평화가 찾아왔을 때, 이교도의 무리는 기독교 이름 아래로 들어오고 싶어 했어 했지만, 자신들이 만든 우상을 섬기면서 연회와 술에 취해서 축제를 즐기는데 익숙했고 또 매우 위험하면서 아주 오랜 동안 방탕하게 살았던 삶에서 돌이키는 것은 쉽지 않았을 것이기에) 자신들이 떠나온 것 대신에 거룩한 순교자들을 기리는 의미에서, 상당히 사치스럽긴 해도 신성모독의 의미는 없기에, 또 다른 축제를 기념하는 것은, 그 당시 우리 조상들에게 당연한 일로 보인다. 그리고 나서 어거스틴은 어떻게 그들이 자신들을 그리스도와 서로 연결시켜서 그러한 것들을 떨쳐냄으로써 소망을 가질 수 있는지를 보여주었다. 그리고 그들이 그리스도인이 될 수 있었던 것처럼, 그들이 그리스도인이 되었지만 여전히 잃어버릴 수 있다고 가르쳤다(Aug. Lit. ad Alypium, 29, Ed. Ben.).

70

사실, 혹은 그에 대한 어거스틴의 대응이 정말 나빴던 것인지 말하기 힘들다. 어쨌든 그것이 실제적인 동기였다. 그렇다면 우리는 영국에 대해서도, 즉 교황 그레고리가 색슨족을 회심시키는데 사용한 방법에 대해서도, 그 정당성을 변호할 수도 있다. 예를 들어서, 멜리토스를 브리튼에 보내기 위해서 쓴 서신을 보라(lib. g; ep. 71).

이것은 성도의 시대를 단순히 지엽적으로 해결하는 방법은 아니었다. 크리스마스는 농신제에 고정되었다. 고삐 풀린 듯한 정욕을 제어하기 위한 기술적인 방안이었다. 왜냐하면 그들은 자신들의 연회를 절제할 수 없었고, 대신 기독교화하고자 했다[11]. 정결의 날이 축제적 성격을 가진 루페르쿠스제Lupercalia[12]로 대치되었다.

다음 이야기는 교회의 상태에 대한 유세비우스의 설명이다. 이것은 유세비우스 시대 이전에 일어났던 박해에 대한 기록이다. 통치자들은 서로를 헐뜯었고, 백성들도 다투는 일이 다반사였다. 마침내 말로 형용할 수 없는 외식과 위장과 속임수가 극에 달했다. 그때 하나님의 심판이 시작되었다. 병사들에 대한 재판에서 우선적으로 나타났다. 그들이 무신론자들처럼 행동하면서 서로에 대한 악행을 저지르는 정도가 심해졌다. 가장 존경받은 성직자들이 경건의

---

11) 그리스도께서 탄생하신 년도와 날을 아는 사람이 없다. 제사장 아비야 반열을 언급하고 있는 것으로 보아, 그때가 가을이었을 거라고 추측해볼 수 있다(눅 1:5). 그리스 교회는 그 날을 에피파니(주현일)에 기념하고 있다.

12) 고대 로마의 다산(多産)과 풍요의 신 Lupercus를 위한 축제로 2월 15일에 시행되었다.

줄을 놓아버리자, 서로를 향한 투쟁 의욕이 불길처럼 일어났으며, 서로를 향해 다툼과 협박과 질투와 미움과 적대감이 치솟았다. 예레미야의 말처럼, 재판이 봇물처럼 터졌다. 그러한 것이 3세기 교회에 일어난 일이었다(Euseb. 8:1).

로마 제국이 기독교화 되었을 때 만일 개선된 것이 있었다면 제롬이 말해줄 것이다. 이제 성직자에 대한 그의 말을 들어보자. 제롬의 설명에 따르면, 발렌티니아누스는 성직자 가운데 재산을 가진 사람이 침상에서 재산을 상속하는 것을 금지하는 법령을 발표했다. 제롬은 법령에 대해선 불평하지 않았지만, 꼭 필요한 것인지에 대해선 의문을 제기했다. 법은 사실상, 모든 법이 그렇듯이, 일반적이고 공적인 특징을 나타낸다. "법의 경고는 앞날을 내다보며 가혹하게 정해진다. 하지만 그럼에도 탐욕은 막지 못한다. 진실의 수단이지만 실제로는 그러한 기능을 하지 못하는 법들을 우리는 조롱하면서, 마치 황제의 칙령이 그리스도의 법보다 더 위대한 것인양 처신한다. 우리는 황제의 법령은 두려워하지만, 복음서는 멸시한다. 재산증식을 도모하는 모든 성직자들은 수치이다. 가난한 집과 시골 오두막에서 태어나, 밀과 거친 빵으로 배를 채우지만 배속에서 부르짖는 아우성을 만족시켜본 일이 없었던 나도, 지금은 부드러운 빵과 꿀을 먹고 있다. 나는 온갖 종류의 생선과 그 이름을 알고 있다. 나는 조개들을 끌어올리는 해변가도 안다. 나는 새들의 냄새만으로도 서식지가 어디인지 알아낼 수 있다. 게다가 자식이 없는 노인들에게 어떠한 말로 위로를 해주어야 하는지도 안다." 그리고 나서 그는 말로 옮기기조차 힘들 정도로, 역겨운 성직자들의 병자의 침상에 벌이고 있는 행태에 대해서 기술하고 있다. 계속해서 설명하기를 "그들은 병자의 집에 들어가기를 두려워하면서, 떨리는 입술로 괜찮은지 묻는다. 만일 늙은 사람이 실제로는 위험한 상태에 있지만 다소 건강해보이면, 탐욕스러운 마음은 속에서 끓지만 기쁨을 가장한다. 그런 식으로 성직자들은 혹시라도 병자가 고통을 이겨내고 건강을 다시 찾아 므두셀라와 같이 오래 살까봐 염려한다."(Ep. 52, ad Nepotianum)

71
같은 시대에 살았던 어거스틴은 누군가 경건하게 살기 때문에 조롱을 당하되, 그것도 이교도들에 의해서가 아니라 신앙을 고백하는 기독교인들에 의해서 그런 일을 당하는 것을 염려한다. 그는 마귀가 수도자의 겉모습을 하고 있는 외식자들을 너무 많이 보낸 것에 대해서 불평한다. 그러한 사람들은 여러 지방을 떠돌아다니면서, 어느 한 곳에 머물거나 정착하지도 않는다. 마치 자신들의 순교자인양 순교자들의 이름을 팔아 등쳐먹고 산다. 그들은 다만 경건을 이익의 재료로 삼거나 거짓된 경건으로 돈을 구걸하며 사는 사람들이다(De Opere Monachorum).

이러한 자료들은 소위 초대교회의 상태가 무엇이었는지를 보여준다. 더 광범위한 연구와 조사는 이상과 같은 증거들만 축적할 뿐이다. 교리적인 부분을 보면, 건전하고 경건한 마음을 가진 모든 영혼들에게 괴로움만 더해줄 것이다. 그렇다고 해서 이 시대에 지하교회(hidden religion)가 없었다는 말도, 참 믿음이 없었다는 말도 아니다. 우리가 초대교회에 대해 알고 있는 것 가운데 교리만큼 나쁜 것이 없고, 성직자와 평신도 제도의 실행만큼 그리스도의 이름에 수치스러운 것도 없다. 내가 조사한 자료들이 그 증거를 제공하고 있다. 내가 여기서 의도한 것은, 독자들의 양심이 진정 초대교회가 어떠했는지 알게 하고, 초대교회에 대한 과도한 환상을 갖지 않게 하려는 것이었다. 콘스탄스와 몇몇 황제들의 통치 시대에 범우주적으로 아리안주의Arianism를 신봉했던 것을 제외하면 니케아 공의회 이전에는 정통적이었던 적이 없었다. (나는 교부들과 박사들에 대해 말하고 있다.) 가톨릭교회를 위해서, 교황과 모든 사람들은 황제를 둘러싸고 풍향계처럼 움직였다. 아타나시우스Athanasius는 티루스Tyre 공의회에서 정죄를 받고 죽었다. 아리우스Arius는 우주적 교회의 교통 가운데로 회복되었지만, 자신의 자리에 앉기 전 날 밤 죽임을 당했다. 그의 대적들은 하나님의 심판을 받았다고 말했고, 그의 친구들은 독살을 당했다고 말했다.

72

교황 수장제가 교리적으로 확립되는 시대에 대해서 몇 가지 설명하고자 한다. 교황의 자리가 애매한 지위와 모호한 존경의 자리 가운데 있었을 때, 내가 발견한 것은 교황을 공식적으로 유일한 존재로, 하나됨의 유일한 중심으로 만든 사람이 밀레비의 옵테이터스Optatus of Milevi라는 것이다. 그의 두 번째 책에서[12], 그는 "감독의 자리는 로마 시(市)에서 베드로에게 처음으로 주어졌으며, 그곳에서 베드로는 모든 사도들의 머리의 자리에 앉았다. 그때부터 베드로는 게바로 불렸고, 그 수장 자리는 무슨 일이 있어도 지켜져야 할

---

13) 나는 7번째 책을 인용하지 않았다. 비록 그 주제를 다루고 있긴 하지만 그 정통성은 의심의 여지가 많기 때문이다. 그것이 매우 오래 된 것임은 의심의 여지가 없다.

뿐더러, 다른 사도들은 자신을 위해서 그 자리를 요구해서는 안된다. 그렇지 않다면 그는 분파주의자가 되고, (하나님이 세우신 하나됨의) 유일한 자리를 대항해서 또 다른 자리를 세우는 죄인이 될 것이다." 물론 이 말은 도나티스트Donatists의 분파주의에 대항해서 한 말이다. 어거스틴 시대에 아프리카 장로회가 펠라기안Pelagians을 정죄했을 때, 그들은 로마의 주교에게 늘 하던 대로 자신들이 판결한 내용을 보냈다. 이노센트 1세는 그들이 사도적 교구(로마)에 대해 합당한 예를 갖추었다고 칭찬의 말을 하면서, 로마로부터 모든 감독의 권세가 나오고 또 나와야만 하며, 유일한 수원(水原), 즉 머리에서 흘러나온 물줄기가 세상의 다양한 지류 속으로 흘러들어가 온 세상을 비옥하게 만들어줄 것이라고 했다. 그리고 자신은 모든 이단들을 정죄하고 또 교회에서 그들의 교사들을 끊어낼 수 있는 권한을 가지고 있다고 주장했다. 어쨌든 다음 교황인 조시무스는 펠라기우스의 신조를 인정했고, 이전 시대에 펠라기우스를 정죄했던 모든 사람들을 정죄했다. 하지만 어거스틴의 영향력 아래서 열린 A.D. 418년 카르타고Carthage 공의회는 펠라기우스를 다시 정죄하고 파문시켰으며, 다음과 같은 칙령을 반포했다. 즉 바다 건너(즉 로마)에 호소하는 사람은 "누구든지 그(펠라기우스)를 교제에 받아주어서는 안된다." 그들은 이미 로마가 정죄하고 추방시켰던 황제에게 이 칙령을 보냈다. 그러자 조시무스Zosimus는 자신이 인정한 것을 번복하고는 다시 정죄했다. 아프리카 장로회는 만족히 여겼고, 조시무스가 이전 베드로의 우주적인 사법권을 주장하자, 모든 것이 부드럽게 진행되었다. 요한복음에 대한 강론에서 어거스틴은 그리스도께서 교회를 세우시는 그 반석이심을 천명했다. 내가 기억하기론, 다른 곳에서 그는 그것을 철회하면서, 사람들이 원하는 대로 (반석을 그리스도로 보든지, 아니면 베드로로 보든지) 양쪽 모두를 수용할 수 있다고 말했다.

73
수완가였던 레오^{Leo}는 두 가지 생각을 매우 명석한 방법으로 연결시켰다. 그 내용을 인용해보겠다. 그 시대 로마의 가식성이 잘 나타나 있다.

"사도들의 왕을 칭송하는 믿음의 견고성은 영구적이다. 그리스도에 대한 베드로의 믿음이 영원한 것처럼, 그리스도께서 베드로에게 정해주신 것 또한 영원하다." 그리고 그는 마태복음 16장 16절을 장황하게 인용한다. "진리의 자리는 영원하다. 반석의 능력을 영구적으로 받는 복을 받은 베드로는 교회의 지도적 자리를 받을만한 사람은 아니었다. 하지만 베드로는 다른 사도들 앞에서 그 자리에 있다. 그는 반석으로 불리고 있고, 그는 교회의 터로 선언되었으며, 그는 천국의 문지기가 되었고, 그는 묶고 푸는 결정권자로 세움을 받았고, 그가 가진 복음의 비밀에 의해서 그가 판단한 것은 하늘에 그대로 반영되며, 그는 그리스도와 하늘에서 연합을 이루고 있기에, 그리스도는 베드로에게 위탁하신 것들을 충만하고도 강력한 방식으로 전달해주시며, 그리스도 안에서 의무들과 돌봄의 모든 부분들이 집행되며, 그리스도를 통해서 그는 영화롭게 되었다. 그러므로 만일 우리에게 무언가 바르게 되고 바르게 분별되었다면, 만일 하나님의 자비로부터 매일의 간구를 통해서 무언가를 얻었다면, 그것은 그의 능력이 살아 있고, 그의 권세가 특출하기 때문이며, 그의 행위와 공로 덕분이다. 사랑하는 자들이여, 하나님 아버지께서 베드로 사도의 마음에 영감을 주심으로써 했던 그 고백은 인간 견해의 불확실성 위에 우뚝 솟아있을뿐더러, 반석의 견고함으로 인정을 받았기에, 그 무엇으로도 흔들 수 없다. 따라서 우주적 교회 안에서 베드로는 날마다 '주는 그리스도시요 살아계신 하나님의 아들이십니다.' 라고 말하고 있다. 이러한 믿음은 마귀를 정복한다." (Ser. 3) 다시 베드로의 영전(assumption)이란 글에서(Ser. 4), "모두가 십자가의 표적에 의해서 왕들이고, 모두가 성령의 기름부음에 의해서 제사장들로 성별되었다."고 말하고 있다. 하지만 "베드로는 택함을 받았다." 그리고 "하나님의 백성들 가운데 많은 제사장들과 많은 목사들이 있지만, 그리스도께서 최고의 통치자와 수장으로서 (principaliter) 통치하시듯 베드로는 그 모두를 통치할 권한을 (proprie) 부여받았다. 사랑하는 자들이여, 그리스도의 능력의 거대하고 경이로운 공동체는 이 사람에게 거룩한 존귀를 부여했다. 만일 베드로에게 다른 사도들 위에 수장이 되도록 뜻하신 것이라면, 어느 누구도 이것을 부정할 수 없다." 그리고 나서 그는 다시 마태복음 16장을 인용하면서 이렇게 해석했다. "신성한 반석인 나, 둘을 하나로 만드는 모퉁이돌인 나, 어느 누구도 다른 것을 놓을 수 없는 유일한 터인 나는 그대를 또 다른 반석(petra)으로 삼을 것이며, 나의 미덕(즉 권세와 힘)을 동일하게 덧입은 자가 되게 할 것이며, 나에게 속한 모든 것을 능력으로 그대에게도 줄 것이라." Ser. 62도 보라. (11 de Pas. Dom.) 또 다시 (Epist. 10 ad Episcopos per provinciam Viennesem constitutos) "주님은 이러한 역할의 비밀을 모든 사도들의 직분에 속한 것이 되도록 뜻하셨지만, 복을 받은 베드로가 그 첫 번째 자리와 수장 자리(principaliter), 즉 모든 사도들의 머리가 되게 하셨다. 베드로를 일종의 머리로 삼으시고, 그리스도의 선물이 몸으로 흘러들어가게 하신 것은 주님의 뜻이었다. 이러한 베드로의 통치권을 부인하는 사람은 거룩한 비밀에 참여하는 복을 상실하게 된다는 것을 이해할 필요가 있다. 왜냐하면 그리스도께서 베드로로 하여금 [그리스도와 개인적인] 하나됨을 이루는 공동체 가운데 '너는 베드로라' 고 부르셨기 때문이다. 하나님의 경이로운 은혜의 선물로 주신 영원한 성전은 베드로의 견고성 위에 세워지고, 이러한 확고한 신앙에 의해서 그리스도의 교회가 강화되도록 하셨다. 여기엔 인간적인 분별이 있을 수 없고, 지옥의 문들도 이길 수 없다."

여기서 나는 이 글을 정리하고자 한다. 베드로에게 주신 자리는 사실 모든 그리스도인에게 주신 것이다. 교리적인 주장에 대해서, 더 이상 교황제도를 추종할 필요가 없다. 이 부분에 대한 정치적 영향력에 대해서 나는 아무 것도 조사한 바가 없다. 그 역사에 대해서는 이미 충분히 살펴보았다.

74

이 주제를 교회사를 통해서 연구하는 일은 흥미롭긴 하지만 매우 어려운 일이다. 사탄의 계략이 이러한 무방비의 영혼들의 운동을 손상시키고 변질시킨 가운데 거룩한 빛과 양심의 작용을 가지고 다른 시대의 다양한 이단들의 운동들을 연결시켜 조사하는 일은 참으로 힘든 일이다. 게다가 이처럼 흥미로운 주제를 소위 6세기 이후에 일어난 다양한 종파들에게 적용시켜보라. 최소한 초기 이단 공동체를 조사해보라. 중요한 사실은, 검증하고 확인하는 일이 쉽지 않을뿐더러, 그 증거의 대부분이 원수들에 의해서 훼손되었다는 것이다. 예를 들어서, 그나마 명백한 자료가 있는 터툴리안^{Tertullian}과 파울리키안^{Paulicians}을 조사해보라.

제 6장 교회에 대한 소고(小考)
Thoughts on the Church

340

교회 진리를 아는 것은 우리 영혼 속에 자유를 가져다주는 필수 사안이다. 나는 교회 진리를 아는 사람을 가리켜 자신과 하나님과 사탄 사이에 놓인 모든 문제를 해결한 자유로운 영혼이라고 부르고 싶다.

우리가 하나님의 집에 속해 있다는 사실을 이해하였다면, 사탄은 그에 대해서 무어라 말할 것인지에 대해서 생각해보자.

히브리서의 핵심은 모든 것이 그리스도의 피를 통해서 해결되었고, 나는 그 피를 통해서 하나님께 가까이 나아갈 수 있게 되었다는 데 있다. 교회에 대해서 생각해보면, 나는 하나님의 가족의 일원이며, 나의 생명은 그리스도에게서 주어졌다. 그것은 위로부터 온 것이다. 나는 하나님과 함께 하고 있다. 그리스도의 피로 말미암아 나는 밖에서 안으로 들어왔다. 들어온 때부터 나는 안에 있는 자녀이다.

양심상 평안과 감정상 평안 사이엔 차이점이 있다. 칭의에 대해서 생각해보면, 피는 나를 심판하시는 하나님에게서 건져주었고, 부활은 나를 사탄의 권세에서 건져주었다. 왜냐하면 원수는 죽음 너머까지 나를 쫓아올 수 없기 때문이다. 따라서 교회를 그리스도와 함께 부활한 존재로 말할 때, 우리는 사탄이 감히 건들 수 없는 영역으로 부활하신 그리스도와 한 몸을 이루고 있음을 보아야 한다. 만일 내가 피의 효력만을 알고 있을 뿐이라면, 하나님은 항상 나에 대한 심판자로 계실 수밖에 없다. 하지만 그리스도와 함께 부활한 존재라면, 나는 하늘에서 그리스도와 연합을 이루고 있다. 그러한 것이 교회의 자리이다. 이는 교회가 하늘에서 그리스도와 하나가 된 사람들로 구성되어 있기 때문이다. 우리는 하나님의 의를 만족시킬만한 무슨 행위에 의지해서가 아니라, 오직 하나님의 사랑이라는 미덕 안에서 존재한다. 오늘날 해방을 경험하는 사람들이 드물기 때문에, 자기의를 버리고 자신의 의지가 굴복된 사람들을 보기 힘들며, 그로 인해 많은 문제들이 일어난다. 그래서 사람들은 자격이 없는 자에게 쏟아부어주시는 하나님의 사랑을 온전히 이해할 때까지 영적 갈등에서 벗어나지 못한 채로 있을 수밖에 없다. 거룩한 삶을 살고 있지 않다면, 하나님의 사랑을 누릴 수도 없다. 만일 우리 마음이 사랑으로 가득하다면, 하나님은 거기 계신다. 이러한 상태가 바로 거룩이다. 부활은 우리를 의식적으로 그 상태에 넣어준다. 부활이 없고, 성령의 능력이 없다면, 누구도 교회의 지체가 될 수 없다. 이 세상에 사는 동안, 나는 죽어야 한다고 말할 필요가 없다. 다만 나 자신을 죽은 자로 여기면 된다. 그럴 권리를 가지고 있기 때문이다. 그럼에도 육신은 여전히 내 속에 남아 있다. 이제 하늘에 있는 나의 생명은 하나님 안에서 그리스도와 함께 감추어 있는데, 이것은 그리스도의 부활과 승천 덕분이다. 육신과 함께 나는 하늘에 있지 않다. 이는 육신 덕분에 내가 그리스도와 연합을 이룬 것이 아니기 때문이다. 부활을 통해서 교회는 하늘에 있으며, 거기엔 유대인과 이방인의 차별이 없다. 그리스도 안에 있는 존재로서 교회는 인간의 양심이 닿을 수 없는 영역을 넘어간 자리에 들어가 있다. 이 사실은 우리 양심에, 교회가 지상에 있는 동안 신성한 증거를 가지고 있다는 사실을 절실히 와닿게 해준다.

341

요한은 이러한 위치에 대해서 전혀 언급한 일이 없고, 다만 이 위치(position)에 상응하는 본성(nature)을 부각시킨다. 반면 바울은 위치를 강조한다. 결과적으로 요한이 항상 개인들을 다룬다면, 바울은 하나님의 경륜에 따른 위치를 강조함으로써 단체적인 몸을 생각하도록 이끈다. 요한에게는 두 가지 특징이 있는데, 바로 사랑과 의(義)다. 하나님 안에 거하는 것은 신약성경의 교리 가운데 가장 고상한 것이다. 하나님 안에 거하는 것은 사실 교통(사귐)을 가리킨다. 교통만이 우리를 가장 높은 곳으로 올라가게 해준다. 우리와 친분이 있는 사람들 가운데, 우리가 정말 함께 거하고 싶은 사람이 얼마나 되는가를 생각해보라! 하나님 안에 거하는 것은 사랑 안에 거하시는 하나님 안에 거하는 것이다. 확실한 것은 하나님은 우리를 항상 사랑하신다는 것이다. 그 사랑을 누릴 수 있다는 것은 무한한 은혜이다. 하지만 하나님 안에 거하는 것은 그 이상의 것이다. 이 사랑 안에 있는 나 자신을 발견하고, 이 사랑의 망망대해를 유람선을 타고 항해하고 있다는 것은 얼마나 행복한 일인가! 하나님 안에 거하면서 내가 발견한 것은, 나는 이 자리를 떠날 수 없다는 것이다. 만일 우리가 하나님 안에 다소 습관처럼 거하고 있다면, 그러한 삶은 결국 우리 삶을 통해서 드러날 수밖에 없다. 구주께서는 처음에 좋은 것을 주다가 나중엔 낮은 것을 주는 사람처럼 하지 않으신다. 그러한 것이 바로 주님께서 은인이란 칭함을 받지 말라고 말씀하신 이유이다. "예수께서 이르시되 이방인의 임금들은 저희를 주관하며 그 집권자들은 은인이라 칭함을 받으나 너희는 그렇지 않을지니라.)"(눅 22:25,26)

교회의 권리와 특권이 하늘에 있긴 해도, 그 의무에 속한 활동은 땅에서 진행된다. 지상에서 교회는, 성령의 능력에 의지해서 하나님의 사랑과 거룩성에 따른 활동을 해야 한다. 우리가 이미 살펴본 대로, 교회는 부활로 인해서 그리스도 안에서 있으며 하늘에 있다. 하지만 실상은 땅에 있다. 만일 우리가 하늘로 올라가서 성령을 받은 것이라면, 하나됨은 하늘을 위한 것이었을 것이다. 하지만 땅으로 강림하신 성령님은 여기 지상에서 하나됨을 이루게 하셨다. 하나됨은 땅을 위한 것이다.

그리스도의 몸은 예수님께서 영광을 받으시기 전까지 존재할 수 없었다. 이것이 가능하다고 할 것 같으면, 이 몸은 머리 없는 몸이 되었을 것이다. 인간의 몸에 이런 일이 생긴다면, 정말 끔찍스러운 일이 아닐 수 없다.

에베소서 1장 7절에 보면, 우리는 그리스도 안에서 그리스도의 피로 말미암아 죄들의 사함을 누리고 있다. 그리고 9절 이하를 보면, 우리에게 구원의 지위(a position of salvation)를 주신 하나님은 자신의 계획과 의도를 우리에게 알리셨다. 하나님께서 장래 일들을 성취하시고 또 값을 주고 매입하신 것들을 구속하시는 그 시간까지 우리는 성령을 보증으로 소유하고 있다. 22절에 이르기까지 우리는 위에, 즉 하늘에 있는 교회에 대한 언급을 전혀 볼 수 없다.

342
에베소서 2장은 우리가 그리스도 안에서 어떻게 들어오게 되었는지를 보여준다. 지상에서 자신이 지은 죄들 가운데 죽어있는 상태에 있는 사람을 하나님은 자신의 무한하신 자비하심으로써 그를 살리시고, 그리스도와 함께 일으키시고, 또 그리스도 안에서 함께 하늘에 앉히신다. 6절을 보면 "함께"라는 말이 두 번 나온다. 첫 번째는 그리스도와 함께 일으키신 것을, 두 번째는 유대인과 이방인을 함께 그리스도 안에서 하늘에 앉게 하신 것을 말한다. 이 구절은 몸을 직접적으로 언급하고 있지 않지만, 성령님은 그렇게 몸을 형성하셨다. 14절을 보면, 좀 더 직접적인 교회에 대한 언급을 볼 수 있다. 그리스도의 죽으심을 통해서, 중간에 막힌 담이 허물어지기 전까지 교회의 형성은 일어날 수 없었다는 것을 분명히 보게 된다.

15절을 보자. "원수 된 것 곧 의문에 속한 계명의 율법을 자기 육체로 폐하셨으니 이는 이 둘로 자기의 안에서 한 새 사람을 지어 화평하게 하시고." 메시아께서 유대들에게 모든 것의 중심이자 핵심이 되셔야만 했다. 하지만 그들은 메시아를 거절했고, 그리스도를 십자가에 못 박아 버렸다. 그 결과 새 사람이 형성될 수 있었다. 오늘날 그리스도인은 한 새 사람이지만, 신약성경의 예식은 서로를 적대하는 도구가 되어 버렸다. 세례(침례)와 주의 만찬을 예로 들어보자. 이 두 가지 예식은 인간 시스템에 의해서 오용되고 있다. 우리는 그러한 사례들을 볼 수 있다. 다양한 교파와 교단이 행하는 것을 보라. 그들은 그 두 가지 예식을 자기 교단에 소속된 사람들만 참여하고, 다른 교단에 속한 사람들은 배제시키는 도구로 만들어버렸다. 어느 교단은 둘 중 하나만 시행한다. 나는 선택해야 한다. 내 양심상 받아들일 수 없는 것을 알고 있지만 그저 꾹 참거나, 아니면 떠나거나. 게다가 일종의 예식으로 제정하는 데에는 또 다른 악이 있다. 양심을 괴롭게 하는 일을 피하고자, 그들은 할 수 있는 한 최소한의 정도로 축소시킨다. 만일 하나님께서 제정하신다면, 자유와 질서, 이 두 가지 조건을 하나로 합치실 것이다. 나에겐 하나의 원칙이 있다. 교회가 교회이기를 멈추지 않는 한, 나는 결코 그리스도인의 교회를 떠나지 않을 것이다. 이것이 교회에 대한 나의 원칙이다.

교회가 형성되었을 때, 하나의 몸이었다. 20절에서 말하고 있는 사도들과 선지자들은 신약시대의 사도들과 선지자들이다. 게다가 성경은 "이 둘로 자기의 안에서 한 새 사람을 지어"라고 말한다. 이것은 전혀 새로운 것이다. (21,22절을 보라.) 새로울 뿐만 아니라, 이전에 존재하던 것과 완전히 대조적이다. 이것이 바로 교회가 지상에 형성되어야 했던 이유이기도 하다. 에베소서 2장의 초반부에서 우리는 개인들을 구원하는 은혜의 충만을 볼 수 있다. 그리고 후반부에서 우리는 그리스도의 사역을 통해서 개인들을 구원할 뿐만 아니라 구원받은 사람들을 하나로 묶는 하나님의 뜻이 계시되어 있는 것을 볼 수 있다.

에베소서 3장을 보면 우리는 여기서 한 단계 더 나아간 계시를 볼 수 있는데, 즉 교회는 구약시대에 존재하지 않았으며, 교회는 계시된 적이 없었다는 것이다. 여기엔 도덕적인 연결이 있다. 다시 말해서, 교회의 선택은 세상의 기초를 놓기 이전에 이루어졌다. 따라서 지상에 있는 인간이 책임 아래 놓이게 되었을 때, 하나님은 세상의 기초를 놓기 이전에, 이 세상의 경로와는 별도로 세우신 교회를 위한 자신의 계획을 계시하셨다.

343
에베소서 4장에서 바울은 교회의 부르심에 대해서 교훈하고 있다. 4절에 보면 이 부르심은 하나님의 집이 되는 것이다. 따라서 성도는 하나님의 임재에 합당하게, 이 부르심에 합당하게 행해야 한다. 성령의 하나 되게 하신 것은 존재한다. 왜냐하면 하나의 몸이 있을 뿐만 아니라 몸이 하나이요 성령이 하나이기 때문이다. 성령의 하나 되게 하신 것을 잃어버린 사람은 오히려 하나됨을 방해하는데 "평안의 매는 줄"을 사용하려할 것이다. 7-10절의 내용은 구약의 계시를 훨씬 넘어서는 것이다. 왜냐하면 시편 68편에서 그리스도는 위로 올라가셨지만, 여기 에베소서에서는 그 이상의 내용이 있다. 내리셨던 그리스도는 이제 하늘로 오르신 분이시며, 이제 그리스도는 만물을 충만케 하는 일을 하신다. 이것은 매우 경이로운 특징을 그리스도의 위격에 부여해준다. 즉 모든 만물에 대한 통치권을 소유하기 위해서 그리스도는 만물을 충만케 하는 일을 먼저

하셔야만 한다. "주께서 높은 곳으로 오르시며 사로잡은 자를 끌고 선물을 인간에게서 … 받으시니."(시 68:18) 이것은 그리스도께서 인성이라는 선물을 받으셨다는 개념을 전달해준다. 인자로서 그리스도는 선물을 받아 인간에게 그것들을 주신 것이다. 이것이 핵심적인 사안이다. 신성을 가진 존재로만 남아 있는 대신 성령으로 인간에게로 오실 참이었다. 교회를 지상에 있는 하나의 몸으로 만드는 것은 성령 세례이며, 다른 것으로는 이루어질 수 없는 일이다. 에베소서 1장의 마지막 부분에서 바울은 이러한 것을 교리적으로 제시하고 있다. 에베소서 2장의 초반부에서 바울은 교회를 그리스도께서 들어가신 상태에 들어가게 하기 위해서 하나님이 하신 일이 무엇인지를 제시하고 있으며, 2장의 끝부분에서는 지상에서 하나님의 처소가 건축되고 있는 일에 대한 계시를 제시하고 있다.

에베소서 4장에서 바울은 최종적으로, 이러한 부르심, 즉 하나님의 집으로 우리를 부르신 부르심에 합당하게 행할 우리의 책임을 선언하고 있으며, 더 나아가 몸을 형성하는데[1] 필요한 만물을 충만케 하시는 자의 충만을 따라서 역사하는 능력을 전개하고 있다. 모든 시장(市長)은 프랑스 사람이지만, 모든 프랑스 사람이 시장은 아니다[2]. 교회도 마찬가지이다. 교회는 다른 사람들과 더불어 일반적

---

1) 십자가는 세상의 끝이며, 교회를 위한 시작점이다. 이제 교회 앞에 놓인 목표는 재림하시는 그리스도이다. 이 둘 사이에서 우리는 만찬을 행한다. 만찬은 이 두 끝점을 연결하고 있다. 이러한 것들이 교회의 근본적인 세 가지 원리를 이룬다. 즉 십자가, 만찬, 그리고 주의 재림이다. 국교회를 떠났을 때, 나는 이 원리를 즉시 볼 수 있었다.

2) 이 말은 프랑스 아노나이에서 열린 수양회에서 한 말이다.

인 특권을 공유한다. 하지만 교회로서 교회에 속한 특별한 특권도 가지고 있다. 교회의 그리스도는 하늘에도 계시고 또 나의 마음에도 계실 수 있는, 참으로 영광스러운 그리스도이시다. 바울은 이 두 가지 사실을 하나의 구절에서 언급했다. 곧 갈라디아서 2장 20절이다. 에베소서 4장 11절을 보면, 사도 바울은 분명 부활 안에 계신 그리스도를 언급하면서, 동시에 그리스도의 공생애 기간 동안 세우신 열두 사도들이 아니라 그리스도께서 위로 올라가신 이후에 세우신 사도들에 대해서 말한다. 그리고 11-16절을 보면, 이러한 사도와 선지자와 복음 전하는 자와 목사와 교사를 통해서 교회를 지상에 있는 몸으로 세우시는 성령의 사역을 볼 수 있다. 우리는 이 구절들을 통해서 교회가 지상에 있는 몸이라는 부인할 수 없는 증거를 볼 수 있다.

344

그럴지라도 나는 인간의 책임을 약화시킬 수 있는 듯한 그런 표현을 사용하고 싶지는 않다. 만일 교회가 그리스도의 신부라는 인식을 가지고 있지 않다면, 신부의 정서든지 아니면 신부의 의무와 같은 것은 존재할 수가 없다. 만일 의도적으로 영적인 정서를 무시하고 있다면, 그러한 것이 존재하는지 조차 모를 것이다. 교회는 마치 솔로몬 앞에서 두 여인이 한 아이를 놓고 서로 자기 아이라고 다투는 것과 같이 되었다. 그리하여 둘에 나눠 반은 국가 교회에 주고 반은 비국교도 교회에 주게 생겼다. 오, 저런! 영적으로 대답하자면, 차라리 저쪽으로 전부를 가지게 하옵소서라고 해야 할 것이다. 그렇다. 지상에서 하나됨을 이루는 것은 분명 가능하다. 예를 들어, 모라비안 사람들을 생각해보자. 이 모라비안들은 지구 전역에 있으며, 그린란드에도 있고, 유럽에도 있다. 이것은 웨슬리안들도 마찬가지이다. 만일 각 교단의 정의에 따라 교회가 이러 저러해야 한다는 개념을 가지게 되면, 나는 실망할 수밖에 없을 것이다. 하지만 하나님의 생각을 따라서 교회를 생각하고, 또 거기에 맞게 행한다면, 나는 거기서 믿음의 순종을 보게 될 것이며, 하나님은 나를 칭찬해주실 것이다. 사람들은 그저 이나마 허락된 교회의 상태에 만족해야 한다고 말한다. 나는 그런 사람에게 "당신은 성경이 말하는 교회 진리를 본 일이 없군요."라고 대답할 것이다. 당신은 정녕 하나님이 설계하신 교회를 본 적이 없는 것이다. 하나님은 항상 우리 앞에 하나님의 능력에 의해서가 아니면 결코 붙잡을 수 없는 것을 믿음의 대상으로 두신다. 하나님의 능력으로 믿음을 가지게 되면, 우리는 장차 영광과 함께 영생에(딤전 6장), 교회를 위한 영광에(엡 2장, 요 17장) 들어가게 될 것이다. 또 다른 것이 있다. 만일 이스라엘 백성들이 처음 하나님의 명령을 듣고도 아모리 족속을 치러 올라가지 않았다면, 설사 그들이 두 번째로 올라갈지라도 그들은 패배하였을 것이다. 그럼에도 하나님은 광야에서 그들과 함께 하셨다. 심지어 언약궤가 요단 강바닥에 있을지라도 가나안으로 들어가는 길을 열었다. 현재를 위하여 하나님을 의지할 필요가 있다. 교회를 눈으로 볼 수 있다는 것(교회의 可視性, visuality)은 분명하다. 왜냐하면 하나됨을 유지하려면 어려움을 극복하는 것이 가능해야 하기 때문이다.

하나님이 비가시적인 하나님이신 것처럼, 비가시적인 교회를 언급하는 것이 가능할까? 만일 하나님께서 성육신하신 것이 사실이라면, 그렇다면 나는 교회도 이 땅에서는 성육신하는 것이 가능하다고 말하고 싶다. 고린도전서 12장 28절을 보라. 이 구절은 하늘에 있는 교회가 아니라, 지상에 있는 교회를 가리킨다. 왜냐하면 하늘에는 병을 고치고 서로 돕는 것이 필요치 않기 때문이다. (여기서 서로 돕는다는 것은 서로에게 도우미가 된다는 의미이다. 어떤 측면에서 은사는 주관적인(또는 객체 지향적인) 것이 아니라 객관적인(또는 목표 지향적인) 것이다. 은사를 교회 안에서만 활용해야 하는 것으로 너무 좁게 생각하지 말고, 도움이 필요한 곳마다 가서 돕게 되면 은사는 큰 도움이 된다.) 고린도전서에서 언급하고 있는 교회를 보여주는 또 다른 구절이 있는데 고린도전서 10장 16-18절이다. 우리는 지상에 한 몸을 가지고 있기에, 하나의 떡을 뗌으로써 이 사실을 나타낸다. 오늘날 주의 만찬은 성례라 불린다. 본래 "성례(sacrament)"는 로마 군병들에게 충성에 대한 맹세를 시킬 때 사용했던 일종의 서약서였다. 그래서 주의 만찬을 행할 때, 그리스도인들은 그리스도를 향한 충성을 선언하는 일을 했다(고전 14장). 게다가 각 지역교회들 간의 연합은 전체 몸의 하나됨을 표현하는 것일 뿐이었다.

345

만일 교회가 하나라면, 지역 교회들 간의 동맹 또는 제휴란 있을 수 없다. 이미 하나일진대, 어찌 자신과 동맹을 맺는 것이 가능한가?

마태복음 16장을 보면, 우리는 교회가 그때까지 존재한 일이 없었다는 사실을 볼 수 있다. 그리스도의 생애 동안 많은 사람들이 그리스도를 하나님이 보내주신 그 그리스도라는 고백을 하긴 했지만,

그리스도를 살아계신 하나님의 아들이라는 칭호로 고백한 것은 베드로뿐이었고, 이것은 죽은 자 가운데서 살아나신 그리스도의 부활로 인해서 산 소망을 표현하는 것이었다. 이 개념은 그리스도와 함께 다시 살아나서 하늘에서 그리스도와 함께 있는 자가 되는 개념이라기보다는 그리스도와 함께 살아나서 지상에서 그리스도와 함께 행하는 자가 되는 개념이다. 이 개념은 하늘에 있는 자가 아니라, 하늘을 향해 가는 자가 되는 것이다. 베드로의 서신 속에 내포된 교리들이 가지고 있는 도덕적 특징은 다니엘과 같이 도덕적으로 높은 수준에 있는 성도들에게 적용되며, 또 다시 교회가 휴거된 이후 부활하게 되는 (환난)성도들에게 적용된다. 그 당시 그리스도에게로 나아왔던 성도들은 실로 속 생명을 가지고 있었지만, 그들은 그 생명에 대한 인식은 없었다. 게다가 그들은 자기 속에 있는 육신성을 분별할 수도 없었다. 여기엔 엄청난 차이가 있다. 그들 속에 있는 생명은 하늘에 거하시는 메시아와 연결이 되어 있지 않았다. 하나님은 교회를 내다보고 계셨지만, 유대인들이 하나님을 떠나기 전에는 결코 그들을 떠날 생각을 하지 않으셨다. 이런 이유 때문에, 교회는 그 당시에 계시되지 않았던 것이다. 마태복음 16장 18절은 "또 내가 네게 이르노니"라고 되어 있다. 이것은 "아버지께서 나에 대해서 무언가 네게 말씀하셨는데, 곧 내가 그 그리스도라는 것이다. 이제 나는 너 자신에 대해서 무언가 말해줄 것이 있는데, 곧 너는 베드로라. 이 반석 위에 내 교회를 세울 것이라"는 의미이다.

　이제 아들께서는 하나님의 집을 맡은 주인으로서 자신의 자리를 취하신다. 하나님은 베드로에게 그리스도의 이름을 (주신 것이 아니라) 계시하셨다. 이제 그리스도는 베드로에게 교회에서 섬기는 직분에 속한 이름을 (계시하시는 것이 아니라) 주신다. 이것은 아담이 모든 피조물에게 이름을 준 것과 같다. 그리스도는 교회에게 "음부의 권세가 이기지 못하리라"는 약속을 주셨다. 과연 이 약속은 교회가 실패하는 일이 없을 것임을 보증하는 것인가? 그렇지 않다. 인간의 책임과 하나님의 신실하심은 반드시 구분해야 한다. 교회의 실패와 성도들을 능히 지키고 또 그들을 마침내 구원하시는 하나님의 능력은 별개의 사안이다. 이것은 유대인들에게도 동일하게 적용된다. 그들의 거짓됨은 결국 하나님의 영광을 풍성하게 할 것이다. 베드로에게 주신 열쇠는 교회의 열쇠가 아니라 천국의 열쇠다. 베드로의 사역을 보면 베드로는 항상 유대인만을 대상으로 사역을 한다. 게다가 사도행전의 시작부분에 보면, 베드로는 교회를 전혀 언급하고 있지 않다. 그는 하나님 나라의 사역을 위해서 열쇠를 사용할 뿐이었다. 교회에 대해서 말할 때에도, 오히려 성령으로 세례를 주시는 분은 그리스도이셨고, 그리스도께서 친히 이러저러한 사람을 사용하셨다. 놀라운 사실은, 바울이 등장할 때까지 예수가 하나님의 아들이심은 전파되지 않았다는 것이다. 약속은 동일했다. 베드로는 이스라엘을 약속의 후사로 선언했지만(행 3:25), 바울은 그리스도를 아브라함의 그 씨라고 선언했다(갈 3:16). 매고 푸는 권세를 받은 베드로는 하나님 나라를 위해서 일하는 동시에 하나님의 집에서 청지기였다. 매고 푸는 것은 백성들 뿐만 아니라 일들도 포함된다. 주님은 "무엇이든지 매면 … 무엇이든지 풀면"이라고 말씀하셨다. 사도행전 15장 9절을 보면, 그는 율법에서 풀어주는 일을 한다. 그래서 그는 이방인들과 함께 먹을 수 있었다. 요한복음 20장 21-23절을 보면, 오늘날에는 사람들을 죄에서 풀어주는 일을 하는 것을 볼 수 있다.

베드로는 마태복음 18장에서 확실한 권위를 부여받았다. "진실로 너희에게 이르노니 무엇이든지 너희가 땅에서 매면 하늘에서도 매일 것이요 무엇이든지 땅에서 풀면 하늘에서도 풀리리라." 이 구절이 가지고 있는 힘을 느끼긴 하지만, 이 구절만으로는 아무 것도 결정할 수 없다. 하지만 19절을 통해서 우리는 이 18절을 매우 단순하게 적용할 수 있는 단초를 얻을 수 있다. "진실로 다시 너희에게 이르노니 너희 중에 두 사람이 땅에서 합심하여 무엇이든지 구하면 하늘에 계신 내 아버지께서 저희를 위하여 이루게 하시리라." 성령님께서 교회 안에서 일하시면서 두 세 사람이 동의하면, 주님이 그들과 함께 하신다. 국가 정부처럼 법률을 만들 필요도 없고 다만 시행하면 된다. 자유재량권이 부여되어 있는 것이다. 기억해야 할 것은 우리에겐 말씀을 떠나선 아무 재량권이 없다는 점이다. 그러한 것이 말씀의 완전성이다. 즉 성경에서 (교회 생활 전반에 걸쳐) 언급하지 않은 것은 하나도 없다. 하지만 말씀을 적용하는 데에는 지혜가 필요하다. 하나님의 섭리 속에 담긴 지혜를 볼 수 있다는 것은 참으로 놀랍다. 그러한 것이 초대교회의 진면목이었지만, 나중엔 하나님의 나라와 같이 되어 버렸다.

알곡 가운데 가라지가 심겨졌고, 교회의 부패가 일어날 것이긴 해도, 천국의 자녀들은 항상 천국의 자녀로 남아있다. 이러한 것은 쉽게 이해될 수 있다. 하나됨은 깨어졌다. 하나됨을 형성했던 하나님의 자녀들은 항상 하나님의 자녀로 남아있을 것이다. 하지만 더 이상 하나됨은 없다. 더 이상 교회는 하나됨 안에 있지 않다. 그렇다면 나에겐 하나의 원칙이 있는데, 즉 만일 그러한 것이 교회의 모습이라면, 나는 교회를 떠나지 않을 것이란 점이다. 만일 교회의 원리가 그리스도를 중심으로 하나님의 자녀들을 모으는 것이라면, 그럼에도 무지 때문에 회심하지 않은 영혼들을 교회의 지체로 받아들인다 해도, 나는 교회를 떠나지 않을 것이다. 나는 다만 교회의 선을 위해서 일할 것이며, 그럴 때 의인들이 이 회심하지 않은 영혼들을 돌볼 것이다. 정반대의 상황이 되어도, 나는 물러서지 않을 것이다. 반면 만일 순전히 그리스도인으로만 구성된 교회를 발견하였지만, 이 사람들이 말씀을 따라서 성령의 하나 되게 하신 원리를 따라서 모이고 있는 것이 아니라면, 나는 이 사람들과 하나 되고자 하지 않을 것이다. 나는 교회에 가만히 들어온 거짓 형제들 때문에 분리의 길을 가진 않을 것이다. 왜냐하면 어찌되었건 그들이 가만히 들어올 수 있었던 교회가 존재하고 있기 때문이다.

347

주의 만찬에 참여하는 일에는, 믿음이 필요할 뿐만 아니라 평안도 필요하다. 현재 나는 나를 인도하시는 구주를 의지하고 있고 있으며, 그분의 은혜가 내게 족하다는 것을 알고 있다. 우리는 주의 상을 지키는 사람들이다. 뿐만 아니라 우리는 구주의 양떼들을 지키는 사람들이며, 사랑으로 그들을 돌보는 사람들이다. 우리는 그들을 하나의 양 무리로서 돌볼 수 있기를 바라며, 세상의 위험으로부터 보호하기를 원한다. 이것은 큰 책임이다. 이 책임을 감당하는 데 필요한 주님의 은혜는 항상 충분하다.

누군가 죄를 지은 경우, 교회가 그 문제를 판단하고 해결할 때까지 그 사람을 따로 있게 하는 것이 좋다. 그렇지 않으면 분당을 지어 교회를 흩어놓을 수 있기 때문이다. 나중엔 한 사람이 아니라 여러 사람을 징계해야만 하는 일이 있을 수 있다. 우리는 교회 양심의 순수성을 붙잡고자 해야 하며, 죄를 지은 사람의 경우, 양심이 회복될 때까지 기다려 주어야 한다. 만일 두 세 사람이 규칙을 정할 경우, 그들은 말씀을 순종하는 자리에 있지 않게 될 것이다. 하지만 말씀을 붙든다면, 그들은 모든 일을 판단할 수 있는 권한을 부여받게 된다.

교회는 하나님의 집으로 관리되고 있다. 첫 번째로, 하나됨이 있다. 지체들의 공급과 협력에 의해서 유지되는 하나의 몸이 있다. 두 번째로, 교회에 주신 성령에 의해서 교회 내에 공급되는 하나님의 능력이 있다. 큰 원리는 성령님께서 교회 안의 모든 것을 주관하시며, 그리스도인들로 하여금 하나님 집의 머리이신 그리스도의 종으로 섬기게 하신다는 것이다(히 3장). 모든 일의 뿌리는 교회가 성령의 임재를 전혀 누리고 있지 못한데서 비롯된다. 그 결과 오늘날 교회는 교회의 토대를 이루고 있는 교회 진리를 잃어버렸다. 나는 이것을 전적인 실패요 배도라고 부르고 싶다. 교회가 교회를 하나로 묶어주는 원리들을 포기해버렸기 때문이다. 실제적으로 교회의 배도는 불가능하다. 성도들 안에 생명이 있긴 하지만(요 10장), 모두가 하나님의 계획 밖에 있다. 그렇다면 그것은 지상에서 교회가 책임 있는 존재로 실패한 결과인 것이다.

현대 프로테스탄티즘은 지상에서 한 몸을 형성하는 일을 하시는 성령의 능력을 부인한다. 개혁주의 신학은 다른 견해를 가지고 있긴 하지만, 그렇다고 이 하나됨을 부정하지는 않는다. 프로테스탄티즘에는 두 가지 요소가 있는데, 말씀의 권위와 칭의이다. 오늘날 어떤 사람은 두 가지 중 이쪽을, 또 어떤 사람은 저쪽을 상실했다. 교황제도에는 하나됨이 있다. 이것이 사실이긴 해도, 그들의 하나됨이란 교황을 중심으로 한 하나됨이다. 하나됨을 부인하는 것은 이 하나됨의 진리를 불신하는 것이다. 이렇게 영적으로 추락하게 되면, 바닥에서 유대주의를 붙들게 된다. 유대주의는 초대교회 시대부터 사도들이 영적으로 대립하고 투쟁했던 종교 사상이었다.

348
교회 내에 침투한 유대주의는, 나의 눈에는, 성직자 제도를 계승하는 원리로서, 그리스도의 종들을 성령의 자리를 대신 차지하도록 해준다. 이 유대주의는 여기서 더 나아간다. 왜냐하면 그들은 사제들, 달리 말하면, 성직자들을 만들어내기 때문이다. 여기에 율법주의 등 추가시킨 것들이 많이 있지만, 어쨌든 이러한 것들은 교회의 하나됨과는 아무 상관이 없다.

이제 인정할 수밖에 없는 중요한 사실들이 몇 가지 있다.
첫째로, 성령님께서 교회 안에서 권한을 가지고 있지 못하다.
둘째로, 지상에 있는 가시적인 몸으로써 교회의 하나됨은 상실했다.
셋째로, 우리는 지상에서 하나의 증거를 유지해야 하는 책임에서 실패했으며, 그러한 교회의 개념을 상실했다. 교회와 그리스도가 연합을 이루고 있다는 관계의식도 상실했다.

어떤 사람들은 우리에게 사랑이 부족하기 때문에 하나됨을 이루고 있지 못하다는 말을 한다. 그것이 사실이라면, 우리가 사랑을 다시 회복한다면, 더 이상 실패는 없다는 말이 될 것이다! 과연 그럴까? 그렇지 않다. 그것만 필요한 것이 아니다. 하나됨에 절대적으로 필요한 요소는 능력이다.

이러한 실패의 결과로, 교회는 하늘에 속한 특징을 잃어버렸다. 그래서 교회를 운영하는 원리에 성직자 제도가 도입되었다. 베드로와 바울은, 오늘날 우리가 알고 있는 교회 시스템을 가르친 적이 없었다. 만일 사탄의 종이 안수를 받아 교회에 온다 해도, 그는 기꺼이 영접될 것이다. 은사를 따라 섬기는 하나님의 원리는 한쪽으로 제껴졌고, 인간 시스템으로 대치되었으며, 지체들의 봉사는 총체적으로 부인되고 있다. 성직자들이 교회를 만든다. 왜냐하면 그들은 교회를 믿지 않기 때문이다. 여기엔 중요한 질문이 있는데, 이 질문은 이러한 실패가 시작된 곳에서만 발견할 수 있다. 이 부분은 딱 잘라 말하기 어렵다. 우리는 이미 빌립보 교회에서 각 사람이 다 자기 일을 구하고 그리스도의 예수의 일을 구하지 아니했던 것을 볼 수 있다. 처음에 마귀는 몸의 하나됨을 건드리지 않았지만, 곧 그렇게 할 수 있었다. 이러한 악의 심각성은, 이 일이 교회 안에서 시작되었다는 점이다. 골로새 교회에 일어난 일을 보라. 그들은 몸의 머리를 붙들지 않았다. 교회 생활이 잘 진행되고 있었을지라도, 이 일은 교회 내부에서 일어났다. 교회가 머리와의 연합 의식을 상실하게 될 때, 교회는 유대교회 된다. 우리는 갈라디아 사람들에게서 일어난 칭의의 오류를 통해서 동일한 경향을 볼 수 있다. 에베소 교회의 경우, 그들은 처음 사랑을 버렸다. 사도행전 20장에서 우리는 사도들이 떠난 후에 이리들이 들어오게 될 것을 볼 수 있다. 우리는 악이 어떻게 들어오게 되었는지를 볼 수 있을 뿐이지만, 어느덧 배도의 시기에 들어섰을 때에야 이 악이 얼마나 퍼졌는지를 알 수 있다. 교회 안에 이 모든 일이 이미 시작된 것을 보는 것은 참으로 가슴 아픈 일이 아닐 수 없다.

349

야고보서 5장 14절을 보자. "너희 중에 병든 자가 있느냐 저는 교회의 장로들을 청할 것이요 그들은 주의 이름으로 기름을 바르며 위하여 기도할지니라." 여기엔 교회의 내적인 행정 또는 능력이 있다. 오늘날 이것이 절대적으로 부족하다. 처음 교회는 교회 지체들과 연관되어 있는 하나님의 섭리에 정통하고 있었다. 현재 교회는 이 부분에 대해서 전적인 무능력으로 시달리고 있다. 만일 이러한 것이 실패가 아니라고 할 것 같으면, 과연 무엇이 교회의 실패인지 묻지 않을 수 없다. 아! 오늘날 교회는 이러한 영적 실체를 알지 못한다. 또 다른 요소가 있다. 교회 안에 세상이 들어왔으며, 서로 섞여 있다는 점이다.

요한일서는 최악의 악이 이미 들어왔음을 우리에게 보여준다. 두 가지 증거가 있다. 첫 번째, 적그리스도의 출현이 말세의 특징이며, 교회 안에서 그 모습을 드러낼 것이다. 그리고 두 번째, 이 악은 이미 사도들의 시대에도 있었다. 그렇다면 이미 말세가 시작된 것이다. 이는 말세에 나타나게 되는 타락한 도덕적 특징, 필수적인 특징이 이미 그곳에서 움트고 있었기 때문이다. 교회는 마땅히 그리스도께서 어떤 분이신지에 대한 완전한 간증을 드러내는 존재여야 했건만, 오히려 부패의 원천과 온상이 되어 버렸다. 이는 기독교를 공적으로 부정하는 것이다. 그래서 육체를 입고 오신 그리스도를 부인하는 일이 이미 시작되었다. 그들은 아버지와 아들을 부인했다. 그렇지만 그들은 하나님을 부정하진 않았다. "때가 이르면 무릇 너희를 죽이는 자가 생각하기를 이것이 하나님을 섬기는 예라 하리라 저희가 이런 일을 할 것은 아버지와 나를 알지 못함이라." (요 16:2,3) 사탄은 항상 능력을 동반하는 진리를 대적하고자 믿음을 행사할 필요조차 없는 옛 진리를 가지고 온다. 구주 예수님은 사도들의 시대부터 존재하고 있었던 것을 가지고 말세의 특징을 설명하셨다. 우리는 여기서 이러한 적그리스도들이 성도들 가운데서 나올 것이란 사실을 주목해야 한다. 이것이 유다서에서 볼 수 있는 것과의 차이점이다.

유다서 3절을 보자. "사랑하는 자들아 내가 우리의 일반으로 얻은 구원을 들어 너희에게 편지하려는 뜻이 간절하던 차에 성도에게 단번에 주신 믿음의 도를 위하여 힘써 싸우라는 편지로 너희를 권하여야 할 필요를 느꼈노니." 이 구절에는 도덕성을 함양시켜주는 영적인 힘이 담겨 있다. 일반으로 구원을 받은 성도들에게 편지를 쓰려는 의도를 평소 가지고 있었던 유다는 대적하는 자들과 배도자들을 분별하고 또 성도들로 하여금 그들을 경계하도록 하고자 이 구절을 썼다. 우리는 유다서에서 무슨 사실에 대한 언급보다는 심판으로 마치게 될 악의 유입과 발전 과정에 대한 언급을 볼 수 있다.

14-15절을 보자. "아담의 칠대 손 에녹이 이 사람들에 대하여도 예언하여 이르되 보라 주께서 그 수만의 거룩한 자와 함께 임하셨

나니 이는 뭇 사람을 심판하사 모든 경건하지 않은 자가 경건하지 않게 행한 모든 경건하지 않은 일과 또 경건하지 않은 죄인들이 주를 거슬러 한 모든 완악한 말로 말미암아 그들을 정죄하려 하심이라 하였느니라." 여기서 유다는 기독교의 모든 시대를 건너뛰고, 자기 시대의 경건하지 않은 사람들에게 심판이 임하게 될 것을 보여주고 있다. 이러한 것이 교회 황폐화의 역사이다. 사탄이 특별히 주님이 성도들과 함께 오실 때, 심판의 대상이 되는 사람들을 교회 안으로 끌어 들였다. 일반적인 시스템이 실패했을 뿐만 아니라, 이 외에도, 모든 것이 좋은 상태에 있을 때 악이 들어온 것이다. 열 처녀 모두 주님의 오심을 잊고 잠에 빠졌다. 그들은 재차 나가야 했다. 그들은 편하게 졸 수 있는 장소에 들어가 있었던 것으로 보인다. 세상 속에 묻혀 잠자고 있는 그리스도인은 세상을 떨치고 나가야 할 책임의 문제가 있다. 우리는 유다서를 통해서, 심판의 대상인 악이 교회 안에 들어오게 되었음을 볼 수 있다. 유다는 그 악이 결국에 심판을 받게 될 것으로 보았다. 그는 11절에서 악이 가지고 있는 특징을 언급한 후에, 교회의 역사를 건너뛴다. 여기 11절에는 악이 가진 세 가지 특징이 있는데, 곧 가인, 발람, 그리고 고라를 통해서 요약되고 있다. 어쩌면 여기엔 말세에 나타나게 될 용과 거짓 선지자와 짐승의 유비(類比)가 있는지 모른다. 종교적 부패가 심각한 것이긴 하지만, 멸망을 받는 것은 고라의 패역에 대한 것이다. 이 세 가지 것들이 싹튼 곳은 교회 내에서였다. 그리스도인의 태만이 유대주의를 허용했고, 세속성을 교회 안에 들어오게 했다. 우리는 지금 이러한 특징들을 가진 사람들이 교회 안에 있는 것을 보고 있다. 사탄은 열린 문을 통해서 톡톡히 득을 보고 있다. 하나님은 그것을 분명 배도로 선언하신다. 첫 번째, 그들은 하나님의 은혜를 방탕한 것으로 바꾸었고, 유일하신 주권자 하나님과 주 예수 그리스도를 부인했다. 비록 그들이 입술로는 그리스도를 구주로 고백했지만, 유다는 속지 말라고 경고했으며, 악을 정확히 지적했다. 그리고 그들은 그리스도를 부인하고 있다고 선언했다. 나중에 그들은, 사도 요한이 말한 대로, 그리스도에게 속하지 아니함을 나타내려고 결국엔 나가게 될 것이다.

350

이 외에도, 그들은 성도들이 나누는 애찬의 암초였다. 유다는 그들을 두 번 죽은 자들로 언급하고 있는데, 이는 자연적으로 죽을 수밖에 없는 존재일 뿐만 아니라 신앙고백에 합당한 아무런 선한 열매도 없는 사람이라는 뜻이다. "유리하는 별들"이란 말은, 그들은 외형상 빛이 있는 듯 보여도, 실상은 어둠 속으로 속히 사라질 존재라는 뜻이다.

그들을 어떻게 구별할 수 있을까? 그들은 엄청난 지식을 가지고 있는체한다. 그들은 자신이 이해하지도 못하는 것들에 빠져있다. 그들은 공상적인 이야기와 끝없는 족보에 착념한다. 그들은 인간 정신(마인드)의 엄청난 상승을 주장한다. 사도 요한과 마찬가지로 유다는 이러한 사람들의 출현이 말세의 징표라고 말했다는 사실을 주목하라. 이런 사람을 어떻게 대할 것인가에 대해서 성경은 분명한 지침을 주고 있긴 하지만(고린도전서 5장을 보라), 이것은 여기서 다룰 주제가 아니다. 유다는 마지막 시간이 올 때까지 교회가 참고할 수 있는 교훈을 계시처럼 주고 있다. 성령님은 한 번에 모든 주제를 다루시는 법이 없다. 총체적으로 악이 넘치는 곳에 있는 사람은 그곳을 떠나야만 한다. 우리가 그것과 직접적인 연관도 없고, 또 거기에 속해 있는 것도 아닐지라도, 우리는 교회 안에 들어온 악에 대해서 책임을 져야 한다. 왜냐하면 교회가 그것을 허용했기 때문이다. 참 교회와 자신을 동일시하는 사람은 그것을 그저 모른 채 하고 있을 순 없다.

351

책임은 개인적인 것이다. 행실에 문제가 있을 때, 주님은 주어진 상황 속에서 어떻게 처신했는가를 살피신다. 하지만 마음에 문제가 있을 때, 마음은 전체 몸과 동일시되는 법이다. 하나님의 증거는 그렇게 몸에게 주어졌다.

베드로후서 3장을 보라. 유다서와 거의 같은 상황이긴 하지만, 조금 다른 측면이 있다. 여기엔 주의 재림을 부정하며 조롱하는 사람들이 있다.

데살로니가후서 1장 3-7절을 보라. 여기엔 배도가 있다. 여기서 우리는 배도가 이미 기정 사실로 확정되어 있는 것을 볼 수 있다. 배도를 언급하고 있긴 하지만, 아주 조금 있다. 하지만 그리스도인의 증거는 초기 성실함으로 지속되고 있지 않다. 따라서 회복은 없다. 다만 그 최종적인 결말은 심판이다. 이 주제를 마음에 둘 때, 두 가지 중요한 내용이 있다. 첫 번째, 배도가 반드시 있을 것이다(4절). 두 번째, 이 배도는 본질상, 하나님의 심판의 대상이다(8절). 비록 요한과 유다의 시대에 배도가 시작되고 또 배도의 역사가 한참 진행되었을지라도, 나는 배도가 꽃을 피웠을 거라고 생각하진 않는다.

히브리서 6장은 어쩌면 기독교 시스템에 적용될 수도 있다. 사람이 만일 성령에 참여하였지만 거기서 타락하였다면, 회복은 없다. 선택받은 민족으로서 유대인의 죄는, 그들이 인자를 거절했다는 것이다. 그들은 천년왕국 시대에 다시 설립될 것이지만, 성령을 모독하는 일을 하는 이방인들은 회복되지 않을 것이다. (아직 성령을 모독하는 죄를 지은 것은 아니하지만, 장차 그런 죄를 지을 것이다.) 데살로니가후서 2장 7절은 불법의 비밀이 이미 데살로니가 교회 시대에 이미 시작되었음을 공식적으로 선언하고 있는 듯 보인다. 우리는 이미 다른 곳에서 이것을 확인했다. 성령께서 배도를 막고 계신다. 우리에게 중요한 것은 악의 발전을 억제하고 막고자 굴레 씌우고 있는 것이 있음을 아는 것이다. 교부들은 그것이 로마 제국이었다고 말했다. 글쎄, 시대적으로 그럴 수 있다고 본다. 그렇다면 우리 시대엔 하나님께서 다른 것들을 사용하신다. 하나님은 인간의 의지를 굴레 씌우고, 악을 억제하는 일에 시민 정부를 사용하실 수 있다.

352
교회가 지상에 있는 한, 하나님은 교회의 유익에 기여할 수 있도록 자신의 공의를 이룰 사역자들에게 필요한 권위를 덧입히신다. 사탄은 아무것도 창조할 순 없지만, 세상에 대한 권세를 가지고 있기에, 그것 자체가 사람에겐 기적이다. 돋보기를 가지고 태양광선을 모으면 불을 만들어낼 수 있는데, 이것은 유리를 가지고 만들어내는 기적인 것이다. 사탄은 이처럼 사람들에게 무언가 기적처럼 보이는 것을 행한다. 하지만 사탄에겐 전적으로 무지한 것 두 가지가 있는데, 그것은 하나님의 사랑과 영적인 분별력이다. 사도행전 2장 22절과 데살로니가후서 2장 9절을 비교해보라. "하나님께서 나사렛 예수로 큰 권능과 기사와 표적을 너희 가운데서 베푸사", "악한 자의 나타남은 사탄의 활동을 따라 모든 능력과 표적과 거짓 기적과." 당신은 그리스도께서 일으키시는 표적과 죄의 사람이 일으키는 표적이 거의 같은 표적인 것을 보게 될 것이다. 다시 말해서, 엘리야 시대에 여호와와 바알 사이의 문제는 엘리야의 기도에 따라 하늘로서 내려온 불에 의해서 해결되었고, 그것은 거짓 선지자들은 할 수 없는 일이었다. 요한계시록을 보면, 우리는 두 번째 짐승이 사람들이 보는 앞에서 하늘로서 불이 내려오게 하는 것을 볼 수 있다. 엘리야에 의해서 이스라엘에게 보이신 여호와의 증거뿐만 아니라 그리스도에 의해서 하나님의 증거를 보이는데 사용된 권능은 장차 죄의 사람에 의해서 그대로 재현될 것이다.

나에겐, 유대주의는 말세에 대한 예언에서 엄청난 자리를 차지하고 있는 듯 보인다. 디모데전서 3장 15절을 보자. "만일 내가 지체하면 너로 하여금 하나님의 집에서 어떻게 행하여야 할지를 알게 하려 함이니 이 집은 살아 계신 하나님의 교회요 진리의 기둥과 터니라." 이 말씀은 교회에 대한 말씀인데, 여기서 교회는 세상을 향해 하나님의 집으로서 증거를 하기 위해 있다. 결국 교회는 항상 진리의 보관소이다. 사람들이 진리를 발견하는 영역은 세상이다. 세상에서 진리를 찾을 수 있다는 것은 엄청난 거짓말이다. 하지만 하나님의 집에서 진리를 찾을 수 있는 것은, 하나님께서 자신의 은혜의 성실함으로 보존하시는 일이다. 심지어 가톨릭교회에서도 근본적인 진리를 발견할 수 있다. 거기에도 진리를 어느 정도 보관하고 있기 때문이다. 하지만 하나님의 증거에 거짓으로 첨가하고 변형시킨 것들이 있다. 그 결과 지상 제사장제도와 인간 성직자제도가 하나님과 인간 사이에 끼어들었다. 이로써 인간은 하나님께 가까이 나아갈 수 없게 되었다.

디모데후서 2장에 보면, 하나님의 사람은 기독교계로 변한 하나님의 집에서 천하게 쓰는 그릇들에서 자신을 깨끗하게 해야 한다. 악은 자신을 거룩하지 못하게 하는 것으로 작용하기에, 우리는 전심으로 평안의 매는 줄로 성령의 하나 되게 하신 것을 지키고자 해야 한다. 여기서 핵심은 충성스러움이다. 주께서 자기 백성을 아실진대, 주의 이름을 부르는 자마다 모든 불의와 죄악에서 떠나야 한다. 그 어떤 이름도 우리를 불의에 묶어두지 못하게 해야 한다. 이것은 단순히 경건한 삶을 위한 조언이 아니라 부패한 기독교계를 떠나라는 명령이며, 이것은 개인적으로 순종해야 하는 명령일 뿐만 아니라 상대적인 명령이다. "또한 너는 청년의 정욕을 피하고 주를 깨끗한 마음으로 부르는 자들과 함께 의와 믿음과 사랑과 화평을 따르라."(22절) 따라서 우리는 그러한 상황 가운데서도 주님의 마음에 합한 사람들과의 교제에 힘써야 한다. 홀로 독처하는 것이 아니라, 하나님의 뜻을 좇는 사람들과의 교제 가운데 있어야 한다. 말세에 고통 하는 시기에는 이러한 교제가 방해받지 않도록 할 필요가 있다. 어리석은 사람들을 속이고, 진리를 거절하는 거짓된 사람들에게서 떠나야 한다. 경건의 모양을 가진 채, 그저 입술만의 신앙을 가진 사람들이 대거 출현하게 될 것이다. 그들은 우리가 로마서의 초반부에서 볼 수 있는 이방인들에 대한 그림과 딱 맞아 떨어지는 사람들이다. (디모데후서 3장과 비교해보라.)

353

로마서에는 이방인들의 모습이 적나라하게 드러나 있다. 반면 디모데후서에서 악은 오히려 숨어 있다. 그들은 경건의 모양을 가지고 있다. 6,7절을 보면 "항상 배우는" 경건의 활동이 있다. 하지만 그들은 어리석은 여자들이다. 왜냐하면 영적 폭군의 영향력 아래 사로잡혀 있기 때문이다. 다른 한편, 성경에는 "그리스도 예수 안에 있는 믿음으로 말미암아 구원에 이르는 지혜"가 있다(딤후 3:15). 여기엔 말씀과 믿음이라는 두 가지가 있다. 믿음은 말씀으로 들어가는 열쇠이다. 여기서 참으로 놀라운 것은, 우리의 안전을 위한 것으로 바울은 성령님을 제시하지 않고, 말씀을 제시하고 있다는 점이다. 주님은 다양한 역본을 읽으신 것처럼, 구약성경을 매우 잘 알고 계셨다(눅 24:44). 게다가 이로써 주님은 구약성경이 하나님의 말씀으로 승인을 받기 이전에, 그것을 하나님의 말씀으로 알고 있는 사람들의 믿음을 승인해주셨다. 당신은 율법의 모든 조항을 이해하지 못하지만, 이 모든 율법의 규례들이 그 땅에서 권위를 가지고 있다는 것을 알고서 읽는다. 교회는 말씀에 그 무슨 권위도 더하지 못한다. 다만 교회는 말씀을 보존하는 수호자일 뿐이다. 교회에게 말씀은 신탁(oracles)처럼 주어졌다. 교회는 이 보관물, 즉 말씀을 지키는 일에 신실하지 못했다. 오히려 성경에 외경을 더하는 일을 했다.

"어려서부터"라는 단어에 주목하라. 이것은 (아버지가 아들에게) 성경의 권위를 확증해주는 말이다. 어린아이로서 디모데는 과연 성경이 하나님의 말씀인지를 판단하는 것이 무척 어려웠을 것이다. 우리는 이 구절들을 통해서 말세에 고통 하는 시대를 살아가는 사람들에게 안전을 제공해주는 것은 하나님의 말씀뿐인 것을 확실히 볼 수 있다.

베드로는 성령의 감동하심을 입고 예언을 기록했던 선지자들을 언급하는 중에 성경에 대해서 말했다(벧후 1:20,21). 그리고 바울의 글을 다른 성경과 같이 성령의 감동으로 기록된 것으로 인정했다(벧후 3:15,16). 나는 문자적 영감(literal inspiration)을 믿는다. 왜냐하면 성경이 "성령의 가르치신 말씀으로"(고전 2:13)라고 말하고 있기 때문이다. 하지만 굳이 누가 묻는다면, 나는 완전 영감(absolute inspiration)을 믿노라고 말하고 싶다. 왜냐하면 나는 성령님께서 성경을 기록하신 진정한 저자(the AUTHOR)라고 믿고 있기 때문이다. 성령님은 이를 위하여 도구들을 사용하셨다. 당신은 성경을 읽는 중에 계속해서 성경을 기록한 사람들의 특별한 개성과 성품을 느낄 수 있을 것이다. 복음서를 보면, 그리스도에 대해서도 복음서를 기록한 기자마다 차이점을 보이는 이유가 그 때문이다.

354
따라서 나는 하나님께서 말씀을 순종치 아니하는 사람들은 "보아도 보지 못하며 들어도 듣지 못하며 깨닫지 못하도록" 말씀 속에 더러 어려운 부분들을 허락하셨음을 인정한다. 이에 대한 사례로 이사야 8장 13,14절이 있다. 하나님은 진리가 드러나도록 하셨지만, 믿지 않는 사람들은 걸려 넘어지게 하셨다. 만일 인간의 과학이 성경에 대해서 판단하고, 성경이 하나님의 말씀인지 아닌지를 결정할 수 있을 것 같으면, 진정 그렇다면 인간의 영은 하나님 위에 있어야만 한다. 이것은 불신앙의 극치이며, 배도의 시작이다. 사망이 인간의 종말인 것처럼, 배도는 기독교의 종말이다. 해가 지면서 그림자가 점점 길어지다가 어느 순간 어둠 속에서 하루가 끝나듯이, 배도의 역사도 앞으로 그렇게 흘러갈 것이다.

제 7장 교회의 황폐화란 무엇인가
The Public Ruin of the Church

딤전 3:15, 16, 딤후 2:19-22을 읽으시오.

392

질문 1. 교회란 무엇이며, 어떤 의미에서 현재 황폐화되었다는 것인가?

답변 1. 사랑하는 형제들이여, 우리가 이제 다루고자 하는 주제는 매우 중요할 뿐만 아니라, 주님께서 이 시간 우리 모두에게 은혜를 베푸시길 바란다. 우리가 알아채든 그렇지 않든 주님은 항상 우리에게 은혜를 베푸시며, 자기 백성들 가운데서 역사하는 능력을 나타내신다. 나는 형제들이 시련과 어려움을 겪고 있다는 것을 모르는 바는 아니지만, 동시에 주님의 손이 함께 하고 있음을 알고 있기에, 이 사실이 무한한 격려를 느끼게 해준다. 이는 주님이 어떤 식으로든 돌보실 때에는, 주님을 신뢰하는 영혼은 확실히 복을 누릴 것이기 때문이다. 게다가 주님은 우리를 흔들고 또 겸손하도록 누르시긴 하지만, 항상 우리의 선을 위해서 일하신다. 나는 몇몇 성도들이 이전 자리보다 더욱 존귀한 자리에 오르는 것을 보았다. 누군가 이 점에 대해서 묻는다면 나는 그렇다고 대답할 것이다. 이 점에서 나는 긍정적인 복을 보고 있다. 육신이 있지만 여전히 복이 있다. 이 사실은 하나님을 신뢰하는 법을 배운 사람에겐 위로가 될 것이다. 확실히 실패가 있고, 그것도 엄청난 실패가 있다. 하지만 우리의 실패조차도 하나님이 (여전히 배후에서) 일하신다는 사실을 보지 못하게 하지는 못한다. 세상이 몰래 우리 가운데 들어왔다는 것은 사실이다. 나는 그것을 인정한다. 하지만 나는 그 사실에 낙심하기 보다는 하나님이 일하시기 시작한다면 거기엔 반드시 복이 임할 것이란 사실에 주목하고 싶다. 수영장을 휘젓는다면 거기엔 흙탕물이 생길 것이다. 왜냐하면 이미 그곳에 흙과 먼지들이 있었기 때문이다.

많은 형제들이 "교회의 황폐화"라는 표현에 난감해한다. 나는 이 말에 대한 상당한 이해가 생겼지만, 혹 교회가 실패할 수 있을까에 대한 그들의 의구심이 일어나는 것에 대해서 불평할 생각은 없다. 사실 그들은 교회가 황폐화되는 일은 절대적으로 불가능하다는 입장을 고수하고 있기 때문이다. 그들은 하나님의 목적과 사람의 책임 아래 놓여 있는 현재 세대 사이에서 혼동을 일으키고 있다. 교회의 황폐화에 대해 말하기에 앞서, 우리는 지상에서 하나됨을 이루면서 그리스도의 영광을 나타내도록 세워진 교회의 특징을 살펴보고, 또 우리가 들어간 자리가 책임의 자리인 것과 항상 그 책임의 자리에 머물러 있어야 하는 것에 대해서 살펴보고자 한다. 만일 교회가 영적으로 실패할 수 있다면, 그것은 실로 참담한 일이 될 것이다! 황폐화된 교회에 대해서 생각해볼 것이 두 가지가 있다. 어떤 형제들의 마음 속에 있는 생각은 우리가 이 개념을 통해서 하나님의 목적을 방해하려고 한다는 것인데, 이것은 결코 가능하지 않다. 일종의 시기심도 있다. 나는 이것을 존중하며, 혹 교회 황폐화란 개념이 하나님의 목적에 영향을 미칠 수 있을 것처럼 보일지라도 유감으로 생각지 않을 것이다. 하나님의 최종적인 목적과 연결된 교회는 황폐화될 수 없지만, 실제적인 현재 상태와 지상에서 하나님을 위한 간증과 연결된 교회는 현재 황폐화 상태에 있다. 이에 대한 다른 사람의 생각을 소개하자면 이렇다. "글쎄요. 현재 교회가 황폐화 상태에 있다면 그렇게 되겠지요. 우리는 그 상태에 있고, 우리는 그 상태에 머물게 되겠지요. 그래도 우리는 최종적으로 구원을 받았습니다. 그렇다면 그게 무슨 상관이죠. 우리는 교회의 현재 상태에 대해서 생각할 필요도 없고, 장차 올 진노로부터 구원받았다는 확신을 가진 것으로 충분히 만족합니다." 이처럼 무기력하고 손을 늘어뜨리게 하는 말, 곧 모든 영적 에너지를 고갈시키는 말투는 교회가 하나님의 목전에서 무엇인지에 대한 바른 이해의 결핍에서 나오는 것이다. 실제적으로 많은 성도들은 자신들이 폐허 상태에 있는 것을 알고도 거기에 남아있어야 한다고 생각한다. 그러한 생각을 하는 것은 매우 위험하다. 왜냐하면 그것은 하나님의 능력을 부정하는 것이 되기 때문이다. 불신의 마음이 가득한 사람들은 교회 황폐화란 생각이 오히려 우리를 낙심시킨다고 말한다. 하지만 나는 그 때문에 낙심에 빠진다고 보지는 않는다. 왜냐하면 나는 주님의 은혜와 능력이 교회의 필요를 충족시키기에 충분하며, 언제나 변함없이 그러하다고 믿기 때문이다. "교회의 황폐화"란 표현이,

교회에 복을 주시는 성령의 역사에 대한 것임에도 영혼을 낙심시킨 다는 것은 매우 슬픈 일이 아닐 수 없다. 내가 언급해온 내용들은 충분히 입증할 수 있다. 왜냐하면 교회에 대한 하나님의 목적을 전도시킬 정도로 교회가 전적으로 황폐화되는 일은 가능하지 않을뿐더러, 실제적으로 황폐화가 일어난 곳일지라도 주님의 능력을 무력화시키는 일은 불가능하기 때문이다. 그럼에도 하나님의 역사는 교회의 상태와 별도로 작동하는 것이 아니라, 교회가 처한 상태에 비례해서 작동하는 법이다. 우리는 다 연약함을 가지고 있고, 거기로부터 영향을 받는다. 심지어 진리를 가지고 있다는 곳에서 조차도, 많고 적고의 차이만 있을 뿐 연약은 다 있게 마련이다. 사람은 슬픈 상태에 처해 있으며, 그 상태를 치유하는 그리스도의 능력을 체험하지 못한다면 낙심 상태에서 벗어날 도리가 없다. 물론 하나님의 목적은 실패하지 않을 것이다. 그러므로 교회가 하나님의 목적 가운데 서있는 한, 교회가 실패할 수 있다는 것은 사실일 수 없다. 따라서 우리에게 필요한 것은 교회가 구원받을 것이란 추상적인 개념이 아니라, 현재 상황을 극복하게 해줄 수 있는 하나님의 자원들을 어떻게 끌어올 수 있는가에 대한 매우 실제적이고 현실적인 믿음인 것이다. 만일 그리스도인이 나쁜 상태에 있다면, 나는 그저 그 상태를 무시하고 그리스도를 바라보는 일은 하지 않을 것이다. 왜냐하면 그럴지라도 나는 여전히 고통스러운 상태에 있을 것이기 때문이다. 하지만 만일 나에게 확신이 있다면, 나의 영혼은 안식을 누릴 수 있다. 왜냐하면 나는 주님이 그 능력으로 일하실 것이며 또한 모든 것을 바로잡으실 것을 알기 때문이다. 실패를 보기 때문에 낙심에 빠지는 것은 주님이 교회를 돌아보신다는 믿음이 없는 것이며, 그럴 위험을 심각하게 느끼고 있는 상태에 빠진 것이다. 그럼에도 나는 주님이 교회의 현재 상태에 따라서 복을 가져오실 것이라고 말하고 싶다. 우리가 믿음의 길에서 복을 구하기만 한다면, 교회는 확실히 하나님의 은혜의 목적을 따라서 갈 것이라고 말해서는 안된다. 그런 말은 우리의 열정을 앗아가 버릴 뿐이다. 오히려 우리는 그리스도를 영화롭게 하는 복이 교회에 임하도록 하나님의 현재적인 능력을 갈구해야 한다. 하나님은 항상 교회의 상태에 관심을 가지고 계신다. 따라서 만일 우리가 복을 구한다면, 오늘날 엄청난 영적 하락과 실패의 시대에서 그 복을 간절히 구해야할 것이다. 왜냐하면 하나님은 진정 자신의 교회가 영광스럽게 되길 바라시며, 또한 살아있는 믿음, 또는 생생한 믿음을 가진 사람은 그 필요를 볼 뿐만 아니라 그 필요에 대한 주님의 생각과 마음까지 보고 또 주님의 현재적인 사랑을 의지하기 때문이다. 그리스도의 영을 소유한 자로서 나는 그리스도인이 그리스도 안에서 안전하다는 생각만으로는 만족할 수 없을뿐더러, 그저 영혼의 쉼을 누릴 순 없다고 본다. 교회는 구원받을 것이며, 교회에 속한 모든 지체들도 마찬가지일 것이다. 하지만, 만일 진정으로 나 자신이 그리스도의 마음을 가지고 있다면, 성령의 능력으로 인해서 성도 개인에게서 그리스도와의 생생한 관계가 나타나고 있는 것을 보지 못한다면 나는 만족할 수가 없을 것이다. 이것은 하나님의 교회도 마찬가지이다. 만일 나의 믿음이 작동하고 있고, 성도 개인이건 교회이건 간에, 그리스도와의 관계가 현재적인 것으로 나타나고 있는 것을 볼 수 없다면, 나의 영혼은 결코 만족한 상태에 있을 수가 없다. 만일 성도 개인에게서 그리스도와의 관계가 주는 복을 누리고 있지 못한 것을 보게 된다면 나는 결코 행복할 수 없을 것이다. 이것은 교회도 마찬가지이다. 나는 이처럼 말세에 주님이 순전한 믿음을 가지고 행하는 성도들을 일으키시고 각성시키심으로써, 성경에서 말하는 진정한 하나님의 교회가 무엇인지를 진지하게 성찰하는 일을 하게 하실 것으로 믿고 있다. 그러므로 사탄이 주의 재림의 진리와 및 재림과 교회와의 관계에 대한 진리를 훼손시키고자 애쓸 것이란 사실에 놀라지 않는다. 이 뿐 아니라, 많은 사람들이 교회가 가진 복이 무엇인지 알지 못한 채, 교회의 복된 자리에 들어올 것이며, 따라서 그 결과는 연약함으로 나타날 것이다. 그렇게 세상에 속한 것들이 교회 안에 들어올 때, 사람들은 깜짝 놀라게 될 것이고, 낙심하게 될 것이다. 그들은 복 가운데서 교제를 나누지만, 정작 복을 가져다주는 원리와 은혜는 알지 못한 채 지낼 것이며, 그 결과로 복은 바닥날 것이고, 안정감도 없고, 불확실성 속으로 더욱 빠져들 것이다. 이 때 사탄이 우리 영혼을 침노할 것이며, 우리 믿음의 경박스러움만 나타날 것이다.

394

이 모든 것을 내다보면서도 나는 주님을 찬송하지 않을 수 없는 것은, 그럼에도 주님은 여전히 각 처에서 많은 성도들의 영혼을 각성시키는 일을 하시며, 성경에서 말하는 "하나님의 교회가 무엇인가?"에 대한 진지한 영적 갈망을 일으키고 계신다는 것이다. 안타까운 일이지만, 많은 사랑스러운 성도들조차도 교회가 무엇인지에 대한 명확한 개념이 없다는 점이다. 물론 그들도 구원받고 또 영광에 들어갈 사람들임에 틀림이 없다. 이것이 사실이긴 해도, 교회가 그리스도를 향해 서있는 관계를 바로 이해하는 일은 그리스도에 대한 교회의 모든 사역과 활동의 기초가 되기에 중요한 일이다. 만일 주님이 이제라도 성도들로 하여금 주 예수 그리스도의 재림과 교회와의 관계를 제대로 바라보도록 하신다면, 우리가 하나님을 위하여 참되고 신실한 증거를 감당하지 아니할 수 없을 것이다. 여기에 한 가지를 첨언하자면 이렇다. 즉 어떤 특정 시간에 하나님이 주시는 특별한 증거와 조화를 이루지 못하는 진리는 사탄에 의해서 방해를 받아 수용하기가 힘들게 된다. 즉 이 말은 사탄은 하나님이 자기 성도들을 위해서 새롭게 제시하신 증거를 받아들이는 것을 방해하기 위해서 과거의 증거를 사용하려 든다는 것이다. 예를 들어서, 삼위일체는 우리 모두가 붙들고 있는 진리이지만, 기독교를 전복시키고자 유대인들이 그 진리를 사용했다. 그들은 "여호와 우리 하나님은 한 분 여호와이시다"라고 말했지만, 그들에겐 아버지와 아들에 대한 개념은 없었다. 따라서 그들은 그 당시 하나님이 계시하셨던 특별한 증거, 즉 아버지와 아들에 대한 계시를 전복시키고자 했다. 만일 하나님이 성도들을 증거의 자리에 세우고자 진리를 제시하신다면, 사탄은 바로 그 진리에 대해서 바른 생각을 하지 못하도록 훼방할 뿐만 아니라 그 진리에 대해서 성경대로 생각하지 못하도록 혼미케 하는 일을 시작할 것이다. 그렇다면 그들은 그 진리에 대한 증거를 잘 감당할 수가 없게 될 것이다. 만일 사탄이 성도들의 마음을 산란하게 하는 일에 성공한다면, 성도들은 그 진리를 피곤한 것으로 치부해버리고, 과거 진리로 돌아가게 된다. 그렇다면 사탄은 그들의 마음을 혼미케 한 일로 인해서 큰 이득을 보게 된다. 이러한 영적 실제를 아는 일은 매우 중요하다. 그럼에도 주님은 사탄의 손을 사용하신다. 물론 그처럼 시대적인 진리를 놓아버리는 롯과 같은 사람들이 있을 것이지만, 그럼에도 더욱 견고한 진리의 터 위에 서서 신실한 영혼들을 일으키는 일에 주님께 쓰임을 받는 영혼들도 있을 거라고 나는 믿는다. 주님의 재림과 교회 안에서 거하시는 성령의 임재에 대한 진리 등은 많은 사람들에게 숨겨진 진리이긴 하지만, 단순함 가운데 행하는 영혼들은 이러한 사탄의 노력에도 불구하고, 이러한 진리를 더욱 선명하게 보고, 더욱 굳건히 서게 될 것이다.

395

영혼의 구원은 주 예수 그리스도의 피와 사역을 통해서 되는 것이지만, 지금은 그리스도의 사역과 성령의 거듭나게 하는 역사라는 위대한 진리를 다루진 않겠다. 마찬가지로 구약성도들도 피로 구원받고, 부활의 때에 주님과 함께 영광 가운데 있을 것이란 사실도 다루지 않을 것이다. 이 모든 내용들은 이미 잘 알고 있는 진리라 생각하기 때문에, 다른 핵심 내용들을 다룰 것이다. 우선적으로 다룰 것은, 과연 하나님은 하나님의 교회에 대한 무슨 진리를 우리에게 가르치고 계신가?에 대한 것이다.

396

건전한 믿음을 가진 매우 보배로운 성도들이 많이 있다. 그럼에도 그들 가운데에는 하나님의 말씀 가운데 계시된 하나님의 교회가 무엇인지에 대한 진리를 받아들일 준비가 되어 있지 않은 사람들도 상당수 있다. 만일 모든 시대 구원받은 성도들이 최종적으로 영광스러운 하나님의 백성들이 되고, 그리스도로 말미암아 소위 구속과 생명에 동참함으로써 하나님의 가족으로서 둘째 아담에 속하고, 그래서 그들 모두를 하나님의 총회로 부른다면, 나는 거기에 아무 이의를 제기하지 않을 것이다. 첫째 아담에 속한 사람들이 죄 가운데서 아담을 둘러싸고 있었던 것처럼, 둘째 아담에 속한 사람들이 영광 가운데 그리스도를 둘러싸고 있을 거란 사실에 조금도 의심이 없다. 하지만 성경은 우리의 자리, 우리의 **특권**과 **책임**에 대한 또 다른 진리를 소개하고 있다. 이스라엘 백성에게도 그것은 동일하다. 이스라엘이 하나의 백성이 되기 전에도 구원의 역사는 있었다. 사실 이스라엘 백성들이 역사에 등장하기 이전에, 아브라함이 구원받았음을 생각해보라. 그럼에도 이스라엘에 대한 별개의 계시가 있었고, 그 사실에 기초한 별도의 관계가 있었다. 만일 이러한 계시를 무시하는 사람이 있다면, 그러한 사람은 계시에 충성스러울 수 없을뿐더러 계시에 따르는 복을 잃어버릴 것이다. 아브라함과 마찬가지로 다윗도 구원받았다. 하지만 다윗이 감당해야 했던 지상에서 하나님에 대한 관계와 책임은 아브라함과는 달랐다. 왜냐하면 다윗은 아브라함에게는 적용되지 않았던 요구들과 및 별도의 위치에 속한 한 백성의 일원이었기 때문이었다. 만일 사무엘과 다른 사람들이 이것을 무시했다면, 그들은 하나님께 신실치 못한 사람들이 되었을 것이다. 왜냐하면 하나님이 그들을 하나의 민족으로서 세우신 토대는 하나님을 향해서 그들이 감당해야 하는 특별한 책임의 척도였기 때문이다. 하나님의 말씀에서 나는, 살아계신 하나님의 교회는 하나님의 영을 통해서 절대적이면서도 독특한 증거를 감당하도록 부르심을 받은 하나의 몸인 것을 보았다. 교회는 그처럼 하나님과 특별한 관계 속에 세워졌다. 이제 주님이 나에게 힘을 주시길 바라며, 이제부터 교회가 무엇인지 독자들에게 제시하고자 한다.

살아계신 하나님의 교회는 지상에 있는 성도들과 하늘에 계신 머리이신 그리스도께서 연합을 이룬 하나의 몸으로써, 성령님은 성도들을 하나님 우편에 계신 그리스도와 연합을 이루도록 하늘로서 강림하셨다. 교회는 단순히 구원받은 사람들의 무리가 아니라, 예수님께서 하나님 우편에까지 높임을 받으신 결과로, 하늘로서 강림하신 성령님에 의해서 머리되신 그리스도와 연합을 이룬 하나의 몸인 것이다. 흔히 구약시대부터 신약시대의 모든 성도들을 교회로 부르는 것을 당연지사로 여기는 사람들이 있어왔고, 거기에 익숙한 선량한 성도들은 혹 이러한 교회에 대한 정의가 그것을 변경시키는 것은 아닐까 하는 두려운 마음을 느끼는 또한 사실이다. 나는 (하나님께서 아담으로부터 시작해서 얼마든지 부르시는 모든 사람들을 구원하실 뿐더러 하나님의 선택하시는 사랑을 충분히 의식하고 있는) 영혼들의 영혼의 격동을 크게 존중하며, 혹 이러한 차이점이 하나님의 선택하시는 사랑을 따라서 피로 말미암아 우리를 구원하시는 구원의 근본 원리에 영향을 주는 것은 아닐까 염려스러운 마음을 가지는 것에 대해서도 통감한다. 하지만 하나님이 나로 들어가도록 하신 (몸으로서의) 그 지위(the position)를 바로 이해할 뿐만 아니라 하나님이 성경에서 명명하신 그 이름대로 부르는 것이야말로 나의 특권이자 나의 의무인 것이다.

397
주님은 베드로에게 "내가 이 반석 위에 내 교회를 세우리니"(마 16:18)라고 말씀하셨다. 주님은 결코 아담의 때로부터 세우는 일을 하신 것이 아니었다. 그래서 주님은 미래형으로 "내가 세울 것이라(I will build)"고 말씀하신 것이다. 사람들이 이에 대해 뭐라 말하는지 아는가? 그들은 가시적인 교회와 비가시적인 교회에 대해서 말하고 싶어 한다. 하지만 이런 개념은 사탄의 거짓말일 뿐이다. 소위 가시적인 교회는 사실상 세상일 뿐 그리스도를 위한 증거를 전혀 내놓지 못한다. 만일 내가 교회를 비가시적인 몸으로 말한다면, 교회에 속한 특별한 증거는 모두 사라진다. 이스라엘에 대해서 생각해보자. 이스라엘은 어떤 가시적인 형태를 띠었는가? 하나의 국가 형태였다. 그 당시 하나님의 통일성은 하나의 국가의 통일성 형태를 띠고 나타났고, 100명 가운데 99명은 회심한 일이 없는 사람들이었다. 참으로 회심한 성도들은 겉으로 드러나지 않았고, 그들은 백성들 가운데 감춰진 보배와 같았다. 그리스도께서 오셨을 때, 안나는 예루살렘의 속량(구속)을 바라는 모든 사람에게 그리스도에 대하여 말했다(눅 2:36-38). 이스라엘 가운데 있는 신자들의 이러한 상태와 종종 혼동을 일으키긴 하지만, 그럼에도 하나님의 교회는 전혀 다른 것이다. 이제 성도들은, 예수님이 높이 되신 결과로 하늘로서 오신 성령님을 통해서 부활하신 그리스도와 한 몸으로 연합을 이루고 있다. 그리스도와 우리의 관계, 우리의 정서, 그리고 우리의 의무는 이 진리에 기반하고 있다. 만일 이 진리를 이해하지 못했다면, 성도들의 행실과 양심은 크게 약화될 수밖에 없다. 주님이 베드로에게 "내 교회를 세우리니"라고 말씀하셨을 때, 물론, 그 일은 아직 시작된 일이 아니었다. 교회의 기초석(터)은 그리스도였다.

우리는 에베소서가 이 진리를 소개하는 방식을 알고 있다. 사실 에베소서는 하나님이 그리스도를, 그분의 죽으심과 겸손의 결과로 하늘에서 모든 정사와 권세 위에 높이 올리신 진리에 터 잡고 있다. 구속의 역사는 그리스도에게, 물론 이미 아들이란 이름을 가지고 계셨지만, 그 이름을 주었다. 교회는 하늘에서 그리스도와 연합을 이룬 자리에 들어가 있다. 에베소서 1장과 2장을 보라. 그리스도께서 오시기 전, 그들은 의(義)를 기다리고 있었고, 하나님은 오래 참고 계셨다. 하지만 이제 우리는 의의 소망을 기다리고 있다. 의를 기다리고 있는 것이 아니라, 소망을 기다리고 있다. 그것도 의에 속한 소망을 기다리고 있는 것이다. 하나님의 의는 완전히 성취되었고, 의로우신 그리스도께서 영광 중에 앉아 계신다. 하나님은 성령의 능력을 통해서 머리되신 그리스도와 연합을 이룬 하나의 백성을 세우셨다. 여기서 나는 유대인과 이방인의 차별이 다 사라지는 것을 볼 수 있었다. 그 전에 하나님의 섭리의 근거는 유대인과 이방인을 구분하는 것이었고, 유대인을 자기 백성으로 삼으시는 것이었다. 하지만 이제는 "헬라인이나 유대인이나 할례파나 무 할례파나 야만인이나 스구디아인이 종이나 자유인이 차별이 있을 수 없[게 되었다.]"(골 3:11) 그 이전에는 어떠했는가? 그 때 그들은 육체로는 이방인이었다. 하지만 지금은 하나가 될 정도로 가까워졌다. 하나님은 "둘로 하나를 만드사 원수 된 것 곧 중간에 막힌 담을"(엡 2:14) 허물어 버리셨다. 하나님은 친히 그들 사이에 담을 세우셨지만, 이제는 한 새 사람을 지으시기 위해서 그 담을 허물어 버리셨다. 그럼에도 오순절 이전 많은 유대인이 구원을 받았다. 하지만 그들은 십자가에 달리시고 거기서 원수 된 것을 제거하시고, 또 하늘 높은 곳에 오르신 자기와 그 둘을 한 새 사람이 되게 하신 하나님에 의해 부르심을 받은 이방인들과 한 새 사람을 이루지 못했다. 이스라엘의 구속을 바랐던 시므온과 안나와 많은 경건한 유대인들은 구원받았고, 오늘날 성도들이 구원받은 것처럼 구원을 받았다. 하나님은 그들과 무슨 관계를 맺으셨는가? 그들을 유대인으로 남겨두셨다. 베드로가 설교했을 때, 삼천 명의 영혼들이 구원받았다. 하나님은 그들과 무슨 관계를 맺으셨는가? 하나님은 그들을 교회에 더하셨다. 그래서 "성령 안에서 하나님이 거하실 처소가 되기 위하여 예수 안에서 함께 지어져"(엡 2:22) 가게 하셨다. 사람의 손으로 만든 성전은 파기시키셨고, 유대인과 이방인이 새로운 하나의 성전으로 세워졌다. 에베소서 3장은 이러한 비밀을 열어주며 우리를 위해서가 아니라 "우리 안에서(in us) 역사하시는 능력대로 … 모든 것에 더 넘치도록 능히 하실 이에게"란 구절로 마치고 있다. 에베소서 4장은 교회의 소명에 대해서 교훈을 하고 있다. 만일 우리가 앞에서 말한 원리에서 떠나게 되면 우리를 부르신 부름에 합당하게 행할 수 없게 된다. 하나님은 성도들을 자신의 거처가 되도록 부르셨다. 단순히 성도가 되는 것으로 충분하지 않다. 성도는 자신의 소명이 무엇인지 잘 알아야 하며 또한 평안의 매는 줄로 성령의 하나 되게 하신 것을 지키고자 노력해야 한다. 아브라함도 성도가 되는 것으로 충분하지 않았고, 갈대아 우르를 떠나야 했다. 왜냐하면 그렇게 하는 것이 그의 부르심이었기 때문이었다. 만일 아브라함이 순종하지 않았다면 그는 하나님의 사람으로서 합당한 삶을 살 수 없었을 것이다. 하나님이 아브라함에게 자신과의 언약관계를 유지하게 해주는 표식을 주셨을 때, 만일 그의 후손들이 그것을 지키는 것을 무시했다면 그들은 하나님의 백성에서, 지상에서 외적으로 하나님의 백성으로 나타나는 특권에서 끊어졌을 것이다. 따라서 만일 우리 또한 소명에 순종하지 않는다면 하나님의 부르심에 반응하지 않는 것이 된다. 물론 교회는 하늘에서 영광스러운 몸을 이룰 것이지만, 교회에 말씀하시는 성령님은 지상에서도 그러길 바라신다. 성령님은 하늘로서 오셨고, 교회를 하늘에서가 아니라 지상에서 하나님의 처소가 되도록 형성하신다. 에베소서 4장에서 우리는 하늘에서가 아니라 지상에서 그리스도의 몸을 건축하기 위해서 주어진 은사들에 대해서 볼 수 있다. "사랑 안에서 스스로 세우[는]" 역사는 하늘에서 되는 것이 아닐뿐더러, "각 지체의 분량대로 역사하여 그 몸을 자라게 하는I"(엡 4:16) 것도 지상에서 되는 일이다.

398

고린도전서 12장에서 나는 동일한 증거를 독특한 방식으로 설명하고 있는 것을 볼 수 있었다. 성령님은 하늘에서가 아니라 지상에서 한 몸으로 세례를 주신다. "그러나 이제 하나님이 그 원하시는 대로 지체를 각각 몸에 두셨으니."(고전 12:18) 이 일은 이전에는 가능하지 않았다. 이스라엘도 어느 면에선 하나의 몸이었고, 광야 가운데 있는 하나님의 회중이었지만, 그들 대부분은 회심하지 않은 사람들이었다. "너희는 그리스도의 몸이요 지체의 각 부분이라." (고전 12:27) 몸은 예수님이 영광을 받으신 이후, 하늘로서 오신 성령님을 통해서 지상에서 형성되었다는 것만큼 (물론 하늘에서 영광을 받게 될 것이란 사실을 포함해서) 분명한 일은 없다. 이것이 바로 교회가 무엇인지에 대해서 신약성경이 가르치고 있는 바이다.

399

내가 영광 중에 있는 교회를 보았을 때, 나는 그것을 하나님 안에서 절대적으로 안전할 뿐만 아니라 무흠한 하나의 몸으로 보았다. 거기엔 하나님을 영광스럽게 하는데 아무 문제가 없었고, 왜냐하면 하나님은 우리를 통해서 자신을 영광스럽게 하실 것이기 때문이다. 나는 사람이 책임의 자리에 있을 때마다, 사람은 실패를 하고 하나님은 더 나은 성취를 가져오시는 것을 보았다. 따라서 아담은 실패를 하고, 주 예수님은 둘째 아담으로서 하나님의 영광을 위하여 사람이 져야 하는 모든 책임을 성취하시는 분이 되셨다. 이스라엘은 실패했다. 하나님은 그들에게 자신의 율법을 주셨고, 그들과 다른 백성들과는 맺지 않으셨던 관계를 설정하셨으며, 그들에게 이에 대한 증거를 하도록 요구하셨다. 왜냐하면 그들이 이에 대한 책임의 자리에 있었기 때문이었다. 하나님의 새로운 언약 아래서, 율법은 그들의 마음에 새겨질 것이며, 그때에야 비로소 그들은 율법을 지킬 것이다. 제사장 제도는 실패했다. 나는 교회에서도 그 동일한 것을 보았다. 새롭게 설립되고, 그 다음 실패하지만, 하나님은 영광 가운데서 모든 것을 그 목적대로 성취하실 것이다. 나는 여기서 중요한 차이점을 볼 수 있었다. 즉 우리는 성령님을 통해서 하나님의 생각들을 이 땅에서 계시하신 대로 행해야 한다는 것이다. 나는 과연 교회에서 무엇을 보았을까? 그리스도의 신부로서의 교회와 자신의 신부를 향한 그리스도의 사랑과 그리스도를 향한 신부의 사랑과 정서는 그 관계를 따라서 흐른다는 것이다.

이제 내가 의도한 교회의 황폐화란 의미는 무엇일까? 간단히 답해보자면 이렇다. 누가 나에게 그리스도의 몸의 하나됨을 보여줄 수 있는가? 나는 그에 대한 답을 찾을 수 없었다. 하지만 장차 구원받을 성도들은 볼 수 있었다. 나는 하나님의 신실함을 보여주는 여러 징표들을 통해서 하나님의 한결같은 신실함을 볼 수 있었다. "두세 사람이 내 이름으로 모인 곳에는 나도 그들 중에 있느니라." (마 18:20) 여기에 복이 있다. 하지만 지상에 몸의 형태로 나타나야 하는 교회는 폐허상태에 있을 수 있다. 이스라엘 백성들에 대해서 로암미, 즉 내 백성이 아니라고 기록되었을 때에도, 여전히 주님은 학개 선지자를 통해서 "너희가 애굽에서 나올 때에 내가 너희와 언약한 말과 나의 영이 계속하여 너희 가운데에 머물러 있나니 너희는 두려워하지 말지어다"(학 2:5)라고 그들을 위로하셨다. 하나님의 능력은 변할 수 없다. 그런고로 "너희는 두려워하지 말라"고 말씀하셨다. 하나님께서 이스라엘에게 "내 백성이 아니다"라고 말씀하셨을 때에도, 하나님은 그들을 포기하신 것이 아니었다. 하나님은 자신의 마음을 변경하지 않으셨다. 결코 그렇지 않다! 그들은 장차 하나님의 백성이 될 것이다. 왜냐하면 하나님께서 로암미라고 말씀하셨을 때, 그들을 완전히 버리신 것은 아니었지만, 지금 그들은 로암미 상태에 있다.

400

포로기 이후 세 명의 선지자들을 통해서 "너희는 두려워하지 말지어다"라는 말씀을 주셨지만, 그럼에도 (비록 그들이 미래에는 자기의 백성이 될 것으로 말씀하셨지만) 주님은 이스라엘을 자신의 백성으로 대하시면서 말씀하신 적이 없다는 사실을 보고 나는 충격을 받았다. 나에게 슬픔을 주는 것은 단순히 형제들 가운데 악한 자가 가만히 들어왔다는데 있지 않고, 환경을 뛰어넘어 그리스도에게 이르는 단순한 믿음의 부족 때문에 그들 가운데 현저한 하락과 낙심의 특징이 나타나고 있기 때문이다. 교회에 대한 그리스도의 사랑이 약해진 때문일까? 그리스도의 능력이 부족한 때문일까? 믿음은 항상 그리스도 안에서 한결같은 확신을 갖는다. 나는 슬픔이 무엇인지 알고 있지만, 낙심은 알지 못한다. 만일 당신이 자신의 능력을 의지하고 있다면, 나는 당신이 낙담에 빠지는 것을 보고 놀라지 않을 것이다. "이스라엘을 지키시는 이는 졸지도 아니하시고 주무시지도 아니하실]"(시 121:4) 것이다. 우리는 겸손해야 한다. 당신이 기꺼이 땅바닥에 엎드릴 정도로 겸손하다면, 결코 낙담하는 일은 없을 것이다. 참으로 겸손한 사람은 낙심하는 법이 없다. 낙심하는 사람은 겸손한 사람이 아니다. 그 이유는 하나님 외에 무언가를, 혹은 누군가를 의지(신뢰)하고 있기 때문이다. 하나님 외에는 의지할 것이 아주 없다. "사람들이 잘 때에 그 원수가 와서 곡식 가운데 가라지를 덧뿌리고 갔더니." (마 13:25) 이런 일 때문에 낙심할 것인가? 그럴 수 없다. "둘 다 추수 때까지 함께 자라게 두라." (마 13:30) 나의 영혼이 회심한 후 수년이 지났을 때, 나는 성경에서 말하는 교회가 어디에 있는가를 찾아보았지만, 찾을 수 없었다. 물론 나 보다 훌륭한 성도들이 상당수 있는 것을 볼 수 있었지만, 초대교회와 같이 능력 가운데 세워진 교회는 볼 수 없었다. 그렇게 세워져야 하는 교회를 오늘날 볼 수 없기에 나는 교회가 폐허상태에 있다고 말할 뿐만 아니라, 그보다 더 좋은 단어를 찾을 수 없었다. 교회는, 이스라엘과는 달리 폐허상태에 있다. 비록 이스라엘은 폐허 상태에 있었던 적은 없었지만, 찍히는바 될 것이다. 그 이유는 이렇다. 이스라엘이 지상에서 하나님의 증인이었을 때, 휘장은 찢어지지 않았다. 그러므로 만일 이스라엘이 옛 언약 아래에서 실패하였다면, 그들은 새 언약 아래로 들어올 수 있을 것이지만, 교회는 새 언약의 정신으로 지상에 세워진 고로, 만일 실패한다면, 더 이상 찢어질 휘장이 남아있지 않기 때문이다. 심판이 이스라엘에게 집행되었고, 이스라엘은 이제 하나의 민족으로서 자리를 상실했다. 하지만 하나님은 교회에게 심판을 집행하지 않으셨다. 우리는 폐허상태에 있는 것과 찍혀 버리는 것 사이를 혼동하지 말아야 한다.

나는 주님이 우리 가운데 세우신 관계를 이해하는 것이 절대적으로 중요하다고 느낀다. 그럴 때, 교회는 절대적으로 안전하다고 말하는 대신 우리 양심을 움직일 것이다. 우리는 그리스도와 우리의 관계를 인식하고, 또 그 관계에 따른 책임의식을 느껴야한다. 그럴 때 순종의 필요성을 느끼게 될 것이다. 순종은 그리스도인이 엄중하게 생각해야 되는 유일한 것이다. 순종만이 우리를 자유주의로부터 지켜줄 것이다. 그럴 때 그리스도께 가까이 가게 될 것이고, 또한 우리를 인간 마음의 가장 자연스런 행태인 종파주의로부터 지켜줄 것이며, 하나님의 전체 교회에 대한 관심과 염려하는 마음을 가지게 해줄 것이다. 그렇다면 나는 그리스도의 신부가 아닌 것은 아무 것도 소유하고자 하지 않을 것이며, 항상 그리스도의 신부를 알아보고 또 영접할 준비가 될 것이다. 과연 그리스도는 영국 신부, 스위스 신부, 혹은 프랑스 신부를 가지고 있는가? 결코 그렇지 않다. 복음주의 연합체만이 신부일까? 그렇지 않다. 나는 국내든 해외든 어디를 가든지, 서슴지 않고 하나님의 교회란 무엇인가? 라고 묻는다. 어떤 사람은 "교회는 가시적이다"라고 말했다. 무슨 뜻인가? 입술로 신앙을 고백하는 교회는 과연 가시적인 하나님의 교회일까? 그렇다면 그 증거는 무엇인가? 그 교회는 죄인들에게 분리되어서 하늘의 머리이신 그리스도와 연합을 이루고 있는가? 또 다른 사람은 "교회는 비가시적이다"라고 말했다. 살아계신 하나님의 교회가 비가시적이라니 그 무슨 말인가! 그렇다면 그 증거는 무엇인가? 비가시적인 것은 죄 밖에 없다. 게다가 가시적인 거짓 교회가 있고, 비가시적인 참 교회도 있다.

401
악에 물든 사람들을 분별함으로써, 혹은 악을 분별하지 못함으로써 생기는 적대감이란 없다. 왜냐하면 확실한 사람은, 비록 자신은 고통스럽겠지만, 적대감을 느낄 수는 없다. "형제들"이 떠나갈 때, 그들은 우리와 함께 있으면서 과연 무슨 존재들이었을까? 아무 존재도 아니었다. 그들의 감정은 무엇이었을까? 그들은 하나님의 교회에 대한 관심이 있었고, 하나님을 사랑하는 모든 사람들이 교회로 나타나는 것을 보려는 갈망이 있었다. 어마어마한 복이 임했다. 많은 사람들이 더해졌다. 그리고 어려움이 왔고, 시련이 닥쳤다. 그들의 마음은 시련으로 가득했고, 그룹을 만들었다. 결과적으로 살아계신 하나님의 교회일 수 없게 되었다. 사람들은 우리가 너무 좁다고 말했고, 약간은 다른 사람들과 섞일 필요가 있다고 했다. 그렇지 않다. 또 그럴 수 없다. 나는 과거로 돌아갈 수 없었다. "만일 내가 헐었던 것을 다시 세우면 내가 나를 범법한 자로 만드는 것이라."(갈 2:18) 나는 돌아갈 곳이 없었다. 내 마음의 유일한 갈망은 그리스도의 신부로서 교회의 아름다움과 복이었다. 그러한 갈망이 나로 하여금 모든 성도들을 전심으로 사랑하도록 해주었다. 왜냐하면 그들이 바로 교회를 이루고 있었기 때문이었다. 나는 교회가 전적으로 정결한 처녀로 약혼한 그리스도에게로 성별되길 바랐다. 나의 발은 좁은 길을 걷지만, 나의 마음은 그리스도만큼 넓었다.

402

어떤 사람들의 마음에 어려움을 일으키는 생각에 대해 살펴보자. 하나님의 교회는 성경에서 볼 수 있는 몇 가지 것들과는 구분되어야 한다. 이렇게 구분하는 것은 우리 마음에 흥미로운 주제일 뿐만 아니라, 극도로 중요한 주제이다. 첫 번째로, 로마서 11장을 보아야 한다. 많은 사람들은 교회가 이전 (유대교) 시스템에 접붙임을 받았다고 생각한다. 이러한 생각은 이성을 중지시키는 효과를 낸다. 만일 우리 영혼이 중단상태에 있다면 거기엔 아무런 감정의 작용이 없다. 그렇다면 나의 바람은 살아 움직이는 감정의 운동이다. 두 번째로, 에베소서 2장 19절이다. "이제부터 너희는 … 오직 성도들과 동일한 시민이요 하나님의 권속이라." 마지막으로, 하나님의 교회와 천국을 구분시키는 것이다. 마태복음 16장에는 두 가지 실체가 있다. 즉 교회와 천국이다. 우선적으로 "내가 이 반석 위에 내 교회를 세우리니"(18절)라고 교회를 언급하셨다. 교회엔 열쇠가 없다. 그리고 나서 주님은 베드로에게 "내가 천국 열쇠를 네게 주리니"(19절)라고 말씀하시면서 천국을 언급하셨다.

로마서 11장은, 교회를 이루고 있는 사람들과는 관계가 있지만, 그럼에도 이 본문은 교회와는 아무 상관이 없다. 로마서 11장에는 하늘에 있는 머리와 몸이 연합을 이루고 있는 교회에 대한 내용이 전혀 없다. 믿지 않는 유대인들은 그들의 불신앙 때문에 찍히는바 된 사실이 소개되고 있다. 하지만 성경은 유대인들이 찍혀서 교회에서 떨어져나가게 되었다는 식으로 말하고 있지 않다. 왜냐하면 그들은 이전에 교회에 들어온 일이 없었기 때문이다. 사도 바울은 이방인 가지들도 찍혀 나갈 수 있다고 말한다. 이것도 교회일 수 없다. 왜냐하면 참된 의미에서 살아계신 하나님의 교회는 찍히는 일은 있을 수 없기 때문이다. 이 로마서 11장의 전체 맥락은 올리브(감람) 나무가 지상에서 하나님의 약속의 경영을 이루는 채널과 통로와 관련이 있음을 입증하는데 있다. 그 안에서 이 모든 일이 일어나는 것이다. 이스라엘의 자녀들은 육체를 따라 약속의 후사들이었다. 그들은 꺾어졌고, 이방인들이 접붙임을 받았다. 이방인들도 하나님의 선하심에 거하지 않으면, 그들도 꺾어질 것이고, 다시 유대인들이 접붙임을 받게 될 것이다. 하지만 교회는 꺾어질 수도 없거니와, 다시 접붙임을 받는 일도 없다. 올리브 나무는 지상에서 하나님의 약속이 진행되어 가는 연속적인 경영을 보여준다. 따라서 올리브 나무는 하나님의 외적인 섭리와 연결되어 있다. 이 사실을 보는 순간, 로마서 11장의 어려움은 제거된다. 따라서 유대인은 본래 자신의 올리브 나무에 다시 접붙임을 받게 될 것이며, 전혀 새로운 존재인 하나님의 교회에 접붙임을 받는 것이 아니다.

에베소서의 본문은 올리브 나무에 대해서 말한 것과는 정반대의 내용을 말하고 있다. 교회에는 유대인도 없고, 이방인도 없다. 교회에는 "성도들과 동일한 시민"의 지위만 있다. 이방인이나 유대인이나 과거 자신의 지위를 떠나 새로운 지위에 들어간다. 이방인들은 이전 유대인의 상태로 들어온 것이 아니다. 성경본문은 이전 유대인의 상태에 대해서 전혀 언급하지 않을뿐더러, 유대인도 이방인과 마찬가지로, 둘로 하나를 만들어 한 새 사람을 지은 전혀 새로운 상태로 들어가게 된 것을 말한다. 그들은 함께 하는 동료 시민이다. 이것은 이방인들을 이전 유대인의 종교 공동체에 가입시킨 것이 아니라, 유대인과 이방인 모두를 전혀 새로운 공동체에 넣은 것이다.

403

이제 천국에 대해서 살펴보자. 천국은 한 가지 면에서 교회와 연결되어 있다. 왜냐하면 천국은 비록 비가시적이고 또 비밀스러운 형태로 지금 이 땅에 임해 있지만, 그럼에도 천국은 주 예수 그리스도의 능력과 권위가 집행되고 경영되는 영역이기 때문이다. 천국은 사탄의 통치나 네 짐승의 통치가 아니라 하늘의 통치가 이루어지는 영역이다. 천국은 의의 통치와 심판이 이루어지는 곳이며, 교회의 특징과는 달리 은혜를 발견할 수 없는 곳이다. 세례 요한에 의해서 천국이 전파될 때, 요한은 왕께서 "손에 키를 들고 자기의 타작 마당을 정하게"(마 3:12) 하실 것이라고 말했다. 주님은 장차 "그 나라에서 모든 넘어지게 하는 것과 또 불법을 행하는 자들을 거두어"(마 13:41) 내실 것이다. 이것은 천국에서 이루어질 심판을 가리킨다. 하지만 교회는 그리스도와 연합을 이룬 존재로서 함께 다스리는 일을 하게 될 것이다. 천국은 살아계신 하나님의 교회와는 다른 특징을 가지고 있다. "내가 왕 됨을 원하지 아니하던 저 원수들을 이리로 끌어다가 내 앞에서 죽이라."(눅 19:27) 이러한 구절은 하나님의 교회나 복음과는 아무 관계가 없다. 여전히 교회는 천국이 곧 세워질 것이란 증거를 가지고 있다. 시편 68편 23절을 보면, "네가 그들을 심히 치고 그들의 피에 네 발을 잠그게 하며 네 집의 개의 혀로 네 원수들에게서 제 분깃을 얻게 하리라"는 말씀이 있다. 이 구절은 구속과 은혜의 능력을 나타내는 특징을 가진 역사가 아니라 보응과 복수의 역사이다. 이것은 시편을 이해하는데 큰 도움을 준다. 우리는 시편을 통해서 그리스도의 원수들에게 심판을 집행해주시고록 부르짖는 그리스도의 영을 끊임없이 접할 수 있다. 시편에 표현되어있는 복수(復讐) 또는 원수 갚음을 비는 끔찍스러운 표현들은 왕국을 세우기 전에 있게 될 원수들의 심판에 적용된다. 시편 21편 8절에서 우리는 예수님께서 하나님의 우편에까지 높이 되신 결과로 그분의 원수들에 대한 심판이 있게 될 것을 볼 수 있다. 그래서 시편은 "왕의 손이 왕의 모든 원수들을 찾아냄이여 왕의 오른손이 왕을 미워하는 자들을 찾아내리로다"라고 말한다. 성경은 그리스도를 왕으로 언급한다. 하지만 시편 22편에는 원수에 대한 말이 하나도 없다. 그분은 다만 "내 하나님이여 내 하나님이여 어찌 나를 버리셨나이까?"라고 부르짖는다. 그리스도께서 속죄를 이루고자 죄를 위해서 고난을 당하신 것이다. 그리스도의 영혼은 깊은 고통 속으로 들어가셨고, 홀로 그 고통을 감당하셨다. 여기서 나는 원수들에 대한 것은 볼 수 없었고, 대신 "내가 주의 이름을 형제에게 선포하고 회중 가운데에서 주를 찬송"(22절)하는 것은 볼 수 있었다. 이제 그리스도는 행복한 백성들 가운데 자신의 자리를 잡으신 것이다. 교회는 천국 위에 있고, 천국 너머에 있다. 교회는 하나님이 그리스도를 사랑하신 그 사랑 안에서 그리스도와 더불어 연합을 이룬 행복한 백성들이다. 교회는 장차 그리스도와 함께 천국을 통치할 것이며, 지금은 그리스도를 왕으로서 또는 왕의 권리를 가진 분으로 소유한다.

404

에베소서 2장으로 가보자. 전적으로 새로운 것이 있다. "우리는 그가 만드신 바라."(10절) "너희는 사도들과 선지자들의 터 위에 세우심을 입은 자라."(20절) 여기 선지자들은 구약시대의 선지자들이 아니라 신약시대의 선지자들이다. 3장 5절과 비교해서 살펴보자. "이제 그의 거룩한 사도들과 선지자들에게 성령으로 나타내신 것 같이." 여기서 나타내셨다는 것은 전적으로 새로운 것을 계시하셨다는 의미이다. 두 부류의 사람을 한 새 사람으로 만드셨다. 유대인과 이방인은 멀리 있었던 사람들이었으나, "그는 우리의 화평이신지라 둘로 하나를 만드[셨다.]"(엡 2:14) 유대인과 이방인은 동일한 시민이 되었다. 이방인들이 유대인이 될 수는 없었다. 하지만 십자가로 원수 된 것을 소멸하시고 이 둘을 한 몸으로 하나님과 화목하게 하셨다. 사도 바울은 전에 먼데 있는 사람들과 가까운데 있는 사람들이 그리스도 안에서 한 새 사람이 되었음을 선언했다. 한 새 사람은 새로운 것 안에서, 굳이 표현하자면 하늘의 예루살렘에서 공동 후사가 된 것이다.

로마서 11장의 핵심 내용은 과연 하나님이 자기 백성을 버리셨는가에 대한 것이다. 하나님이 미리 아신 이스라엘을 버리셨는가? "그럴 수 없다"고 바울은 말했다. "나도 이스라엘인이요 아브라함의 씨에서 난 자요 베냐민 지파라 하나님이 그 미리 아신 자기 백성을 버리지 아니하셨나니." (롬 11:1,2) 물론 하나님은 이스라엘 민족을 일시적으로 버리셨다. 이제 이 문제를 교회에 적용하는 것은, 하나님이 복음을 통해서 하나님의 교회를 모으시는 지금, 말도 되지 않는 소리이다. "이스라엘에 대하여 이르되 순종하지 아니하고 거슬러 말하는 백성에게 내가 종일 내 손을 벌렸노라 하였느니라." (롬 10:21) 이 구절을 볼 때, 과연 그들을 버리신 것으로 보이는가? 4절, 11절, 26절을 보면, 사도 바울은 하나님이 자기 백성을 버리신 일이 없음을 세 가지 측면에서 입증하고 있는 것을 볼 수 있다. 엘리야가 자신만 남게 되었노라고 말했을 때, 하나님은 그렇지 않다고 대답하시면서 "내가 나를 위하여 바알에게 무릎을 꿇지 아니한 사람 칠천 명을 남겨 두었다"(4절)고 말씀하셨다. 그리고 사도 바울은 "그런즉 이와 같이 지금도 은혜로 택하심을 따라 남은 자가 있느니라"(5절)고 덧붙였다. 게다가 하나님은 이방인들을 품으심으로써 "구원이 이방인에게 이르러 이스라엘로 시기 나게"(11절) 하는 방식으로 이스라엘을 돌보고 계신다. 그리고 "그리하여 온 이스라엘이 구원을 받으리라 기록된 바 구원자가 시온에서 오사 야곱에게서 경건하지 않은 것을 돌이키시겠고"(26절)라고 말했다. 로마서 8장의 끝부분에서 사도 바울은 구원 문제를 "결코 정죄가 없느니라"는 것으로 마무리했다. 바울은 그리스도 안으로 성도들을 받으면서 생기는 난제, 즉 유대인의 특별한 자리에 대해서 "차별이 없느니라"는 말로 종지부를 찍었다. 그리고 바울은 이 문제를 이스라엘을 향한 하나님의 변경될 수 없는 목적과 결부시켜서 해결한 후, 로마서 9장에서 그에 대한 이유를 설명했다. 즉 "만일 당신이 아브라함의 후손으로 당신의 권리를 내세운다면, 이스마엘과 에서도 그리할 것이오. 당신의 민족적인 권리는 하나님의 주권에 의해서 일시적으로 주어진 것이었고, 이제 아브라함의 자손으로서 당신의 권리는 더 이상 유효하지 않소이다. 그걸 인정해준다면 이스마엘과 에서도 (그리스도의 몸 안으로) 들어올 권리를 가지고 있다고 해야 할 것이오." 하나님은 이방인들을 허용하심으로써 이와 동일한 주권을 행사하신다. 로마서 10장에 보면, 바울은 유대인들에게 그들이 어떻게 넘어지게 되었는지를 설명했다. 이것은 로마서 9장에서 설명하고 있는 주권에 속한 원리에 따른 것이 아니다. 다만 구약성경의 명백한 증거에 따라 일어난 일이었다. "그들이 믿음을 의지하지 않고 행위를 의지함이라 부딪칠 돌에 부딪쳤느니라."(롬 9:32) 하나님은 이스라엘을 여전히 돌보신다. 하나님은 그들에 대한 자신의 계획을 여전히 수행해 나가시며, 이방인들로 접붙임을 받게 하셨다. 만일 가지 얼마가 꺾이었다면, 그것은 얼마의 가지들이 남아 있다는 의미이며(롬 11:17), 하나님은 그들을 돌보시는 것이다. 21절을 보자. "하나님이 원 가지들도 아끼지 아니하셨은즉 너도 아끼지 아니하시리라." 어떤 사람들은 이 구절을 교회에 적용시키려고 한다. 그렇다면 하나님의 교회의 "원 가지들"은 누구를 가리키는 것인가?

여기서 원 가지들은 지상에 속한 약속의 후사들의 지위에 있는 사람들을 가리키며, 하나님은 그들을 (이렇게 꺾여버린 유대인들을) 땅에 속한 약속의 후사의 지위에 들어가도록 다시 접붙이실 수 있으시다. 따라서 이 구절을 교회에 적용시키는 것은 불가능하다. "형제들아 너희가 스스로 지혜 있다 함을 면키 위하여 이 비밀을 너희가 모르기를 내가 원치 아니하노니 이 비밀은 이방인의 충만한 수가 들어오기까지 이스라엘의 더러는 완악하게 된 것이라."(25절) 이 구절의 이스라엘이 과연 교회에 해당되는 것인가? "너희 유대인들은 조상들로 말미암아 사랑을 입은 자라."(28절) 이것이 과연 살아계신 하나님의 교회에 대한 것일까?

405

질문 2. 하나님의 자녀가 하나님의 교회가 무엇인지 알고 또 폐허 상태에 있음을 알았다면, 그 회복을 위해서 기도하고 또 힘써 회복을 위해서 수고해야 하지 않겠는가? 이제 무엇을 하며 살아야 하는 것인가?

답변 2. 만일 교회가 폐허 상태에 있음을 깨달았다면, 양심은 결코 평안할 수 없을 것이다. 만일 하나님의 교회가 하나님을 향해 우리의 마음과 뜻과 정성을 다해 행해야 하는 책임이 있고 또 양심이 교회의 폐허를 인식했다면 무엇을 해야 하는 것일까? 양심은 만족할 수 없을 것이다. 왜냐하면 양심은 죄악된 상태에서는 안식할 수 없기 때문이다. 이제 주님은 우리 자신을 예레미야 2장에서 말씀하신 것처럼 주님과의 관계 속에서 생각하도록 하신다. "가서 예루살렘의 귀에 외칠지니라 … 내가 너를 위하여 네 청년 때의 인애와 네

신혼 때의 사랑을 기억하노니."(렘 2:2) 이 구절은 이스라엘을 향한 하나님의 사랑, 한결 같은 사랑이 아니라 하나님을 향한 이스라엘의 사랑을 일깨우고 있다. 그들은 자신들이 아무것도 가진 것이 없었을 때, 하나님을 따르는 것을 가치 있는 것으로 생각했다. 그때 여호와께서 물으셨다. "너희 조상들이 내게서 무슨 불의함을 보았기에 나를 멀리 하고 가서 헛된 것을 따라 헛되이 행하였느냐?"(5절) 과연 내가 너희에게 선을 행하는 일에 실패한 일이 있느냐? 고 물으신 것이다. 그들이 광야에 있었고 또 사막과 구덩이 땅에 있었음에도 안전히 통과할 수 있었던 것은 하나님이 그들과 함께 하신 증거였다. 하지만 그들은 악하게 행했고, 그 마음에는 애굽으로 돌아가고 싶은 마음이 간절했으며, 다단과 아비람은 여호와를 멸시했다. 그럼에도 그들이 광야에 머문 것은 자신들이 그분을 따르는 것을 좋게 여겼고, 여기서 주님은 "우리를 애굽 땅에서 인도하여 내시고 광야 곧 사막과 구덩이 땅, 건조하고 사망의 그늘진 땅, 사람이 그 곳으로 다니지 아니하고 그 곳에 사람이 거주하지 아니하는 땅을 우리가 통과하게 하시던 여호와께서 어디 계시냐?"(6절)고 말하는 사람이 없었음을 언급하셨다. 이제 기드온이 이런 식으로 간구하는 것을 볼 수 있다(사 6:13). 그의 믿음은 자기 조상들을 애굽에서 올라오게 하신 주님을 신뢰하고 있었고, 여기에 바로 그의 힘의 비밀이 있었다. 그래서 하나님은 그에게 "너는 가서 이 너의 힘으로 이스라엘을 미디안의 손에서 구원하라"(14절)고 말씀하셨다. 만일 말씀이 우리 귀에 들렸을지라도, 우리의 처지를 안다면 만족하는 일은 있을 수 없다. 왜냐하면 실패를 인식하는 곳에서는 만족함이 있을 수 없기 때문이다. 다만 내가 바라는 것은, 나의 영혼 앞에 있는 유일한 목적은 그리스도의 재림이다. 만일 내가 신부의 영을 가지고 있다면, 나는 신랑을 갈망할 것이다. 그리스도는 신랑이시다. "성령과 신부가 말씀하시기를 오시옵소서 하시는도다."(계 22:17) 무엇을 해야 하는가에 대해선 잘 모를 수 있지만, 그리스도와 관계를 새롭게 하고, 우리의 사랑을 바치는 일은 얼마든지 가능하다.

406

사람들은 흔히 교회의 재건에 대해서 말하지만, 나는 그러한 생각에 대해서 심히 유감스럽다. 만일 내가 그리스도의 영을 가지고 있다면, 그리스도에게 신부로서 합당함을 잃어버린 상실감을 느낄 것이고, 그리스도에게 합당한 자가 되고 싶고 열망을 가지게 될 것이다. "주를 향하여 이 소망을 가진 자마다 그의 깨끗하심과 같이 자기를 깨끗하게 하느니라."(요일 3:3) 이것이 영적인 원리이다. 신랑을 기다리는 신부는 그리스도를 향하여 자신을 깨끗하게 하기를 추구할 것이며, 물로 씻어 말씀으로 깨끗하게 함으로써 그리스도를 위해 자신을 준비하고 단장할 것이다. 영적인 힘은 교회로 하여금 그리스도를 위해 준비시키는 것으로 나타날 것이다. 주님은 우리를 영적인 축복의 땅으로 인도하셨지만, 우리는 우리가 그분을 위해 존재한다는 의식을 상실했고, 하나씩 다른 것들로 대체했다. 더 이상 우리가 주님을 위한 존재이며, 오직 주님을 위해서만 존재한다는 의식을 하지 못하게 되었다. 하나님이 우리 앞에 주시는 것 외에는 우리를 둘러싸고 있는 것들에 대해서 아무 관심도 갖지 않고 또 우리 영혼을 능력으로 사로잡는 진리 속으로 더욱 깊이 들어간다면, 그래서 우리는 다만 주님을 위한 존재라는 사실만으로 기뻐할 수만 있다면, 우리의 영혼은 극도의 행복감을 누리게 될 것이다. 그럴 때 우리 영혼은 총체적으로 그분의 소유가 된다. 교회의 재건은 우리가 추구할 목표가 아니다. 사람이 하나님을 섬기고픈 열망을 가질 때마다, 만일 그가 하나님의 목적을 알지 못할지라도, 그는 얼마든지 성공할 수 있다. 왜냐하면 그는 다른 무언가를 세울 것이기 때문이다. 그럴듯하게 보이지만, 실제로는 하나님의 뜻과는 아무 상관없는 그러한 일을. 바울은 어떤 측면에서 볼 때, 성공하지 못했다. 그의 인생 말기에 "그들이 다 자기 일을 구하고 그리스도 예수의 일을 구하지 아니하되"(빌 2:21)라고 말해야만 했기 때문이다. 사람이 하나님의 목적을 분명히 알고, 또 하나님을 위해서 전심전력하게 되면, 그는 분명 슬픔의 사람이 될 수밖에 없다. 바울은 자기 동역자들에게서 배신을 당했고 또 자신의 이름으로 된 교회도 없었다. 이제 성경적인 교회의 개념은 이렇다. 즉 영으로 자기 주님을 위해서 자신을 신부로 준비하는 한 백성인 것이다. 외양을 그렇게 꾸미는 것이 아니다. 왜냐하면 신부로 자신을 단장하는 것은 부활의 영광으로 되는 일이고, 다만 "물로 씻어 말씀으로 깨끗하게" 함으로써 영적으로 자신을 준비하는 것이기 때문이다. 내가 믿는 바, 전도를 포함한 모든 사역의 유일한 목적은 교회를 그리스도의 신부로 하나님께 바치는 것이다. 따라서 신부는 마땅히 하나님께 전적으로 성별되어야 한다. 교회의 사역과 교회의 재건은 전적으로 다르다. 나는 오늘도 사역에 참여하고 있지만, 재건에 참여하고 있지는 않다. 많은 사람들이 이 점에서 혼동을 일으키고 있다. 이제 우리는 "주님을 위해 준비된 한 백성을 준비시키는 일"에 "물로 씻어 말씀으로 깨끗하게" 하는 사역에 참여하고 있음을 분명히 알게 되었다.

이제 올바른 순서에 대해서 생각해보자. 하나님의 영에 복종하는 일은 하나님의 영께서 주시는 것에 복종하는 것이다. 나는 그 자체를 목적으로 삼아 추구하기 보다는, 오히려 주 예수 그리스도의 오심을 소망하고 있다. 여기 이 땅에서 성도들에게 행하는 나의 모든 봉사는 재건이 아니라 사역으로 행하는 것이다.

407
질문 3. (교회의 폐허 상태와 관련해서) 지상에 교회가 있는가, 없는가?

답변 3. 하나의 군대를 생각해보자. 군대가 멸망을 당하지 않고 다만 전 세계에 흩어져 있다. 그렇다면 군대는 엄연히 존재하고 있고, 없는 것이 아니다. 다만 그 연합체로서 그 힘을 잃어버린 상태에 있는 것이다.

제 8장 교회의 폐허 상태에서 그리스도인은 어떻게 해야 하는가
What the Christian has amid the ruin of the Church?

272

세칭 플리머스 형제단Plymouth Brethren으로 불리는 사람들에 대해서 다양한 장소에서 공격이 행해졌지만, 그로 인해 입게 된 상처는 없다. 오히려 우리가 말하고자 하는 바를 들을 정도로 충분히 정직한 사람들 앞에서 성경의 진리를 소개할 수 있는 기회를 제공했다. 자마이카 매거진에서 제시한 질문들은 이미 오래 전에 스위스에서 토론되었던 내용이었고, 최근에는 캐나다에서 관심을 끌고 있다. 자마이카 그리스도인들은 스위스에서 일어난 일에 대해서 전혀 아는바가 없었고, 물론 캐나다에서 일어나고 있는 일에 대해서도 모르고 있다. 자마이카 매거진에 실린 글을 그저 무절제하고 혹은 무례한 것으로만 돌릴 수는 없다. 그들은 형제단 운동의 원리에 대해서 간접적으로 전해 들은 내용만을 다루고 있었고, 몇 가지 중요한 요소들을 제외하면, 대부분 거짓된 내용들로 가득했다. 하지만 나는 그들이 인용하고 있는 내용에 대해서 무슨 악의를 가지고 그렇게 했다고는 생각하지 않는다.

이것은 형제단이 공격을 받은 것이 무엇인지 좀 더 정확하게 진술한 기회를, 아니 성경이 그 주제에 대해서 어떻게 말하고 있는지를 살펴볼 기회를 제공해주었다. 사실 그것만이 중요한 핵심이다. 이제 살펴볼 것이지만, 자마이카 매거진에 소개되고 있는 원칙들은 전반적으로 성경과는 일치를 이루고 있지 않다. 식민지적 교회 정치체제는 이론상 뿐만 아니라 많은 지역에서 실제로 운영되는 모습을 보더라도 영국 국교회 정체체제와는 다르다. 민주주의가 뿌리를 내리고 있는 곳에, 민주주의가 교회 시스템 속으로 융화되고, 또한 교회 정치체제는 대중화되는 성향이 있다. 영국에서는 그렇지 않다.

이 주제에 대한 자마이카 매거진의 견해는 이렇다.
"교회 안에 평신도와 성직자 사이의 관계를 합당하게 조정하는 데 필요한 조건이 있는데, 사도적 선례를 통해서 우리에게 추천된 세 가지 경우가 있다. 첫 번째, 평신도 그룹은 교회의 다양한 집회에서 자유롭게 교제하고 나눌 수 있는 권한을 갖는다. 두 번째, 사역자들은 교회 지체들의 동의가 없다면 교회를 다스리는 자리에 앉을 수 없다. 세 번째, (성직자 그룹 뿐만 아니라) 전체 회중은 (사역자에 대해서) 불신임 권한을 가진다. 모든 역사가 가르치는 것은, 성직자가 아무 견제도 없이 독단적으로 권력을 행사하는 곳에는 영적 독재와 폭정이 있을 뿐이다."

273

나는 이 모든 것에 대해서 동의하지 않는다. 여기서 말한 내용 가운데 어느 것도 영국 국교회에서 볼 수 있는 것이 없다. 그런 내용은 전혀 없다. 그렇다면 그 시스템은 사도적 선례에 의해서 추천받은 것도 아니고, 그 결과적으로 억압적인 영적 폭정에 이르는 것도 아니다. 그러한 것이 영국 국교회에 대한 자마이카 매거진의 판단이다. 이것은 사도적 선례와는 대조적일 뿐만 아니라, 영적인 폭정이다. 이제 함께 풀어야 할 문제는 더 복잡하다. 문제는 영국 국교회의 영적 폭정이 아니라, 진리를 따라 행할 수 있는 능력의 부재인 것이다. 문제는 교황제도의 영적 폭정도 아니고, 비국교도의 민주주의적 제도도 아니다. 성직자는 성경의 영감설, 혹은 영원한 형벌의 교리를 고수할 의무가 없다고 추밀원 사법위원회에서 결정한 교리적 핵심 사안의 문제이다. 그 결정 때문에 성직자는 자유롭게 자신이 믿는 바를 설교할 수 있으며, 자신이 무엇을 믿고 있는지를 말할 필요도 없게 되었다. 판사는 대낮에도 촛불을 밝힐 수 있다[1]고 판결하고, 다른 판사는 그럴 수 없다고 판결하는 꼴이 되었다. 이제는 추밀원이 판결하게 되었다. 진리를 국가가 결정하게 된 것이다. 감독제도는 자치권이 없고, 자율권도 없다. 교황제 성직자 제도는 국가가 교회의 정치에 관여하는 것을 견제하면서, 기독교계에서 분리되어 나갈 것을 요구하고 있는데, 어떻게 끝날지 아무도 모른다. 교황제도를 성토하는 논쟁을 담은 글들이 작성되고 있다. 다른 근본적인 문제들, 실제로는 세속적인 개념들이 움트고 있다. 그러한 것들을 다룰 능력이 없다. 왜냐하면 기독교계(ecclesiastical body)는

---

1) 촛불은 반대 의견을 낼 때 사용한다.

39개조의 법률 조항 때문에, 법원의 결정만 기다릴 뿐 할 수 있는 것이 아무 것도 없기 때문이다. 하지만 하나님의 교회에 근본적인 문제들은 39개 조항에 있지도 않고, 현재 일어나고 있는 많은 문제들은 그와 상관이 없을뿐더러, 교회 법정은 모든 사람이 자기가 좋아하는 것을 믿을 수 있는 권리를 다룰 법률도 없다. 따라서 만일 어떤 사람이 그 교회제도 내의 고위성직자가 되기를 원하지만 그 모든 교리들을 부인한다 해도, 그는 그 자리를 지킬 수 있다. 이 얼마나 어처구니없는 일인가? 잘 알려지지 않았지만, 많은 하급 성직자 가운데 콜렌소 박사가 여기에 해당한다. 이것은 퓨지주의자들이 바라는 것처럼 영적 폭정이 아니라, 집단적 혹은 개인적 절제 능력의 결핍에 의한 전적인 해체로 기울고 있는 것이다. 진행되는 상태를 볼 때, 민주적 원리의 발전에 의해서 곧 국교회의 몰락이 가까운 것 같다. 국교회는 분열되던가 아니면 지금 미국의 기독교를 위협하고 있는 퓨지주의에 속하게 될 것이다. 이것은 영국을 위해 일종의 혁명적인 일이지만, 이에 대해 나는 아무 할 말이 없을뿐더러, 아무 기쁨도 없다. 하지만 이 모든 것은 홀로 지혜로우시고 거룩하신 하나님의 손에 있다. 하나님은 자기를 사랑하는 자들에게 모든 것이 합력하여 선을 이루도록 하실 것이다. 이 일은 영국을 교황제와 불신앙으로 이끌 것이며, 그에 대해선 아무 의심도 없다. 영국은 실제적으로 독립성을 잃게 될 것이며, 생각보다 더 다양한 방식으로 스스로 자랑스럽게 생각하는 국가적 영광도 잃게 될 것이다.

274

영국 국교회는 영적 폭정이 아니라, 모든 사람들이 보는 것처럼, 자기 판단을 필요로 하는 모든 것에 아무 것도 판단할 능력이 없는 상태에 처해 있다. 교황제와 그 속에 내재되어 있는 프로테스탄트 원리의 충돌 아래서 국교회는 붕괴되고 있다. 한때는 두 가지를 혼합하는 것을 지혜로 여겼지만, 세속성 때문에 온전히 합해질 수는 없었다. 모든 사람이 알고 있듯이, 민주적인 혁명의 요구는 날마다 거세어만 가고 있다. 자마이카 매거진에 대한 송사를 내가 변호해 야만 한다는 것은 이상한 일이다. 하지만 저자가 말한 것처럼, 그것 이 사도적 선례에 의해서 지지를 받고 있는 것은 아니다. 우리가 무엇이 기독교인가를 말할 때 그것은 심각한 것이다. 그 모든 원리들은 독재적으로 운영될 수도 있지만, 국가가 통제력을 발휘해 그 힘을 빼앗아버렸고, 그 결과 교회가 필요로 하는 모든 것을 무력화시켰다. 하지만 평신도와 성직자적 요소에 대한 식민지 혹은 민주주의 이론은 성직자 제도를 앞세웠고, 이것이 실제적인 포인트이다. 그럼에도 이것은 보다 근본적인 질문, 즉 무엇이 교회인가? 라는 질문에 기초를 두고 있다.

우리가 풀어야할 문제들은 이렇다. 교회란 무엇인가? 사역은 무엇인가? 이 두 가지 질문을 다루게 되면 몇 가지 실수들을 바로잡을 수 있는 길이 선명하게 보일 것이다. 형제단의 견해에 답변을 달면서, 나는 나의 견해를 분명하게 밝힐 수 있었다. 나는 인간의 사역을 부정할 마음이 없다. 나는 사역을 하나님의 예식으로, 기독교의 근본적인 부분으로 인정한다. 화해의 말씀(또는 사역)은 인간에게 맡겨졌고, 만일 지극히 높은 수준에서 이것을 사도적인 것으로 본다면, "우리가 다 하나님의 아들을 믿는 것과 아는 일에 하나가 되어 온전한 사람을 이루어 그리스도의 장성한 분량이 충만한 데까지"(엡 4:13) 이를 때까지 복음 전하는 자, 목사와 교사의 은사들은 존재하게 된다. 문제는 이것의 진정한 성경적 특징에 대한 것이다. 게다가 나는 사도 시대와 초대 교회 시대에 조직이 있었다는 것도 인정한다. 하지만 오늘날 존재하는 것이 과연 성경적인 조직인가, 아니면 그저 인간의 필요에 의해서 고안해낸 인간의 고안물은 아닌가를 확증하는 일이 필요하다. 그 결과 외적인 몸으로서 교회는 황폐화 상태에 있게 되었다. 교회에 속하는 것만으로도 많은 유익이 있지만, 내가 성경을 통해서 분별하게 된 것은, 황폐화는 치료책이 없으며, 입술만의 고백 교회(the professing church)는 끊어지게 될 것이란 사실이다. 나는 매우 중요하고도 책임 있는 자리를 점유하고 있지만 외형상 입술만의 신앙 고백만을 가지고 있는 기독교계(external professing Christendom)가 있다고 믿는다. 거기에 속한 교회는 심판을 받을 것이며, 불충성스러움 때문에 끊어지게 될 것이다.

275
그리스도의 참된 몸은 그렇지 않다. 그리스도의 몸된 교회는 성령에 의해서 그리스도와 연합된 사람들로 구성되어 있고, 형식적인 신앙고백 교회가 끊어져나갈 때, 몸된 교회는 하늘에서 그리스도와 함께 있게 될 것이다. 이것은 영국 국교회의 교리 문답집에 있는 내용이지, 소위 플리머스 형제단의 신조는 아니다. 게다가 국교회의 교리 문답집은 다음 두 가지를 혼동하고 있다. 즉 말하길 "세례를 통해서, 나는 교회의 지체가 되고, 하나님의 자녀가 되며, 천국의 상속자가 된다"고 되어 있다. 하지만 성경에서 우리가 발견한 교회는, 외형적으로 하나로 유기적으로 연합된 몸이다. 즉 그리스도인은 지구상에서 하나로 구성된 백성인 것이다. 장로들은 교회를 인도하고 감독하도록 지역적으로 임명을 받은 사람들이다. 어쨌든 이방인 교회들이 장로들을 세우는데 공식적인 임명절차를 거쳤는지는, 유대인 교회들만큼 선명하지는 않다. 하나의 교회가 있었고, 전체적으로 하나의 회중이 있었다. 각 지역에 장로들과 더불어 하나의 몸이 있었고, 그곳에 하나님의 교회가 있었다. 그럼에도 전체 세상 가운데 가시적으로, 외형적으로 유일하게 하나의 교회만 있었던 것이다. 만일 바울이 자기 시대에 킹스턴에 있는 하나님의 교회에 편지를 썼다면, 의심의 여지없이 그 편지를 받아보았을 것이다. 하지만 만일 바울이 오늘날 편지를 쓴다면, 그 편지를 받을만한 몸이 없다. 아마 그 편지는 수신불능으로 처리되고 말 것이다. 한 교회의 회원이 되는 것은 성경에는 없는 것이다. 성경이 말하는 것은 그리스도의 지체가 되는 것이다. 이 그리스도의 몸은 하나의 손과 발, 그리고 하나의 눈을 가진 하나의 몸이다.

그 당시에 조직이 없었다는 말이 아니다. 분명 존재했지만, 오늘날처럼 이기적인 목적에 의해 설립된 것은 아니었다. 하나님의 조직은 세상에서 실종되었고, 수세기 동안 교황제도에 의해서 대치되어 왔다. 사람들은 이에 대한 무서움을 피해서, 각자 자기 소견에 따라서 행동했다. 첫 번째, 국가교회는 시민 법관에 의해서 운영되었는데, 이것은 종교개혁 시대까지 존재하지 않았다. 그리고 나서 이것이 비성경적이라는 판단을 했을 때, 수를 셀 수 없을 정도로 많은 종파로 갈라지게 되었고, 각 종파별로 조직을 만들었고, 자신의 회원들을 모집했다. 이러한 종류의 조직, 즉 전적으로 성경에 위배되는 것은 거절해야 한다. 우리는 교회를 새롭게 시작할 수 있다고 생각해서는 안된다. 다만 우리는 성경이, 이처럼 고통 하는 말세에 모든 것이 황폐화된 마지막 시대에, 신약성경이 예언한 대로 진행되어 가는 이 시대에 어떻게 해야 하는가에 대한 완전한 인도와 지침을 주고 있다고 믿는다. 하나님의 택하신 자들의 믿음을 붙들고서, 다양한 교단과 교파에 흩어져 있는 성도들이 있다. 하지만 그리스도는 흩어진 하나님의 자녀들을 하나로 모으기 위해서 자신을 주셨다. 그들은 지금 어째서 흩어져 있는 것인가? 그들은 세상이 하나 됨을 보고 믿도록 하나를 이루어야 한다. 이제 그들은 하나가 되지 못하고 흩어져 있는 것 때문에 세상 사람들의 경멸을 받고 있다. 지상에서 책임 있는 존재로서 교회는 황폐화 상태에 있다. 그 조직들도 마찬가지이다. 너무 많다. 하나님의 조직이 아니다. 바울은 어느 지역에 가서 교회의 장로들을 초청해서 "성령이 여러분을 감독자로 삼고 하나님이 자기 피로 사신 교회를 보살피게 하셨느니라"(행 20:28)고 말할 수 없게 되었다. 교회가 존재한다면, 나는 그곳에 가서 나 자신을 즐겁게 바칠 것이다.

276
나는 우리가 처음 상태에서 얼마나 멀어졌는지를 보여주기 위해서 엄중한 신적인 증거로서 우리에게 주신 사도행전 2장과 4장을 굳이 언급하지는 않을 것이다. 성령께서 오순절 강림하셨을 때, 성령님은 교회를 하나의 몸으로 형성하셨다. 우리가 사도행전을 통해서 아는 대로, 그것은 약속된 성령의 세례였다. 고린도전서 12장을 통해서 배운 대로, 우리는 다 한 성령으로 세례를 받아 한 몸이 되었다. 이 몸은 공적으로 나타났고, 외적으로, 완벽하게 하나의 몸을 이루었다. 하나의 지체가 다른 지체에게 내가 너를 쓸 데 없다고 말할 수 없다. 한 지체가 고통을 받으면 모든 지체가 함께 고통을 받고 한 지체가 영광을 얻으면 모든 지체가 함께 즐거워한다. 다양한 은사들이 이 몸의 다양한 지체들을 통해서 더해졌다. 은사는 성령님께서 자기 뜻대로 각 사람에게 나누어주시는 것이다. 다양한 행정적인 직분들이 있지만 한 분 주님에게서 나온다. 은사들은 (전체 몸으로서) 교회에 주어졌다. 치유와 방언, 그리고 방언을 통역하는 은사들이 있었다. 이 모든 것이 세상에 있다. 은사는 지상에 있는 교회에 적용된다는 것 외엔 아무 의미가 없다. 자기 복무기간 만큼 복무했던 군인들처럼, 개인들은 떠나가고, 다른 사람들이 보충되어 교회에 들어온다. 그래도 군대는 남아있는 것처럼, 지상에 있는 교회는 하나 되게 하시는 성령에 의해서 하나의 교회로 계속해서 남아있게 된다. 지상에 그 모습을 드러낸 그리스도의 몸은 사도들, 선지자들, 다양한 도움들, 행정, 치유, 방언 등 성령님의 뜻대로 주어진 은사 등과 더불어 하나로서 존재하고 있다.

이것은 논쟁의 여지가 없다. 이후에 어떤 모습으로 변모될지 모르지만, 이것은 하나님의 기관이었고, 다양한 은사 혹은 지체들이 하나로 나타난 몸이었다. 굳이 말하자면, 이것은 하늘에 있는 그리스도의 몸처럼 온전할 것이다. 그렇게 될 것이다. 나는 그 때문에 하나님을 찬송한다. 에베소서 1장 끝부분은 그렇게 될 것을 우리에게 보여주고 있다. 그렇다고 해서 고린도전서 12장을 배제시키긴 않는다. 교회는 지상에 가시적인 몸, 하나의 몸으로 세워졌다. 만일 다른 측면을 얘기하자면, 오래 지속되지 않을 것이다. 왜냐하면 곧 사라질 순간적인 권력의 표현에 불과하기 때문이다. 외형적인 하나됨은 키프리안이 인정하고 설명한 고백공동체의 끔찍스러운 부패 때문에 노바티안들이 일어났던 3세기 중반까지는 이루기 어려웠지만, 대체적으로 하나되는 모습을 유지해왔다. 사도 바울은 불법의 비밀이 이미 활동하고 있다고 말했고(살후 2장), 각 사람이 다 자기 일을 구하고 그리스도 예수의 일을 구하지 아니하고 있다고 말했다(빌 2장). 그리고 사도행전 20장에서 바울은 자기가 떠난 후에 포악한 이리가 들어와서 양떼를 아끼지 아니할 것이며, 또한 내부에서도 제자들을 끌어 자기를 따르게 하려고 어그러진 말을 하는 사람들이 일어날 것에 대해서 말했다. 사도적인 힘이 남아있는 한, 비록 악이 함께 하고 있을지라도, 충분히 억제되고 있었다. 하지만 사도가 떠나고 나면, 그의 죽음 이후에는, 악한 자가 침입해 들어올 참이었다. 왜냐하면 사탄은 사도적 승계는 없을 것으로 알고 있었고, 사도의 부재는 악이 활동할 수 있는 문을 열어주는 것임을 알고 있었기 때문이다. 사도 바울은 우리에게 예언적으로, 말세에 고통 하는 때가 이를 것과 경건의 모양은 있지만 그 능력은 부정되는 때가 오고 있다는 것을 말해주고 있다. 들을 귀 있는 사람은 그러한 것에서 돌아서야 한다.

277

고린도전서 12장은 하나님의 조직체, 즉 지상에 그리스도의 몸으로서 교회의 본래 구조를 온전히 설명해주고 있다. 만일 그것이 사라졌다면, 지상에 하나님의 질서 있는 체제로서의 그리스도의 몸은 사람의 죄로 말미암아 사라져버린 것이다. 이리가 들어왔고, 양들을 흩어버린 것이다. 왜냐하면 목자들이 삯꾼들이었기 때문이다. 이 때문에 성도들로 두려움에 떨게 하지 말자. 왜냐하면 어느 누구도 위대한 목자의 손에서 아무 것도 빼앗을 수 없기 때문이다. 그럼에도 한 무리로[2] 있어야 할 양들은 흩어졌다. 하나님의 거룩한 눈이 항상 머무는 곳, 그리스도의 교회의 이름 아래서 가장 부패하고, 가장 악한 교황제도라는 어둠의 시기를 지나온 것을 우리는 망각했다.

하지만 과연 누가 우리가 마지막 때에 이르렀다고 말할 수 있을까? 사도 요한은 그렇게 말할 수 있었다. 요한은 이미 많은 적그리스도가 나타났으며, 이로써 마지막 때인 것을 알 수 있다고 했다. 마찬가지로 베드로도 "하나님의 집에서 심판을 시작할 때가 되었[다]"(벧전 4:17)고 말했다. 유다는 가만히 들어온 악한 사람들 때문에 편지를 쓰게 되었노라고 말했다. 그 사람들은 그리스도께서 나타나실 때 부패한 자요 대적하는 자들로서 그리스도의 심판을 받게 될 사람들이다. 일곱 교회들 사이를 거니시는 그리스도의 모습을 통해서, 우리는 교회가 처한 상태를 심판하시는 그리스도를 볼 수 있다. 과연 교회는 그때 이후로 발전되어 왔는가? 중세 어두운 시기를 돌이켜보라. 분열되고, 세속적이고, 갈팡지팡했던 프로테스탄티즘을 생각해보라.

실패가 곧 시작되어도 그리스도인은 놀랄 필요가 없다. 항상 그래왔기 때문이다. 하나님의 인내하시는 사랑은 참고 또 구원하며, 죽음을 보지 않고 하늘에 올라갈 수 있을 정도로 신실한 한 사람을 찾을 수 없을지라도 여전히 7천명을 알고 있다. 하지만 외적인 상태는 악에 의한 부패 과정 가운데 있으며, 심판의 때를 기다리고 있다. 우리가 사람에 대해서 처음으로 보는 것은, 낙원에 있자마자 타

---

2) 요한복음 10장 16절에서 "한 우리(fold)"는 잘못된 번역이다. "한 무리(flock)"라고 해야 옳다.

락하게 된 것이다. 무죄한 아담처럼 태어난 사람은 없었다. 노아가 제단에서 감사를 드린 후, 처음으로 일어난 일은 그가 포도주를 마시고 취했다는 것이다. 노아에게 맡겨진 통치는 약해졌고, 스캔들과 수치와 저주가 임했다. 하나님께서 불 가운데 말씀하신 후, 처음으로 일어난 일은, 모세가 산에서 내려오기도 전에, 이스라엘이 황금 송아지를 만든 것이었다. 기록된 율법은 그 단순한 특징에도 불구하고 인간에게 주어진 적이 없었다. 모세는 그것을 깨뜨려버렸다. 돌 판은 산 아래로 내던져졌고, 이스라엘 진 가운데로 들어오지 못했다! 그들은 황금 송아지 옆에서 무엇을 했는가? 아론의 아들들이 제사를 드리는 첫째 날 다른 불을 담아 드렸고, 그 결과 아론은 영광스럽고 아름다운 옷을 입고 지성소에 들어갈 수 없었다(레 16장을 보라). 다윗의 첫째 아들은 우상숭배에 빠졌고, 왕국은 황폐화되었다. 이방 왕에게 권력이 넘어갔지만, 금 신상을 만들었고, 짐승의 마음을 가졌다. 이방인이 다스리는 전체 시기는 이러한 특징을 띠고 있다.

278

나는 여기서 모든 그림을 제시했다는데 의심이 없다. 사람, 율법, 제사장, 다윗의 아들, 이방인들을 다스릴 왕국의 설립은 두 번째 아담, 즉 그리스도에게서 온전히 성취될 것이다. 그럼에도 후자는 매우 흥미로운 것임에도 별개의 사안이다. 이에 대해서 다루진 않을 것이다. 사람의 책임에 맡겨진 모든 것은 하나님에 의해서 설립되었지만 실패했다. 즉 사람은 실패했고, 그것도 즉시 실패했다. 그리스도의 몸으로서 지상에 설립된 교회도 예외는 아니다. 만일 요한 시대에 많은 적그리스도가 있었다고 할 것 같으면, 그들은 이미 그

때에 말세에 접어든 것을 알고 있었고, 베드로는 하나님의 집에서 심판을 시작할 때가 되었다고 선언했다. 그리고 바울은 악한 사람들과 속이는 자들은 더욱 악하여져서 속이기도 하고 속기도 한다고 말했기에, 새로울 것이 없었다. 하나님이 사람에게 맡긴 모든 것에 대한 인간의 슬픈 말로(末路)였다. 첫째 사람은 실패한 사람이다. 이것이 하나님이 사람을 바르게 지으셨다는 사실을 변경시키지 않을뿐더러, 그리스도의 몸으로서 교회가 하나됨 속에 설립되었고, 그에 필요한 모든 은사들이 주어졌으며, 고린도전서 12장이 증거하는 것처럼, 모든 지체들이 합력하여 선과 번영을 이루도록 계획되었다는 것도 변경시키지 않는다. 하지만 교회는 교황제도, 분열과 세속주의 때문에 몰락했다. 소위 교회의 간판을 내건다고 해서 그리스도의 몸이 되는 것은 아니다. 성경에서 말하는 우주적인 하나의 교회는 분명 있다. 그 우주적인 교회는 타락하지 않은 교회가 되고자 애쓸 필요가 없다.

279

우리는 이제 사역에 대해서 살펴볼 것인데, 독자들은 몸 안에 주어진 모든 복을 고르게 분배하기 위해서 주어진 은사들의 목록을 살펴볼 필요가 있다. 은사의 목록을 열거하고 있는 성경을 볼 때, 감독들이나 집사들은 등장하지 않는다. 성도들을 온전케 하며, 몸을 영구적으로 세우기 위한 은사들에 대해서 열거하고 있는 에베소서 4장에서도 마찬가지이다. 교회는 지상에서 하나로, 즉 그리스도의 몸으로서 설립되었다. 지금 그러한 몸, 혹은 하나됨은 찾아볼 수 없다. 교회는 황폐화된 상태에 있다.

하늘로서 내려오신 성령에 의해서 형성된 교회는 성경에 보면 또 다른 특징을 가지고 있다. 즉 하나님의 집 혹은 하나님의 성전으로서의 교회이다. 이것은 이중적인 방식으로 제시되어 있다. 독자들은 이 특징을 주목하길 바란다. 하나는 절대적으로 안전하며, 아직 완성되진 않았지만 그리스도 자신의 사역에 속한 것이다. 다른 하나는 지상에서 현재적인 모습으로 나타나고 있는 것으로, 인간의 책임과 연결되어 있다.

이 주제에 대해서 하나님의 말씀은 무어라 말하고 있는지 살펴보자. "너는 베드로라 내가 이 반석 위에 내 교회를 세우리니 지옥의 문이 이기지 못하리라."(마 16:18) 여기서 우리는 건축하시는 그리스도와 사탄의 권세가 그리스도께서 건축을 완성하실 때까지 방해하지 못할 것을 볼 수 있다. 이렇게 교회를 세우는 일에 그리스도께서 건축가이시며, 이 일에는 사람을 도구로 사용하는 일이 없음에 대해서 베드로는 이렇게 말하고 있다. "보배로운 산 돌이신 예수께 나아가 너희도 산 돌 같이 신령한 집으로 세워지고."(벧전 2:4,5) 사람들은 말씀으로 사역할 수 있지만, (사람들은 배제된 상태에서) 이 일은 전적으로 그리스도의 일이다. "예수께 나아가 너희도 … 세워지고."(벧전 2:4,5) 건축의 일은 사람의 일이 아닐뿐더러, 건축은 아직 마쳐지지도 않았다. 산돌들은 건물 꼭대기에 관석(topstone)이 놓일 때까지 날마다 날마다 더해질 것이다. 이런 의미에서 이 일은 눈으로 볼 수 없으며, 개인적인 사역은 결국 성전을 완성하는 것으로 나타날 것이다. 따라서 바울도 "그의 안에서 건물마다 서로 연결하여 주 안에서 성전이 되어 가고"(엡 2:21)라고 말했다. 이 성전은 은혜로 지어져 간다. 이 역사는 아직 끝나지 않았다. 신약시대의 사도들과 선지자들은 주요한 기초석으로서 예수 그리스도를 터처럼 놓았다. 그럼에도 사도들은 건축하는 일꾼이 아니라 산돌이었다.

하지만 고린도전서 3장에서, 우리는 집의 또 다른 측면을 볼 수 있다. 사도 바울은 "지혜로운 건축 책임자로서 터를 놓았고, 다른 이가 그 위에 세우나 그러나 각각 어떻게 그 위에 세울까를 조심할 지니라"(고전 3:10)고 말한다. 여기서 사람이 건축가이며, 사람의 책임이 즉시 개입된다. 우리는 가시적이고 외형적인 건축물을 보게 된다. "너희는 … 하나님의 건축물이니라."(9절) 여기선 사람이 건축가이다. 사람은 금, 은, 보배로운 돌들을 재료로 사용해서 건축할 수 있다. 모든 것이 잘 되어 보인다. 하지만 그는 나무, 짚, 풀을 재료로 사용할 수도 있다. 그의 일은 아무것도 좋은 것이 없이, 그저 모든 것이 불에 타고, 소멸될 수도 있다. 여기선 세 가지 가능성이 제시되고 있다. 첫 번째, 건축가와 그의 사역이 다 좋은 경우이다. 물론 둘 다 인정을 받을 것이다. 두 번째, 일꾼은 진실하지만 사역이 좋지 않다. 그는 구원을 받고 그의 사역은 불에 타버린다. 세 번째, 여기엔 부패시키는 자가 개입된다. 그는 하나님에 의해서 악한 자와 같이 멸망을 받는다. 여기선 그리스도께서 건축가로서, 건물마다 서로 연결하여 주 안에서 성전이 되어감으로써 모든 것이 온전하게 되는 것이 없다. 다만 사람들이 건축가로 참여하고, 하나님의 집으로 불리고 또 지상에서 가시적인 건축물로 보이지만, 고의적인 악한 뜻을 가진 사람들에 의해서 온갖 종류의 값싼 건축 자재가 사용되어 건축되어질 수 있다. 과연 이런 일이 없는가?

280

나는 그리스도께서 결국에 가서 자신의 거룩한 성전을 완성하실 것을 믿는다. 그리스도께서 세우시는 것은 결코 무너지지 않을 것이며, 거룩한 성전으로 지어질 것이다. 하지만 이 건축은 보이지 않는 특징을 띤다. 교회는 그렇지 않다. 이 건축은 현재 진행되고 있고 아직 완성되지 않았으며, 계속해서 산 돌들이 더해짐으로써 건축 중에 있다. 지옥의 문들에도 불구하고, 계속 성장하면서 성전이 되어 가고 있다. 나는 이것을 부정하지 않는다. 그 성전에, 나 자신도, 은혜로써, 하나의 돌로 참여하고 있다. 우리를 비난하는 사람들도 그렇다고 나는 믿는다. 하지만 우리가 책임의 문제를 다룰 때, 그것은 사람이 건축에 참여한 것에 대한 것이지, 그리스도께서 세우시는 비가시적인 교회에 대한 것이 아니다. 그리스도의 건축은 완전한 건축이 될 것으로 확신한다. 하지만 지혜로운 건축 책임자로서 바울이 참여하고, 또 사람들이 참여한 것은 부실공사로 나타날 수 있다. 당신이 건축에 참여하고 있는, 영국 국교회, 장로교회, 독립교회, 감리교회, 그리고 침례교회 등은 모두가 가시적인 것이다. 책임 있는 존재로서 당신이 건축에 참여한 모든 것이, 과연 인정받을 수 있을 것인가? 나는 그 모든 교단 속에 산 돌들이 있음을 한순간도 의심해본 일이 없다. 그리스도는 그들을 통해서 자신의 성전을 건축하고 계시며, 이미 자기 자리에 놓였을 것이다. 사랑하는 형제들이여, 나는 진심으로, 기쁜 마음으로 그대들을 그리스도께서 사랑하신 교회의 지체들로, 그리스도께서 자신을 내어주신 사랑의 대상으로 인정하고 있다. 그리스도는 자기 앞에 영광스러운 교회로 세우실 것이다. 나는 그 사실을 진심으로 기뻐하며, 그렇게 될 것으로 확신하고 있다. 하지만 나는 그대와 그리스도께서 최종적으로 자기 앞에 세우시는 건축물 사이를 구분하고 있다. 나의 책임은 교회 문제를 제시함에 있어서, 비가시적인 교회에 대한 것이 아니라, 내가 얼마나 많은 말로 그대를 인정해주는 말을 쏟아놓는 것과는 별개로, 너무도 많은 교파와 종파들이 그대를 비가시적 교회로부터 찢어놓았는가에 대한 것이다.

이 문제를 다루려면 성경의 또 다른 부분을 살펴보아야 한다. 우리가 사도들의 시대에 이미 일어난 일을 본 것처럼, 만일 부패의 역사가 시작되었다면, 교회의 상태는 심판받아야 하고, 모든 들을 귀를 가진 사람은 성령께서 자신에게 말씀하시는 바에 귀를 기울어야 한다. 과연 그러한 시대를 위한 성경의 지침은 없는 것인가? 분명 있다. 디모데전서가 가시적인 교회의 질서를 다루는 반면, 디모데후서 2장은 이처럼 모든 것이 악하고 혼돈스러운 시대를 다루고 있다. 디모데후서 2장에서 "하나님의 견고한 터는 섰으니 인침이 있어 일렀으되 주께서 자기 백성을 아신다"는 구절을 볼 수 있다. 이 구절은, 놀라운 방식으로, 어쨌든, 참 교회, 그리스도의 지체들은 비가시적이란 사실을 보여준다. 주님은 자기 백성을 아신다. 처음에는 그렇지 않았다. 초대교회의 시작에, "주께서 구원 받는 사람을 교회에 날마다 더하게" (행 2:27) 하셨다. 그들은 공개적으로 예루살렘에 있는 그리스도인 교회에 더해졌다. 이제 우리는 "주께서 자기에게 속한 자들을 아신다" (딤후 2:19)는 구절을 보고 있다. 이것이 전부인가? 그렇지 않다. 우리는 공개적인 고백을 시험해보아야 한다. 그리고 하나님의 영께서 계속해서 "주의 이름을 부르는 자마다 불의에서 떠날지어다"라고 말씀하신다. 불의한 것이 무엇이든지 나는 불의에서 떠나야 하며, 특히 하나님의 집에선 조금의 불의도

용납해서는 안된다. 이것은 인침(the seal)에 따른 책임에 속한 부분이다. 주님이 자기에게 속한 자들을 아신다는 것을 생각해볼 때, 나는 그것을 하나의 진리로서 그 앞에 머리 숙이는 것 외에 달리 할 수 있는 것이 없다. 하지만 두 번째 부분은 나에게 내가 비가시적 교회 안에서, 즉 그리스도의 이름을 부르는 사람들 가운데서 어느 길로 가야할지 방향을 제시해주었다. 나는 불의에서 떠나야 한다. 그리고 내가 교회가 나아갈 방향이라고 부르는 것이 있다. 큰 집에서 나는 천하게 쓰는 그릇으로 드러나게 되면 나는 그것들로부터 나 자신을 깨끗하게 해야 한다. 그리하면 나는 귀하게 쓰는 그릇이 될 것이며, 주인의 쓰심에 합당하게 될 것이다. 큰 집 상태에서 나는 이 그릇과 저 그릇 사이에서 차이를 낼 수 있어야 하며, 주의 이름을 깨끗한 마음으로 부르는 자들과 함께 믿음과 사랑과 인내를 좇아야 한다. 따라서 교회가 큰 집과 같이 될 때, 나는 개인적으로 행동해야 하며, 악을 피하고, 주를 깨끗한 마음으로 부르는 자들과 함께 하면서 마음의 순수를 추구해야 한다. 이제 디모데후서 3장을 보면, "경건의 모양은 있으나 경건의 능력은 부인하는"(5절) 사람들이 있는데, 이같은 자들에게서 우리는 돌아서야 한다.

281

나는 아무것도 판단하고 싶지 않다고 말하는 것은 헛된 것이다. 나는 성령님께서 교회들에게 하시는 말씀을 듣고, 불법에서 떠나고, 천히 쓰는 그릇에서 나 자신을 깨끗하게 하고, 악한 그릇들에게서 돌아서고, 신앙고백 공동체에서 경건의 모양은 있지만 그 능력은 없는 곳에서 돌아서라는 부르심을 받았다. 다른 사람의 개인적인 동기를 판단하는 것은 옳지 않다는 것을 나도 인정한다. 내 말은 나 자신의 행실 가운데 악한 것이 있는지를 판단하는 일을 게을리 해서는 안된다는 것이다. 그렇지 않으면 어찌 악에서 돌이킬 수 있단 말인가? 만일 교황제도가 악한 것이라면 돌아서야 한다. 그 속에 있는 모든 것을 판단할 필요는 없다. 감히 말하지만 그들 가운데 어떤 사람은 하늘나라에 들어갈 것이다. 물론 프로테스탄트 교회에 속한 사람들도 그럴 것이다. 하지만 그들이 비성경적이라면, 나는 그들에게서 돌아서야 한다.

282

우리는 절대적인 방식으로 누가 그리스도인인지 알 수 없다고 말하는 것은 정말 악한 것이다. 우리 주변에는 어둠과 혼돈이 존재하기 때문에 많은 것들을 알 수 없다. 다만 우리는 그것을 하나님의 심판에 맡길 뿐이다. 하지만 그러한 사람을 알아보는 것을 회피하는 것은 재앙스러운 일이다. 왜냐하면 형제로 알아보지 못한 사람을 나의 형제로 사랑할 수는 없기 때문이다. 주님은 "너희가 서로 사랑하면 이로써 모든 사람이 너희가 내 제자인 줄 알리라"(요 13:35)고 말씀하셨다. 사람들은 내게 "내가 사랑해온 사람들이 누구인지 모르겠습니다"라고 말한다. 만일 그렇다면, 그리스도의 제자된 증거를 시험하는 일은 요원해진다. 만일 우리가 자녀들에게 누가 그들의 형제요 자매인지 말해줄 수 없다면, 가족의 정감은 어디서 찾아야 하는 것인가?

이 일은 현재적 상태와 하나님이 승인하신 사도적 상태 사이의 전적인 차이점을 보여줄 뿐이다. 구별된 하나의 백성으로 형제들을 사랑하는 것은 실제적인 순종과 의로움 만큼이나 참 기독교가 무엇인지를 시험할 수 있는 요소로 주어진 것이다. (요한의 서신서들을 보라.) "우리는 형제를 사랑함으로 사망에서 옮겨 생명으로 들어간 줄을 알거니와."(요일 3:14) 마찬가지로 10절과 16절을 보라. "형제를 사랑하지 아니하는 자는 사망에 머물러 있느니라."(14절) 형제 사랑은 온 세상 사람들을 대상으로 하는 것이 아니라, 따로 구별된 한 백성들을 대상으로 하는 것이다. 서신은 "모든 거룩한 형제에게 이 편지를 읽어 주라"(살전 5:27)는 명령을 담고 있다. 그들은 거룩한 입맞춤으로 서로 문안인사를 해야 했다. 그래서 "모든 성도가 네게 문안하느니라"고 말했다. 하지만 이내 거짓 형제들이 가만히 들어왔다. 가만히 들어온 사람들 가운데 참된 신자들도 있었다. 어떤 사람들은 배도했고, 떠나갔다. 그래서 그들은 우리에게 속하지 않은 것을 그런 식으로 드러냈다. 그들은 교회로 모이는 모든 곳에 있었고, 따라서 그들 중 악한 사람들은 내어 쫓을 수 있었다. 우리는 신약성경을 읽으면서, 이 사람들은 매우 유명한 계층의 사람들이었고, 서로를 알고 있었고, 형제들로 알려진 사람들이란 사실을 놓칠 수는 없을 것이다. 한 장소에서 그들에게 속한 사람은 모든 곳에 있는 사람들에게 속한 것이었고, 만일 자신이 모르는 곳에 간다면 천거서를 가지고 갔다. 세상과는 달리 그들 가운데에는 형제 사랑이 지속적으로 나타나고 있었다. 은밀히 신앙생활을 하는 사람들이 있긴 해도, 우리가 서로를 알 수 없다고 말하는 것은, 우리를 두르고 있는 그리스도인의 정감을 부정하는 것이며, 기독교의 전체 상태가 완전히, 그리고 치명적으로 황폐화되었다는 반증인 것이다. 한 무리의 사람들이 있었고, 온 세상 가운데서 하나로 연합된 몸으로서, 그리스도 안에 있는 신자로서 만나는 동료들(행 4:23, 15:22, KJV 참조)이 있었다. 거짓 형제들이 그 속에 잠입해 들어온 것이다.

그들의 하나됨을 내적으로 묶는 힘은 성령님이셨다. 그것은 성령의 하나되게 하신 것이었다. 하나의 성령과 하나의 몸이 있었다. 하나됨의 상징과 외형적인 중심에는 주의 만찬이 있었다. 우리는 다 하나의 몸을 이루고 있다. 왜냐하면 우리가 다 한 떡에 참여하기 때문이다(고전 10장).

283

그렇다면 이 점에서 영국 국교회, 비국교도 교회, 그리고 세칭 플리머스 형제단의 위치는 무엇인가? 매거진은 영국 국교회와 비국교도 교회는 그들 자신의 신앙고백에 근거해서 사람들을 모으고 있으며, 발각된 음행자 혹은 범죄자를 출교시키는 예를 본적이 없다고 논평했다. 이것은 영국 국교회의 원리에 대한 매우 잘못된 논평이다. 그들은 외형적인 고백 공동체와 비가시적 교회를 최악의 방식으로 혼동한 결과, 형제단을 고소했다. 그들은 "세례를 통해서 나는 그리스도의 지체가 되고, 하나님의 자녀가 되고, 천국의 상속자가 되었다"고 가르친다. (따라서 상황은 다소 다를지라도, 식민지 시스템도 동일한 노선에 있다.) 이런 식으로 그리스도의 지체가 되고, (세례에 의한) 영적 중생을 통해서 죄 사함을 받은 사람들은 자신의 대부와 대모를 통해서 주교에게 확증 받으러 나아와야 하며, 신조와 주기도문과 십계명을 믿노라고 고백하자마자, 그들은 간단하게 준비된 교회 교리문답을 배우게 된다. 즉 그들은 세례를 통해서 그리스도의 지체이자 하나님의 자녀가 되었고, 확증(또는 견진례)을 통해서 그들은 주의 만찬에 참여하게 되었다. 그들은 세례를 통해서 그리스도의 지체가 되는 것으로 신앙생활을 시작하며, 자신들은 아무 것도 모르는 상태에서 그저 적절한 지침을 받은 후에 성례에 참여하게 되었다. 원칙적으로 모든 국민이 교회에 속한 것으로 계수되며, 교황제도에서 종교개혁교회에도 이것은 그대로 계승되었다. 오랫동안 이 관습은 강제적으로 유지되었고, 만일 자신의 행동에 의해서 여기에 속하지 않는 사람은 분리자(schism)와 이의자(dissent)로 여겨졌다. 그리스도의 지체가 되는 방법은 믿음에 의한 것도 성령에 의한 것도 아니며, 신앙고백에 의한 것도 아니었다. 오직 성례에 의해서 되는 것이었다. 공개적인 음행자에 대해서 거론하는 것은, 다만 연약함 때문에 생긴 것이지 무슨 목적이 있었던 것은 아닌 일로 무마되었다. 그들은 성경에서 하나님의 자녀가 되는 방법을 가르치고 있는 대로 믿음에 의해서, 성경에서 그리스도의 지체가 되는 방법을 가르치고 있는 대로 성령의 세례에 의해서 그리스도의 지체가 되고, 하나님의 자녀의 자녀가 된 것이 아니라, 다만 성례에 의해서 소위 영국 국교회의 회원이 됨으로써 된 것이다. (음행자로) 발각되었던 발각되지 않았던 상관없이, 그리고 자신의 개인적인 신앙고백도 없이 그들은 그리스도의 지체가 된 것이다. 진실은 이것이다. 모든 종교 개혁자들은 세례 중생설을 굳게 붙들고 있다. 왜냐하면 중생(regeneration)이란 말이 성경에서 잘 사용되지 않았기 때문이다. 하지만 중생이란 용어는 칼뱅과 종교개혁자들이 쓴 상징적인 책에서 분명히 언급하고 있음에도 영국 국교회, 루터 교회, 장로교회는 그 모든 증거들을 무시해버렸다. 스코틀랜드 교회, 네덜란드 교회, 기타 다른 교회들은 자신들의 교리서에 중생의 교리를 수록하고 있다. 유일한 차이점은 장로교회는 비가시적 은혜는 모든 사람에 대해서 (성례의) 상징을 통해서 절대적으로 임하는 것이 아니라 선택받은 사람에게만 임한다고 정의하고 있다는 것이다. 하지만 이것은 그들이 어디에 효력이 임하는지를 분별하고 있다는 사실만을 입증할 뿐이다. 루터는 자신의 교리 문답서에서 모든 사람에게 임하는 것으로 주장했고, 영국 국교회는 더욱 형편없게도 그것이 가능하다고 진술했다.

284

이 주제와는 동떨어진 것이지만, 신자들이 모이는 형태에 대한 것은 전혀 새로울 것이 없다.

국교회는 모든 국민을 유아기에 세례를 줌으로써 그리스도의 지체로 만든다. 국교회 반대자들Dissenters은 여러 가지 조건에 합의함으로써 자발적인 가입을 통해서 교회 지체로 삼는다. 세칭 플리머스 형제단Plymouth Brethren은 성령을 통해서 형성되는 그리스도의 한 몸을 인정하며, 그러한 입장에서 떡을 떼기 위해서 만나고, 그리스도의 지체된 사실 외에 다른 입회 조건은 인정하지 않으며, 많은 교단과 교파 가운데 그리스도의 교훈(the doctrine of Christ)을 붙들고 있는 사람들이 많이 있다고 믿는다. 하지만 국가 교회는 세상 모든 사람을 성례를 통해서 국가 교회의 지체가 되게 하고, 국교회 반대자들은 자신들이 정한 조건에 동의하는 방식으로 특정한 교회들의 지체가 되게 한다. 이러한 시스템은 어느 것도 성경에서 찾아볼 수 없다. "플리머스 형제단"은 외형적인 고백 교회와 그리스도께서 자기 앞에 세우실 교회를 혼동하지 않는다. 전자의 교회, 즉 입술만의 신앙고백을 한 교회는 심판을 받을 것이며, 끊어질 것이다. 하지만 후자의 교회는 하늘에서 그리스도와 함께 하게 될 것이다. 형제단은 성경을 통해 교회는 지상에서 하나의 몸으로 나타나는 것을 본다. 그리고 모든 것이 황폐화 상태에 있음을 본다. 즉 신앙을 고백하는 다양한 공동체들이 내세우는 원리에 기초해서, 신자는 그 실행 원리상 잘못된 토대에 있는 국교회에 속해 있기도 하고, 이러 저러한 교파와 종파에 속해 있다. 그러한 것은 성경적인 것이 아니다. 이 모든 상태는 폐허 상태에 있는 것이며, 하나님은 그에 대해서 말씀을 통해서 예고하셨다. 단지 두 세 사람일지라도 그리스도의 몸의 하나됨의 근거에서 모일 수만 있다면, 그분의 약속에 의해서 그들 가운데 계신 그리스도를 볼 수 있을 것이며, 순수한 마음으로 주의 이름을 부르며, 경건한 삶을 살아가는 하나님의 자녀를 보는 기쁨을 맛볼 수 있을 것이다. 그들은 억지로 하나 되고자 애쓸 필요가 없다. 그들은 이미 그 하나됨의 기반 위에 있다. 하나님만이 그리스도인을 세상에 물들지 않게 하고, 그리스도를 그들에게 보배로운 분으로, 그리스도를 모든 것으로 삼을 수 있게 하실 수 있다.

285

사역에 대해선 어떠한가? 형제단에 속한 사람들은 몸의 하나됨의 원리에 순종하기 위해서 국교회와 다른 교단들에서 나왔다. 물론 그들이 잘못된 원리에 서있긴 해도, 그들 가운데에는 진실한 사역자들이 있다. 사실 두 가지 주제는 따로 떼어 뗄 수 없다. 이는 모든 사역은 한 몸의 지체들에게 주신 은사들의 활용이기 때문이다. 이제 내가 간곡하게 말하고자 하는 것은, 자마이카 매거진이 영국 국교회 시스템에 대해서 인정하지 않고 있는 것은, 아! 진솔한 마음으로 나도 아파하고 있는 것은, 그것이 사실이라는 것이다. 영국 국교회는 중보자의 입장에서 죄를 대신해서 사면해주는 사제직 시스템을 가지고 있다. 부제(deacon)는 사면을 선언할 수 없고, 부제는 성례전을 축성할 수 없다. 그 일은 사제만이 할 수 있다. 병든 신자를 심방한 경우, "나에게 부여된 권세로, 당신의 모든 죄를 사하노라"고 말한다. 그리고 사제로서 서품을 받으면, "사제의 직분과 사역의 권한으로 명하노니 성령을 받으라…당신이 용서한 죄들은 사면되고, 당신이 간직한 죄들은 간직될지어다"라고 말한다. 이것은 성경적인 사역은 아니다. 왜냐하면 동일한 사람이 부제일 때에는 설교할 수 없지만, 주교(bishop)에 의해서 안수를 받았을 때에는 말씀을 전할 권한을 부여받기 때문이다. 그 뿐 아니다. 교회예식에 대한 마지막 컨퍼런스에서, 장로교회는 "사제priest"란 용어를 빼고, "사역자minister"란 용어를 쓰자는 안을 상정했다. 이 안은 단호히 거부되었다. 많은 논의를 거친 후, 결국 "사역자"에서 "사제"란 직분으로 환원되었다. 사람들이 모이는 곳마다 주기도문을 외우고, 기도로서 따라 할 수 있도록 "아멘"이라고 인쇄되었다. 하지만 교회예식을 담당하는 기관에서 오랫동안 지켜보다가 다른 기도문에서도 그렇게 인쇄했는데, 이는 아마도 사제가 중보자처럼 그들을 대신해서 기도를 말하고, 그들은 다만 동의하는 뜻에서 "아멘"으로 화답하도록 한 것으로 보인다. 이로써 사람들과 사제가 함께 하는 것을 상당히 어렵게 만들었다. 영국 국교회 시스템은 유아들을 그리스도의 지체로 삼고, 성례를 통해서 하나님의 자녀로 만들며, 성직자 제도를 통해서 사제가 죄를 사하는 권세와 성령을 줄 수 있는 권한을 행사한다. 따라서 사제는 예전을 통해서 그 일을 시행한다. 그렇다면 중보자의 권세를 가진 사제들은 무슨 일을 더 할 수 있는가?[20] 영국 국교회 사제들은 죄를 사죄하는 일을 한다. 이것은 그가 서품을 통해서 받은 권한이다. 국교회 사제는 백성들을 위한 기도문을 말할 수 있고, 백성들은 "아멘"으로 기도를 마친다. 구약시대제사장 제도는 다른 백성들은 성소에 들어가서 하나님을 홀로 예배 드릴 수 없음을 전제로 한다. 이 제도는 유대교에 속한 것이다. 사역은 은사와 같은 도구를 통해서 다른 사람들에게 하나님의 사랑이 흘러 나가게 하는 것이다. 내가 믿는 바, 은사를 따라 사역에 참여하는 것은 기독교의 주요한 특징이다. 나는 결코 사역을 부정하는 것이 아니다. 유럽 대륙에서, 은사를 사용할 수 있는 자유를 가리켜 만인 제사장 제도(universal priesthood)라고 부르지만, 그 용어는 잘못된 것이다. 제사장은 사람들을 대신해서 하나님께 나아가며, 하나님에게서 나와서 사람들에게 사역하는 것이기 때문이다. 어쨌든 오늘날 모든 신자가 사역에 참여할 수 있는 자격을 주는 원리는 통용되고 있다. 원칙적으로 이 부분에 대한 전쟁은 승리로 끝났다. 실제로 그렇게 할 수 있는 역량은 은사의 문제에 달렸다.

286

이제 우리는 무엇이 성경적인 사역과 은사에 대한 관점인지, 그리고 은사를 사용하는데 있어 성직임명이 필요한 것인지를 물어야 한다. 그 매거진은 전체 교회에서 사용되는 은사 혹은 세상에서 죄인들에게 복음을 전하는 일과 은사 없이도 가능한 지역교회의 직분에 대해서 혼돈을 일으키고 있다. 물론 지역교회의 직분 가운데에는 특별한 은사가 필요한 경우도 있다. 교사는 어디 가나 교사이다. 반면 장로는 자신이 임명받은 도시(city, 즉 지역교회)에서만 장로이다.

---

3) 추가적으로 할 수 있는 유일한 행동은 희생제사를 드리는 것이며, 고교회파 사람들이 주장하는 바에 의하면, 그 제사는 실제적인 제사를 드리는 것이다.

우선 은사에 대해서 살펴보자. 주님은 자기 종들을 보내시면서 달란트talents를 주셨다. 여기서 요점은 충성이며, 좋은 종이 되는 것이 관건이다. 그렇다면 종은 자신이 받은 재능을 그 누군가의 허락이나 승인을 받을 필요 없이 사용하면 된다. 불충성의 표지는 재능을 주신 주님을 신뢰하지 못함으로써 아무 일도 하지 않는 것이며, 일을 하는데 다른데서 보증이나 안전장치를 찾는 것이다. 베드로는 우리에게 "각각 은사를 받은 대로 하나님의 각양 은혜를 맡은 선한 청지기같이 서로 봉사하라"(벧전 4:10)고 말한다. 만일 우리가 서로 봉사하지 않는다면, 우리는 나쁜 청지기가 된다. 고린도전서 12장에서 바울은 은사에 대한 총체적인 설명을 하고 있다. 성령께서 "그 뜻대로 각 사람에게 나눠 주시며" 또한 은사를 조정하는 행정문제는(administration) 주님의 권위 아래 두셨다. 각 지체는 몸 안에서 자신의 자리를 채운다. 이것은 또 다른 중요한 진리이다. 이러한 은사들은 지역교회가 아닌 전체교회에 주신 것이다. 그래서 전체 몸 안에서 이런 저런 지체들이 사역하는 것이다. 주님은 교회에 우선적으로 사도들을 주셨다. 두 번째로 예언자들을 주셨고, 세 번째로 교사들을 주셨다. 그리고 나서 기적을 행하는 자들을 주셨고, 기타 등등을 주셨다(고전 12:28-30). 어떤 은사들은 사라졌다. 하지만 모든 은사가 다 교회, 즉 몸 안에 있다. 기적을 행하는 사역자는 특정 교회에 주신 은사자가 아니다. 그는 하나님이 원하시는 곳으로 가서 기적을 행하지만, 그렇다고 해서 그가 사도나 예언자나 또는 교사는 아니다. 오히려 그 이상이다. 그들도 마찬가지로 전체 교회에 주신 은사자이다. 아볼로가 그 당시 에베소에서 가르쳤지만, 또한 고린도에서도 가르쳤다. 예언자도, 그가 가는 곳마다 예언자로서 사역한다. 은사와 사역은 지역교회에 매이지 않는다. 은사자들은 지역교회에 속하지 않고, 전체 교회에 속하기 때문이다. 하나님이 그렇게 정하셨다. 에베소서 4장에 보면, 우리는 이러한 은사자들의 리스트를 볼 수 있다. 만일 (교회의 터를 놓았던) 사도들과 예언자들을 제외시키지 않는다면, 은사자들은 사역에 필요한 보통 은사들이다. 그리스도께서 높은 곳으로 오르시면서 은사자들을 주셨는데, (물론 지역교회에 속한 직분으로서가 아니라) "이는 성도를 온전케 하는 일을 하며, 이는 사역의 일을 하게 하며, 이는 그리스도의 몸을 세우려는"(엡 4:12) 것이다. 로마서 12장에서도 동일한 것을 말하고 있다. "이와 같이 우리 많은 사람이 그리스도 안에서 한 몸이 되어 서로 지체가 되었느니라 우리에게 주신 은혜대로 받은 은사가 각각 다르니 혹 예언이면 믿음의 분수대로, 혹 섬기는 일이면 섬기는 일로, 혹 가르치는 자면 가르치는 일로, 혹 권위하는 자면 권위하는 일로, 구제하는 자는 성실함으로, 다스리는 자는 부지런함으로, 긍휼을 베푸는 자는 즐거움으로 할 것이니라."(롬 12:5-8) 은사는 은혜를 주신대로 다르지만, 모두 한 몸 안에 두셨다. 은사를 받은 사람은 자신의 은사를 따라서 수고해야 한다. 은사는 지역교회에 속한 것이 아니다. 게다가 무슨 임명식도 없다. 다만 은사를 받은 사람은 은사를 따라 섬기면 된다. 지금까지 살펴본 성경 본문을 보면, 우리는 그 어디에서도 은사를 사용하는데 무슨 승인을 필요로 하는 것에 대한 조금의 암시도 발견치 못한다. 다만 은사 혹은 재능이 있는가 없는가, 그것이 관건이다. 게다가 이 은사들이 하나의 교회 혹은 하나의 지역교회에 속하는 것인지에 대한 개념도 발견하지 못한다. 은사를 받았다면, 자신이 받은 은사를 따라 사역하되, 순서를 따라서 해야 한다. 달란트talents를 받았다면, 장사를 해서 이윤을 남기되, 자기 분량을 넘어가서는 안된다. 은사나 달란트는 지역교회의 직분이나 장로를 세우는 것과 직접적인 연관이 없다. 은사들은 전체 교회를 위해서 사용된다. 지역교회 시스템이 참되고, 진실하고, 경건한 질서를 따르기만 한다면, 이렇게 은사가 활용되는 일은 너무도 경이로운 일이다.

288

성경에 장로들과 집사들이 없을까? 아니다. 분명 있다. 사도행전 6장을 보면, 그들을 집사로 부르지는 않았지만, 그들은 집사의 직분을 받았다. 앵글리칸 교회는 그들을 그처럼 대우한다. 그렇다면 집사deacons는 무슨 일을 하는 사람인가? 그들은 말씀 사역이 아니라 식단과 같은 봉사의 일로 섬긴다. 사도들은 "우리가 하나님의 말씀을 제쳐 놓고 공궤를 일삼는 것이 마땅치 아니하니 형제들아 너희 가운데서 성령과 지혜가 충만하여 칭찬 듣는 사람 일곱을 택하라 우리가 이 일을 저희에게 맡기고 우리는 기도하는 것과 말씀 전하는 것을 전무하리라"(행 6:3-4)고 말했다. 즉 그들은 말씀 사역과는 별개의 사역에 임명된 것이다. 그들 가운데 두 사람은, 바울의 말에 따르면, "집사의 직분을 잘한 자들은 아름다운 지위와 그리스도 예수 안에 있는 믿음에 큰 담력을 얻었고"(딤전 3:13) 회당과 기타 여러 곳에서 열심히 사역에 참여했다. 빌립은 결과적으로 (예루살렘 교회의 집사로서) 자신의 직분을 내려놓고 사마리아로 갔으며, 이후 복음전도자로서 사역했다. 다른 다섯 명은 식단 사역을 하도록 임명을 받았고, 우리는 그들이 말씀 사역을 했다는 것을 전혀 볼 수 없다. 어쨌든 집사들은 일시적인 일 때문에 임명을 받은 것이며, 이로써 다른 사람들은 자유롭게 말씀 사역에 참여할 수 있었다. 예루살렘 교회 집사들 가운데 두 사람은 은사를 받았고 열정이 있었으며, 복음 전하는 일을 자유롭게 시작할 수 있었다. 한 사람(빌립)은 분명 복음 사역을 위해 지역교회의 직분을 내려놓고, 복음전도자가 되었다. 다른 한 사람(스데반)은 첫 번째 복된 순교자가 되어, 하늘로 갔다.

성경에서 우리는 말씀 사역을 위한 성직임명ordination을 발견할 수 없다. 반면 식단 사역을 위한 임명은 볼 수 있다. 사도행전 8장은 우리에게 말씀 사역을 보여주고 있는데, 어떤 측면에서 보면 성직임명에 대한 모든 개념을 분쇄하고 있다. "그 흩어진 사람들이 두루 다니며 말씀을 전파하였더라." (행 8:4) 과연 전체 교회가 성직에 임명을 받았을까? 과연 하나님은 그러한 돌출적인 행동을 인정해 주실 것인가? 나는 사도행전 11장 21절을 읽으면서 그에 대한 해답을 찾을 수 있었다. "주의 손이 그들과 함께 하시매 수다한 사람이 믿고 주께 돌아오더라." (행 11:21) 이방인들을 받아주시는 역사의 시작을 알리는 고넬료의 경우는 예외적이긴 해도, 이방인들을 향한 복음 사역이 시작된 후로는 성직임명이 없는 사람들의 자발적인 열심에 의해서, 그들이 가는 곳마다 말씀을 전하는 사역이 확립되었다.

바울의 경우를 생각해보자. 바울은 역사의 전면에 등장하자마자 복음 사역에 자신의 족적을 남겼다. 그는 조심스럽게 자신은 "사람들에게서 난 것도 아니요 사람으로 말미암은 것도 아니요 오직 예수 그리스도와 및 죽은 자 가운데서 그리스도를 살리신 하나님 아버지로 말미암아 사도" (갈 1:1)가 되었다고 말했다. 과연 바울은 성직임명을 받았는가? 우리는 식단 사역을 위해서 임명된 일곱 집사[4]

의 경우 외엔, 열두 사도들이 성직임명을 받았는지에 대한 조금의 암시조차도 찾아볼 수 없다. 우선적으로, 교회 내의 말씀 사역에 대해서 생각해보자. 우리는 이미 성직임명이 없어도 자유롭게 말씀 사역에 참여할 수 있음을 살펴보았다. 우리는 고린도전서가 조심스럽게 사역의 질서를 교훈하고 있는 것을 볼 수 있다. "모일 때에 각각 찬송시도 있으며 가르치는 말씀도 있으며 계시도 있으며 방언도 있으며 통역함도 있다."(고전 14:26) 게다가 교정을 필요로 하는 무질서가 나타날 수도 있다. 나는 이것이 두 사람이 동시에 말하는 일이 일어난 증거라고 생각한다. 어쨌든 무질서가 있었다. 만일 사도 바울이 고린도교회에 2년간 있는 동안 누군가에게 사역을 맡기는 성직임명을 했다면, 무질서는 불가능했다. 무질서는 교정 받을 필요가 있었지만, 과연 어떻게 이루어진 것일까? 두 사람, 많아도 세 사람이 넘지 않도록 말하고, 차례로 해야만 했다. 그들은 모두가 하나씩 하나씩 예언할 수 있었고, 그 결과 모든 사람이 배우고 또 모든 사람이 권면을 받을 수 있었다. 예언하는 자는 둘이나 셋이나 말하고 다른 이들은 판단하는 일을 했다. 만일 은사가 없는 사람은, 물론 잠잠해야 했다. 여기에 성직임명을 받아 사역하는 것은 암시조차 없다. 은사를 사용하는 것은 모두의 덕을 세우기 위해서 질서 있게 운영되어야 했다. 안수 받은 사람만 사역하는 모습은 찾아볼 수 없다. 만일 누군가 모든 은사(교사, 목사, 복음전도자)가 중지되었다고 말한다면, 나는 에베소서 4장을 가지고 이렇게 답변할 것이

---

4) 사도행전 1장에서 맛디아의 경우에도 안수를 받지 않았다. 다만 성경은 "제비뽑아 맛디아를 얻으니 저가 열한 사도의 수에 가입하니라"(행 1:26)고 말하고 있을 뿐이다. 이 구절을 성직 시스템을 도입하고자 인용하는 것은 참으로 빈약하기 그지없는 증거구절이다.

다. "그러한 은사들은 성도를 온전케 하며 봉사의 일을 하게 하며 그리스도의 몸을 세우기 위한 것인데, 만일 그렇다면 이 모든 일도 끝난 것이 될 것입니다." 따라서 사도 바울은 우리에게, 그 모든 은사들은 우리가 그리스도 안에서 온전히 성숙한 사람으로 장성하고 또 모든 교리의 풍조에 밀려 요동치 않게 하는데 필요한 것이며, 따라서 주님 오실 때까지 지속될 것이라고 말한다(엡 4:13,14).

289

은사를 활용하는데 필요한 교훈들을 말하고 있는 모든 성경구절에는 성직에 임명된 사람만 사역에 참여한다는 개념이 없다. 내가 인용했던 베드로전서 4장과 로마서 12장의 성경본문은 바로 이 진리를 확증하고 있다. 그렇다면 이 구절들은 장로들에 대한 개념도 배제하는가? 그렇지 않다. 장로들은 권위에 의해서 임명된 지역교회의 직분자들이다. 장로들에겐 하나의 은사가 바람직한 자격요건이긴 해도, 절대적인 요건은 아니다. 사도행전 14장을 보면, 바나바와 바울은 자신들이 복음을 전했던 도시로 돌아가면서, "모든 교회에서 장로들을 택하여"(23절) 세우는 일을 했다. 우리가 살펴본 대로, 은사들은 온 교회 안에 있는 모든 지체들이 가지고 있었다. 참 교사는 어디에서 교사였다. 장로는 특정 교회에서 택하여 세움을 받았다. 나는 23절에서 "택했다(chosen)"는 단어가 옳다고 본다. "임명했다(ordain)"는 단어는 잘못 사용되었다[5]. 성경을 보면, 이

---

5) 사도행전 1장 끝에 보면, 22절에 이 단어(ordain)가 사용된 것은 절대적으로 잘못된 것이다. 킹제임스 성경은 "must one be ordained to be a witness"라고 번역되었지만, "ordained"는 헬라어 원문에는 없다. 따라서 "must one be a witness"가 되어야 한다. 이것은 심각한 오류이다.

단어는 안수했다는 의미로 사용된 적이 한번도 없다. 분명 안수는 있었다. 안수는 복을 전달하는 표시였으며, 병자를 치료하고, (사도적 특권으로서) 은사를 전달하는 방식이었다(딤전 1:6, 4:14). 게다가 사도의 손을 통해서 성령님이 임하기도 했다. 그럼에도 성경에는 장로들을 안수해서 세웠다는 말이 없다. 이렇게 판단하는 것이 옳다고 나는 확신한다. 하지만 성경은 안수를 통해서 성직에 임명하는 것에 대해서 침묵하고 있다. 하나님은 분명 성직자 제도가 들어올 것을 알고 계셨다. 어쨌든 장로들이 모든 교회에서 택함을 받아 세워졌다. "택함을 받았다"는 단어는 정말 중요하다. "임명되었다"는 잘못된 번역은 많은 해악을 끼쳤다. 교회 성도들이(또는 사람이) 장로들을 선택하지 않았다. 바나바와 바울은 교회 성도들을 위해서 장로들을 선택했다. (고린도후서 8장 19절, 사도행전 10장 41절을 비교해보라. 택함을 받았다는 단어만이 이 자리에서 사용할 수 있는 유일한 단어이다.) 장로들은 지역교회의 직분자들이다. 사도행전 20장을 보면, 우리는 장로들elders이 감독들bishops과 동일한 사람인 것을 볼 수 있다. 여기서 또 다시 영어성경 번역자들이 참으로 아름다운 단어인, 감독자overseers란 단어를 번역하면서 감독과 장로가 동일한 사람을 지칭하는 것이란 사실을 숨긴 것을 볼 수 있다. (빌립보서 1장 1절에선 아예 번역하지도 않았다.) 왜냐하면 이 단어는 그들의 직분이 무엇인지를 매우 선명하게 보여주기 때문이다. 그들은 하나님의 양무리를 감독하는 사람들이었고, 어떤 의미에선 말씀의 사역자들이기 보다는 목자들이었다. 그들이 가르치는 일을 잘 할 수 있다면 더 좋은 일이었다. 이처럼 말씀을 잘 가르침으로써 신적인 권위를 덧입는다면 감독하는 그들의 직분은 더욱 효율성이 배가될 수 있었던 것이다. 하지만 모든 장로들이 다 말씀의 은사를 받은 것은 아니었다. 디모데전서 5장을 보면, 우리는 잘 다스리는 장로들 가운데 "말씀과 가르침에 수고하는 이들을" 배나 존경할 것을 교훈하고 있는 것을 볼 수 있다. 사실 이 구절은 말씀과 교리를 다루는 사역과 장로들의 직분이 별개의 것임을 잘 보여주고 있다. 즉 말씀을 잘 가르치면 좋은 일이지만 그럼에도 말씀을 가르치는 것이 장로의 사역이 아닌 것이다. 이처럼 부가적인 설명은 장로의 사역을 더 효율적인 것이 되게 해준다. 따라서 우리는 디모데전후서와 디도서에서 장로들에게 필요한 자격이 중차대한 것을 볼 수 있다. 자기 집을 잘 다스리고, 자녀들로 복종케 해야 하며, 자기 절제를 할 수 있어야 했다. 이는 교회를 다스리고 인도하는데 매우 중요한 자질이기 때문이다. 이러한 자질들은 이미 교회에서 충분히 입증되어야 했다. 그럴 때 그들은 교회를 돌아보는데 합당한 자격을 갖추었음을 나타낼 수 있다. 말씀의 사역자들은 젊을 수도 있고, 그렇지 않을 수도 있다. 장로들과 집사들은 진중(珍重)해야 하며, 공인(公認)되어야 하며, 가정의 아버지들이어야 했다. 한 지역교회의 장로가 다른 지역교회의 장로인 것은 아니었다. 디도는 모든 도시에 그와 같이 장로들을 세워야 했다. 은사는 어디서나 은사였다. 하나님은 은사를 지역교회가 아니라 전체 교회에 두셨다.

이러한 성경적인 말씀 사역의 특징을 잘 설명해줄 수 있는 약간의 부가적인 증거들을 살펴보자. "모든 성도의 교회에서 함과 같이 여자는 교회에서 잠잠하라."(고전 14:34) 만일 임명된 사역자가 있었다면 과연 이러한 지침은 무슨 의미가 있는 것일까? "여자의 가르치는 것과 남자를 주관하는 것을 허락지 아니하노니 오직 종용할 지니라."(딤전 2:12) 여기서 나는 일종의 제한을 보고 있지만, 현대 신학에는 그러한 제한이 없다. 게다가 택하심을 입은 부녀에게 편지를 쓰고 있는 요한은 그리스도에 대한 합당한 교리를 가지고 있지 않은 사람은 영접하지 말 것을 권하고 있다. 순회 설교자들을 시험해보는 유일한 시험은 그들이 가진 교리를 시험해보는 것이었다. 가이오는 그들을 영접하는 일을 잘 했다. 디오드레베는 영접하는 일을 하지 않았다. 그렇다면 사역은 곧 은사에 따른 것이었다. 성직 임명은 전혀 없었다. 은사를 가진 사람은 누구나 은사를 사용할 의무가 있었다. 그 목적은 "유익하게 하려는"(고전 12:7) 것이었다. 말씀은 이러한 은사들을 사용하는데 있어서, 교회에서 질서 있게 사용하도록 규칙을 정했으며, 은사를 가진 사람은 모든 교회에서 이러한 규칙을 따라서 사용해야 했다. 왜냐하면 몸은 하나이기 때문이며, 그는 어디를 가나 이 몸의 지체이기 때문이다. 장로들은 지역교회에서 감독이라는 직분을 맡은 자들이었다. 그들은 은사를 가지고 있을 수도 있고, 그렇지 않을 수도 있다.

291

과연 디모데는 성직임명을 받았는가? 성경이 말하고 있는 "내가 나의 안수함으로 네 속에 있는 하나님의 은사를 다시 불 일 듯하게 하기 위하여"(딤후 1:6)라는 말은 무슨 뜻인가? 디모데는 예언에 의해서 지명되었고, 바울은 안수함으로써 그에게 은사를 부여했다. 이것은 직분자로 세우는 것이 아니라 은사를 부여하는 것이었다. 디모데는 지역교회의 직분을 받지 않았다. 그는 에베소 교회에 남게 되었다. 마치 디도를 특별한 목적을 위해서, 즉 사도 바울의 대리자로서 그레데에 남겨 둔 것과 같았다. 디모데와 디도는 모두 사도 바울이 신뢰하는 동역자들이었다. 한 사람은 그레데에 남겨두었다가 니고볼리로 오게 했고, 다른 사람은 조만간 다른 곳에서 사도의 일행을 만나기로 했다(행 20:4, 딛 3:12). 디모데의 경우에는 장로회에서 안수를 받았다. 이것은 바울이 은사를 전달하는 일에 함께 마음을 합한 것이지 무슨 성직임명을 하는 것이 아니었다. " 네 속에 있는 은사 곧 장로의 회에서 안수받을 때에 예언으로 말미암아 받은 것을 조심 없이 말며."(딤전 4:14) 나는 로마 가톨릭과 영국 국교회의 고위 성직자들이 안수를 통해서 성령을 주는 예식을 하고 있다는 것을 알고 있다. 우리가 이미 살펴본 대로, 사도행전 6장에서 집사들은 말씀 사역을 위해서 부르심을 받은 것이 아니었다. 사실 그들은 이미 영적 제사장으로서 (복음을 통해) 죄들을 사하는 일에 부르심을 받았다. 과연 그들이 사도적 권위를 받았다고 믿어야 하는가? 과연 사도들은 그러한 성직임명의 목적으로 집사들을 세운 것인가?

만일 초대교회에 장로들이 있었고, 게다가 은사에서도 자유로울진대, 어째서 당신은 장로들, 공식적인 장로들이 없느냐고 묻는다면, 그에 대한 대답은 이렇다. 참 장로들을 세우려면, 사도가 말한 대로 "성령이 저들 가운데 너희로 감독자를 삼고 하나님이 자기 피로 사신 교회를 치게 하셨느니라"(행 20:28)는 조건을 갖춘 사람을 세워야한다. 그렇다면 과연 교회의 장로들이 목양할 수 있는 하나님의 양떼들, 곧 한 무리(the one flock)는 어디에 있는가? 우리는 교회가 장로들을 선택하는 것을 볼 수 없다. 오히려 사도들이 그들을 선택했다. 사도 바울은 디도를 모든 도시에 장로들을 세우는 일을 위해서 남겨 두었다(딛 1:5). 교회는 그 일을 할 수 없었다. 오늘날 이 교회들이 남아있을지라도, 마찬가지로 그 일을 할 수 없다. 만일 그리스도인들의 공동체가 장로들을 선택한다면, 사도들이 선택하고자 하는 사람 가운데 한 사람도 선택되지 않을 가능성이 있다. 그들 가운데 성령님이 그 일을 하셔야 한다. 어느 교회도 한 지역에서 자신들을 유일한 하나님의 양떼들로 부를 수 없을뿐더러, 자신들이 선택한 장로들에게 성령님께서 당신을 감독자로 세웠노라고 부를 수도 없다. 그때와 지금은 상황이 전혀 다르다. 외형적인 교회는 폐허상태에 있고, 수많은 종파로 분열되어 있으며, 온갖 종류의 오류와 교황제도의 악에 물들어있다.

292

이 상황을 고칠 방법 혹은 방안은 없는 것인가? 하나님이 그것을 제공하셨다. 우선, 주어진 은사를 따라서 사역을 하고, 규칙은 필요한 곳에 적용하는 것이다.

그 다음, 나는 고린도전서 16장 15,16절을 통해서 성도들의 사역에 자신을 헌신한 사람들을 볼 수 있었다. 그들은 성도 섬기는 일과 사도들과 함께 일하는 모든 사람들에게 자신을 드리고, 함께 수고하는 사람들이다. 이렇듯 공식적인 직분이 존재하지 않을 때, 교회를 구성하고 있는 영혼들에게 적용할 수 있는 도덕적인 지침이 있다. 이것은 놀라운 일이다. 고린도전서가 고린도교회에 나타난 무질서를 다루고 있는 것을 볼 때, 고린도교회에는 장로들이 없었음을 암시한다. 게다가 누구를 임명하라는 지침도 없었다. 다만 하나님의 말씀이 악을 해소시키고 있었다. 다시 데살로니가전서 5장

12,13절에서 우리는 "형제들아 우리가 너희에게 구하노니 너희 가운데서 수고하고 주 안에서 너희를 다스리며 권하는 자들을 너희가 알고 저의 역사로 말미암아 사랑 안에서 가장 귀히 여기며 너희끼리 화목하라"는 말씀을 볼 수 있다. 그리고 히브리서 13장 17절에서 우리는 "너희를 인도하는 자들에게 순종하고 복종하라 저희는 너희 영혼을 위하여 경성하기를 자기가 회계할 자인 것같이 하느니라 저희로 하여금 즐거움으로 이것을 하게 하고 근심으로 하게 말라 그렇지 않으면 너희에게 유익이 없느니라"는 교훈을 볼 수 있다. 이 모든 구절은 공식적인 임명이 없을 때 적용될 수 있는 지침이다. 공식적인 임명을 위해서 사도적 권위가 필요하긴 해도, 사도적 권위는 더 이상 존재하지 않는다. 게다가 사도적 권위는 외형적인 몸에 적용되는 것이 아니다. 이것은 마땅히 순종해야하는 사람들의 양심에 말씀의 역사가 얼마나 잘 작용하는가에 달려 있다. 만일 누군가 나에게 공식 장로로서 다가온다 해도, 그는 자신의 주장을 입증할만한 성경적인 권위를 가지고 있지 않다. 만일 내가 제멋대로이고, 남의 말은 전혀 듣지 않은 사람일지라도, 수고하는 일꾼들 혹은 어느 그리스도인이 성경의 말씀들을 가지고 온다면, 나는 그 말씀에는 순종해야만 한다. 그렇지 않다면 형제들은 나를 멀리할 수밖에 없다. 더 이상 나하고는 교제하려들지 않을 것이고, 그렇다면 나는 부끄러움을 당할 것이다. 이것은 도덕적인 힘에 의한 것이지, 공적인 직분에서 나오는 것은 아니다.

요컨대 사역은 은사에서 나오고, 은사는 하나님의 전체 교회에서 사용된다. 혹 복음전도자라면 세상에서 사용된다. 만일 사람이 재능(달란트)이 있는데, 그것으로 장사를 하지 않는다면 그에게 화가 있을 것이다! 사도들의 시대에는 하나의 교회만이 있었지만, 분열을 거듭한 결과 지금은 많은 교파로 나누어졌다. 따라서 하나의 교회로서 그 온전성과 정상적인 상태는 더 이상 존재하지 않는다. 공식적인 장로들을 선택하고 세울 수 있는 권위도 없을 뿐만 아니라 그처럼 공적인 임명을 수행할 수 있는 하나님의 한 무리의 양떼도 존재하지 않는다. 하지만 이처럼 황폐화된 상태에서도, 두 세 사람이 그리스도의 이름으로 모이는 곳에서 어떻게 처신해야 하며, 또한 어떻게 성도들을 섬기는 사역을 감당할 수 있는가에 대한 대책이 말씀에 기록되어 있다. 사역에 은사를 받은 사람은 세월을 아낄 수 있는 기회를 잡아 사역을 세워야 하며, 불쌍한 죄인들을 향해서는 복음전도자로서 힘을 다해야 한다.

293

성직자 제도는 하나님의 말씀에 근거가 없다. 성경은 모든 그리스도인들이 제사장이란 사실 외에는 제사장에 대해서 아무 언급도 하지 않는다. 사역은 여전히 목사, 교사, 복음전도자와 같은 영구적인 은사들을 필요로 한다. 몸이 자라는 것은 "온 몸이 각 마디를 통하여 도움을 입음으로 연락하고 상합하여 각 지체의 분량대로 역사하도록"(엡 4:16) 해주는 목회를 통해서 이루어진다. 지혜의 말씀을 통해서 일하는 지혜의 은사를 가진 사람은, 비록 공적인 말씀 사역에는 참여하지 않을 수 있지만, 하나님의 백성들 가운데 평안을 지켜주고, 행복감을 배가시키는 일을 한다. 우리는 현재적 필요와 자기 백성을 영광에 들어가게 하시는 일에 주님의 신실하심을 항상 의지할 수 있다.

내가 영국 국교회에서 나온 이유는 성례전과 사제제도 때문은 아니었지만, 그 두 가지 제도는 근본적으로 치명적인 해악을 가지고 있다. 사실 나는 그리스도의 몸을 찾고 있었고, (영국 국교회는 그리스도의 몸이 아니었고, 게다가 모든 교구민들이 회심한 사람도 아니었다.) 그와 더불어 나는 거룩하게 임명받은 사역을 믿고 있었기 때문이었다. 만일 바울이 교회를 방문한다면, 그는 설교할 수 없을 것이다. 왜냐하면 그는 성직임명을 받은 적이 없기 때문이다. 만일 악한 자가 사람에게 안수를 해서 그가 성직에 임명된다면, 그는 자격을 얻게 되고, 사역자로서 행세하고자 할 것이다. 반면 안수를 받지 않은 그리스도의 참된 종은 사역자로 인정받지도 못할 것이다. 이러한 시스템은 내가 성경에서 발견한 것과는 전혀 다른 것이었다. 분명 다양한 종파는 내가 찾는 하나의 몸을 보여주지 못했다. 초대교회 시대 주님이 구원받는 사람을 날마다 교회에 더하셨고, 실제적으로 전체 성경적인 시기 동안, 그리스도의 참된 몸과 (비록 거짓 형제가 슬며시 들어오기도 했지만) 외형적인 성례를 통해서 형성된 몸은 일치를 이루었고, 그 범위가 같았다. 이내 둘 사이에 차이가 생기기 시작했고, 이 때문에 훌륭한 사람들은 혼동에 빠지게 되었다. 예를 들어, 어거스틴은 비가시적인 교회를 주장했고, 노바티안과 터툴리안은 가시적인 교회를 주장함으로써 서로 극단적인 태도를 취했다. 게다가 터툴리안은 광신주의에 빠졌다. 하지만 성경은 우리에게 외형적인 성례 제도는 철회 가능한 상태에 있음을, 즉 세례(침례) 혹은 성만찬에 참여하는 사람일지라도 구원받은 일이 없는 사람일 수 있음을 경고하고 있다. 따라서 성례에 참여함으로써 경건의 모양은 있지만 그 능력은 부인하는데서 우리는 돌아서야 한다. 이처럼 외형적인 교회는 엄청난 부패에 빠질 수 있으며,

마음에 생각하기를 주인이 더디 오리라 하여 남종과 여종을 때리고 또 술친구들로 더불어 먹고 마시게 될 것이고, 주인에게 심판을 받을 수밖에 없는 확실한 대상이 될 것이다. 여러 예식을 가진 영국 국교회와 자신만의 교리로 무장한 교황주의자와 퓨지주의자들은 모든 복과 참 몸에 속한 안전을 성례전적인 몸에 귀속시켰고, 구원과 성례를 서로 혼동함으로써, 구원을 불확실한 것으로, 성례를 유일한 은혜를 받는 것으로 만들었다. 비국교도들Dissenters은 몇 가지 문제에 대해 양심을 저버렸으며, 자신들이 분별한 대로 자신들을 위한 교회 형태를 만들었다. 형제단Brethren은 성경에서 말하는 하나님의 교회만을 인정한다. 즉 하나의 떡덩이로 상징되고, 사도적 가르침에 의해서 운영되며, 외형적인 기독교계와는 구분되는, 하나의 몸으로서 참된 연합을 추구한다. 사람들은 사도적 가르침을 떠났다. 그래서 그들은 교회가 과연 세상과 분리되어 있는지, 아니면 사람이 세운 것인지, 악한 자의 부패케 하는 역사가 시작된 이래, 성경이 제시하고 있는 성도의 길이 무엇인지 안중에도 없다. 오늘날 소위 교회들은 "몸이 하나이요 성령이 하나"라고 하는 것을 교회의 지상에 속한 의무로 여기지 않고 있다. 참된 몸은 하늘로서 오신 성령님에 의해서 이루어지며, 하늘로서 다시 오시는 하나님의 아들을 기다린다. 성경에서 정한 사역은 영국 국교회에 있는 사람들을 다 포함하고 있지 않다. 이제 우리 모두는 다음과 같은 엄중한 경고에 귀를 기울여야 한다. "너희가 만일 하나님의 인자에 거하면 그 인자가 너희에게 있으리라 그렇지 않으면 너도 찍히는 바 되리라."(롬 11:22) 과연 오늘날 기독교 시스템은 하나님의 선하심에 거하고 있는가 아니면 처음 역사를 떠났는가?

294

식민지 교회들이 모 교회(mother church)의 우월성을 세 가지 측면에서 주장하는 것을 생각해볼 때, 나는 그러한 것들이 과연 성경적인 근거를 가지고 있는지 의심스럽다. 하나는 심의회에 평신도 조항을 도입하고 있는 것이었다. 성직자 조항은 성경에 없으며, 모든 육신적이고 비성서적인 종교에 존재하고 있는, 그러한 계급구조를 설정하는 것은 교회 황폐화의 표지인 것이다. 어쨌든, 사도행전 15장에 보면 유일한 교회 회의가 있다. 그들은 일을 의논하기 위해서 몇 사람을 예루살렘에 있는 사도들과 장로들에게 보냈다. 거기서 사도들과 장로들이 함께 모여 일을 의논했다. 거기엔 확신이 있었다. 그들은 전체 교회의 이름으로 편지를 썼다. 하지만 거기에 무슨 평신도 위원회나 대표단이 존재했는지에 대한 암시는 조금도 없다. 사도들과 장로들만 언급될 뿐이다. 그리고 사도행전 16장 4절을 보라. "여러 성으로 다녀갈 때에 예루살렘에 있는 사도와 장로들의 작정한 규례를 저희에게 주어 지키게 하니." 이것은 전부였다.

그 다음은, 사역자들은 교회 회중의 동의가 없다면 교회를 다스릴 수 없다는 것이다. 과연 누가 성경에서 한 사람의 사역자가 교회를 다스린다는 것을 본 일이 있는가? 그러한 개념은 성경적인 사역에 자리 잡을 수도 없거니와 어느 교회도 받아들일 수 없다. 하나님은 교회에 다양한 사역들을 두셨다. 하지만 한 사람의 사역자가 한 교회를 다스린다는 것은 성경적인 사역 개념에는 전혀 있을 수 없는 불가능한 일이다. 한 사람 종이 (왜냐하면 그것을 사역자의 의미로 생각하기 때문에) 하나의 교회를 다스리도록 정해지는 것을 생각해보라! 교황제도가 도입되었고, 수세기가 흐르는 동안 우리는 거기에 익숙해졌고, 민주주의 과정을 거치면서 그 제도는 수정되어 왔다.

295

세 번째는, 교회 전체 회중이 교회 징계위원회의 멤버로서 투표권을 행사하는 것이다. 나는 여기서 교회 징계위원회가 무엇을 의미하는지 잘 알지 못하지만, 아마도 지역교회 내에서 개인적인 징계를 처리하기 위한 모임을 의미하는 것으로 보인다. 회심하지 않은 많은 사람들이 이 일을 하는 것은 다만 혼란에 혼란을 더할 뿐이다. 만일 이 일이 직분자들에게만 귀속된다면, 그것은 성직자 제도와 직결되는 인간적인 방식이 될 것이며, 성경과는 아무 상관이 없게 될 것이다.

나는 오늘날 매우 중요한 말을 더하고 싶다. 사람들은 요즘 가식적으로 초대교회를 동경하고 있다. 이것은 실은 엄청난 소경 상태이며, 정말 중요하고도 절대적인 성경적 원리에 대한 배반이다. 성경의 원리는 처음부터 존재하고 있었다. 우리가 확신할 수 있는 것은, 그것을 말씀에서 발견할 수 있을 때 뿐이다. 오직 말씀에서 발견할 수 있는 것, 그것만이 확실하다. 불법의 비밀이 이미 시작되었고, 하나님의 집에서 심판을 시작할 때가 다가오고 있다. 처음부터 있었던 것은 하나님이 정하신 것이다. 그 외에 다른 것은 아무 것도 없으며, 있을 수도 없다. 이후에 역사가 흐르면서, 결국 그것들은 오래 된 것이 되어버렸다. 사도들이 떠난 이후에, 모든 사람이 자기 일을 구하고 교회는 부패 과정에 들어갔다는 것 외에는, 초기에 확실했던 것은 아무 것도 남아있지 않게 되었다. 모든 것이 혼돈 속에 빠졌다. 처음부터 있었던 것은, 지금도 매우 분명하다. 우리는 처음부터 있었던 것, 바로 그것이 가진 유일성과 절대적인 권위를 생각하면서 꽉 붙들어야 한다. 어쩌면 우리는 그것을 돌이킬 수 없을 정도로 잃어 버렸는지도 모른다.

이상의 글을 쓴 이후, 자마이카 매거진의 제 4호가 내 손에 들어왔다. 그 잡지는 율법과 성화에 대한 "형제단Brethren"의 입장을 공격해왔다. 성화에는 두 가지 매우 중요한 요소가 있다. "형제단"은 대개 매우 불완전하고 또 심지어 거짓되기까지 한 복음주의 체계에 대해서 논박하는데 온전히 건전한 방식을 취해왔다. 안타까운 일이지만, 복음주의자들 가운데 어떤 저자들은 대적에게 빌미를 주었고, 진퇴양난에 빠지기도 했다. 무엇이 절대적인 것이며 또 거짓된 것인지, 그리고 무엇이 참되고 온전한 복음을 변질시킨 것인지를 논쟁하는 중에, 그들은 절대적인 것과 거짓된 것을 가리는 극단적인 입장에 서게 되었다. 나는 이러한 글들이 악감정을 가지고 쓴 것은 아니라고 생각하며, 상당히 긍정적이고 진실한 입장에서 썼다고 느낀다. 한쪽으로 치우친 것과 잘못된 측면을 변호하거나 변명하려 하기 보다는 오히려 한쪽으로 치우친 점도 인정하면서 참된 성경적인 근거를 가지고 일을 바로 잡고자 했다.

복음주의적 신앙에 따르면, 사람은 의롭다 함을 받고, 그리고 성화되며, 그리고 나서 하늘나라에 합당하게 된다는 것이다. 이러한 개념은 그의 칭의를 불확실하고 모호한 상태로 돌린다. 왜냐하면, 만일 그가 합당하게 되지 않는다면, 그는 합당하지 않은 상태에서 하늘나라에 들어가거나, 아니면 그가 의롭다 함을 받았음에도 하늘나라에 결코 들어가지 못하는 것은 아닐지라도, 이미 그리스도의 피로 의롭다 함을 받은 그의 죄들에 대해서 책임을 져야 하기 때문이다. 이것은 성경의 진리가 아니라 인간적인 혼돈임에도, 여전히 복음주의자들이 내세우는 교리이다. 어떤 사람들은 이러한 것을 부인하고 또 성화를 다른 자리에 둠으로써, 거룩에 있어서 점진적인 과정을 부인해버렸다. 물론 성경은 점진적인 성화를 말하고 있다. 이 사실을 부정하는 것은 매우 위험하다. 나는 진리를 진술하고 있다. 다음 하나의 문장을 서술하는 것으로 충분하다고 본다. 만일 내가 성경에는 그런 것이 없다고 말한다면, 나는 성경의 모든 본문을 다 아는 상태에서만 그렇게 말할 수 있다. (당신은 진정 성경은 점진적인 성화를 전혀 가르치고 있지 않다고 말할 수 있는가?) 성령님은 긍정적인 진리를 통해서 가르치신다. 그 사실을 붙잡는 사람은 지혜로운 사람이다.

296

우선 율법에 대해서 생각해보자. 이 주제는 너무도 방대해서 여기서는 다 다루지는 않을 것이다. 사실 이 주제는 이미 여러 소책자들에서 충분히 다루었다. 다만 이 주제에 대해서 몇 개의 성경구절들을 언급하는 것으로 충분하다고 본다. 율법은 그리스도인의 삶의 규례가 아니다. 그리스도인은 성령 안에서와 사랑 안에서 행함으로써 율법을 지킨다. 그리스도께서 의심의 여지없이 그리스도인의 삶의 본이자 모델이시다. 그래서 사도 바울은 "예수의 생명이 또한 우리 죽을 육체에 나타나게 하려 함이니라"(고후 4:11)고 말했다. 그리스도는 우리로 자신의 발자취를 따라 오도록 모범을 남기셨다.

자신이 그리스도 안에 거하고 있다고 말하는 사람은 그리스도께서 행하셨던 대로 자기도 행해야 한다(요일 2:6). 율법이 그리스도의 행실의 기준이었다고 말하는 것은 은혜를 부정하는 것이며, 심지어 그리스도께서 선함 가운데 세상에 오신 하나님이심도 부정하는 것이다. 정작 고민해야 하는 문제는 이것이다. 과연 우리는 어떻게 참으로 선한 특징을 가진 그리스도의 모범을 따를 수 있는가? 이것이야말로 우리가 행하도록 부르심을 받은 것이다. 산상수훈은 율법을 영적으로 적용하고 있지 않다. 산상수훈은 살인하는 죄(마 5:21)와 간음하는 죄(마 5:28)도 다룬다. 다른 계명들은 어떤가? 산상수훈 속의 계명들은 십계명의 일부처럼 언급되지 않았을 뿐만 아니라 그리스도께서는 십계명과 대조적인 방식이 아니라 더 강화시키는 방식으로, "~~하였으나 나는 너희에게 이르노니"라고 자신의 뜻을 밝히셨다. 반면 은혜 속에서 일하시는 하나님의 행사는 우리의 본으로서 제시되었다. "하늘에 계신 너희 아버지의 온전하심과 같이 너희도 온전하라."(마 5:48) 하나님은 비를 의로운 자와 불의한 자 모두에게 내리신다. 하나님은 감사치 않는 자와 악한 자에게도 온유하시다. 하나님은 자신을 사랑하지 않는 사람들도 사랑하신다. 찬송을 받으실 주님은 천국에 들어가고자 하는 사람들에게 기대하시는 바를 알려주셨다. 십계명은 언급되지도 않았다. 구약시대 삶의 규례로 말씀하신 것과는 달리, 그리스도는 구약시대에 속한 것과는 완전히 다른 새로운 도덕성을 알리셨다. 하지만 은혜 가운데 역사하시는 아버지의 행실이 우리 삶의 규례로서 제시되었다. 아버지의 행실은 결코 율법이 아니다. 그렇게 말하는 것은 터무니없다. 또 다시 반복해서 말하지만, 산상수훈은 율법을 영적으로 해석한 것이 아니다. 산상수훈 속에는 구속에 대한 언급이 전혀 없다. 다만 여호와께서 이스라엘을 송사하며 재판관에게 내어 주고자 함께 길에 있는 상황을 언급하고 있으며(마 5:25), 경건한 남은 자의 특징을 설명하고 있다. 하지만 율법에 대한 것은 아니다.

297

다시 에베소서 5장을 보자. "그러므로 사랑을 입은 자녀같이 너희는 하나님을 본받는 자가 되고 그리스도께서 너희를 사랑하신 것 같이 너희도 사랑 가운데서 행하라 그는 우리를 위하여 자신을 버리사 향기로운 제물과 생축으로 하나님께 드리셨느니라."(1-2절) 하나님이 그리스도 안에서 우리를 용서하신 것처럼, 우리도 서로 용서해야 한다(엡 4:32). 이렇게 하는 것은 분명 율법이 아니다. 우리가 이렇게 서로를 용서하는 마음의 동기와 한계를 생각해볼 때, 이것은 전적으로 율법을 능가하는 것이다. 율법은 "네 이웃을 네 몸과 같이 사랑하라"고 말하지만, 우리는 다른 사람을 위해 전적으로 나 자신을 내어주며, 그리스도께서 하신 것처럼 나 자신을 산 제물로 하나님께 바칠 뿐만 아니라 형제들을 위하여 우리의 목숨을 기꺼이 버린다. 다시 골로새서 3장 12-13절을 보자. "그러므로 너희는 하나님의 택하신 거룩하고 사랑하신 자처럼 긍휼과 자비와 겸손과 온유와 오래 참음을 옷입고 누가 뉘게 혐의가 있거든 서로 용납하여 피차 용서하되 주께서 너희를 용서하신 것과 같이 너희도 그리하고." 그리고 빌립보서 2장 5절을 보라. "너희 안에 이 마음을 품으라 곧 그리스도 예수의 마음이니." 따라서 우리는 겸비하신 그리스도를 본으로 삼고 있다. 그리스도는 하나님의 본체이신 분이셨으나 자기를 비어 종의 형체를 가지신 분이셨다. 게다가 자기를 낮추시고 죽기까지 복종하셨다. 그리스도인의 삶의 방식 혹은 규례는 그리스도이시다. 스스로 낮은데 처하시고 은혜 가운데 용서를 베푸시는 그리스도이시다. 그리스도께서 우리 삶의 규례인 것을 부인하는 것은 참으로 악한 일이다. 율법을 지키는 쪽을 택하는 것은 더 악한 일이다. "용서하라"와 "하늘에 계신 너희 아버지의 온전하심과 같이 너희도 온전하라"(마 5:48)고 강조하는 것은, 율법이 그리스도인의 삶의 규례라고 선언하는 셈이 된다. 이는 기독교를 실제적으로 부인하는 것이다.

은혜 가운데 행하셨던 그리스도께서 우리의 본보기이며 모델이다. 율법의 원리는 전혀 다르다. 율법은 우리에게 사랑을 강요하며, 실제로는 육신에게서 나오는 사랑을 요구한다. 왜냐하면 율법은 사람이 사는 동안 사람을 주관하는 권세가 있기 때문이다. 우리 삶의 주관적인 원리는 우리 속에 내주하시는 성령과 더불어 둘째 사람이신 그리스도로 사는 것으로 이루어진다(엡 4장). 죄로부터 해방과 죄의 권세로부터의 해방은 율법에 의해서 이루어지는 것이 아니라, 우리가 그리스도와 함께 죽음으로써 옛 사람을 벗을 때 이루어지는 것이다. 따라서 로마서 6장은 다음과 같은 질문을 다룬다. "죄에 대하여 죽은 우리가 어찌 그 가운데 더 살리요?"(2절) 그에 대한 대답은 "우리가 알거니와 우리 옛 사람이 예수와 함께 십자가에 못 박힌 것은 죄의 몸이 멸하여 다시는 우리가 죄에게 종노릇 하지 아니하려 함이니"(6절)이다. 로마서 6장은 바로 이 주제를 다룬다. 죄가 그리스도인을 주관하지 못하는 이유는, 그리스도인은 더 이상 율법 아래 있지 않기 때문이다. 새로운 본성을 따라서 하나님께 순종하는 것이 율법의 자리를 대신하고 있다. 우리는 그리스도의 몸으로 말미암아 율법에 대하여 죽었다. 따라서 우리는 이제 다른 이, 곧 죽은 자 가운데서 살아나신 그리스도에게로 갈 수 있게 되었다. 이제 갈라디아서를 보자. "내가 율법으로 말미암아 율법을 향하여 죽었나니 이는 하나님을 향하여 살려 함이니라 내가 그리스도와 함께 십자가에 못 박혔나니 그런즉 이제는 내가 산 것이 아니요 오직 내 안에 그리스도께서 사신 것이라 이제 내가 육체 가운데 사는 것은 나를 사랑하사 나를 위하여 자기 몸을 버리신 하나님의 아들을 믿는 믿음 안에서 사는 것이라."(갈 2:19,20) 고린도후서 3장에서 율법은 사망과 정죄의 직분으로 소개되어 있다. 고린도전서 15장 56절을 보면 "죄의 권능은 율법이다." 그리고 로마서 7장 5절을 보면, "율법으로 말미암아 죄의 정욕이 우리 지체 중에 역사하고 있다." "율법이 가입한 것은 범죄를 더하게 하려 함이다."(롬 5:20) 갈라디아서 3장 19절에 보면, 율법은 범법함을 인하여 더해진 것으로서, 약속하신 자손이 오실 때까지만 있도록 계획되었다. 하지만 믿음이 온 후로는 우리는 더 이상 몽학선생 아래 있지 않다(25절). 다른 말로 하자면, 사도 바울의 열정적인 가르침은, 바로 우리는 더 이상 율법 아래 있지 않으며, 성결의 길도 율법에 의한 것이 아니며, 다만 우리는 죄에 대하여 죽은 자이고, 그리스도와 함께 십자가에 못 박혔으며, 그리스도께서 우리 안에 살아계신다는 것이다(골 3:9,10). 따라서 우리는 두 남편을 가질 수 없다. 율법과 그리스도를 동시에 가질 수 없다(롬 7장). 로마서 6장과 7장에서 다루고 있는 문제는 칭의가 아니라, 죄의 권세로부터의 해방인 점을 주목하라. 에베소서 4장 22-24절도 마찬가지이다. "너희는 유혹의 욕심을 따라 썩어져 가는 구습을 좇는 옛 사람을 벗어 버리고 오직 심령으로 새롭게 되어 하나님을 따라 의와 진리의 거룩함으로 지으심을 받은 새 사람을 입으라." 바로 이것이 성경이 그리스도를 배우는 것이라고 부르는 것이다. 복음주의에 속한 그 저자는 어떻게든 우리가 율법 아래 있지 않지만, 그럼에도 율법은 여전히 우리 삶의 기준과 규례라는 것을 보여주고 싶어 한다. 그리곤 이렇게 마무리를 한다. "이 사실을 입증하려면 많은 공간이 필요한데 지면상 허락이 되지도 않고, 게다가 독자들도 굳이 증거를 댈 것을 요구하지 않기 때문에, 이 정도에서 마친다." 한 두 개의 성경본문을 인용하는 것은 그리 많은 공간을 필요로 하지 않는다. 과연 하나만이라도 근거 구절을 댈 수는 없는가?

298

어떤 사람은 우리의 복된 구주의 전체 삶은 구속의 과정과는 직접적인 연관이 없다는 식의 개념을 가지고 있는데, 이것은 사실이 아니다. 그들은 그리스도께서 율법을 지키신 것은 우리의 의로움을 위한 것이 아니라고 말한다. 많은 경건한 사람들, 그리고 영국 국교회의 존경받는 사역자들이 그렇게 믿고 있다. 그들이 말하는 구속의 과정이란 무엇인가? 성경은 그리스도의 피로 말미암는 구속, 그리고 그리스도의 보배로운 피를 통해서 사람이 구속을 받는 것에 대해서 말할 뿐, 무슨 과정을 말하고 있지 않다. 피 흘림이 없으면 죄 사함이 없다. (그리스도의) 의로운 삶을 추가하게 되면, 구속은 치명적인 오류에 빠지게 된다. 모든 반대에도 불구하고, "만일 의롭게 되는 것이 율법으로 말미암으면 그리스도께서 헛되이 죽으셨느니라"는 것은 여전히 진리이다. "우리가 육신에 있을 때에는 율법으로 말미암는 죄의 정욕이 우리 지체 중에 역사하여 우리로 사망을 위하여 열매를 맺게 하였[다.]" (롬 7:5) "만일 너희 속에 하나님의 영이 거하시면 너희가 육신에 있지 아니하고 영에 있[다.]" (롬

8:5)

이제 성화에 대해서 살펴보자. 점진적으로 합당하게 되는 것 (fitness)은 성경적이지 않다. 성장과 발전은 분명 성경적인 개념이긴 하지만 합당하게 되는 것(fitness)은 그리스도의 사역에 의해서 단번에 된다. 십자가의 강도는 낙원에 들어갈 조건을 충족시켰다. 그렇지 않다면 그는 낙원에 갈 수 없었을 것이다. 모든 그리스도인은 "우리로 하여금 빛 가운데서 성도의 기업의 부분을 얻기에 합당하게 하신 아버지께 감사"를 돌리도록 부르심을 받았다(골 1:12). 우리는 범사에 머리되신 그리스도에게까지 자라나도록(엡 4:15), 동일한 형상으로 변화되도록, 거룩을 추구하도록 부르심을 받았다. 사도 바울의 기도는, 평강의 하나님께서 그들을 온전히 거룩하게 해달라는 것이었다. 우리는 하나님의 안식에 들어가기를 힘쓰도록 부르심을 받았다. 하지만 이 모든 것에 대한 복음주의 시스템은 복음을 뒤집고 있다.

299
성화는 성경에 보면 두 가지 방식으로 제시되어 있다. 사람은 하나님을 위해 거룩하게 구별된다. 이처럼 신분적인 성화는 단순하며 절대적이다. 이와 연결해서 생각해볼 때, (절대적인 성화는) 의롭다 함을 받는 것보다 먼저 온다. 따라서 그리스도인은 지속적으로 "성도", 즉 "거룩하여진 사람", 다시 말해서 "성화된 사람"인 것이다. 성도는 (신분적으로) 성화되었고, 거룩하다(고전 1:2). 따라서 우리는 피 뿌림을 얻기 위하여 성화, 즉 따로 구별되었다. 성령의 구별시키는 능력에 의해서 보배로운 피의 능력 아래 들어온 것이다.

"너희는 씻음을 받았고, 너희는 성화되었으며, 너희는 의롭다 하심을 받았느니라."(고전 6:11) "그가 거룩하게 된 자들을 한 번의 제사로 영원히 온전하게 하셨느니라."(히 10:14) 신자는 따로 구별되었고 그리스도의 사역의 효력 아래 들어왔다. 그리스도의 사역은 신자들을 하나님의 존전에 들어가 살 수 있게, 영원히 온전하게 만들었다. 여기엔 칭의 문제와 충돌을 일으키는 것은 없다. 하나님을 위해 구별됨으로써, 신자는 그리스도의 사역에 의해서 하나님을 위해 온전케 되었다. 신자는 사랑하는 자 안에서 열납되었다. 이 땅에 남아 있는 이유는 이 세상을 사는 동안 여전히 배울 것이 많기 때문이다. 신자들은 여러 가지 일에서 자신의 분별력을 사용해서 선과 악을 분별해야 하며, 그리스도를 닮도록 더욱 성장해야 한다. 말씀이 그들 영혼을 그리스도의 형상에 이르도록 작용한다. 따라서 부지런한 영혼은 영적으로 강건해질 것이다. 이러한 과정을 따라서 거룩을 추구하고 또 거룩을 이루도록 힘써야 한다. 하나님은 신자를 자신의 거룩에 참여하는 자가 되게 하셨다. 그럼에도 칭의의 결과로 하늘에 적합하게 된 것으로 보는 순간, 그때 칭의는 불확실하고 불완전한 것이 되고, 구원과 참 복음은 퇴색되어 버린다. 우리는 그리스도 안에 있으며, 열납되었지만, 여전히 하늘에 적합하지 않다. 그렇지 않다고 할 것 같으면, 성경의 모든 진리들은 불필요해지고, 하나님과의 평안은 전혀 찾을 수 없게 될 것이다.

나의 분별로는, 그 저자는 육신, 옛 사람, 그리고 새 사람에 대한 개념이 분명하지가 않다. 그는 사람 속에서 - 끊임없이 삶에 부착해서 사람을 절망적인 상태로 몰아넣는 - 죄(sin)와 그 죄의 권세로부터 해방되는 순간이 아닌, 다른 것을 구원받는 믿음의 순간으로 보고 있다. 성경은 옛 사람, 육신을 결코 개선되는 것으로 말하고 있지 않다. "육신의 생각은 하나님과 원수가 되나니 이는 하나님의 법에 굴복하지 아니할 뿐 아니라 할 수도 없음이라."(롬 8:7) "육신은 성령을 거스른다."(갈 5:17) "육으로 난 것은 육이다."(요 3:6) 하지만 성경은 성령으로 나는 것과 새 사람과 그리스도께서 우리 생명이 되신 것에 대해서 말하고 있다. 그리고 그리스도인은 자신을 죽은 자로 여기도록 부르심을 받았다. 그리스도인은 옛 사람과 그 행위를 벗어버렸고, 새 사람을 입었다(골 3:9,10). 죄의 권세로부터 해방받는 순간, 신자는 자신이 그리스도와 함께 죽었음을 이해하게 되고, 죄는 더 이상 그를 주관할 능력 또는 권리가 없어지게 된다. 이상의 내용이 로마서 6장의 교리(교훈)이다. 신자는 신중하지 못하고, 여전히 죄의 지배를 받을 수 있다. 하지만 그가 그리스도를 바라보고 또 믿음을 행사한다면, 그는 죄로부터 해방을 받게 되고, 죄는 더 이상 그에게 힘을 발휘할 수 없게 된다. 그는 더 이상 육신에 빚진 자가 아닐 뿐더러 죄와 사망의 법에서 자유를 얻은 사람이다. 육신의 본질은 변화되지 않지만, 하나님의 영의 능력 안에서 그리스도인은 옛 사람을 벗어버리고 새 사람을 입었기 때문에, 자신을 죽은 자로 여길 수 있다. 여전히 우리 속에 육신이 존재하고, 육적인 본성과 죄가 내주한다는 사실에는 변함이 없지만, (해방을 통해서) 그리스도 안에 있는 능력이 우리의 것이 되었기에, 우리는 그 능력으로 몸의 행실을 죽이고 성령 안에서 행할 수 있다.

300
이러한 영적 해방의 역사의 결과로 영적 진보가 있게 된다(롬 7:20-25). 그리스도를 아는 지식에서 자라감으로써 머리되신 그리스도에게까지 자라가게 된다. 생명이신 그리스도는 거룩한 생명이시다. 어린아이가 장성한 어른으로 성장하듯, 마찬가지로 그리스도인도 은혜에 의해서 성장해간다(엡 4:15, 빌 1:10, 11, 골 1:9-11). 골로새서 3장 17절과 비교해보라. 우리는 이제 더 이상 율법 아래 있지 않다. 자신의 위치가 그리스도 안에 있음을 아는 그리스도인은 육신에게 져서 빚진 자로 살았던 상태에서, 그리고 육신의 권세로부터 해방을 받았다. 비록 신중하지 못함으로 인해서 육신에 굴복하는 일이 있을 수 있지만, 그럼에도 그는 머리되신 그리스도에게까지 자라가게 된다. 육신의 본성은 결코 변하지 않는다. 하지만 그리스도인은 육신에 있지 않고 그리스도 안에 있다. 그리스도께서 그 사람 안에 계셔 경건한 삶을 살 수 있는 능력이 되어 주시며, 하나님은 신실하셔서 우리가 감당할 수 없는 시험 당함을 허락하지 않으신다. 우리는 이 모든 것 가운데서 날마다 그리스도인의 삶을 살아간다. 만일 그리스도인답게 행하고 있다면, 우리는 하나님을 두려워하는 가운데서 거룩함을 온전히 이루어 육과 영의 온갖 더러운 것에서 자신을 깨끗하게 할 것이다. 그리스도께서 나타나실 때, 그리스도와 같이 되고자 하는 소망을 가진 사람은 그리스도께서 깨끗하심과 같이 자신을 깨끗하게 한다.

제 9장 그리스도의 교회의 본질과 하나됨에 대한 소고(小考)

Considerations on the Nature and Unity of the Church of Christ

20
"아버지여, 아버지께서 내 안에, 내가 아버지 안에 있는 것 같이 그들도 다 하나가 되어 우리 안에 있게 하사 세상으로 아버지께서 나를 보내신 것을 믿게 하옵소서." (요 17:21)

"너희는 마치 그 주인이 혼인 집에서 돌아와 문을 두드리면 곧 열어 주려고 기다리는 사람과 같이 되라." (눅 12:36)

이 소책자의 저자는, 하나님께서 이 소책자를 통해서 믿음을 일으켜주시고 그에 따르는 다양한 믿음의 역사를 통해서 교회의 발전에 기여하게 해주시길 바라는 마음에서 이 글을 썼다. 이 소책자의 저자로서 나는 이 속에 교회의 본질에 대한 진리를 담았으며, 이러한 진리는 신자들의 마음 속에, 또한 성경학도들의 마음 속에 도덕적으로 부응하고픈 열망을 일으켜줄 것을 의심하지 않는다. 오늘날 신자들은 서로 널리 교류하고 있긴 하지만, 그럼에도 참 연합을 이루고 있다는 느낌은 전혀 느낄 수 없기에 고통을 느끼고 있다. 하나님의 축복으로 인해서, 이러한 생각들이 공감대를 형성하고 있고, 신자들의 관심을 끌고 있으며, 말씀을 통해서 교회의 목적이 무엇인지 교회에 더욱 분명하게 나타나고 있다. 결과적으로, 교회 진리를 받아들임으로써 교회의 특성과 사역의 방향이 달라지고 있으며, 하나님의 축복 아래서 더욱 사역의 일관성을 유지할 수 있게 되었다. 교회의 소망이 확립되고, 강화되고, 확고해짐에 따라서, 세상을 향해서 하나님의 은혜가 더욱 선명하게, 더욱 힘 있게 나타나고 있다. 신자들은 성령의 역사를 더욱 의지하도록, 그리고 종국에는 인간적인 이해타산으로 끝나게 될 뿐인 인간의 생각과 인간적인 협력을 덜 의존하도록 이끌림을 받고 있다. 흔히 신자들이 내세우는 목표와 목적은 그들의 육적 본성과 혼합되어 있기 때문에, 하나님이 그들을 교회로 모으시고 또 그들의 믿음의 목표로 정하신 표준에 미치지 못하기 일쑤이며, 결과적으로 그들의 행실과 분열과 종파주의 속에 감추인 마음의 동기는, 하나님의 섭리에 따르는 자비하심에도 불구하고, 필연적인 결과로 국교회 혹은 비국교도 교회로 종착될 수밖에 없다. 여기서 생각해 볼 것은, 복음의 가장 위대한 진리들은 대체적으로, 그들 모두가 참된 프로테스탄트 교회들이기 때문에, 모든 프로테스탄트 교회들의 신앙고백 속에 녹아들어 있다. 믿음에 의해서 복음이 말하고 있는 사실들을 받아들인 결과, 인간 속에서 일어난 역사의 결과는 사랑에 의해서 열망들이 순결에 이르게 되었으며, 따라서 우리를 위해서 죽으셨다가 다시 사신 그리스도를 향한 삶과 그리스도의 영광을 바라고 즐거워하는 소망의 삶을 일으키게 되었다. 그러므로 교회의 생명이 그 참된 믿음의 결과에 전적으로 미치지 못하는 곳에서 하나됨을 기대한다는 것은 하나님의 영께서 타락한 인간이 내뿜는 도덕성의 불일치를 묵인해주시고, 또 하나님께서 그리스도의 교회가 그 위대한 머리의 영광에 미치지 못하는 영적 상태로 추락하고 있는 것을, 그로 인해 하나님께서 불명예스럽게 되고 있는 상황을 수수방관하시면서 그저 그 정도로 만족히 여겨주시기를 기대하는 것과 같다. 진실로 그럴 순 없다. 교회가 하락하는 것에 대한 하나님의 불쾌하심을 생각해야 한다. 교회가 배도 속으로 빠져들어 가면서 전적으로 타락했을 때, 하나님은 자신의 증인들을 일으키셨고, 그들은 인간이 저지른 가증한 일을 보면서 가슴을 찢고 울부짖어야 했다. 그들 대부분은 영적 이해가 없는 어두운 상황 가운데서도, 교회를 온통 뒤덮고 있는 도덕성의 부패를 쳐서 증언해야만 했다. 그리고 현재 악한 세상에서 주 예수님이 이루신 구속(救贖)의 역사를 알고 있는 그들은 외형적 신앙고백 교회의 배도에 맞서 증거해야만 했다. 하나님은 이러한 증거를 공적 신앙고백의 자리에서 하는 것을 기뻐하셨고, 신자들의 믿음의 기초와 양육을 위해서 교리적 진리들이 온전히 발전되도록 하셨지만, 교회는 그 위에 굳게 서서 영적 침체로부터 벗어나고, 또 성경 교리의 저자께서 의도하신 목표에 이르고 또 세상을 향해서 하나님의 생각을 적절하고도 합당하게 전달하는 증인이 되는 일은 성공하지 못했다. 어쨌든 그런 일은 복된 일이고, 우리는 마땅히 감사하는 마음으로 인정해야 하지만, 그럼에도 종교개혁은 그런 점에서 성공하지 못했다. 종교개혁은 너무도 인간적인 요소들이 섞여 있었다. 비록 영혼이 의지할 수 있는 말씀의 회복이 있긴 했지만, 교회의 체질에는 아무 변화가 없었고, 여전히 옛 시스템에 머물러 있었으며, 말씀의 빛과 말씀의 권위에 의해서 세워지는, 즉 그리스도의 마음에 일치하는 결과를 내지 못했다. 이 때문에 오늘날 교회의 상태와 실행에 크나큰 문제가 발생했으며, 많은 사람들은 그러한 것이 하나님의 마음에 일치하지 못하고 있다는 불안감에 떨어야 했다. 종교개혁의 근거로 알려져 온 말씀의 권위에 많은 사람들이, 가능한 더 온전하게 순종하고자 했다. 따라서 그간 공개적으로 하나님의 교회로 인식되어 온 국교회가 세속성에 젖어들고 또 하나님을 떠나는 것에 비례해서 하나님의 영이 강력하게 역사할 때마다 다양한 독립교회들Nonconformity과 이의자들Dissent이 일어났다. 반드시 살펴보아야 할 것은, 교황주의자들의 교회가 최근까지 국가들 위에 군림해온 이래로, 종교의 부흥에 참여해온 사람들이 일반적으로 교회라 부르는 그 교회는 이 세상 왕들과 통치자들을 받아주었지만, 그들은 결코 "흑암의 권세에서 건져내어 하나님의 사랑의 아들의 나라로" 옮겨진 사람들이 아니었다는 점이다. 하나님의 사랑의 아들의 나라로 옮겨진 사람들만이 "총회와 하늘에 그 이름이 기록된 장자들의 교회"에 들어온 사람들이다. 이러한 내용들은, 기독교의 외형과 조직이 가장 중요한 요소로 자리 잡고 있는 이래로, 모든 거대한 국가교회 형태를 띠고 있는 프로테스탄트 교회에 해당되긴 해도, 본래 교회의 바벨론 포로상태에서 해방되던 그 종교개혁의 시대에는 그렇지 않았다.

22

이 모든 것에서 이례적이고 고통스러운 결과가 나왔다. 즉 하나님의 참된 교회들 간에 참된 교통이 전혀 없었다는 점이다. 내 생각엔, 이러한 것들을 인식하는 지체들도 없었거니와, 하나님의 자녀들은 개인적으로 서로 다른 교파에 속한 사람들 가운데서 동일하게 순수한 신앙을 고백하는 사람을 찾아내야만 했다. 어디에 그들을 하나로 묶는 끈이 있는가? 이 말은 거듭난 일이 없는 거짓 신앙 고백자들이 하나님의 백성들의 교제 가운데 혼재되어 있는 상황을 지적하는 것이 아니라, 하나님의 백성들을 하나로 묶어 주는 교통의 끈 자체가 전혀 없는 상황을 지적하는 것이다. 사실상 그들은 달라도 너무도 다른 상황 가운데 처해있다.

명목상 연합의 끈은 하나님의 자녀들을 서로 분리시킨 상태로 그대로 둘 뿐이다. 그렇다면 (불완전한 상태에서) 신자와 불신자가 서로 혼재된 상태에서, 하나님의 백성은 그저 신앙고백 교회공동체 가운데 홀로 지내다가, 서로 다른 교파 배경을 가진 채 교통을 나눌 수밖에 없다. 사실상 이런 일은 하나님의 백성에게 일어나서는 안 되는 일이다. 그럼에도 이러한 일이 일어나고 있음은 부인할 수 없는 사실이며, 이는 교회가 들어가서는 안되는 매우 이상한 상태인 것이다. 교회 역사 연구는 (하나님의 참된 교회가 어떠해야 하는지를 마음에 새기게 해줌으로써) 이러한 현상을 직시할 수 있게 해준다. 이렇게 직시하게 해주는 것이 이 글을 쓰는 나의 현재 목적은 아니기 때문에, 주님을 경외하는 사람들이 어떻게 서로 대화하고 교제할 것인가에 대한 중요한 원리에 대해서만 언급하고 지나갈 뿐이다. 하지만 이 주제는 분명 예루살렘을 사랑하는 사람들, 즉 "진토 가운데 있는 예루살렘을 불쌍히 여기는 사람들", 또는 "이스라엘의 위로를 기다리는 사람들"(눅 2:25)의 판단에 매우 중요하고도 실제적인 효력을 미칠수 밖에 없다. 내가 진정 믿는 바는, 오늘날 많은 사람들이 거의 생각하고 있지 않지만, 장차 그 하나님의 백성들은 세상 나라들과는 분리되어 점진적인 발전이 있을 것이라는 점이다. 주께서 그들 시험의 시간에 자기 백성들과 함께 하실 것이며, 그들을 주의 임재의 장막 속에 비밀스럽게 숨겨주실 것이다. 하지만 나는 이 주제를 계속해서 전개하고 싶지는 않다. 우리는 그 오순절 날에, 세상에 하나님의 영이 쏟아 부어진 이래로 하나님의 백성이 생겨난 사실을 인식해야 한다. 이는 성서 공회의 불일치와 선교 협회의 노력에 대한 일종의 치료책이다. 성령이 오신 일은 하나의 교회를 생성했다. 일반적인 말씀의 분별에 따르면 다소 모호한 연합체를 생성한 것이다. 하지만 말씀을 잘 살펴보면, 참 하나됨의 진수로서 하나로 묶는 능력과 역사가 선명하게 인식되진 않을지라도, 불완전하게나마 하나됨이 그 속에 내재되어 있음을 볼 수 있다. 다른 한편, 열망과 행동의 일치성을 볼 순 있지만, 하나님 나라의 개념 속으로 통합되는 경향을 띠고 있기에, 그들을 하나로 묶어주는 능력에 대한 모습은 잘 볼 수 없다. 그리고 이러한 것 가운데서 그들은 결핍을 감지하긴 했지만 다소 안도감을 얻을 수 있었는데, 이는 하나님의 영의 역사가 그들 속에서부터 나타났기 때문이었다.

23

내가 언급했던 이러한 상태에서 벗어나려는 별도의 움직임이 있었다. 지식의 힘에 의한 것이든, 영적 생명의 열망에 의한 것이든, 그들 스스로 어떤 행동을 취하는 일이 일어났는데, 이 일은 종종 개인들에게 위험을 초래하게 했다. 기존 신자들로부터 분리해나가거나, 아니면 같은 분별을 가진 신자들을 모으는 일이 있었고, 그들은 영국 국교회 또는 다른 분리주의자들과는 전혀 다른 길을 모색하고자 했지만 결국 잘못된 노력에 매진하는 것으로 결론이 났다. 분리의 길을 가려했던 사람들의 영과 열망은, 의심의 여지없이, 많은 경우에 하나님의 영에 의해서 발동된 마음의 진실한 열망이었다. 그럼에도 그들의 경우는 하나님의 뜻을 오랜 동안 인내하면서 기다리는 일에 실패한 경우였다. 그들의 믿음 속엔 교회가 무엇인가에 대한 성경의 증거를 다소 포함하고 있긴 했지만, 우리 본성의 연약성을 간과하고 있었기 때문에, 교회의 실제적인 지위는 최고의 수준에 있었을 때조차도, 이미 언급한 이유들 때문에 본래 하나님이 정하신 기준에 이르지 못했다. 사실상 그들은 하나님이 정하신 섭리의 진행 속도보다 앞서 달려 나갔던 것이다. 우리 속에 있는 성령의 열망을 느끼는 사람들은 하나님의 백성들에게 진지한 주목을 받아 마땅하다. 하나님의 교회가 하나님의 참다운 목적의 실현에서 너무 동떨어져 있다는 것을 깨달음으로써 우리 영혼이 고통스러운 감각을 느끼게 되면, 이 일은 하나님의 능력과 영광만이 나타나기를 간절히 사모하게 해줄 것이며, 하나님께서 여전히 우리를 다루시고 계신다는 사실로 인해 감사하게 해줄 것이며, 하나님의 신실하심에 의해서 하나님의 백성들은, 때가 되면, 주의 영광 가운데 빛을 발하게 될 것이라는 사실을 하나의 보증처럼 받아들이게 될 것이다. 또한 이 일은 우리로 하여금 오늘날 신자들이 걸어가야 하는 길에 대한 그리스도의 생각이 무엇인지를 부지런히 추구하도록 이끌어줄 것이다. 어쩌면 그 길이 그들의 열망과 정확하게 일치하지 않을 수는 있지만, 그럼에도 그들에 대한 완벽한 주님의 현재적인 뜻이다. 우리는 그리스도 안에서 하늘에 있는 것과 땅에 있는 모든 것들이 통일을 이루고, 그렇게 그리스도 안에서 자기와 화목을 이루는 것이 하나님의 목적이란 걸 알고 있다. 비록 그리스도의 부재로 인해서 불완전할 수밖에 없지만, 지상에서 이 일의 증인이신 성령의 능력에 의해서 온 세상에 흩어진 하나님의 자녀들은 하나의 교회가 되어야 한다. 신자들은, 성령으로 난 모든 사람은 근본적으로 마음의 하나됨을 열망하고 있으며, 서로를 알아보고 또 형제로서 서로 사랑해야 하는 것을 알고 있다. 하지만 이것이 전부는 아니다. 이 일이 어느 정도 실천되고 있다고 해도, 성경적인 의미에서 이 일이 이루어진 것은 아니다. 왜냐하면 신자들은 그렇게 하나가 되어야 하고, 그럴 때 세상은 하나님께서 예수님을 보내신 줄을 알게 될 것이기 때문이다. 우리는 분명 이 일에 실패하고 있음을 인정해야 한다. 나는 여기서 하나님의 자녀들에게 많은 것을 제시하고자 하는 뜻은 없고, 다만 건강한 원칙들만을 세우고자 할 뿐이다. 왜냐하면 하나님의 영께서 점진적으로 나에게 영향을 끼치고, 또 그분의 보이지 않는 가르침으로 강권하고 계시기 때문이다. 따라서 우리는 무엇이 실제적인 방해물인지, 무엇으로 하나됨을 이룰 것인지를 잘 생각해야 한다.

24

우선적으로, 성경에서 말하는 하나됨은 외형적으로 신앙을 고백하는 사람들이 지향하는 형식적인 하나됨이 아니다. 사실 놀라운 일은 경건한 프로테스탄트들이 그것을 열망하고 있다는 점이다. 나는 그러한 하나됨은 전혀 선한 일이 아니라고 생각할 뿐만 아니라, 그러한 연합체는 하나님의 교회로서 전혀 인정받을 수 없다고 본다. 그것은 다만 로마 가톨릭적인 하나됨의 복사판일 뿐이다. 그렇게 되면, 우리는 교회의 생명과 말씀의 능력을 상실하게 될 것이며, 영적 생명 안에서 하나 되는 일은 완전히 배제될 것이다. 하나님의 섭리 가운데서 진행되는 계획이 무엇이든지, 우리는 오로지 은혜의 원리 위에서만 행동할 수 있을 뿐이다. 참된 하나됨은 성령이 하나

되게 하신 것을 힘써 지키는 것이며, 그 일은 성령의 역사에 의해서만 진행되어야 한다. 지금까지 교회를 덮고 있는 저 짙은 어두움 속에서, 외적인 교단적 분립은 지지를 받아왔으며, 열정적으로, 심지어는 (교회 생명의 도구인) 말씀의 권위를 내세워 그리했다. 흔히 말하듯, 순수한 교회의 형태를 세우려는 종교개혁은 끝나지 않았지만, 그리스도인 신앙의 위대한 원리이자 초석으로서 "이신칭의 Justification by faith"라는 원리는 말씀을 통해서 세울 수 있었다. 게다가 지금 처한 교회 상태에 대한 평가가 옳다면, 우리는 어느 특정 교단의 이익을 추구하는 사람을 하나님의 영의 원수로 판단을 내리는 것이 옳다. 주 예수 그리스도의 능력과 오심을 믿는 사람들은 그러한 정신을 가진 사람을 경계해야 마땅하다. 이는 무지에 의해서건 아니면 말씀에 대한 불순종에 의해서건 교회를 하나님이 정하신 상태에서 끌어내리는 행위이며, 그 숭고한 의무를 그 최악의 것으로 만들고 또한 적그리스도인적인 결과를 도출해내는 행위이기 때문이다. 이는 참으로 간교하면서도 만연되어 있는 정신적 질병으로서, 그가 실제로 그리스도인일지라도 "우리를 따르지 않는 사람"인 것이 분명하다. 정말 이러한 정신이 하나님 교회의 하나된 모습의 나타남을 방해하고 있는 것은 아닌지, 하나님의 백성들로 분명히 보게 하자. 내가 믿기론, (상류 사회 또는 명목상의 교회들에서 활동하는 종교인 가운데서) 이런 일을 공개적으로 하는 기독교인들은 없다. 하지만 다분히 그러한 성향은 명백히 하나님 백성들의 영적 관심을 드높이는 일과 그리스도의 영광이 나타나는 일에 치명적인 작용을 한다. 그리스도인들은 대개 이런 증상이 자기 마음을 얼마나 좀 먹는지를 거의 모르고 있다. 자신들이 얼마나 "다 자기 일을 구하고 그리스도 예수의 일을 구하지 아니하는지"(빌 2:21), 얼마나 은혜의 샘을 마르게 하며 영적인 교통을 막고 있는지, 주님의 이름으로 함께 모이는 곳에 쏟아 부어질 신령한 복을 얼마나 방해하고 있는지를 모르고 있다. 아들의 나라라는 기초 위에서 모든 하나님의 자녀들을 품을 수 있는 토대를 갖고 있지 않는 교회는, 하나님의 교회에 부어주시는 온전한 복을 결코 누릴 수 없다. 왜냐하면 그러한 교회론은 성경적인 기초에 있지 않기 때문이며, 믿음으로 그 기초를 붙들고 있지 않기 때문이다.

25

두 세 사람이 주의 이름으로 모이는 곳에는, 바로 주의 이름이 복을 받을 수 있는 근거가 된다. 왜냐하면 그들은 그 영원한 나라의 중진이라는 변할 수 없는 목적과 능력 가운데서 모이는 일을 지속할 것이기 때문이다. 그러한 모임 가운데에는 영광스러운 여호와께서 자신과 자신의 이름을 영화롭게 하실 것이며, 아들의 위격에 대한 건강한 신앙이 고백될 것이며, 성령의 권능이 나타나게 될 것이다. 그러므로 그러한 사람들은 그리스도의 이름으로, (그들의 믿음의 정도가 어떠하든지) 하나님의 충만한 경륜 속으로 들어가게 될 것이며, 그들은 하나님과 함께 하는 동역자들이 될 것이다. 그렇다면 그들이 구하는 것은 무엇이든지 얻게 될 것이며, 이로써 아버지께서 아들을 통해서 영광을 받으시게 될 것이다. 하지만 이러한 약속들이 터를 잡고 있는 근거는 깨어졌고, 서로 친교를 나누도록 설정된 기반이 그리스도 안에서 작정된 하나님의 목적이란 토대 위에 형성되지 않았기에 그 일관성은 파괴되었다. 나는 그들이 아무런 영적인 꼴을 얻지 못할 거라고 말하고 싶지는 않다. 다만 그 특성상 부분적일 수밖에 없는 하나님의 말씀에 대한 이해는 그저 그들 개인적으로 영생에 대한 소망만을 강화시켜줄 수 있을 뿐이다. 하지만 주의 영광이 나타나는 일은 믿는 영혼에겐 매우 가까운 것이긴 해도, 우리가 그것을 추구하는 것과 비례해서 개인적인 복으로 누릴 수 있을 뿐이다. (의심의 여지없이 모두가 전체 교회의 일부분에 속해 있기에) 우리가 처한 현재의 상태는 나의 마음 속에 사람들이 구주의 옷을 취하여 나누어 가지고 있는 것처럼 느껴졌다. 반면 속옷의 경우엔, 통으로 짠 것이기 때문에 나눌 수 없어서, 누가 얻나 제비를 뽑았다. 그 어간에 제자들의 삶의 능력의 원천이 되어 주었던 주의 이름, 곧 그들 모두를 적절한 질서를 따라서 하나로 묶어줄 주의 이름은 불명예스럽게도 내팽개쳐졌다. 나는 이 옷 조각들이 주님에 대한 아무런 관심도 없는 사람들의 손에 들어갔다는 생각에 마음이 편치 못하다. 그 옷의 상태로 볼 때, 주님은 다시는 그 옷을 입지 못하셨을 것이다. 사실 주님께서 영광 가운데 나타나실 때까지는 그럴 수 없었다. 나는 그럴 거라고 추정하거나 또는 억지를 써서 말하고 싶은 뜻은 없다. 하지만 오랜 바벨론 포로상태에서 하나님의 자비하심에 의해서 세워진 두 번째 성전을 주의 성전으로 믿도록 우리는 교육을 받았다. 우리는 주의 거룩한 성전 때문에 거만했다. 우리는 멋진 돌들과 선물들로 장식된 건물을 하나님의 성전으로 생각했다. 그래서 성전의 주님을 바라보지 않았다. 믿음으로 행하기를 멈추고, 주의 성전의 나중 영광을 이전 영광보다 크게 할 언약의 사자가 돌아올 것을 소망하는 가운데 살지 않았다. 하지만 장차 우상숭배의 더러운 영이 깨끗이 청소될 것이다. 그럼에도 큰 문제가 남아 있다. 과연 주의 영의 임재가 가진 효력은 어디에 있는가? 단지 주의 전을 비우고, 청소하고, 아니면 장식하는 것에 불과한 것인가? 우리가 성령님에게서 복을 받았을진대, 우리는 교만과 자기 만족에 빠져 그리스도의 영광을 추구하기 보다는 우리 자신의 이익만을 도모함으로써 그분을 무시하고 있는 것은 아닌가? 그렇다면 주께서 사랑하고 또 성실하게 주님을 사랑하는 형제들이여, 우리가 처한 현재적 상황의 긴급한 사태에 대해서 주님이 무어라 말씀하시는지, 주의 음성을 들어보자. 우리를 향한 주의 마음을 생각해보자. 하나님은 그리스도 안에서 작정하신 자신의 목적을 알리셨으며, 그 목적들이 우리 마음에 영향을 미치길 원하신다. "그 뜻의 비밀을 우리에게 알리셨으니 곧 그 기쁘심을 따라 그리스도 안에서 때가 찬 경륜을 위하여 예정하신 것이니 하늘에 있는 것이나 땅에 있는 것이 다 그리스도 안에서 통일되게 하심이라 모든 일을 그 마음의 원대로 역사하시는 자의 뜻을 따라 우리가 예정을 입어 그 안에서 기업이 되었으니."(엡 1:9-11) 다시 말해서 하나님의 뜻은 그리스도 안에서 하나가 되는 것이다. 그렇다면 오로지 그리스도 안에서만 우리는 이 하나됨을 발견할 수 있다. 복된 하나님의 말씀만이 그 이상의 내용을 우리에게 알려줄 수 있다. (누가 이 사실로 인해서 충분히 감사할 수 있을까?) 이 하나됨은 땅에 있는 지체들을 하나로 모으는 것이며, 요한복음 11장 52절에서 말한 "흩어진 하나님의 자녀를 모아 하나가 되게 하기 위한" 것이다. 어떻게 이것이 가능할까? "한 사람이 백성을 위하여" 죽음으로써 되는 일이었다(요 11:50). 우리 주님은 자기 영혼이 수고한 결과를 내다보시면서, "내가 땅에서 들리면 모든 사람을 내게로 이끌겠노라"고 말씀하셨다. "이렇게 말씀하심은 자기가 어떠한 죽음으로 죽을 것을 보이심이러라."(요 12:33) 하나님의 자녀를 모으시는 분은 그리스도이시다. 게다가 그리스도 자신에게로 모으신다. (따라서 여기에 미치지 못하는 것은 결코 성경에서 말하는 하나됨이라고 할 수 없다. "나와 함께 모으지 아니하는 자는 헤치는 자니라"(눅 11:23)는 말씀을 생각해보라.) 자기에게로 모으는 일은 땅에서 들리신 이후에 시작되었다. 다른 말로 하자면, 우리는 그리스도의 죽으심이 주께서 다시 오시는 날까지 교제의 중심이며, 여기에 하나됨이란 진리의 전체 근간이 놓여 있음을 볼 수 있다. 따라서 교회 하나됨의 외형적인 상징과 수단은 주의 만찬에 참여하는 것이다. "많은 우리가 한 몸이니 이는 우리가 다 한 떡에 참여함이라."(고전 10:17) 과연 바울이 만찬예식을 통해서 진정으로 의도하고 증거하고자 했던 것은 무엇이었을까? 그것은 "우리가 이 떡을 먹으며 이 잔을 마실 때마다 주의 죽으심을 오실 때까지 전하는 것"(고전 11:26)이다. 바로 여기에 교회의 본질과 생명을 볼 수 있다. 교회는 이것을 위해서 부르심을 받았다. 교회가 존재하는 근본적인 이유는 이것을 기초로 해서 서있으며, 이것만이 참된 하나됨의 기초인 것이다. 만찬은 주의 죽으심을 밝히 보여주며, 그 효력 때문에 신자들이 모인다. 그래서 주의 죽으심은 주의 영광이란 풍성한 열매를 맺는 씨앗인 것이다. 신자들의 모임은 그리스도의 몸이 모이는 모임이며, 따라서 그리스도의 몸은 "만물 안에서 만물을 충만케 하시는 자의 충만"이다(엡 1:23). 게다가 이로써 주의 오심의 확실성을 보여준다. "그 날에 강림하사 그의 성도들에게서 영광을 얻으시고 모든 믿는 자에게서 기이히 여김을 얻으시리라."(살후 1:10) 따라서 장차 그리스도께서 오실 때 영광 가운데 나타나게 될 하나됨의 본질과 실재는 그리스도의 죽음과 일치를 이루고 있으며, 그 결과는 영광과 맞닿아 있다. 결과적으로 영광이 나타날 것이며, 그리스도의 죽으심과 일치를 이루는 것은 그리스도께서 오시는 날에 그리스도와 함께 영광에 들어가는 길을 닦는 것이다. 따라서 사도 바울은 "내가 그리스도와 그 부활의 권능과 그 고난에 참여함을 알려 하여 그의 죽으심을 본받아 어찌하든지 죽은 자 가운데서 부활에 이르길"(빌 3:10,11) 사모했다. 과연 우리에게도 이러한 것들에 대한 믿음이 있을까? 우리의 믿음을 어떻게 내보일 것인가? 우리 주님이 가르쳐주신 이러한 지침들을 따라 행동하고, 하나님의 말씀에 기록된 거룩한 지식을 믿음의 대상으로 삼으로써 그리할 수 있지 않겠는가? 우리 주님께서 자신의 죽음 이후에 나타날 영광을 내다보시면서 친히 선언하신 말씀은 무엇이었을까? "자기 생명을 사랑하는 자는 잃어버릴 것이요 이 세상에서 자기 생명을 미워하는 자는 영생하도록 보존하리라 사람이 나를 섬기려면 나를 따르라 나 있는 곳에 나를 섬기는 자도 거기 있으리니 사람이 나를 섬기면 내 아버지께서 저를 귀히 여기시리라."(요 12:25,26) 주님을 섬기고 따르는 종은 장차 존귀하게 될 것이다. 만일 우리가 그러한 종이 되고자 한다면, 우리는 반드시 우리를 위해서 죽으신 주님을 따르는 자가 되어야 한다. 오늘 주님을 따르는 자는 주님께서 자기 영광과, 아버지의 영광으로 모든 천사들과 함께 올 때, 주님과 함께 하는 영예를 차지하게 될 것이다.

27

교회가 하나의 기독교 종교 단체로서 세상의 일부가 됨으로써 교회가 흩어진 상태에도 불구하고, 크게 감사할 일은, 교회의 영광에 대한 소망을 발견함으로써 비록 불완전한 부흥이 있었지만, 신자들이 말씀 속에 기록된 신자가 걸어야 할 길을 발견하게 되었다는 것이다. 즉 우리가 지금은 하나님 자녀들의 영광을 아직 보고 있지는 않지만, 광야 길을 가는 우리에게 그 영광의 길이 계시되었다는 것이다. 우리는 교리적으로, 주의 죽음이 우리에게 은혜의 선물이 되었고, 우리 영혼이 영원한 영광을 위해 세움을 입는 일에 유일한 토대라는 것을 확신하고 있다. 진실로 주의 죽으심이 신자들에게 복의 근원임을 확신한다. 신자로서 우리의 의무는 우리가 믿는 바의 증인이 되는 것이다. 유대인들의 하나님은 선지자 이사야를 통해서 "너희는 나의 증인이요"(사 43:10,12, 44:8)라고 말했다. 그리스도께서 신실하고 참된 증인이신 것처럼, 교회도 마땅히 그리해야 한다. "오직 너희는 택하신 족속이요 왕 같은 제사장들이요 거룩한 나라요 그의 소유된 백성이니 이는 너희를 어두운 데서 불러 내어 그의 기이한 빛에 들어가게 하신 자의 아름다운 덕을 선전하게 하려 하심이라."(벧전 2:9) 그렇다면 교회는 세상의 우상숭배자들의 헛된 영광을 대항해서 살아계신 하나님의 증인이 되어야 마땅하다. 그리스도께서 부활을 통해서 들어가신 영광에 들어가려면, 우리도 그리스도의 죽음에 실제적으로 연합해야 한다. 세상을 향해 못 박히고 또 세상도 자신을 향해 못 박혔다는 십자가에 연합하는 참 믿음이 절대적으로 필요하다. 하나됨, 교회의 하나됨, 그리고 "주께서 구원 받는 사람을 날마다 더하게" 하셨던 그 하나의 교회는 "모든 물건을 서로 통용하고 제 재물을 조금이라도 제 것이라 하는 이가 하나도 없었고,"(행 4:32) 그들의 시민권은 하늘에 있었다. 그들은 교회의 공동 소망에서 나누어질 수 없었다. 그들의 마음은 하나로 묶여 있었다. 하나님의 영께서는 그것을 기록으로 남기셨고, 이후 교회는 최상의 상태에 있었을지라도 재산 문제 때문에 분열이 일어났다. 왜냐하면 분열이 있을 수 있었고, 이기적인 마음이 있을 수 있었기 때문이다. 나는 과연 신자들이 교회들을 바로잡기를 바라고 있는가? 나는 그들 스스로 바로 잡고, 어느 정도는 그들을 부르신 그 부르심의 소망에 부응하는 삶을 살기를 간청하는 바이다. 나는 우리 모두가 주 예수님의 죽으심에 대한 믿음을 나타내고, 그에 대한 믿음을 가짐으로써 영광스러운 확신을 자랑하고, 그분의 죽으심을 본받고, 그분의 재림에 대한 믿음을 나타내고, 재림의 소망에 합당한 삶을 통해서 실제적으로 기대하기를 간청한다. 교회의 세속성과 소경된 상태를 경고하고, 행실의 일관성을 요구하자. "너희 관용을 모든 사람에게 알게 하라."(빌 4:5)

28

세상 정신이 만연한 곳에 영적 연합은 설 수 없다. (과연 얼마나 세상 정신으로 가득한지를 제대로 알고 있는 사람은 정말 소수이다.) 세상 정신이야말로 배도의 세력에게 점진적으로 교회의 문을 열어주고, 또 기독교 교회에 얼마나 파괴적이고 사악한 영향을 끼치고 있는지를 깨닫고 있는 성도들은 거의 없다. 그들은 자신들이 세상 권세에서 해방을 받았으며, 세상에 영향을 주는 실제적인 영에게서 자유를 얻었다고 생각한다. 또한 하나님께서 상당한 해방의 역사를 이루셨기에, 자신들은 그저 영적 만족을 누리면 된다고 생각한다. 하지만 그러한 마음이야말로 얼마나 약속의 성령으로부터 거리가 멀어진 증거인가라고 하는 것은 두말할 필요가 없다. 오히려 우리는 우리 앞에 놓아두신 것, 즉 하나님이 위에서 부르신 부름의 상을 향하여 좇아가며, 그것을 푯대로 삼아 달려갈 뿐만 아니라, 그리스도의 죽으심까지 본받음으로써 죽은 자 가운데서의 부활에 이르도록 해야 한다(빌 3:10-14). 이러한 목표를 가진 사람은 주님을 앙망하면서, 수건을 벗은 얼굴로 그리스도의 영광을 볼 것이며, 이로써 "저와 같은 형상으로 화하여 영광으로 영광에" 이르게 될 것이다(고후 3:18). 이제 질문을 해보자. 과연 오늘날 참 신자들로 이루어진 하나님의 교회는 이상의 내용들을 추구하고 있는가? 하나의 몸으로서 교회가 그리스도에게서 완전히 떠나있음을 과연 우리는 믿고 있는가? 주의 재림의 날에 주께서 교회를 통해서 영광을 받으시는 것으로 교회가 회복되는 것으로 믿고 있는가? 그리스도께서는 과연 각 교단의 특징을 그대로 인정하시면서 신자들의 연합을 이루시는가? 그렇다면 장애물을 제거하지 않은 상태로 그대로 두어도 되는 것인가? 그렇다면 복음의 참 목적인 구주이시며 또한 주님이신 예수 그리스도의 죽으심과 다시 오심을 세상적인 영과 본질적으로 혼합시키는 것이 아닌가? 그 상태에서 과연 신자들이 모든 사람들에게 너희 관용을 알게 하라는 계명대로 행동하고 있다고 말할 수 있는가? 나는 하나님께서 아무 사람도 생각하지 못한 방식으로, 엘리야의 사역과 증거라는 섭리적인 방식을 통해서 "주의 길을 예비하고 또 그의 첩경을 평탄케"(마 3:3) 하는 일을 하고 계신다고 믿고 있다. 나는 하나님께서 사람들이 자랑하는 것들을 바로 그것들을 통해서 그들을 부끄럽게 하실 것이라고 확신하고 있다. 게다가 나는 하나님께서 인간의 영광과 자랑을 꺾으실 것으로 확신한다. 이사야서 2장 11-21절을 보자.

"그 날에 눈이 높은 자가 낮아지며 교만한 자가 굴복되고 여호와께서 홀로 높임을 받으시리라 대저 만군의 여호와의 한 날이 모든 교만자와 거만자와 자고한 자에게 임하여 그들로 낮아지게 하고 또 레바논의 높고 높은 모든 백향목과 바산의 모든 상수리나무와 모든 높은 산과 모든 솟아오른 작은 산과 모든 높은 망대와 견고한 성벽과 다시스의 모든 배와 모든 아름다운 조각물에 임하리니 그 날에 자고한 자는 굴복되며 교만한 자는 낮아지고 여호와께서 홀로 높임을 받으실 것이요 우상들은 온전히 없어질 것이며 사람들이 암혈과 토굴로 들어가서 여호와께서 일어나사 땅을 진동시키는 그의 위엄과 그 광대하심의 영광을 피할 것이라 사람이 숭배하려고 만들었던 그 은우상과 금우상을 그 날에 두더지와 박쥐에게 던지고 암혈과 험악한 바위 틈에 들어가서 여호와께서 일어나사 땅을 진동시키시는 그의 위엄과 그 광대하심의 영광을 피하리라."

30

신자들이 실천해야 하는 실제적인 부분이 있다. 신자들은 이 세상에 사는 동안 주 예수께서 영광 가운데 오시는 그 날의 능력과 일치를 이룰 수 없는 많은 일들에 동참할 수 있다. 그러한 것들은 우리의 소망을 둘 수 없는 것들이다. 세상을 본받는 것은 십자가가 더 이상 우리의 자랑이 아님을 공개적으로 표방하는 것이다. 진정 우리 자신을 살필 수 있기를 바란다. 내가 하는 이러한 말들이 두서없는 것들로 생각될 수 있다. 하지만 이 모든 것들은 분명 성령의 증거이다. 그렇지 않은가? 말씀으로 이 모든 것들을 시험해보라. 십자가의 엄중한 교리를 모든 사람에게 증거해보자. 신자들의 눈을 주의 다시 오심에 고정시키자. 우리 영혼이 그 소망과 어우러진 모든 영광을 빼앗기지 않도록 하자. 그러려면 이 세상에 근원을 두고 있는 모든 것에서 우리 마음을 돌이켜 우리의 모든 관심을 위엣 것에 두어야 한다. 진정 우리 영혼은 주의 오심을 사모하면서 기다리고 있는가?

사실 하나됨은 교회의 영광이다. 하지만 우리 자신의 이익을 확고히 하고 증진시키려는 목적으로의 하나됨은 교회의 하나됨이 아니라, 교회의 본질과 소망을 부정하는 인간적인 연맹일 뿐이다. 교회의 하나됨이란 성령이 하나 되게 하신 것을 지키는 것이며, 성령의 일들을 통해서 가능한 일이다. 그러므로 이 일은 영적인 사람들 가운데서만 온전히 이루어질 수 있다. 이러한 것이 실로 교회의 본질에 속한 특징이며, 이 사실이 현재 상태에서 신자들에게 강하게 증거될 필요가 있다. 하지만 나는 묻고 싶다. 만일 입술만의 신앙고백뿐인 교회가 세상적인 이익을 추구하고 있을진대, 과연 우리 가운데 계신 하나님의 영께서 이러한 이기적인 목적을 가진 사람들 가운데서 하나됨을 위해 일하실 것 같은가? 만일 다양한 명목상의 교회들이 각자 자신의 목적을 추구하고 있다면, 거기엔 응답이 있을 수가 없을 것이다. 혹 그들이 공동의 이익을 추구하는 가운데 연합하고자 할지라도, 우리는 거기에 속아선 안된다. 그것이 주님의 일이 아닐진대, 결코 더 나은 것일 수 없다. 우리가 고려해야만 하는 것에는 두 가지가 있다. 하나는, 과연 연합을 이루고자 하는 목적이 절대적으로 주님의 목적을 위한 것인가, 아니면 다른 목적이 있는가? 만일 그 목적을 위해서 연합하려는 것이 아니라면, 그들은 결코 그 무슨 연합을 이루지 못할 것이다. 주의 백성들은 이러한 것을 신중하게 살펴보아야 한다. 다른 하나는, 우리의 행실이 우리가 목적하는 것들의 증인이 되게 해야 한다는 것이다. 만일 우리가 주의 나라의 능력으로 살고 있지 않다면, 우리는 분명 추구하는 목표에 도달하지 못할 것이다. 이 사실을 우리 마음 속에 깊이 새기도록 하자. 우리는 다만 무엇이 선한 것인지를 생각하면서, 영생을 상속하고, 우리가 가진 모든 것을 다 팔고, 우리의 십자가를 지고, 그리스도를 따르는 일을 할 뿐이다. 과연 이러한 것이 그들이 추구하는 것인가?

31

우리는 다음에 제시하고 있는 진리들을 늘 기억해야 한다. 즉 각 교회들이 성찬식이라고 부르는 것은, (하나님의 교회에 대한 주님의 마음을 모르고 행하기 때문에) 사실은 분열의 중심이라는 점, 그리고 사실상 그리스도와 말씀을 부정하고 있다는 점이다. "어찌 육신에 속하여 사람을 따라 행함이 아니리요?"(고전 3:3) "그리스도께서 어찌 나뉘었느뇨?"(고전 1:13) 우리의 불순종하는 마음이 개입되어 있는데, 과연 그리스도께서 거기에 계실 것 같은가? 나는 참 신자들에게 묻고 싶다. "너희 가운데 시기와 분쟁이 있으니 어찌 육신에 속하여 사람을 따라 행함이 아니겠는가?"

그렇다. 우리 가운데에는 공개적인 하나됨이 없다. 사람들이 영국국교회, 장로교회, 침례교회, 독립교회, 기타 등등을 자랑하고 있다면, 그러한 사람들은 적그리스도인이다. 그럴진대 어찌 연합이 이루어질 수 있는가? 나는 이렇게 대답하고 싶다. 교회의 연합은 반드시 하나님의 영의 역사로만 가능하다. 당신은 진정 말씀 속에 기록된 성령의 증거를 당신의 양심에 실제적으로 적용하고서 그대로 따르고 있는가? "오직 우리가 어디까지 이르렀든지 그대로 행할 것이라."(빌 3:16) "만일 무슨 일에 너희가 달리 생각하면 하나님이 이것도 너희에게 나타내시리라."(빌 3:15) 이 말씀들은 우리에게 바른 길을 보여준다. 이제 거짓말하실 수 없으신 하나님의 약속을 붙잡도록 하자. 이제 우리 강한 자가 연약한 자의 약점을 담당하고 자기를 기쁘게 하지 말자. 신앙고백 교회들(특히 영국 국교회에 속한 사람들)은 신자들의 연합에 대해 무관심하고 또 방해하는 큰 죄를 짓고 있고, 여러 교회들이 계급구조를 형성하는 일에 큰 책임이 있다.

분명 질서는 필요하다. 하지만 그들은 "모든 일에 관심을 끊고, 상관하지 말라. 당신은 다만 우리 기쁨을 위해서 존재할 뿐이다"고 말한다. 반면 그리스도의 영의 말씀은 "저희가 다 무관심하도다. 그러므로 우리는 너희 연약함을 감당하고, 그리스도께서 위하여 죽으신 형제를 실족케 아니하리라"고 말한다. 바울은 자신이 혹 연약한 형제의 양심을 상하게 할 것 같으면 비록 그 연약한 형제가 잘못 알고 있다 해도, 세상에 사는 동안 고기를 먹지 않을 것이라고 말했다. 어째서 그런 말을 했을까? 왜냐하면 사람은 다 다르고, 세상에서 배운 것도 다 다르기 때문이다. 만일 권위를 내세우는 교만과 자신을 남보다 낮게 여김으로 자신을 따로 구분시키려는 교만이 다 용해되었다면, 주의 말씀을 유일한 계명으로 삼고 있다면, 신자들을 세우려는 정신으로 행하고 있다면, 비록 모든 사람이 주의 영광을 함께 구하진 않을지라도, 우리는 남을 판단하는 일을 하지 않을 것이며, 주께서 복을 주고자 하시는 많은 가련한 신자들은 위안과 안식을 얻게 될 것이다. 나는 그러한 사람들에게 "두려워하지 마시오. 여러분은 여러분이 믿은 주님을 알고 있습니다. 혹 심판이 임한다 해도, 사랑하는 형제들이여, 여러분의 머리를 드십시오. 여러분의 구속이 가까이 왔습니다"라고 말할 것이다. 하지만 교회들에겐, (혹 주님이 자비를 베푸신다 해도, 그들의 현재 상태를 주님이 인정하실 순 없을 것이다. 교회들은 이 사실을 인정해야만 한다) "말씀으로 자신을 판단해보라"고 말할 것이다. 신자들은 주의 영광을 가리고 있는 장애물을 제거하는 일을 해야 한다. 주의 영광과 불일치하는 것이 무엇인지를 살펴야 한다. 그 불일치를 안고 있으면서도 그것을 판단하고 있지 않기 때문에, 그들은 세상과 영합하고 있고, 그들의 판단은 왜곡되어 있다. 이제 서로 교제하고, 말씀을 통해서 주의 뜻을 분별하고, 혹 신령한 복을 받지 못하도록 막고 있는 것이 있는지를 살피도록 하자. 어쨌든 이 일은 각자가 해야 한다. 그렇게 한 신자들은 주님을 사모하며 기다렸던 사람들로서 주님을 만나 뵙게 될 것이며, 주의 구원을 거짓 없이 기뻐할 수 있을 것이다. 만일 자신이 그리스도께서 십자가로 이루신 말할 수 없이 놀라운 구속(救贖)에 참여한 사람이라고 생각한다면, 우선 로마서 12장을 읽음으로써 시작하라.

32

그리스도에 대한 신앙을 고백하는 모든 교회들에게 사랑의 마음을 담아서 질문을 하고자 한다. 그들은 대개 로마 가톨릭을 교회들 간 연합의 모델로 생각한다. 그들은 분명 교리적인 믿음에 있어서 하나됨을 이루고 있다. 하지만 어째서 실제적인 하나됨은 없는 것일까? 만일 그들이 서로 상호간 오류를 본다면, 서로 간 겸손해져야 마땅하지 않은가? 그런데 어째서 하나됨을 이루었다고 하면서, 동일한 진리를 생각하거나, 동일한 것을 말하고 있지 않은 것인가? 혹 어느 정도 의견의 다양성이 존재한다면, (무지 가운데 서로 다투는 대신) 하나님께서 이것도 그들에게 나타내실 것으로 믿고 기도하면서 기다리면 되지 않는가? 혹 그들이 사안을 분별할 수 없다면, 그들 가운데 주님을 깊이 사랑하는 사람들이 살펴볼 수 있지 않겠는가? 그럼에도 나는 세상의 영이 그들 가운데서 사라질 때까지, 연합은 가능하지 않고, 게다가 신자들은 영혼의 안식을 얻을 수도 없음을 잘 알고 있다. 그래서 나는 혹 그 일이 "심판의 영과 소멸하는 영으로"(사 4:4) 이루어질까봐 두려움을 느낀다. 하나님의 자녀들은 다만 한 가지만을 좇을 뿐이다. 그것은 주의 이름에 영광을 돌리는 것이다. 그 일은 말씀에 기록된 매우 선명한 방법을 따라서 된다. 만일 고백 교회가 교만하게 되어 이러한 것을 무시한다면, 그들은 아무것도 가진 것이 없게 될 것이다. 주님은 "자기 피로써 백성을 거룩케 하려고 성문 밖에서 고난을 받으셨다." 그러므로 "우리는 그 능욕을 지고 영문 밖으로 그에게 나아가야 한다." (히 13:12,13) 스바냐서 2장과 3장을 깊이 묵상해보라. 지금 영국에서 일어나는 일을 생각해보자. 영국 정치인과 사상가들은 걱정과 근심에 빠져있다. 우리는 독립 교회들the Dissenting churches이 불신자들의 지지를 호소하고 있으며, 영국 국교회the Established church는 실제적인 불신자들에게 참여를 구하며, 그들의 세속적인 이익과 명예를 지켜주겠노라는 캠페인을 벌이고 있는 것을 보고 있다. 주님이 세상에 오신 것은 우리를 세상으로부터 속량하기 위한 것이 아닌가? 이런 일이 하나님의 백성들에게 일어날 수 있는 일인가? 이런 일들을 보면서 나는 무엇을 해야 하는가? 아무것도 없다. 하지만 이쪽 저쪽 일에 연루된 형제들이 있을 수 있다. 이것을 생각하는 사람은 어떻게 해서든 이 일에 관여하지 않도록 자신을 지키고, 주의 재림의 날에 부끄러움을 당하는 일이 없도록 최선을 다해 피해야 한다. 하나님의 백성들이 믿고 의지하는 사람은, 영적 지식을 가진 사람으로서 책임 있는 행동을 해야 한다. 압살롬을 따랐던 순진한 사람들은, 자신들이 무엇을 좇는지도 모른 채 그저 앞선 사람들을 좇았던 일을 생각하라.

33
우리는 이러한 지지 또는 옹호를 잘 믿곤 한다. 하지만 하나님의 이름을 위하여 기도와 사역을 책임지고 있는 하나님의 종들에게,

과연 자기 백성들의 영적인 번영을 위해서 주 여호와, 구주 하나님을 의지하는 것을 대체할만한 것이 무엇이 있겠는가? 그들을 지지하는 사람들은 그들 자신의 정당이 내세우는 목적을 이룰 도구로서 그들을 이용할 뿐임을 우리는 생각해야 한다. 그러한 연맹은 오래 갈 수 없다. 그렇다면 주의 백성들은 무엇을 해야 하는가? 주님을 앙망하고, 성령의 가르침을 따라 기다리고, 하나님 아들의 영의 생명력에 의해서 그리스도의 형상을 닮도록 해야 한다. 혹 그들이 선한 목자께서 정오에 자기 양떼를 쉬게 하는 곳을 안다면, 그들로 양떼의 발자취를 따라 오게 하라. 그들로 믿음과 오래 참음으로 말미암아 약속들을 기업으로 받는 자들을 본받는 자가 되게 하고, 다음의 말씀을 기억하게 하라. "너는 증거의 말씀을 싸매며 율법을 나의 제자 중에 봉함하라 이제 야곱 집에 대하여 낯을 가리우시는 여호와를 나는 기다리며 그를 바라보리라."(사 8:16,17) 그 길이 혹 어두워보일지라도, 이사야의 다음의 말을 상기시키라. "너희 중에 여호와를 경외하며 그 종의 목소리를 청종하는 자가 누구뇨 흑암 중에 행하여 빛이 없는 자라도 여호와의 이름을 의뢰하며 자기 하나님께 의지할지어다."(사 50:10)

내가 그들에게 무슨 일을 해야 하는지 다시 질문을 한다면, 나는 이렇게 대답할 수밖에 없다. 즉 나는 최선을 다해 그들을 돌볼 것이다. (국교회를 반대하는) 이의자들the Dissenters은 진실한 양심을 가지고 있기 때문에, 그들에게서 종종 그리스도의 마음에 대한 깊은 이해를 본다. 영국 국교회의 경우엔, 경건한 사람들에 대한 기억 밖엔 없고, 외형적으론 자신의 실제 영성과는 다른 것과 관련되어 왔지만, 거기에서 자신들을 분리시키는데 실패했기에, 사도들의 시대 이래로 어느 누구보다, 내적으론 그들을 부르신 하나님의 영을 깊이 들이마신 듯 보일 뿐이다. 나는 국교회에 속한 사람들 가운데 몇 사람과 친분을 나누고 있으며, 그들을 존경한다. 하지만 자신들이 가지고 있다고 고백하는 바로 그 영성을 실천하는 사람은 없지 않은가? 우리는 적어도 그들이 소유하지 않은 많은 이점을 가지고 있다. 오, 이제 하나님께서 소위 오늘날이라고 부르는 동안 사역에 힘쓰는 많은 사람들에게, 하나님의 영의 임재를 주시길 간구한다. 하나님이여, 그들을 졸며 자게 만드는 잠의 영을 제거해주시고, 하나님의 길로 인도하옵소서. 좁지만 생명으로 인도하는 복된 길로 행하게 하시고, 영광의 주님이 걸어가셨던 길을 따라 걷게 하소서. 하나님이여, 잠에서 깨어나게 하신 사람들로 하여금 주의 빛을 따라 걷게 하소서.

34

누군가, 만일 당신이 이러한 것들을 다 알고 있을진대, 그렇다면 당신은 정작 무엇을 하고 있는가? 라고 물을 수가 있다. "나는 이처럼 이상하고도 무한한 결핍을 깊이 느끼고 있을 뿐만 아니라, 그에 대해서 애곡하고 애통하는 마음을 가지고 있습니다. 나는 나의 믿음의 연약함을 인식하고 있지만, 전심으로 바른 방향으로 나가고자 애쓰고 있습니다"라고 대답할 것이다. 여기서 덧붙여 말하자면, "그토록 많은 사람들이 자기 일을 구하고 자신이 정한 길을 가고자 할 때, 그 길을 기꺼이 따라가는 사람들은 아무 진보도 없고 결국 연약해질 것이며, 혹 그들이 바른 길을 벗어나지는 않기 때문에 그들의 영혼은 안전할지 모르지만, 그들의 사역은 아무런 결실을 얻지 못할 것입니다"라고 말하고 싶다. 나는 진심으로 내가 이전에

한 말을 반복하고 싶다. 교회의 하나됨은 교회의 지체가 된 사람들이 공동의 목표로서, 믿음의 주님이시요 온전케 하시는 주님이 (그 믿음의 창시자요 또한 그 믿음을 완성자이신 주님이) 영광을 받으시는데 있지 않다면 결코 가능하지 않다. 주께서 다시 오시는 날, 그 영광의 광채가 빛을 발할 것이고, 이 세상의 영광은 사라질 것이다. 그러므로 "우리가 그의 죽으심을 본받아 연합한 자가" 될 때에만 교회의 하나됨이 가능하고, 하나된 마음으로 행할 수 있다. 왜냐하면 하나됨은 본질적으로, 그리스도의 죽음에 연합하는 것에서만 싹을 틔울 수 있기 때문이다. 만일 자기 백성들을 하나로 모으시는 하나님의 영께서 하나님이 정하신 목적을 위하여 그들을 모으지 않으신다면, 그리스도 안에서 예정하신 하나님의 계획은 이루어질 수 없다. 주님이 친히 "아버지께서 내 안에, 내가 아버지 안에 있는 것같이 저희도 다 하나가 되어 우리 안에 있게 하사 세상으로 아버지께서 나를 보내신 것을 믿게 하옵소서 내게 주신 영광을 내가 저희에게 주었사오니 이는 우리가 하나가 된 것같이 저희도 하나가 되게 하려 함이니이다 곧 내가 저희 안에, 아버지께서 내 안에 계셔 저희로 온전함을 이루어 하나가 되게 하려 함은 아버지께서 나를 보내신 것과 또 나를 사랑하심같이 저희도 사랑하신 것을 세상으로 알게 하려 함이로소이다"(요 17:21-23)라고 말씀하셨다.

아, 교회가 이 말씀을 중히 여기고, 그들의 현재 상태가 주의 영광을 결코 빛나게 할 수 없으며, 그들을 불러내신 목적을 이룰 수 없는 상태에 있다는 것을 볼 수만 있다면! 나는 묻고 싶다. "그대는 진정 이렇게 되기를 바라고 소망하고 있는가? 아니면 그대는 그저 편안하게 앉아서, '어차피 주님의 약속은 이루어지게 되어 있잖아요.'라고 대꾸하고 말 것인가?" 분명한 것은, 만일 우리가 "일어나라 빛을 발하라 이는 네 빛이 이르렀고 여호와의 영광이 네 위에 임하였음이니라"(사 60:1)고 말할 수 없을지라도, 우리는 "여호와의 팔이여 깨소서 깨소서 능력을 베푸소서 옛날 옛 시대에 깨신 것같이 하소서 라합을 저미시고 용을 찌르신 이가 어찌 주가 아니시니까?"(사 51:9)라고 말할 순 있어야 한다. 분명 "하나님이 자기를 사랑하는 자들을 위하여 예비하신 모든 것은 눈으로 보지 못하고 귀로도 듣지 못한" 것이다(고전 2:9). 과연 하나님께서 분열에 가담한 사람들에게 자기 영광을 주실 것 같은가? 과연 하나님께서 우리 가운데 안식할 곳을 찾으실 수 있을 것 같은가? 하나님은 분명 자기 백성을 모으실 것이며, 그들은 부끄러움을 당할 것이다.

35
처음 생각했던 이 소책자의 주제에서 많이 벗어난 것 같다. 만일 내가 예수 그리스도의 영께서 정해주신 한계를 넘어간 것이 있다면, 나는 기꺼이 감사하는 마음으로 책망을 받아들일 것이다. 하나님께서 도우시길 기도하는 바이다.

제 10장 "하나의 몸"이 교회로 모이는 유일한 교회의 입장인가
Is the "One Body" the ground of gathering?

31

"에베소서 4장 4절이 말하는 '한 몸(one body)'이 과연 하나님이 정하신 교회의 입장(ground)인가?" 이러한 제목으로 된 작은 책자가 나에게 배달되었는데, C.E.라는 이니셜로 서명이 되어 있었다. 그에 대한 대답은 매우 간단하다. 나는 "그렇다"고 대답하고 싶다. 신령한 마음을 가진 사람은 조금만 에베소서 4장 4절의 구절과 다른 성경구절들을 살펴보아도, 그에 대한 확신을 가질 수 있다. 형제단으로 불리는 사람들은 그리스도를 중심과 머리로 삼는 것을 교회의 중대한 원리로 삼고 있으며, 그 원리를 초대교회 시대부터 교회를 이루는 하나님의 방식으로 분별하고 있다. 나는 분별하다(intelligent)라는 단어를 사용했는데, 그 이유는 최근에 회심한 사람의 경우, 인침을 받고 몸의 지체가 되고, 그래서 몸에 참여할 자격을 가지고 있지만 그럼에도 교회에 대한 그의 지식은 온전하지 않을 수 있기 때문이다. 나는 이 부분을 속히 보여주기 위해서 몇 개의 성경본문을 인용할 것이며, 교회 원리에 대해서 가해진 공격 덕분에 모두가 유익을 얻는 시간이 될 줄로 확신하면서, 이 점을 모든 그리스도인들이 마음에 새기도록 애쓸 것이다. 이렇게 하는 것은 항상 우리 모두에게 유익을 준다. 이 점을 분명히 하고 또 입증하기 위해서, 소책자를 통해서 뿐만 아니라 다양한 교파에 있는, 즉 국교회와 자유 교회에 속한 그리스도인들과 만나서 토론하는 일을 했다. 게다가 스위스에 있는 다양한 부류의 독립교회 사람들과도 지난 30년 이상 의미 있는 대화와 토론을 했는데, 그 내용 대부분 아니 거의 전부가 영어로 번역되었다.

머리와 연합을 이룬 그리스도의 몸의 완결은 장래 영광 가운데서 이루어질 것이란 점은 확실하다. 그럼에도 성경은 지상에 있는 몸 외엔 전혀 말하고 있지 않다는 주장이 있어왔다. 하지만 내겐, 에베소서 1장 끝부분이 분명하게 몸의 머리로서 만물에 대한 그리스도의 지배권을 가르치고 있으며, 그 때에 그리스도의 몸으로서 교회가 완결되는 것이 하나님의 계획인 것으로 보인다. 따라서 그러한 주장은 너무 극단적이다[1]. 다른 주장은 몸의 하나됨은 땅에서 이루어지는 것이 아니라, 하늘에서만 가능하다는 것이다.

소책자의 저자는 마태복음 13장에 있는 비유에서 알곡 가운데 심겨진 가라지를 설명하면서, 천국과 교회를 혼동하고 있다. 이렇게 교회 안에 가라지가 함께 하는 것을 교회론으로 삼게 되면 성경적인 권징과 징계를 상실하게 된다. 둘 다 추수 때까지 자라게 두어야

---

[1] 비록 하늘과 땅에서 상태의 차이점은 있지만, 성경에서 말하는 교회는 실제적으로 하나이다. 이 점은 앞으로 살펴볼 것이다.

한다. 최종적인 심판을 통해서만이 구분하는 일이 가능하다. 이 주제는 더 이상 다루지 않을 것이다. 이러한 것은 단순하게 말하자면 국가 교회나 로마 가톨릭 교회의 원리이다. 하지만 이 두 가지 교회 시스템은 결코 참 성도들을 교회로 모으는 원리가 될 수 없다.

32

이러한 것은 고린도전서 3장에서 말하고 있는 하나님의 집을 몸과 혼동한 결과이다. 고린도전서 3장은 몸에 대해선 전혀 언급하고 있지 않다. 성경은 하나님이 거하시는 성전에 대해 말하고 있지만, 성전의 개념 속에는 그곳에 거하시는 하나님과 연합을 이룬다는 개념이 없다. 여기서 우리는 세 가지 경우를 볼 수 있다. 한 사람이 하나님의 재료를 가지고 건축하는 일을 한다. 그는 성도이지만, 나쁜 재료를 가지고 건축하는 일을 하며, 그 사람이 수고한 모든 것은 잃어버린다. 썩어질 것으로 건축한 것은 모두 태워질 것이다. 하지만 여기엔 몸에 대한 내용은 없다. 이 소책자의 저자는 교회 또는 모임이란 단어를, 바울이 고린도에 있는 하나님의 교회에 편지를 쓸 때, 자신이 구원을 받았다고 입술로 고백하는 사람들의 공동체란 의미로 사용했을 것이라고 정의를 내린다. 이런 정의는 옳지 않다. 왜냐하면 사도 바울은 교회란 단어를 정의하면서, 신앙고백을 한 모든 사람들이 거짓 신자라는 사실이 밝혀지기 전까지는 참된 신앙을 가진 사람으로 간주했지만, 그럼에도 참 신자와 입술만의 신앙고백자 사이의 차별을 두고 있기 때문이다. 사도 바울의 서신은 이렇게 시작하고 있다. "고린도에 있는 하나님의 교회 곧 그리스도 예수 안에서 거룩하여지고 성도라 부르심을 받은 자들과 또 각처에서 우리의 주 곧 그들과 우리의 주 되신 예수 그리스도의 이름을 부르는 모든 자들에게."(고전 1:2) 즉, 공개적인 신앙고백자와 거룩하게 된 사람을 분명히 구분하고 있으며, "그리스도 예수 안에서 거룩하여지고 성도라 부르심을 받은 자들"만을 하나님의 부르심에 의해서 고린도에 있는 교회를 구성하고 있는 것으로 말하고 있다. 고린도전서는 그 차이점을 다룬다. 사도 바울은 10장에 가서야 비로소 몸에 대해서 언급했다.

사도행전 20장을 보면, 마치 바울이 흉악한 이리가 교회에 들어올 것을 언급하는 것처럼 보인다. 결코 그런 일은 있을 수 없다. 하나님의 교회는 하나님이 자기 피로 사신 교회이다. 따라서 참 교회는 영원히 그리스도께 속하고, 그리스도는 그 교회를 "자기 앞에 영광스러운 교회로" 세우실 것이다. 우리가 이 구절을 통해서 볼 수 있는 것은 이리가 양떼를 아끼지 않을 것이며, 그 때문에 그리스도의 참 지체들은 잃어버리는 일은 없지만, 고통을 받을 것이란 점이다. 내가 중요하게 생각하는 점은, 하나님의 교회를 목양하는 일은 지상에서 일어나는 일이며, 그 하나님의 교회는 그리스도의 피를 통해서 값을 주고 샀다는 사실이다. 이제 하나님의 교회는 여기서, 비록 하나님에 의해서 완전한 형태로 설립되었지만, 아담처럼, 이스라엘처럼, 하나님이 설립하신 그 모든 것처럼 사람의 책임 아래 들어가게 되었다는 사실이다. 사람이 처음으로 한 일, 그 첫 번째 일은 실패했다. 그러한 실패는, 죄가 창조 가운데 사람이 서있는 원리가 아니었고, 불순종과 우상숭배가 시내산 아래서 이스라엘이 서 있는 원리가 아니었던 것과 같이, 본래 설립된 원리가 아니었다. 각 경우마다 사람은 하나님이 세우신 것을 망가뜨렸다. 심지어 마태복음 13장을 보면, (마태복음 13장을 교회에 적용해서는 안된다) 사람이 잠들어 있는 동안 원수가 그 일을 하고 있는 것을 볼 수 있다. 예레미야는 다음과 같이 엄중하게 고발하면서, 그 반대되는 가르침을 주고 있다. "내 이름으로 일컬음을 받는 이 집에 들어와서 내 앞에 서서 말하기를 우리가 이 모든 가증한 일을 행하도록 구원을 받았나이다 하느냐?"(렘 7:10, KJV 참조) 이와는 달리 주님이 하셨던 일은 분명하게 기록되었다. "주께서 구원 받는 사람을 날마다 더하게 하시니라."(행 2:47)

33

어째서 바울은, C.E.가 좋아하는 성경본문에서 하나님이 세우신 것을, 그것이 존재하는 동안, 성령의 능력으로 보존될 것을 보여주기 보다는 "내가 떠난 후에 사나운 이리가 여러분에게 들어와서 그 양 떼를 아끼지 아니하며 또한 여러분 중에서도 제자들을 끌어 자기를 따르게 하려고 어그러진 말을 하는 사람들이 일어날 줄을 내가 아노라"(행 20:29,30)고 말하는 것일까? C.E.는 자신이 속한 독립교회들과 기타 교회들과 함께, 그리고 나는 몸의 하나됨을 믿는 가운데, 모두는 지상에 있는 교회는 부패되었고, 말세에 고통 하는 때가 올 것이란 사실을 믿고 있다. 이 사실은 문제가 되지 않는다. 다만 문제는, 그러한 부패 속에 교회로 모이는 하나님의 원리도 포함되는 것인가, 또는 그러한 부패 때문에 우리는 과연 죄책감을 느끼고 있는가? 그것은 과연 하나님의 의도인가 아니면 인간의 잘못인가? 에 있다. C.E.도 언급했지만, 요한계시록 2-3장에 있는 일곱 교회들을 언급하고 있는 성경본문을 통해서 내가 발견한 것은, 교회는 두아디라 교회에 내린 끔찍스러운 심판으로 끝날 것이며, 라오디게아 교회처럼 그리스도에게 역겨운 존재로서 그 입에서 토하여 내침을 당할 것이며, 만일 그들이 회개하고 그처럼 속히 떠났던 처음 행위를 가지지 않으면 심판에 처하게 될 것으로 위협을 받고 있다는 점이다. 유다서의 저자도 동일한 진리를 우리에게 가르친다. "가만히 들어온 사람 몇이 있음이라."(유 1:4) 가만히 들어오는 것은 성도들이 교회로 모이는 원칙에서 벗어난 것이며, 교회로 영접되는 질서를 따라 들어오지 않았다는 뜻이다. 그들은 슬며시 들어와 그리스도인들과 함께 애찬을 먹었으며, 참 그리스도인들의 "애찬에 암초"였다. 에녹이 그들에 대하여 예언했다. 그들은 교회의 원리와는 아무 관계도 없고, 아무 상관도 없는 사람들이란 사실만큼 분명한 것은 없다. 그들은 몰래 들어왔다. 유다는 하나님 아버지에 의해서 거룩하게 된, 즉 성화된 사람들에게 편지를 썼다. 요한서신서를 보면 사도 요한은 그들에 대해서, 그들은 전혀 교회 안에 있지도 않았고, 다만 적그리스도들이 세상에 많이 나왔다고 했다. 그리고 그들은 자신들이 교회에 속하지 않은 것을 드러내고자 나갔다.

또 다른 반대의 내용이 제기되었는데, 즉 몸의 하나됨은 바울이 등장하여 가르치기 전까지는 알려진 적이 없다는 것이다. 이러한 주장은 나에겐 새로운 것은 아니지만, 다른 사람들의 눈엔 상당히 타당성이 있어 보일 수 있다. 사실 유대인들에 대한 하나님의 인내가 끝나가는 시점이 있었고, 이방인의 사도로 특별한 부르심을 받은 바울은 유대인과 이방인이 동일한 토대 위에서 연합을 이루는 비밀을 계시하는 하나님의 손에 들린 도구였다. 하지만 하나님은 교회의 실체와 본질(its nature and essence)을 따로 분리시키는 일을 하지 않도록 조심스럽게 섭리하셨다. 바울이 부르심을 받은 후에, 그는 처음 이방인을 받아들이는 일에 쓰임 받지 않았다. 사도행전 15장을 보면 오히려 베드로가 그 일을 했다. 바울이 아니라 베드로가 고넬료를 받아들이는 도구였다. 하지만 C.E.는 여기서 어떤 것이 이미 시작되어 존재하고 있는 것과 그 존재에 대한 교리가 발전되어 가는 것 사이를 혼동하고 있다. 바울은 교회에 대한 교리를 널리 전파하고, 실천하는 일에 쓰임을 받은 위대한 일꾼이었다. 교회 세대가 바울에게 위임되었다. 하지만 하나님은 은혜롭게도 C.E.의 실수에 대한 대비책을 마련하셨는데, 곧 하나의 사실로서 새로운 세대의 역사를 공개적으로 시작하고 또 그 안정성을 확고히 하는 일에 바울이 아니라 베드로를 사용하셨고, 바울에게는 그가 받은 진리를 안디옥에서 확장하는 일을 맡기셨던 것이다. 교회는 처음부터 하나의 몸으로 존재하고 있었다. 하지만 교회의 본질(its essence)은 더 중요하다. 몸의 하나됨은 오순절부터 존재하고 있었다. 교회는 바울의 사역 이전부터, 가이사랴에 살던 그 경건한 고넬료로 시작해서 이방인들이 들어오기 전에 이미 설립되었고, 바울은 하나님의 지혜에 의해서 이방인을 처음으로 받아들이는 일을 하도록 허락받지 못했다. 교회는 예루살렘에서 유대인들 가운데 시작되었다. 의심의 여지없이 유대인과 이방인의 연합은 중요하며, 특히 그 시대엔 더 중요했다. 유대인과 이방인이 함께 하는 것, 꼭 그것이 몸의 본질적인 원리 또는 몸의 하나됨의 원리는 아니었다. 본질적인 원리는 머리되신 그리스도와의 연합, 성령에 의한 연합에 있다. 그리스도와 연합을 이루는 것이 몸에 속하는 길이며, 하나됨을 이루는 길이었다. 각 그리스도인이 성령으로 인침을 받는 것이 바로 그리스도의 지체가 되는 길이다.

34

　　바울이 비밀에 대해 말하기 전까지 과연 그리스도의 몸은 존재하지 않았던 것일까? 만일 우리가 C.E.가 일으킨 혼동, 즉 몸의 존재와 그 몸의 비밀을 아는 지식 사이에서 일으킨 혼동을 받아들인다면, 비밀을 아는 지식이 없다면 그리스도의 몸은 존재하지 않는 것이 된다. 수천 명의 사람들이 C.E.가 공격을 가했던 사람들의 교제 속으로 들어왔고, 그들은 아는 것이 별로 없었지만, 그럼에도 성령의 인침을 받은 증거로 아바 아버지라 부르짖었으며, 그리고 나서 비밀이 무엇인지를 배웠다. 그들이 그 비밀에 대해서 알고 싶어 하고, 또 자신들이 들어간 자리가 무엇인지 알고 싶어 하는 것은 상당히 바람직한 일이다. 하지만 나는 교제를 위해서 그러한 조항이 진정 필요하다고 생각해본 적은 없다. 그 말이 사실이라면, 나는 허다한 사람들이 교제에서 쫓겨날 것이란 생각이 든다. 다만 하나님 교회의 하나됨을 실현하기 위해서 교회로 모이는 방식이 있고, 이 원리에 대한 진리는 형제단이 쓴 여러 글과 책자에서 발견할 수 있다. 저자는 마치 지상에 두 개의 하나님의 교회가 있었고, 또 우리도 그렇게 교회로 모일 수 있을 것처럼 말하고 있는 것처럼 보인다. 그렇게 서로 다른 원리로 모일 수 있다는 것은, 흔히 표현하듯, 별개의 것이 되는 것을 의미한다. 우리는 하나의 교회처럼 모일 순 없다. 왜냐하면 우리 외에도 허다한 그리스도들이 밖에 있기 때문이다. 하지만 우리는 하나됨의 원리로 모일 순 있다. 이 원리를 따르는 것이 지상에 있는 전체 몸이 하나가 되는 길이건만, C.E.는 이를 부인하고 있다. 새로운 신자가 들어온다는 것은 처음부터 존재해온 하나됨 안으로 들어오는 것이며, 거기엔 의심의 여지가 없다. 이로써 우리는 할 수 있는 대로 하나됨을 실현하고자 노력한다. 나는 이렇게 말하는 것이, 거룩함이 하나님의 집에 합당하다는 원리로 모이는 방법이라고 생각한다. C.E.는 그렇게 생각하지 않는 듯 보이지만, 과연 그것이 하나로 묶어주는 끈이 될 수 없다고 누가 말할 수 있는가? 성령에 의해서 머리와 연합을 이루는 것이 유일한 연합을 이루게 해주는 끈이지만, 몸의 하나됨을 이루는 길은 우리 모두가 서로 지체가 되는데 있다. 우리는 그렇게 모인 성도들이 초대교회 시대부터 그리스도의 몸이었으며, 서로 지체가 되고, 그렇게 모두가 지상에서 하나됨을 이루고 있었으며, (C.E.는 어째서 그들이 하나됨을 이루고 있지 않았다고 말하는 것일까?) 우리 또한 그 하나됨을 실현하기를 추구해야 한다는 확신을 가지고 만나야 한다. 성령님이 거하시는 교회로 모이고, 또 그것을 이해하고 설명하는 길은 두 가지가 있다. 그리고 그 사실을 부인하는 것이 (그것이 C.E.의 자리이다) 세 번째이다. 하지만 그의 진술은 지나친 감이 있다. 하나님은 교회를 지상에 형성하셨고, 교회는 여기 이 땅에서 시작되었다. 하지만 그의 설명에 따르면, 교회 안에 악, 즉 가라지가 있었다. 그는 그러한 것을 교회로 모이는 원리로 삼는다. 다시 말해서 가만히 들어온 사람들이 있었다는 사실 보다는 그들 모두를 교회에 포함시키는 원리에 기초해서 교회를 이해하는 것이다. 그렇다면 거룩은 우리를 묶는 끈도, 또한 하나됨의 원리도 될 수 없다. 하지만 성경이 말하는 교회는 거룩히 구별된 사람들, 성화된 사람들, 성도라 불리는 사람들, 그리스도 예수 안에서 거룩하여 진 사람들로 구성되며, 그 원리에 기초해서 모든 성도가 하나의 몸을 이루며, 우리는 할 수 있는 한 최선을 다해서 하나됨을 실현시키고자 노력한다. 교회로 모이는 원리 또는 교회의 입장(ground)이란 모든 성도는 그리스도 안에서 하나이며, 그러한 사람들이 지상에서 하나의 하나님의 교회를 이루는 것이다. 그리스도인들은 이 원리를 오랜 동안 상실했다가 회복했다. 따라서 우리는 이것을 굳게 붙잡아야 한다.

35

이제 나는 과연 성경이 우리에게 제시하고 있는 지상에 있는 하나의 몸, 하늘로서 보내심을 받은 성령에 의해서 하늘에 있는 머리와 연합을 이루고 있는 그리스도의 몸으로서 지상에 형성된 교회가 무엇인지를 설명하고자 한다. 독자들은 고린도전서 12장 12절부터 31절까지를 읽어보기 바란다. 사람이 자신의 감각으로 지상에 있는 그리스도의 몸을 인식한다는 것은 절대적으로 불가능하다. 사도 바울은 그리스도의 몸을 우리의 몸과 비교했다. 우리는 몸과 지체들을 가지고 있다. 그리고 몸은 하나이지만 많은 지체가 있고 또 몸의 지체가 많으나 한 몸이다. 몸은 한 지체뿐만 아니요 여럿이다. 하지만 C.E.는 이 몸은 하늘에 있다고 말할 것이다. 유감스럽지만, 우리는 한 성령을 통해서, 한 몸 안으로 세례를 받았다. 이제 이 몸은 지상에 있다. "너희는 몇 날이 못되어 성령으로 세례를 받으리라." (행 1:5) 그들은 성령님의 능력을 덧입을 때까지 예루살렘에 머물러야만 했다. 이는 그리스도의 사역이 가진 두 가지 큰 특징 가운데 하나 때문이었다. 즉 성령으로 세례를 주시는 이가 그리스도였기 때문이었다. 하나님의 영께서 지상에 내려오셨고, 바울이 부르심을 받기도 전에 하나의 몸이 형성되었다. 만일 무언가 추가적으로 필요한 것이 있었다고 할 것 같으면, 그것은 25-28절에 있다. "몸 가운데서 분쟁이 없고 오직 여러 지체가 서로 같이 돌보게 하셨느니라 만일 한 지체가 고통을 받으면 모든 지체가 함께 고통을 받고 한 지체가 영광을 얻으면 모든 지체가 함께 즐거워하느니라 너희는 그리스도의 몸이요 지체의 각 부분이라 하나님이 교회 중에 몇을 세우셨으니…" 과연 C.E.는 이러한 은사들을 하늘에서 활용하게 될 것이라고 말하고 싶은 것일까? 전체 내용은 오해할 만한 것은 전혀 없이 매우 선명하다. 즉 하늘로서 오신 성령님에 의해서 지상에 형성된 하나의 몸이 있으며, "그리스도도 그러하니라"는 말씀을 볼 때 이 몸은 지상에서 얼마든지 인식가능한 것이어야 한다. 고린도전서 10장 17절은 이방인과 우상이 또는 유대인과 제단이 연결되어 있음을 말하고 있지 않다. 다만 증명하고 입증하는 방법의 일환으로 그렇게 표현하고 있을 뿐이다. "떡이 하나요 많은 우리가 한 몸이니 이는 우리가 다 한 떡에 참여함이라." 동일한 원리를 로마서 12장에 나타난 진리를 통해서 확인할 수 있다. "우리가 한 몸에 많은 지체를 가졌으나 모든 지체가 같은 기능을 가진 것이 아니니 이와 같이 우리 많은 사람이 그리스도 안에서 한 몸이 되어 서로 지체가 되었느니라."(4,5절) 이어지는 내용은 지금 여기 지상에 있는 성도들에게 적용된다. 반면 에베소서 3장 10절은 각종 지혜가 이방인들도 공동의 몸을 이루고 있는 교회를 통해서 하늘에 있는 정사들과 권세들에게 알려지고 있음을 말해준다. 이제 C.E.가 인용했던 에베소서 4장을 보자. 이 구절은 성령의 하나 되게 하신 것을 힘써 지키라는 권면이다. 이 구절에 따르면, 우리는 부르심의 한 소망 안에서 부르심을 받았다. 다시 말해서 **그 부르심의 소망이란 위에 계신 그리스도와 함께 하는 영광에 들어가는 것이다.** 확실히, 그것이 아니라면, 소망을 포기하는 것이 될 것이다. "몸이 하나이요 성령도 한 분"이라는 사실은 우리가 부르심을 받았을 때 우리의 소망이었고, (이는 우리가 소망으로 구원을 받았기 때문이다) 그것을 여전히 소망으로 간직하고 있다. 믿음도 하나이요 세례도 하나인 것처럼 소망도 하나인 것이다.

전체 본문은 그 모든 내용이 현재 시대에 있는 일이며, 성령께서 인격적으로 이 지상에 거하는 시기의 일이며, 현재적인 믿음의 일인 것을 분명히 보여준다. 따라서 사도 바울은 "우리가 다 하나님의 아들을 믿는 것과 아는 일에 하나가 되어 온전한 사람을 이루어 그리스도의 장성한 분량이 충만한 데까지 이르는 것", 즉 그리스도의 몸을 세우는 일에 대해서 언급한다. 반면 C.E.는 그렇게 말할 수 없을 것이다. 그에 따르면 하나님은 성경이 말하는 대로 몸을 세우기 위한 것이 아니라, "지상에 그리스도의 몸의 지체들을" 위해서 이러한 사역들을 주신 것이었다. 그렇게 그는 엄청난 진리, 즉 하나님께서 이 마지막 시대에 성령의 임재를 여기 이 땅에 주셨다는 진리를 잃어버렸다. 그는 천국과 그리스도의 몸으로서 교회를 혼동했다. 가라지는 천국에 심겨지고 또 추수 때까지 자랄 것이다. 성경에 보면, 가라지를 심는 일은 원수가 했다.

36

나는 동일한 본문에서 에베소서 4장 15,16절 "오직 사랑 안에서 참된 것을 하여 범사에 그에게까지 자랄지라 그는 머리니 곧 그리스도라 그에게서 온 몸이 각 마디를 통하여 도움을 받음으로 연결되고 결합되어 각 지체의 분량대로 역사하여 그 몸을 자라게 하며 사랑 안에서 스스로 세우느니라"는 내용을 볼 수 있었다. 남편은 아내를 "그리스도께서 교회를 사랑하시고 그 교회를 위하여 자신을 주심 같이" (엡 5:25) 사랑해야 한다. 이는 우리가 그 몸의 지체이기 때문이다. 내가 아는 한, 우리가 서로 한 몸이 되었다는 동일한 내용을 말하는 성경구절은 골로새서 1장 18절과 3장 15절이다. 전자는 그리스도께서 몸의 머리이심을 말하고 있긴 해도, 그 중요성을 보여주는 것 외엔 사도 바울이 의도한 바와 C.E.가 의도한 바 사이엔 아무런 차이점 없기에, 어느 쪽으로든 도움이 되지 않는다. 후자는 분명 우리가 평강을 위하여 한 몸으로 부르심을 받은 사실을 들어, 지상에 있는 우리에게 권면을 적용시키고 있다. 이미 언급했지만, 이것은 분명하게 사도 바울이 몸의 하나됨을 이루는 것에 대하여 말할 때, 하나님이 우리를 부르신 부르심의 현재적 책임과 장래 최종적으로 모든 것이 완결되었을 때 그 확실한 미래적 효력 사이에 아무런 차이점을 두고 있지 않았음을 보여준다. 이 부분을 미래적 견지에서 말하는 구절이 있다. 즉 에베소서 1장 22,23절이다. 그럼에도 교회는 지금 존재하는 것으로 소개되고 있다. 나는 그 책을 쓴 사람을 비난하고 싶은 마음은 없다. 다면 그 저자와 함께 하는 사람들이 진리를 잃어버린 것을 안타까워할 뿐이다.

37

이처럼 악한 시스템이 어떻게 하나님의 교회에 대한 전체 개념을 망가뜨리는지에 대해 추가적인 설명을 하고자 한다. 우선적으로 강조하고 싶은 부분은, 그리스도께서는 흩어진 하나님의 자녀들을 하나로 모으고자 자신을 주셨다는 것이다. 지금 나는 이렇게 흩어진 상태를 하나의 몸을 이루고 있는 것으로 도무지 인정할 수 없다. 사도 요한은 몸에 대해 말한 적이 없다. 그럼에도 하나됨이 있고, 그 하나됨은 바로 여기 이 땅에 있다. 흩어진 하나님의 자녀들은 장래 하늘에서 하나됨을 이룰 것이다. 여기 이 땅에서 흩어진 상태가 그 사실에 영향을 주는 것은 아니다. 하늘에선 흩어지는 일이 없을 것이다. 그럼에도 여기 이 땅에서 하나님의 자녀들이 흩어진 상태에 있기에, 하나로 모여야 하는 것이다. 이렇게 하나 되는 것을 C.E.는 무시하고 있다. C.E.가 사용하는 '교회'란 단어는 신앙을 고백한 사람들의 집합체를 의미한다. 그렇다면 알곡과 가라지가 섞여 있는 전체 기독교계가 교회가 될 것이다. 하지만 성경이 말하는 교회는 결코 그러한 기독교계 전체를 포함하고 있지 않다. 사도행전 2장 47절에 보면 주님은 날마다 구원받는 사람들을 더하셨다[2]. 누가 더하는 일을 하는가? 주님이시다. 주님이 과연 단순히 입술만의 신앙 고백자를 교회에 더하셨을까? 가만히 들어온 사람들이 있었다는 것을 우리는 알고 있다. 그래서 나중에 "영생을 주시기로 작정된 자는 다 믿더라"(행 13:48)는 말씀이 주어졌다. C.E.는 어느 시대에도 동일하게 하나님의 교회로 모이는 공통적인 원리를 믿지 않는다. 하나님은 단순한 신앙 고백자를 교회로 모으지 않으신다. 저자가 사용한 언어도 정직하지 않다. 저자는 이렇게 말했다. "그들, 즉 구원을 받았다고 고백한 사람들이 교회 또는 교회들을 이룬다." 어느 것을 말하는 것인가? 왜냐하면 그 둘은 같은 것이 아니기 때문이다. 어쩌면 교회란 말을 무심코 쓴 것 같이 느껴진다. 사실 우리는 성경에서 "고린도에 있는 하나님의 교회" 그리고 "아시아에 있는 일곱 교회들"이란 단어를 볼 수 있다. 3페이지를 보면, 그리스도는 지상에 있는 자신의 몸에 속한 지체들을 사랑하시며 또한 돌보신다. 게다가 다양한 성령의 사역과 은사를 통해서 그들을 양육하는 일을 하신다. 하지만 이 사실이, 교회가 고린도 교회건 아니면 에베

---

2) 나는 여기서 "교회"란 단어를 넣지 않았다. 어떤 사본에는 교회란 단어가 없다. 나는 이렇게 모인 사람들의 특징, 즉 어떤 사람들이 모였는가를 강조하기 위해서 이 구절을 인용했다.

소 교회건, 교회의 특징을 바꾸지 않는다. 그리고 그는 복음전도자를 교회 밖에서 섬기는 것으로 말하고 있으며, 치유의 은사는 사람의 육체적 필요를 돕기 위한 것으로 설명하고 있다. 만일 우리가 성경을 살펴보지 않는다면, 모든 것이 그럴듯해 보인다. 하지만 교회는 전적으로 잃어버리게 되고, 오직 복음전도자는 교회 밖에서 섬긴다는 사실만 남게 된다. 신자들의 봉사가 교회 안이건 밖이건, 또는 사람들을 위하는 은사들은 어디에 있는가? 여기에 성경의 해답이 있다. "너희는 그리스도의 몸이요 지체의 각 부분이라 하나님이 교회 중에 몇을 세우셨으니 첫째는 사도요 둘째는 선지자요 셋째는 교사요 그 다음은 능력을 행하는 자요 그 다음은 병 고치는 은사와 서로 돕는 것과 다스리는 것과 각종 방언을 말하는 것이라."(고전 12:27,28) 이 모든 것은 한 지역교회 안에 있는 것이 아니라, 전체 교회 안에 있다. 더 이상 분명하고 선명한 것이 없을 정도다. 복음전도자는 여기에 없다. 은사들은 성령의 능력으로 설명되고 있다. 에베소서 4장에서, 우리는 그리스도의 몸을 세우는 은사들만 볼 수 있다. 이 은사를 가진 사람들은 그리스도께서 교회, 즉 그리스도의 몸을 돌보도록 주어진 그리스도의 선물로 설명된다. 거기에 복음전도자들이 있다. "그가 어떤 사람은 사도로, 어떤 사람은 선지자로, 어떤 사람은 복음 전하는 자로, 어떤 사람은 목사와 교사로 삼으셨으니 이는 성도를 온전하게 하며 봉사의 일을 하게 하며 그리스도의 몸을 세우려 하심이라."(엡 4:11,12) 복음전도자의 경우를 보면, 그들이 비록 세상에서 섬기는 일을 하지만, 그들의 봉사의 열매를 세상에 남겨두지 않는다. 게다가 그 열매들을 한 지역교회에 들여오는 것이 아니라 전체 교회에 들여온다. 그리고 15, 16절을 보자. "오직 사랑 안에서 참된 것을 하여 범사에 그에게까지 자랄지라 그는 머리니 곧 그리스도라 그에게서 온 몸이 각 마디를 통하여 도움을 받음으로 연결되고 결합되어 각 지체의 분량대로 역사하여 그 몸을 자라게 하며 사랑 안에서 스스로 세우느니라." 과연 무엇이 이 보다 더 선명할 수 있는가?

38

이 본문은 하늘에 있는 교회와 땅에 있는 교회 사이의 차이점이 무엇이며, 참 교회에 속한 거룩성과 전체 기독교계의 멸망을 주목하도록 나를 이끌어주었다. 나는 성경을 통해서 하나님의 말씀이 지상에 있는 몸에 대해 말하고 있으며, 그 몸의 하나됨도 지상에 있고, 그 몸의 지체들은 그리스도의 지체들[3]이며, 또한 서로에게 지체가 된다는 사실을 말하고 있음을 확실하게 제시해왔다. 여기서 조금 더 생각해보자면, 미리 예고된 것이지만, 지상에 있는 교회는 폐허상태가 되었고, 하나님이 설립하신 것에 따른 복은 사람의 책임 완수 여부에 놓이게 되었으며[4], 두 사람이 믿음으로 따로 모이는 것은 교회에 대한 성경적 개념을 무너뜨리는 것이 아닐뿐더러, 개인적으로 그리고 단체적으로 거룩에 합당해야 하는 하나님의 원리와도 조화를 이룬다는 것을 볼 수 있다. 우리의 부르심은 하늘에 있

---

3) 나는 에베소서 5장 30절의 후반부를 인용하진 않았다. 어떤 사본엔 그 구절이 없기 때문이다. 하지만 킹제임스성경은 "우리는 그 몸의 지체이며, 그 몸 중의 몸이요, 그 뼈들 중의 뼈라(For we are members of his body, of his flesh, and of his bones)"고 번역되었다. 마찬가지로 사도행전 2장 47절도 어떤 사본엔 "교회"란 단어가 없다.

4) 아담 이후로 이것은 항상 사실이었다. 하나님의 인내와 선하심은 심판의 시간이 올 때까지 지속될 것이지만, 사람은 항상 실패할 수밖에 없다.

고, 우리의 소망도 하늘에 있으며, 우리 행실의 표준도 하늘에 있다. 이것은 완전주의자들의 어리석은 사상과는 아무 관계가 없다. 여기 이 땅에서 성취할 목표도, 도달해야 하는 경지도 없다. 그들은 로마서 8장에서 말하는 영적 해방을 완전(完全)으로 생각한다. 그리스도인은 오직 영광 중에 계신 그리스도 외에는, 도달해야하는 무슨 목표가 없다. 만일 충성스러운 그리스도인이라면 오직 한 가지 일, 즉 그리스도를 얻고자 경주할 것이며, 어찌하든지 첫째 부활에 참여하고자 할 것이다. 이 일은 효과를 창출해낸다. 이 효과가 계속해서 작동하는 한, 이 땅에서 그리스도처럼 행하는 삶을 경주할 것이다. 신자의 시민권은 (그리스도와의 연합 때문에) 하늘에 있다. 그러한 신자는 그리스도께서 자신의 몸을 변화시키실 것과 그리스도의 영광스러운 몸과 같이 변화될 것을 소망한다. 그러므로 우리는 바울과 함께 끝까지 "내가 이미 얻었다 함도 아니요 온전히 이루었다 함도 아니라"는 마음으로, 다만 우리가 이룬 것이 얼마나 부족한 것인지를 고백할 뿐이다. 그리스도를 가장 잘 아는 사람은 자신이 이룬 것이 얼마나 미미한 것인지를 가장 잘 아는 사람이다. 성장의 길을 가는 사람은 그리스도의 영광스러운 모습과 자신이 거기에 얼마나 미치지 못하는지를 더욱 선명하게 보게 될 것이다. 다른 목표는 없다. 다른 수단이나 방법도 없다. 우리는 그 아들의 형상을 본받도록 예정을 입었으며, 이를 위해서 그리스도는 많은 형제들 가운데 맏아들이 되셨다. "거룩하게 하시는 이와 거룩하게 함을 입은 자들이 다 한 근원에서"(히 2:11) 났기 때문이다.

39

이렇게 영화롭게 되신 그리스도를 아는 지식은 거룩을 이루게 하는 능력이신 성령에 의해서만 알 수 있다. 나는 앞으로 이것을 성경을 통해서 제시할 것이다. 하나님은 우리로 하여금 하나님의 거룩하심에 참여하도록 우리를 징계하는 일을 하신다(히 12:10). 따라서 참으로 놀라운 성경구절인 데살로니가전서 3장 12,13절을 보자. "또 주께서 우리가 너희를 사랑함과 같이 너희도 피차간과 모든 사람에 대한 사랑이 더욱 많아 넘치게 하사 너희 마음을 굳건하게 하시고 우리 주 예수께서 그의 모든 성도와 함께 강림하실 때에 하나님 우리 아버지 앞에서 거룩함에 흠이 없게 하시기를 원하노라." 과연 여기에 현재 우리의 상태와 장래 하나님 아버지 앞에서 우리의 신분에 있어서 차이점이 있는가? 우리가 이 사실을 제대로 인식하지 못하고 있다면, 이것은 또 다른 중요한 문제를 일으킬 것이다. 사실 신분과 상태는 동일하다. 하나님의 이름을 찬양하자. 오히려 그 둘은 하나이다. 이 구절에 담긴 진실은 우리 영혼에 성령께서 역사하셔서 그리스도의 계시를 보여주실 때에만 볼 수 있다. 그것도 지금 영광 중에 계신 그리스도를 보여주심으로써만 가능하다. 따라서 그리스도는 "또 그들을 위하여 내가 나를 거룩하게 하오니 [즉 나를 하늘에서 영화롭게 된 사람으로 따로 구별하오니] 이는 그들도 진리로 거룩함을 얻게 하려 함이니이다"(요 17:19)라고 말씀하셨다. 이것은 분명한 사실이다. "사랑하는 자들아 우리가 지금은 하나님의 자녀라 장래에 어떻게 될지는 아직 나타나지 아니하였으나 그가 나타나시면 우리가 그와 같을 줄을 아는 것은 그의 참 모습 그대로 볼 것이기 때문이니 주를 향하여 이 소망을 가진 자마다 그의 깨끗하심과 같이 자기를 깨끗하게 하느니라."(요일 3:2,3) 그리고 고린도후서 3장 18절을 보자. "우리가 다 수건을 벗은 얼굴로 [모세의 얼굴을 가린 수건을 벗고서] 거울을 보는 것 같이 주의 영광을 보매 그와 같은 형상으로 변화하여 영광에서 영광에 이르니 곧 주의 영으로 말미암음이니라."(고후 3:18) 이 모든 것은 선명하다. 두 종류의 거룩이 있는 것이 아니다. 우리 가운데 어느 누구도 우리가 이미 얻었다고 말할 수 없다. 다만 우리의 시민권은 하늘에 있다. 우리가 땅에 속한 자의 형상을 입은 것 같이, 장차 하늘에 속한 자의 형상을 입을 것이다. 우리가 추구해야 할 다른 목표는 없다. 우리의 목표는 머리이신 그리스도에게까지 자라는 것이며, 그리스도의 장성한 분량이 충만한 데까지 이르는 것이다. 여기서 주목할 것은, 이것은 그리스도 안으로 우리를 받아주는 것으로 되는 문제가 아니라는 점이다. 우리가 그리스도 안에 들어가는 일엔 성장이 필요치 않다. 그에 대해서 우리는 "주께서 그러하심과 같이 우리도 이 세상에서 그러하니라"(요일 4:17)고 말할 수 있다.

40

"하지만 이건 개인적인 일이다"라고 말할 것이다. 나도 그것을 인정한다. 나는 이 구절을 이 세상에서 우리의 책임 있는 상태에 대해 하나님이 우리를 다루시는 원리가 무엇인지를 보여주고자 인용했다. 신의 성품에 참여한 자가 되고, 부활하시고 영화롭게 되신 그리스도를 우리의 생명으로 삼고, 성령에 의해서 이렇게 영화롭게 되신 그리스도를 계시로 받아들인 사람은 영화롭게 되신 그리스도 외에는 그 무엇도 우리가 도달해야 할 목표로 삼을 수 없다. 신성한 위격을 가지신 존재로서 자신을 "하늘에 있는 인자로" 말씀하실 수 있으셨던 그리스도를 우리의 생명으로 삼고, 또 이 땅에 사셨던 그리스도의 삶을 그리스도 안에서 우리의 삶으로 온전히 받아들인 우리는 이제 (영광 중에 계신 그리스도와 연합을 이루었고, 그리스도 안에서 하늘에 앉아 있으며, 사람이 눈으로 보지 못하고 귀로 듣지 못하고 사람의 마음으로 생각하지도 못하였던 것을 성령님의 계시로 받았기에) 거룩한 정서와 거룩의 영을 가지게 되었고, 자기 부인이 가능해지고, 여기 이 땅에서 거룩한 행실과 거룩한 삶을 살고픈 동기와 목표로서 영광 중에 계신 그리스도를 바라보면서 하늘에 계신 그리스도와 실제적인 교감을 나눈다. 따라서 자신이 그리스도 안에 있는 자라고 말하는 사람은 그리스도께서 행하셨던 대로 자기도 행해야 한다(요일 2:6). 이에 성경은 "그러므로 사랑을 받은 자녀같이 너희는 하나님을 본받는 자가 되고 그리스도께서 너희를 사랑하신 것 같이 너희도 사랑 가운데서 행하라 그는 우리를 위하여 자신을 버리사 향기로운 제물과 희생제물로 하나님께 드리셨느니라"(엡 5:1,2)고 말한다. "그가 우리를 위하여 목숨을 버리셨으니 우리가 이로써 사랑을 알고 우리도 형제들을 위하여 목숨을 버리는 것이 마땅하니라."(요일 3:16) 에베소서 5장에서는 하나님의 또 다른 본질에 속한 이름, 곧 빛이 사용되고 있다. 그리고 우리는 "주 안에서 빛"으로 선포되고, 또 "빛의 자녀들처럼 행하라"는 명령이 주어진다. 만일 우리의 눈이 잠을 못 이겨 내리깔린 상태에 있고, 죽은 자들 가운데 누워있을지라도, 우리는 "잠자는 자들 가운데 일어나라 그리하면 그리스도께서 빛을 주시리라"는 부르심을 받고 있다. 우리의 생명은 그리스도와 함께 하나님 속에 감추어 있다. 우리는 그리스도께서 계신 그대로 될 것이란 것 외엔 다른 표준이 없다.

41

하늘을 위한 거룩과 이 세상을 위한 거룩이 따로 있는 것이 아니다. 데살로니가전서 3장 13절, "너희 마음을 굳건하게 하시고 우리

주 예수께서 그의 모든 성도와 함께 강림하실 때에 하나님 우리 아버지 앞에서 거룩함에 흠이 없게 하시기를 원하노라"는 구절은 이 사실을 명백하게 가르치고 있다. 우리는 질그릇 속에 보배를 간직하고 있으며, 부분적으로 알고 또 거울로 보는 것처럼 희미하게 보지만, 그럼에도 보배, 즉 우리가 알고 또 우리가 바라보는 대상은 하나이다. 영생이 목표이지만, 우리는 이미 영생을 가지고 있다. 이 생명은 곧 그리스도이시며, 현재 하늘에 계신 그리스도이시다. "아들이 있는 자에게는 생명이 있다."(요일 5:12) 우리는 지금 주께서 계신 그대로의 생명을 누리게 될 것이며, 그 생명은 우리가 지금 소유하고 있는 생명과 별개의 것이 아니다. 반복해서 말하지만, 믿음에 의해서 그리스도께 가장 가까이 나아간 사람, 그 마음에 그리스도께서 거하시는 사람은 자신이 그리스도께 얼마나 사랑스러운 존재인지를 잘 알지만, 동시에 그리스도를 우리 자신이 도달해야 하는 대상으로 놓고 볼 때에는 우리 자신이 그리스도와는 얼마나 동떨어진 존재인지도 잘 안다. 우리는 두 분의 그리스도가 아니라, 한 분 그리스도를 추구한다. 이것이 성경의 원리이다. 우리는 열납(acceptance)에 의해서 그리스도 안에 있고, 현재적 생명으로서 그리스도는 우리 안에 계실 뿐만 아니라, 영광의 소망으로서 그리스도는 우리 앞에 있다. 따라서 우리의 길은 항상 예수의 죽으심을 몸에 짊어지는데 있다. 그럴 때 예수의 생명이 우리 몸에 나타날 것이기 때문이다.

이러한 원리는 교회는 하나이지만, 교회를 위에(하늘에) 그리고 아래에(지상에) 있는 존재로 만든다. 그래서 교회는 개인들과 마찬가지로 책임의 자리에 있지만 연약함 때문에 방해를 받을 수 있다.

하늘과 땅에 있는 교회 사이에 실제적인 차이는 없지만, 기쁘게 우리는 그 주제에 대한 결론을 섣불리 내리지 말아야 한다. 하나님의 말씀은 그 주제를 공식적이고 긍정적으로 제시한다. "그리스도께서 교회를 사랑하시고 그 교회를 위하여 자신을 주심 같이 하라 이는 곧 물로 씻어 말씀으로 깨끗하게 하사 거룩하게 하시고 자기 앞에 영광스러운 교회로 세우사 티나 주름 잡힌 것이나 이런 것들이 없이 거룩하고 흠이 없게 하려 하심이라."(엡 5:25,27) C.E.는 이 구절은 지체들을 대상으로 하는 말씀이라고 말할 것이다. 물론 이 일은 지체들에게서 개인적으로 일어나는 일이긴 하지만, 그럼에도 단체적인 일이다. **그리스도께서 사랑하신 것은 교회이며, 교회는 흠이 없이 그리스도 앞에 영광스러운 교회로 세워지게 될 것이다. 그리스도께서 사랑하시고 또 위하여 자신을 주신 것은 교회이며, 그리스도 자신에 의해서 티나 주름 잡힌 것이 없이 영광스러운 모습으로 세워지는 것, 또한 교회이다. 바로 교회가 그리스도께서 지금 이 땅에서 말씀으로 거룩하게 하시는 대상이다.** 동일한 내용이 이미 인용한 에베소서 4장에서 분명히 가르쳐지고 있는데, 여기선 교회를 그리스도의 몸으로 부르는 것은 없지만, 우리로 하여금 머리 되신 그리스도에게까지 자라가도록 교훈하고 있다. 16절은 구체적으로 은혜 가운데 작용하는 현재적인 사역을 언급하면서, 각 지체의 분량대로 역사하는 효과적인 작용을 통해서 몸의 성장에 대해서 말하고 있다. 따라서 그리스도를 머리로 삼은 몸은 이 땅에서 그 몸이 자라고 사랑 안에서 세워지는 일로부터 구분될 수가 없으며, 전체 몸은 이 땅에서 덕 세움을 입고 또한 계속 자라는 몸이다. 오직 하나의 몸이 있다. 성경의 가르침 가운데 이보다 더 구체적이고, 긍정적이고, 공식적인 것이 있을 수 없다.

42

특정 지역교회는 하나님이 소유하신 교회이건만, C.E.는 다르게 정의를 내리고 있다. 하지만 성경이 말하는 각 지역교회의 지체들은 단순한 신앙고백자들이 아니라, 그리스도 앞에 흠이 없이 서게 될 사람들이다. 고린도 교회는 모든 행실에서 비난을 받고, 너무도 나쁜 영적 상태 때문에 사도 바울이 더 이상 교훈을 할 수 없는 상태에 있었지만, 그럼에도 바울은 "너희가 모든 은사에 부족함이 없이 우리 주 예수 그리스도의 나타나심을 기다림이라 주께서 너희를 우리 주 예수 그리스도의 날에 책망할 것이 없는 자로 끝까지 견고하게 하시리라 너희를 불러 그의 아들 예수 그리스도 우리 주와 더불어 교제하게 하시는 하나님은 미쁘시도다"(고전 1:7-9)라고 말했다. 그러한 것이 그들이 부르심을 받은 현재적인 부르심이었고, 그러한 것이 그들의 최종적인 상태였다. 그래서 그들은 현재적으론 그리스도와의 교제 속으로 (즉 그리스도의 상태에 참여하도록) 부르심을 받았으며, 최종적으론 책망할 것이 없는 상태로 그 앞에 서게 될 것이었다. 에베소서의 시작은 이 원리를 확실히 확증하면서 시작한다. 에베소서 1장 3-8절을 보라. 이 구절들은 언제 우리에게 이루어지는 것인가? 언제 우리는 사랑 안에서 그분 앞에 거룩하고 흠이 없게 되는 것인가? 이러한 것은 분명 현재적인 우리에 대한 하나님의 생각이다. 그 생각은 과연 우리가 지금 실현할 수 있는 것일까? 하나님께서 우리에게 주신 신령한 복, 곧 하늘에 속한 신령한 복은 과연 여기서 누릴 수 있는 것인가, 아니면 지금 우리의 부르심은 다른 것인가?

나는 확실히 현재 성령의 능력에 의해서 인간의 책임이 실현되는 것과 그리스도께서 오실 때 우리의 천한 몸이 그리스도의 영광스러운 몸과 같이 변화되고 또 우리가 그의 영광의 찬송이 될 때, 신적인 능력에 의해서 완전히 성취되는 것 사이의 차이점을 인정한다. 그래도 여기에 별개의 두 가지가 있는 것이 아니다. 성경은 지금 "그의 영광의 찬송이 되는 것"과 모든 것이 완전하게 되는 날 "그의 영광의 찬송이 되는 것"을 같은 것으로 말하고 있다. 그리고 이어지는 내용은 모두 교회에 대한 것이다. 이것은 하나님의 목적 가운데서, 그리스도께서 하늘에서 하나님의 우편에 앉아 계시는 일의 성취와 함께 된 일이고, 그 결과는 다음과 같이 언급되고 있다. "지금 우리가 만물이 아직 그에게 복종하고 있는 것을 보지 못하고 [있다.]"(히 2:8) 하지만 그에 따른 결과로서, 하나님께서는 우리의 죄들을 위해서 죽으시고 무덤에 누워있었던 그리스도를 (우리도 허물과 죄들 때문에 죽어 있었다) 죽은 자 가운데서 다시 살리신 그 동일한 능력으로 "우리를 그리스도와 함께 살리셨고" 또한 "함께 일으키사 그리스도 예수 안에서 함께 하늘에 앉히셨음"을 보여주신다. 이 일은 지금 일어나는 일인가 아니면 미래에 일어나는 일인가? 사도 바울은 이 일이 "그리스도와 함께" 된 일이 아니라 "그리스도 안에서" 된 일이라고 말하면서, 이것은 앞으로 오는 여러 세대에 그리스도 예수 안에서 우리를 향한 하나님의 자비하심을 통해서 하나님 은혜의 지극히 풍성함을 보여주기 위한 것이라고 말하고 있다. 과연 바울이 말하고 있는, 앞으로 오는 여러 세대에 하나님 은혜의 지극히 풍성함을 보여주는 것은 하나님이 지금 하시는 일과는 별개의 것인가? 하나님이 지금 하시는 일은 그리스도를 교회의 머리로 삼고, 교회를 그의 몸으로 삼는 것이며, 이것은 장차 하나님 은혜의 지극히 풍성함을 보여주는 일이 될 것이다. 따라서 이 두 가지 일은 하나인 것이다. 나는 이 일이 영광 가운데서 완성될 것으로 본다. 우리는 지금 양자의 영을 가지고 있다. 그리고 우리는 양자될 것, 곧 몸의 구속을 기다린다.

43

하나님의 말씀은 너무도 선명하며, 성령님께서 계시해주시고 분별력 있게 해주신 것과 앞으로 우리 속에 계시해주실 것 사이의 동질성은 기독교의 핵심적인 본질을 이루며, 게다가 성경의 말씀도 총체적으로 그것과 조화를 이룬다. 그래서 "우리가 소망으로 구원을 얻었으매"(롬 8:24)라는 구절과 "이제도 보지 못하나 믿고 말할 수 없는 영광스러운 즐거움으로 기뻐하니 믿음의 결국 곧 영혼의 구원을 받음이라"(벧전 1:8,9)는 구절은 일맥상통한다. 입술만의 신앙고백자들의 교회는 성경이 말하는 대로의 구원을 받은 사람들의 모임이 하나님의 교회인 것을 부인한다. 하나님은 그러한 입술뿐인 신앙고백자들을 교회로 받아 주지 않으신다. 이것은 성경이 명백히 말하고 있는 바이다. 이 사실을 부정하는 것은, 신성모독으로 가는 지름길이다. 신앙고백자들 모두를 교회의 지체로 인정하는 교회 시스템은 그리스도인의 책임을 부정하며, 그러한 고백자들로 이루어진 교회는 그들의 불신앙 때문에 심판의 대상이다. 그러한 교회는 거룩의 본질을 왜곡시키며, 그리스도와 교회의 현재적인 관계도 훼손시킨다. 거기엔 "오시옵소서!"라는 신부의 외침이 없다. 데살로니가 교회와 같은 거룩한 모습 또는 요한일서 3장 2절에서 말하고 있는 "우리가 그와 같을 줄을 아는 것은 그의 참 모습 그대로 볼 것이기 때문이니 주를 향하여 이 소망을 가진 자마다 그의 깨끗하심과 같이 자기를 깨끗하게 하느니라"에 나타난 자기를 깨끗하게 하는 순결성도 없다. 예고된 교회의 영적 하락도 인식하지 못할 것이기에, 깨끗한 마음으로 주의 이름을 부르는 자들과 함께 하는 것(딤후 2:22)도 없을 것이다. 만일 교회가 입술만의 신앙고백자들의 교회가 되었다면, 하나님은 깨끗한 마음으로 주의 이름을 부르는 사람들을 일으키실 것이다, 과연 얼마나 많은 사람들이 깨끗한 마음으로 주의 이름을 부르는 자들과 함께 하도록 허락을 받을 것인가? 그러한 교회에 가만히 들어오는 사람이 있다는 것을 아무도 부인할 순 없지만, 그렇게 말하는 것 자체가 지상에 하나님께서 자신의 교회로 인정하시는 교회가 있음을 시인하는 것이 된다. 그렇게 되는 것은 우리가 천하게 쓰는 그릇에서 자신을 깨끗하게 하지 않았거나, 아니면 영문 밖으로 나가지 않았기 때문이다(히 13:13).

나는 C.E.에게 한 가지 감사한 것이 있다. 그는 최근 런던에 있는 성도들을 비난하면서 고통을 가했지만, 그 때문에 논쟁이 되어온 핵심 사안이 무엇인지를 선명하게 제시해주었다. 그것이 문제가 되었기 때문에, 나는 한 인간에 대해서 그저 불쾌한 감정을 가지기 보다는, 이렇게 그 이슈가 되어온 사안에 대한 나의 입장을 표명하는 기회를 가질 수 있었다. 몸의 하나됨과 우리의 부르심은 하늘에 속한 부르심이라는 전체적인 간증이 달린 문제였고, 어쩌면 위기상황일수도 있었다. 많은 형제들이 나 자신보다 더욱 직접적으로 논쟁에 개입했고, 하나님께 감사하게도 그들은 충성스럽게 반응할 수 있었다. 나는 감히 말하건대, 모든 것이 완벽하진 않았지만 하나님은 은혜 가운데서 그들을 붙들어주셨다. 내가 이렇게 말하는 이유는, 그 일이 있었을 때 나는 외국에 나가 있었기 때문이었다. 하지만 C.E.는 자신의 소책자를 통해서 무엇이 이슈인지를 알게 해주었고, 죄 사함과 같은 복음 진리와는 별도로 교회라는 하나님의 특별한 증거가 무엇인지를 이렇게 소책자로 밝힐 수 있는 기회를 만들어 주었던 것이다. 이 주제에 대해서 이제 나는 더 이상 할 말이 없다. 만일 독자께서 과연 사람의 책임이 무엇이며, 하나님의 집 또는 하나님의 성전으로서 교회에 대해서 알고 싶다면, 고린도전서 3장으로 가서 "각각 어떻게 그 위에 세울까를 조심"(10절)하는 것을 배울 필요가 있다.

44

나는 이 소책자에 대한 답변을 하고자 하는 뜻은 없었지만, 과연 성경이 말하는 교회의 참 특징이 무엇이며, 믿음으로 붙잡아야 하는 교회의 정체성이 무엇인지를 (교회는 절대 확실한 하나님의 은혜 아래 있지만, 그럼에도 이 땅에서는 사람의 책임이 개입되어 있다. 그럼에도 교회는 하늘에서는 신부이다) 밝힐 수 있는 기회라 생각했기에 이 글을 썼다. 그리스도인은 이 사실을 인지해야 할 뿐만 아니라 이 사실을 기반으로 해서 행동해야 한다. 게다가 우리가 알아야 할 사실은, 현재적인 개인의 거룩과 장차 영광 가운데 나타나게 될 거룩은 서로 분리될 수 없다는 점이다. 모든 것이 하늘에 있으며, 그 하늘에 있는 것이 지금 땅으로 내려오는 것이다. 우리는 성령의 역사에 의해서 지금 하늘에서 새로운 피조물이 되었다. 따라서 우리는 그 새로운 피조물의 기준에 따라서 삶을 살아야 하며, 더불어 성령의 하나 되게 하신 것을 힘써 지켜야 한다.

내가 믿는 바로는, 하나님 앞에서 겸손하기만 하면 우리는 하나님의 그 거룩한 증거를 이전보다 더욱 유지하는 은혜를 입을 수 있다. 교회 진리를 따라서 모일 수 있는 것은, 우리를 그렇게 모으시는 능력이신 성령의 역사 때문이다. 그렇게 모이는 중심은, (성경의 특정 교리도, 지도자인 특정 인물도 아니라) 오로지 그리스도이시다. 성령의 능력과 그리스도, 바로 이 두 가지 요소가 모든 성도들을 하나로 모으는 핵심 사안이다. 우리는 (교회 황폐화 시대에) 오로지 이 두 가지 원리를 따라서만 교회로 모일 수 있다.

J.N.D.

형제들의 집 도서 안내

1. 조지 뮐러 영성의 비밀
조지 뮐러 지음/이종수 옮김/값 1,000원
2. 수백만을 감동시킨 사람을 감동시킨 바로 그 사람: 헨리 무어하우스
존 A. 비올리 지음/이종수 옮김/값 1,000원
3. 내 영혼의 만족의 노래
W.T.P 월스톤 지음/이종수 옮김/값 1,000원
4. 모든 일을 하나님의 영광을 위하여 하라
해리 아이언사이드 지음/이종수 옮김/값 1,000원
5. 잃어버린 영혼을 위해서 어떻게 기도해야 하는가
오스왈드 샌더스, 찰스 스펄전 지음/이종수 옮김/값 1,000원
6. 윌리암 켈리의 로마서 복음의 진수
윌리암 켈리 지음/이종수 옮김/값 5,000원
7. 이것이 거듭남이다[개정판]
알프레드 깁스 지음/이종수 옮김/값 9,000원
8. 존 넬슨 다비의 영성있는 복음
존 넬슨 다비 지음/이종수 옮김/값 5,000원
9. 로버트 클리버 채프만의 사랑의 영성
로버트 C. 채프만 지음/이종수 옮김/값 5,000원
10. 영성을 깊게 하는 레위기 묵상
C.H. 매킨토시 외 지음/이종수 옮김/값 5,000원
11. 존 넬슨 다비의 성경주석: 빌립보서
존 넬슨 다비 지음/이종수 옮김/값 5,000원
12. 존 넬슨 다비의 히브리서 묵상[개정판]
존 넬슨 다비 지음/정병은 옮김/값 11,000원
13. 조지 커팅의 영적 자유
조지 커팅 지음/이종수 옮김/값 4,000원
14. 윌리암 켈리의 해방의 체험
윌리암 켈리 지음/이종수 옮김/값 3,000원
15. 존 넬슨 다비의 성경주석: 골로새서[개정판]
존 넬슨 다비 지음/이종수 옮김/값 8,000원
16. 구원 얻는 기도
이종수 지음/값 5,000원
17. 영혼의 성화
프랭크 빈포드 호올 지음/이종수 옮김/값 1,000원
18. 당신은 진짜 거듭났는가?
아더 핑크 지음/박선희 옮김/값 4,500원
19. C.H. 매킨토시의 완전한 구원
C.H. 매킨토시 지음/이종수 옮김/값 4,600원
20. 존 넬슨 다비의 하나님의 뜻을 분별하는 법
존 넬슨 다비 지음/이종수 옮김/값 1,000원

21. 존 넬슨 다비의 성경주석: 요한계시록
　　　　　　　　　　　　　　　　존 넬슨 다비 지음/이종수 옮김/값 10,000원
22. 주 안에 거하라
　　　　　　　　　　　해밀턴 스미스, 허드슨 테일러 지음/이종수 옮김/값 1,000원
23. C.H. 매킨토시의 하나님의 선물
　　　　　　　　　　　　　　　　　C.H. 매킨토시 지음/이종수 옮김/값 4,000원
24. 존 넬슨 다비의 성경주석: 에베소서
　　　　　　　　　　　　　　　　　　존 넬슨 다비 지음/이종수 옮김/값 8,000원
25. 존 넬슨 다비의 영적 해방
　　　　　　　　　　　　　　　　　　존 넬슨 다비 지음/문영권 옮김/값 7,000원
26. 건강하고 행복한 그리스도인이 되는 법
　　　　　　　　　　　어거스트 반 린, J. 드와이트 펜테코스트지음/ 값 1,000원
27. 존 넬슨 다비의 성경주석: 로마서
　　　　　　　　　　　　　　　　　존 넬슨 다비 지음/문영권 옮김/값 12,000원
28. 존 넬슨 다비의 성화의 길
　　　　　　　　　　　　　　　　　　존 넬슨 다비 지음/이종수 옮김/값 4,500원
29. 기독교 신앙에 회의적인 사랑하는 나의 친구에게
　　　　　　　　　　　　　　　　로버트 A. 래이드로 지음/박선희 옮김/값 5,000원
30. 이수원 선교사 이야기
　　　　　　　　　　　　　　더글라스 나이스웬더 지음/이종수 옮김/값 5,000원
31. 체험을 위한 성령의 내주, 그리고 충만
　　　　　　　　　　　　　　　　　　　조지 커팅 지음/이종수 옮김/값 4,500원
32. 존 넬슨 다비의 성경주석: 갈라디아서
　　　　　　　　　　　　　　　　　　존 넬슨 다비 지음/이종수 옮김/값 4,800원
33. 존 넬슨 다비의 성경주석: 요한서신서 · 유다서
　　　　　　　　　　　　　　　　　　존 넬슨 다비 지음/문영권 옮김/값 8,000원
34. 존 넬슨 다비의 성경주석: 데살로니가전 · 후서
　　　　　　　　　　　　　　　　　　존 넬슨 다비 지음/이종수 옮김/값 8,000원
35. 그리스도와의 연합과 구원(성경공부교재)
　　　　　　　　　　　　　　　　　　　　　　　　문영권 지음/값 2,500원
36. 그리스도와의 연합과 성화(성경공부교재)
　　　　　　　　　　　　　　　　　　　　　　　　문영권 지음/값 3,000원
37. 사도라 불린 영적 거장들
　　　　　　　　　　　　　　　　　　　　　　　　이종수 지음/값 7,000원
38. 당신은 진짜 하나님을 신뢰하는가
　　　　　　　　　　　　　　　　　　　조지 뮬러 지음/ 이종수 옮김/값 4,500원
39. 그리스도와 연합된 천상적 교회가 가진 영광스러운 교회의 소망
　　　　　　　　　　　　　　　　　존 넬슨 다비 지음/ 문영권 옮김/ 값 13,000원
40. 가나안 영적 전쟁과 하나님의 전신갑주
　　　　　　　　　　　　　　　　　존 넬슨 다비 지음/ 이종수 옮김/ 값 2,000원

41. 죄 사함, 칭의 그리고 성화의 진리   고든 헨리 해이호우 지음/ 이종수 옮김/ 값 2,000원

42. 하나님을 찾는 지성인, 이것이 궁금하다!   김종만 지음/ 값 10,000원

43. 이것이 그리스도의 심판대이다   이종수 엮음/ 값 8,000원

44. 존 넬슨 다비의 성경주석: 마태복음   존 넬슨 다비 지음/이종수 옮김/값 16,000원

45. C.H. 매킨토시의 하나님에 관한 진실   C.H. 매킨토시 지음/이종수 옮김/값 1,000원

46. 존 넬슨 다비의 성경주석: 여호수아   존 넬슨 다비 지음/문영권 옮김/값 8,000원

47. 찰스 스탠리의 당신의 남편은 누구인가   찰스 스탠리 지음/이종수 옮김/값 4,000원

48. 존 넬슨 다비의 성령론   존 넬슨 다비 지음/이종수 옮김/값 13,000원

49. 존 넬슨 다비의 영적 해방의 실제   존 넬슨 다비 지음/이종수 옮김/값 5,000원

50. 존 넬슨 다비의 주요사상연구: 다비와 친구되기   문영권 지음/ 값 5,000원

51. 존 넬슨 다비의 죽음 이후 영혼의 상태   존 넬슨 다비 지음/이종수 옮김/ 값 5,000원

52. 신학자 존 넬슨 다비 평전   이종수 지음/ 값 7,000원

53. 존 넬슨 다비의 요한복음 묵상   존 넬슨 다비 지음/이종수 옮김/ 값 8,000원

54. 프레드릭 W. 그랜트의 영적 해방이란 무엇인가   프레드릭 W. 그랜트 지음/이종수 옮김/ 값 4,500원

55. 홍해와 요단강을 통해서 나타난 하나님의 구원   윌리암 켈리 지음/ 이종수 옮김/ 값 4,800원

56. 그리스도와의 연합을 위한 성령의 역사   윌리암 켈리 지음/ 이종수 옮김/ 값 19,000원

57. 누가, 그리스도인인가?   시드니 롱 제이콥 지음/ 박영민 옮김/ 값 7,000원

58. 선교사가 결코 쓰지 않은 편지   프레드릭 L. 코신 지음 / 이종수 옮김/ 값 9,000원

59. 사랑의 영성으로 성자의 삶을 살다간 로버트 채프만   프랭크 홈즈 지음 / 이종수 옮김/ 값 8,500원

60. 므비보셋, 룻, 그리고 욥 이야기   찰스 스탠리 지음 / 이종수 옮김/ 값 7,500원

61. 구원의 근본 진리
　　　　　　　　　　　에드워드 데넷 지음 / 이종수 옮김/ 값 6,500원
62. 회복된 진리, 6+1
　　　　　　　　　　　에드워드 데넷 지음/ 이종수 옮김/ 값 6,000원
63. 당신의 상상보다 더 큰 구원
　　　　　　　　　　　프랭크 빈포드 호올 지음/ 이종수 옮김/ 값 6,500원
64. 뿌리 깊은 영성의 그리스도인으로 사는 법
　　　　　　　　　　　찰스 앤드류 코우츠 지음/ 이종수 옮김/ 값 9,000원
65. 천국의 비밀 : 천국, 하나님 나라, 그리고 교회의 차이
　　　　　프레드릭 W. 그랜트 & 아달펠트 P. 세실 지음/이종수 옮김/ 값 7,000원
66. 존 넬슨 다비의 성경주석: 베드로전·후서
　　　　　　　　　　　존 넬슨 다비 지음/장세학 옮김/ 값 7,500원
67. 존 넬슨 다비의 영광스러운 구원
　　　　　　　　　　　존 넬슨 다비 지음/이종수 엮음/ 값 15,000원
68. 어린양의 신부
　　　　　　　W.T.P. 월스톤 & 해밀턴 스미스 지음/ 박선희 옮김/ 값 10,000원
69. 성경에서 말하는 회심
　　　　　　　　　　　C.H. 매킨토시 지음/ 이종수 옮김/ 값 6,000원
70. 십자가에서 천년통치에 이르는 그리스도의 길
　　　　　　　　　　　존 R. 칼드웰 지음/ 이종수 옮김/ 값 7,500원
71. 그리스도와의 연합이란 무엇인가?
　　　　　　　　　　　에드워드 데넷 지음/ 이종수 옮김/ 값 9,000원
72. 하늘의 부르심 vs. 교회의 부르심
　　　　　　　　　　　존 기포드 벨렛 지음/ 이종수 옮김/ 값 16,000원
73. 당신은 진짜 새로운 피조물인가
　　　　　　　　　　　존 넬슨 다비 외 지음/ 이종수 옮김/ 값 12,000원
74. 플리머스 형제단 이야기
　　　　　　　　　　　앤드류 밀러 지음/ 이종수 옮김/ 값 14,000원
75. 바울의 복음, 그리스도의 영광의 복음
　　　　　　　　　　　존 기포드 벨렛 지음/ 이종수 옮김/ 값 9,000원
76. 악과 고통, 그리고 시련의 문제
　　　　　　　　　　　　　　　　　이종수 지음/ 값 9,000원
77. 요한계시록 일곱 교회를 향한 예언 메시지
　　　　　　　　　　　존 넬슨 다비 지음/이종수 옮김/ 값 18,000원
78. 영광스러운 구원, 어떻게 받는가
　　　　　　　　　　　존 넬슨 다비 지음/이종수 엮음/ 값 13,000원
79. 영광스러운 교회의 길
　　　　　　　　　　　존 넬슨 다비 지음/이종수 엮음/ 값 22,000원

"J. N. Darby's Ecclesiology" from The Collected Writings
by John Nelson Darby
Copyright©Les Hodgett, Stem Publishing
7 Primrose Way, Cliffsend, Ramsgate, Kent, U.K.

Korean translation copyright
ⓒ 2016 by Brethren House, Korea
All rights reserved

영광스러운 교회의 길
ⓒ형제들의 집 2016

초판 발행 • 2016.5.30
지은이 • 존 넬슨 다비
엮은이 • 이 종 수
발행처 • 형제들의집
판권ⓒ형제들의집 2016
등록 제 7-313호(2006.2.6)
Cell. 010-9317-9103
홈페이지 http://brethrenhouse.co.kr
카페 cafe.daum.net/BrethrenHouse
ISBN 978-89-93141-81-8 03230

＊값은 뒤표지에 있습니다.
＊잘못된 책은 바꿔드립니다.
＊서점공급처는 〈생명의말씀사〉 입니다. 전화(02) 3159-7979(영업부)